高等学校应用型本科经济学

"十二五"规划教材

国际贸易实务

主　编　周学明　姜　红　顾　彪
副主编　刘兴旺　徐　辉

中国金融出版社

责任编辑：丁　芊
责任校对：张志文
责任印制：陈晓川

图书在版编目（CIP）数据

国际贸易实务（Guoji Maoyi Shiwu）/周学明，姜红，顾彪主编 . —北京：中国金融出版社，2015.3
高等学校应用型本科经济学"十二五"规划教材
ISBN 978 - 7 - 5049 - 7724 - 3

Ⅰ.①国…　Ⅱ.①周…②姜…③顾…　Ⅲ.①国际贸易—贸易实务—高等学校—教材
Ⅳ.①F740.4

中国版本图书馆 CIP 数据核字（2014）第 276526 号

出版
发行　**中国金融出版社**

社址　北京市丰台区益泽路 2 号
市场开发部　（010）63266347，63805472，63439533（传真）
网 上 书 店　http://www.chinafph.com
　　　　　　　（010）63286832，63365686（传真）
读者服务部　（010）66070833，62568380
邮编　100071
经销　新华书店
印刷　三河市利兴印刷有限公司
尺寸　185 毫米×260 毫米
印张　19.5
字数　434 千
版次　2015 年 3 月第 1 版
印次　2015 年 3 月第 1 次印刷
定价　40.00 元
ISBN 978 - 7 - 5049 - 7724 - 3/F. 7284
如出现印装错误本社负责调换　联系电话（010）63263947

前　言

国际贸易是世界各国对外经济关系的核心，在各国的经济发展中起着不可替代的作用，是各国加速其经济发展的重要手段。2001 年 12 月我国加入世界贸易组织（WTO）以后，国际贸易焕发出勃勃生机，每年都以 20% 以上的速度递增，是改革开放以来发展最为迅速的时期，取得了举世瞩目的成绩。

2014 年 7 月 8 日国际货币基金组织（IMF）发布的《世界经济展望报告》表明，2014 年全球经济增长 3.6%，世界贸易组织预计 2014 年全球商品贸易量将全面温和增长，上调全球贸易预期增速由 4.5% 至 4.7%。2015 年 1 月 16 日中国海关总署公布，2014 年我国进出口总值 26.43 万亿元人民币，比 2013 年增长 2.3%，如果按美元计价为 3.4%，其中，出口 14.39 万亿元，增长 4.9%；进口 12.04 万亿元，下降 0.6%；贸易顺差 2.35 万亿元，扩大 45.9%。

国际贸易实务是我国普通高等院校的经济贸易类专业、金融类专业、会计类专业、财政类专业、市场营销类专业的本科必修专业基础课，也是从事对外贸易人员提高业务能力水平的必修课程。为了适应国际市场竞争的需要，我们必须加快培养国际商务实用性人才，提高从业人员的水平，而人才培养的关键又取决于教材。

本书依照教育部最新的本科专业培养大纲的要求，按照《2010 年国际贸易术语解释通则》、《跟单信用证统一惯例》（UCP600）以及商务部最新制定的国际商务专业教学大纲、全国国际商务单证培训认证考试大纲和全国外贸跟单员培训认证考试大纲的要求，有针对性地制定学生的学习目标和职业操作能力的培养目标，在实际进出口贸易业务中，将所学的理论知识和操作技能有机地结合起来。对国际贸易理论与实务进行详细讲解，力求做到内容新颖，通俗易懂，同时强调实务的可操作性，便于学生学习，达到学以致用、活学活用的目的。

本书以国际贸易实务理论为基础，以进出口业务为主线，以国际贸易惯例为依据，详细地介绍了国际贸易实务知识。本书每章开头都有学习目标、重点与难点及导入案例，每章结束时有小结、思考题、案例分析或技能实训，实现了理论与技能相结合，达到了事半功倍的效果。

本书编写人员如下：哈尔滨金融学院周学明教授（第 3 章、第 4 章），黑龙江省隆业水利水电工程建设有限公司高级会计师姜红（第 1 章、第 6 章、第 7 章、第 13 章），哈尔滨金融学院副研究员顾彪（第 5 章、第 12 章），哈尔滨金融学院刘兴旺副教授（第 10 章、第 11 章），哈尔滨金融学院徐辉副教授（第 2 章），哈尔滨金融学院王葳讲师（第 8 章），哈尔滨金融学院任鑫鹏讲师（第 9 章），由周学明、姜红和顾彪任主编，负责全书的总纂，刘兴旺、徐辉任副主编。在编写的过程中，得到了中国金融出版社的大力支持和指导帮助，在此表示衷心的感谢。由于编写时间仓促，编者水平有限，书中错误或不当之处在所难免，敬请广大读者批评指正。

编　者

2015 年 1 月

目　　录

第 1 章

国际贸易合同的标的

【学习目标】

通过本章的学习，理解履行进出口合同中商品的名称、品质、数量与包装的基本概念，掌握商品的名称、品质、数量和包装的表示方法，熟练掌握商品的名称、品质、数量和包装条款的表述及应用。

【重点与难点】

商品名称的命名方法和条款；商品品质的表示方法和条款；商品数量的计量和条款；商品包装的种类和条款。

【导入案例】

中国某食品进出口公司出口苹果酒一批，合同规定以信用证方式支付货款。国外来证货名为"Apple Wine"，于是该公司为了单证一致起见，所有单据上均用"Apple Wine"。不料货到国外后遭海关扣留罚款，因该批酒的包装上均写的是"Cider"字样。结果外商要求中方公司赔偿其损失。试问该食品进出口公司对此有无责任？为什么？

（资料来源：张炳达：《国际贸易实务》，上海，立售会计出版社，2011。）

案例分析：我方应该赔偿。作为进出口公司，理应知道所销售货物的名称，况且货物名称标签"Apple Wine"是客户要求的。信用证名称与实际交货名称不符，应该修改信用证。如果只是考虑自己方便，单证不一致就发货，势必给客户办理进口手续造成严重后果。

商品的名称、品质、数量和包装是国际货物买卖双方需要商定的主要交易条件，是买卖双方进行交易的物质基础。如果商品的名称、品质、数量和包装不明确，买卖双方就失去了商谈的依据，也就无法进行交易。因此，商品的名称、品质、数量和包装是国际货物买卖合同中的主要条款。

1.1 商品名称

商品名称（Name of Commodity）亦称品名，是指能使某种商品区别于其他商品的一种称呼或概念。商品名称在一定程度上体现了商品的自然属性、用途以及主要的性能等特征。加工程度低的商品，其名称一般较多地反映该商品所具有的自然属性，加工程度越高，商品的名称也越多地体现出该商品的性能特征。因此，在国际贸易中明确商品名称是非常重要的。

1.1.1 约定品名的重要意义

国际贸易与国内的零售贸易不同，看货成交、立即交货的交易极少，绝大多数的交易，从签订合同到交货往往间隔相当长的一段时间，很多情况下，买卖双方在洽谈交易和签订合同的过程中并没有看到具体的商品，只是凭借对拟买卖的商品进行必要的描述来确定交易。因此，在国际贸易中明确商品名称是非常重要的。

1. 从法律的角度看

在合同中规定标的物的条款，是买卖双方的一项基本权利和义务，是货物交收的基本依据之一。如果卖方交付的货物不符合合同规定的品名或说明，买方有权提出损害赔偿要求，直至拒收货物或撤销合同。

2. 从商贸的角度看

列明成交商品的具体名称是交易赖以进行的物质基础和前提，买卖双方在此前提下进行价格磋商并决定包装方式、运输方式和投保险别等。

3. 从实务的角度看

品名条款是商业统计、外贸统计的依据，也是报关、报检、托运、投保、索赔、仲裁等实务中收费的依据。

在国际贸易中的标的物是指用于换取对价的货物。一般来说，构成买卖中的标的物必须具备三个条件：（1）必须是卖方具有商品的所有权；（2）必须是合法的；（3）必须是双方当事人自愿一致同意的。

1.1.2 商品名称的命名方法

商品名称的命名方法概括起来，主要有以下几种。

1. 以其主要用途命名

这种命名方法在于突出其用途，便于消费者按其需要购买，如织布机、旅游鞋、杀虫剂、自行车等。

2. 以其所用的主要原材料命名

这种命名方法能通过突出所使用的主要原材料反映出商品的质量，如棉布、涤纶纱、羊毛衫、不锈钢锅、玻璃杯等。

3. 以其主要成分命名

这种命名方法可使消费者了解商品的有效内涵，有利于提高商品的身价。一般适用于以大众所熟知的名贵原材料制造的商品，如西洋参蜂皇浆、鹿茸酒等。

4. 以商品的外观造型命名

这种命名方法有利于消费者从字义上了解该商品的特征，如绿豆、喇叭裤、高跟鞋、圆桌等。

5. 以其褒义词命名

这种命名方法能突出商品的使用效能和特性，有利于促进消费者的购买欲望，如巧手洗衣粉、青春宝、太阳神口服液等。

6. 以人物名字命名

这种命名方法以著名的历史人物或传说中的人物命名，其目的在于引起消费者的注意和兴趣，如孔府家酒、东坡肉等。

7. 以制作工艺命名

这种命名方法目的在于提高商品的威望，增强消费者对该商品的信任，如二锅头烧酒、精制油、手工水饺等。

1.1.3　商品名称条款的基本内容

商品名称条款的规定取决于成交商品的品种和特点。就一般商品而言，只要列明商品名称即可。但有的商品往往具有不同的品种、等级和型号，因此，还应把具体的品种、等级或型号的概括性描述包括进去，做进一步的限定。此外，有的甚至把商品的品质与规格也包括进去，这实际是把商品名称条款与品质条款合并在一起。

合同中的商品名称条款举例如下：

1. 商品名称：东北大豆

Name of Commodity：Northeast Soybean

2. 商品名称：中国桐油

Name of Commodity：Chinese Tong Oil

1.1.4　规定商品名称条款的注意事项

国际货物买卖合同中的商品名称条款虽然简单，但仍要予以足够重视，否则容易引起麻烦和纠纷。在订立商品名称条款时，应注意下列事项：

1. 商品名称条款的内容必须明确具体

合同中的商品名称条款必须做到内容明确、具体，文字表达应能确切反映商品的特点，避免空泛、笼统，以免给履行合同造成不应有的困难。

2. 商品名称条款的内容必须实事求是

商品名称条款的内容必须做到实事求是，切实反映商品的实际情况，商品名称条款中规定的商品名称，必须是卖方确定能够供应给买方的商品。凡做不到或不必要的描述词句都不应列入，以利履行合同。

3. 尽量使用国际上通行的名称

有些商品有时有学名、商品名、俗称等，在合同中要正确使用。为了避免误解，应尽可能使用国际上通用的名称。若使用地方性的名称，交易双方应事先就含义取得共识；对于某些新商品的定名及其译名，应力求准确、易懂，并符合国际上的习惯命名（称呼）。

4. 考虑有利于降低关税或方便进口

某些商品具有多种名称，在确定合同的商品名称时，应从有助于规避开贸易壁垒、降低关税、节省运费的角度出发，选用对进出口贸易有利的名称。如有的商品名称上如冠以贵重原料，在运输（特别是海上运输）时，要付出较高运费，从而增加商品的成本。这种商品运抵进口国后，往往还要被课以较高的进口关税，如"人参××丸"、"参茸××"等。

1.2　商品品质

1.2.1　商品品质的含义

商品品质是商品的外观形态和内在素质的综合。商品的外观形态是通过人们的感觉器官可以直接获得的商品的外形特征，如商品的大小、长短、结构、造型、款式、色泽、光彩、宽窄、轻重、软硬、光滑、粗糙、味觉以及嗅觉等。商品的内在素质则是指商品的物理性能、化学成分、生物特征、技术指标和要求等，一般需要借助各种仪器、设备分析测试后才能获得。例如，纺织品的断裂强度、伸长率、回潮率、缩水率、防雨防火性能、色牢度，化工商品的熔点、沸点、凝固点，机械类产品的精密度、光洁度、强度，肉禽类商品的各种菌类含量等。

1.2.2　商品品质在国际贸易中的重要性

在国际贸易中，商品品质的优劣不仅关系到商品的使用效能，影响着商品售价的高低、销售数量和市场份额的增减，买卖双方经济利益的实现程度，而且关系到商品信誉、企业信誉、国家形象和消费者的利益。近几十年来，随着各国消费者的消费水平和消费结构的变化，消费者对商品质量的要求越来越高，国际市场上日趋激烈的商品竞争已逐渐从价格竞争转向商品品质的竞争。因此，提高商品品质，根据消费者现实和潜在的需要改进、完善商品品质，保证商品品质的稳定性，已成为各国生产厂商、销售商增强自身竞争力的重要手段。此外，由于各国贸易摩擦的不断加剧，许多国家也把提高商品品质作为奖出限入的贸易保护手段。

1.2.3　对进出口商品品质的基本要求

商品品质的高低不仅关系到买卖双方的权益，而且关系到商品、企业和国家的声誉，因此，必须认真对待。下面分别简述进口和出口业务中对商品品质的基本要求。

1. 对进口商品品质的要求

在进口贸易中，必须严格把好商品品质关。在洽购商品时，应充分了解国外卖家所提供的商品品质的等级，分析该商品与我国同类商品的品质差异，不进口品质低劣的商品。选购进口商品时，还应考虑我国的国情和国内现实的消费水平，不应盲目追求高规格、高档次、高品质造成不必要的损失。在订立合同时，还应注意对商品品质要求的严密性，避免因疏忽造成损失。在货物到达时，应严格进行商品品质检验，杜绝不符合合同品质条款规定的商品进入国门。根据我国法律的规定，尤其要防止进口危害国家安全或者社会公共利益的商品、破坏生态环境的商品，以及危害人民生命和健康的商品。

2. 对出口商品品质的要求

对于出口商品，应根据"以质取胜"的基本原则，重视科技开发，加强新产品的研制，提高出口商品的技术含量，努力做到按国际标准组织生产。同时，也要加强对出口商品的检验工作，严格把好出口商品的品质关。为此，必须做好以下几方面的工作：

（1）提高出口商品的品质。不断提高商品品质，凡品质不过关的商品，绝不出口。

（2）扩大有市场需求的商品出口，提高售后服务水平。根据不同的目标市场、不同时期的消费者需求，把握不同层次的消费需求的特点及其变化方向，发展我国传统商品的品牌优势，提高这些商品的质量，同时开发具有自主知识产权的商品，使我国的出口商品在国际市场上具有较强的适应性和竞争力。

（3）建立企业质量管理体系（QMS）和环境管理体系（EMS）。为了促进各国商品质量的提高，完善企业管理，保护消费者利益，国际标准化组织（ISO）在推出 ISO 9000、ISO 9001、ISO 9002、ISO 9003 和 ISO 9004 – 1 "质量管理和质量保证"系列标准的基础上，又推出了另一个一体化管理标准 ISO 14000 和 ISO 14001 "环境管理"系列标准。

（4）出口商品品质应符合进口国的有关法律规定和要求。许多国家政府对进口商品品质制定了严格的品质、卫生、安全管理办法，不符合规定的商品一律不准进口。了解和熟悉各国对进口商品的品质规定，使我国的出口商品品质适应并符合这些规定，有利于我国商品出口。

1.2.4　商品品质的表示方法

在国际货物买卖中，商品种类纷繁复杂，由于商品的特点、制造加工情况及市场习惯等各不相同，规定商品质量的方法也多种多样。归纳起来，主要分为两大类。

1. 用实物样品表示商品品质

商品品质用实物样品表示是指买卖双方在商谈时，由卖方或由买方提供少量实物以代表商品品质的实物作为样品，要求对方确认，样品一经确认便成为买卖双方交货的品质依据。这种表示商品品质的方法，在国际贸易中称为"凭样品买卖"（Sale by Sample）。

实物样品通常是从一批商品中抽取出来或者是由生产部门设计、加工出来的。当样品由卖方提供时，称为"凭卖方样品买卖"（Sale by Seller's Sample）；当样品由买方提供时，称为"凭买方样品买卖"（Sale by Buyer's Sample）。一般来说，国际货物买卖中的样品由卖方提供，但凭买方样品达成交易的也不少见。

"凭卖方样品买卖"时，卖方所提供的能充分代表日后整批交货品质的少量实物，可称之为代表性样品（Representative Sample）。代表性样品也就是原样（Original Sample），或称准样品（Type Sample）。在向买方送交代表性样品时，应留存一份或数份同样的样品，即复样（Duplicate Sample），或称留样（Keep Sample），以备将来交货或处理商品品质问题时核对使用。卖方应在原样和留存的复样上编制相同的号码，注明样品提交买方的具体日期，以便供日后联系、洽谈交易时参考。留存的复样应妥善保管，对于某些容易受环境影响而改变质量的样品，还应采取适当措施（诸如密封、防潮、防虫害、防污染等）贮藏保存好，以保证样品质量的稳定。

"凭买方样品买卖"在我国也称为"来样成交"或"来样制作"。由于买方熟悉目标市场的需求状况，买方提供的样品往往更能直接地反映出当地消费者的需求。买方出样在我国出口中有时也采用，但在确认按买方提交的样品成交之前，卖方必须充分考虑按来样制作特定产品所需的原材料供应、加工技术、设备和生产安排的可行性，以确保日后得以正确履约。

在实际业务中，如卖方认为按买方来样供货没有切实把握，卖方可根据买方来样仿制或从现有货物中选择品质相近的样品提交买方。这种样品称对等样品（Counter Sample）或称"回样"（Return Sample）。如买方同意凭对等样品洽谈交易，则就等于把"凭买方样品买卖"转变成了"凭卖方样品买卖"。

为了避免买卖双方在履约过程中产生品质争议，必要时还可使用封样（Sealed Sample），即由第三方或由公证机关（如商品检验机构）在一批货物中抽取同样品质的样品若干份，每份样品采用铅丸、钢卡、封条、封识章、不干胶印纸以及火漆等各种方式加封识别，由第三方或公证机关留存一份备案，其余供当事人使用。有时，封样也可由出样人自封或买卖双方一同加封。

样品无论是由买方提供的，还是由卖方提供的，一旦双方凭以此成交，便成为履行合同时交接货物的质量依据，卖方承担交付的货物质量与样品完全一致的责任。否则，买方有权提出索赔甚至拒收货物。因此，在凭样品买卖时，如果由于所买卖商品的特性或生产加工技术的原因，卖方难以保证交货质量与样品完全相同，则应在磋商订约时与买方约定交货质量与样品相似或大致相同，并在合同中作出明确规定。

例如：

品质与卖方于……（日期）提供的样品相似。

Quality be similar to sample submitted by the seller on … （date）.

所交货物须与卖方第××号样品大致相等。

The goods to be delivered shall be about equal to sellers sample No ××.

在采用上述规定时，买卖双方究竟允许交货质量与样品有多大差异，应事先有一致的认识，否则在交货时可能由于不同看法而引起争议。

2. 用文字说明表示商品的品质

在国际货物买卖中，大多数商品采用文字说明来规定其品质。用文字说明表示商品品质的方法称为"凭文字说明买卖"（Sale by Description）。具体有以下几种方式：

（1）凭规格买卖（Sale by Specifications）

商品的规格是指用以反映商品品质的若干主要指标，如成分、含量、纯度、容量、性能、大小、长短、粗细等。商品不同，表示商品品质的指标亦不同；商品用途不同，要求的品质指标也有所不同。用商品的规格来确定商品品质的方法称为"凭规格买卖"，这种方法简单方便、准确具体，在国际贸易中使用最为广泛。

例如：饲料蚕豆　水分最高15%，杂质最高2%。

（2）凭等级买卖（Sale by Grade）

商品的等级指同一类商品，按其质地的差异或尺寸、形状、重量、成分、构造、效能等的不同，用文字、数字或符号所做的分类。如特级（Special Grade），一级

（First Grade），二级（Second Grade）；大号（Large），中号（Medium），小号（Small）等。

例如：鲜鸡蛋　蛋壳呈浅棕色、清洁，品质新鲜，大小均匀。

特级　　每枚蛋净重 60 ~ 65 克；

超级　　每枚蛋净重 55 ~ 60 克；

大级　　每枚蛋净重 50 ~ 55 克；

一级　　每枚蛋净重 45 ~ 50 克；

二级　　每枚蛋净重 40 ~ 45 克；

三级　　每枚蛋净重 35 ~ 40 克。

同一类商品不同等级的产生是长期生产与贸易实践的结果，等级不同的商品规格不同。买卖双方对交易商品等级理解一致时，在合同中明确等级即可。但对于双方不熟悉的等级内容，则最好明确每一等级的具体规格。

（3）凭标准买卖（Sale by Standard）

标准是指商品规格的标准化。商品的标准一般由标准化组织、政府机关、行业团体、商品交易所等规定并公布。世界各国都有自己的标准。另外，还有国际标准和国外先进标准。国际标准是指国际标准化组织（ISO）的标准、国际电工委员会（IEC）制定的标准以及其他国际组织制定的某些标准。国外先进标准是指发达国家的国家标准，如英国为 BS，美国为 ANSI，法国为 NF，德国为 DIN，日本为 JIS、JAS 等。这些国际标准和国外先进标准均在国际贸易中被广泛采用。我国有国家标准、行业标准、地方标准和企业标准。

在国际贸易中，买卖一些质量容易变化的农产品，以及品质构成条件复杂的某些工业制成品时，买卖双方常以同业公会、交易所、检验局等选定的标准物来表示商品的品质。以标准物表示交易商品品质的方法主要有："良好平均品质"（Fair Average，Quality 或 F. A. Q.），指由同业公会或检验机构从一定时期或季节、某地装船的各批货物中分别抽取少量实物加以混合拌制，并由该机构封存保管，以此实物所显示的平均品质水平，作为该季节同类商品品质的比较标准。这种表示品质的方法非常笼统，实际并不代表固定、具体的品质规格。在我国，某些农副产品的交易中也有使用 F. A. Q. 表示品质的，习惯上我们称其为"大路货"，其交货品质一般以我国产区当年生产该项农副产品的平均品质为依据确定。采用这种方法，除在合同中注明 F. A. Q. 字样外，一般还订明该商品的主要规格指标。

例如：花生　良好平均品质；

水分　　　不超过 13%；

破碎率　　不超过 6%；

杂质　　　最高 2%；

含油量　　最低 44%。

（4）凭品牌或商标买卖（Sale by Brand or Trade Mark）

商品的品牌（Brand）是指厂商或销售商所生产或销售商品的牌号，又称"牌名"；商标（Trade Mark）则是牌号的图案化，是特定商品的标志。使用品牌与商标的主要目的是使之区别于其他同类商品，以利销售。

在国际贸易中，在市场上行销已久，质量稳定，信誉良好的产品，其品牌或商标也往往为买方或消费者所熟悉喜爱。生产厂商或销售商凭品牌或商标来表示商品品质，与买方达成交易，这种方法称为"凭品牌或商标买卖"。

例如：梅林牌午餐肉和太太乐牌鸡精。

商品的品牌或商标不仅代表着一定的质量水平，而且能够诱发买方或消费者的购买欲望，成为强有力的竞争手段，因此，应当注意维护名牌商标的声誉。在凭品牌或商标买卖时，如果同一种品牌反映不同型号或规格的商品，则必须在合同中明确品牌或商标的同时，规定型号或规格。应当指出的是，品牌、商标属于工业产权，各国均制定了有商标法加以保护。在凭品牌或商标买卖时，生产厂商或销售商应注意有关国家的法律规定，在销往国办理登记注册手续，以维护商标专用权。

（5）凭产地名称或凭地理标志买卖（Sale by Name of Origin，or Sale by Geographical Indication）

国际上有些地区的产品，尤其是传统农副产品，具有独特的加工工艺，在国际市场上享有盛誉。对于这类商品的销售，可以采用产地名称或地理标志来表示其独特的品质。如以一个国家为标志的"法国香水"（France Perfume）、"德国啤酒"（German Beer）；以某个国家的某一地区为标志的"中国东北大米"（China Northeast Rice）；以某个国家某一地区的某一地方为标志的"四川涪陵榨菜"（Sichuan Preserved Vegetable）等。这些标志不仅标注了特定商品的产地，更重要的是无形中对这些商品的特殊质量和品味提供了一定的保障。地理标志在世界贸易组织乌拉圭回合最终协议文件中已被正式列入知识产权保护范畴。

（6）凭说明书和图样买卖（Sale by Description and Illustration）

在国际货物买卖中，有些机器、电器、仪表、大型设备、交通工具等技术密集型产品，由于其结构复杂，制作工艺不同，无法用样品或简单的几项指标来反映其品质全貌。对于这类商品，买卖双方除了要规定其名称、商标牌号、型号等，通常还必须采用说明书来介绍该产品的构造、原材料、产品形状、性能、使用方法等，有时还附以图样、图片、设计图纸、性能分析表等来完整说明其具有的品质特征。例如，在合同中规定"品质和技术数据必须与卖方所提供的产品说明书严格相符"。

在销售某一商品时，原则上，可用文字说明表示品质的，就不再同时用样品表示，反之亦然。如果有些商品确需既用文字说明又用样品表示品质，则一旦成交，卖方必须承担交货品质既符合文字说明又符合样品的责任。

用文字说明表示品质的方法有多种。在实际业务中，可单独使用某一种方法，如只凭规格，也可将两种或两种以上的方法结合使用，如既凭商标品牌，又凭规格，甚至再列明等级或产地名称。当然，以任何一种或几种方法表示所买卖的商品品质，卖方必须承担按各个方法所表示的品质履行交货义务的责任。

在用文字说明表示品质时，为了使买方进一步了解商品的实际品质，增加感性认识，也可提供一些"参考样品"。这与"凭样买卖"是有区别的，因为这种参考样品是作为卖方宣传之用，仅供对方决定购买时参考，不作为交货时的品质依据。可是，为了防止可能发生的纠纷，一般应标明"仅供参考"（For Reference Only）字样。同时，在对外寄送参考样品时，也必须慎重对待，力求做到日后交货的品质既符合文字说明，又与参考样品相接近。

在国际贸易中，有些特种商品，既无法用文字概括其品质，也没有品质完全相同的样品可以作为交易的质量依据，如珠宝、首饰、字画、特定工艺制品（牙雕、玉雕、微雕等）。对于这类具有独特性质的商品，买卖双方只能看货洽谈，按货物的实际状况达成交易，这种交易方式称为"看货成交"。

总之，卖方应根据商品的特点、市场习惯和实际需要，适当地选用适合有关商品的表示品质的方法，以利于销售，并维护其自身利益。

1.2.5 合同中的品质条款

1. 基本内容

表示商品品质的方法不同，合同中商品品质条款的内容也各不相同。在凭样品买卖时，合同中除了要列明商品的名称外，还应订明凭以达成交易的样品的编号，必要时还要列出寄送的日期。在凭文字说明买卖时，应针对不同交易的具体情况在买卖合同中明确规定商品的名称、规格、等级、标准、品牌、商标或产地名称等内容。在以说明书和图样表示商品质量时，还应在合同中列明说明书、图样的名称、份数等内容。

例如：文件柜　水曲柳和桦木三夹板面；

黄铜拉手；

两个抽屉；

规格 16" W × l7" D × 28" H。

国际货物买卖合同中的品质条款是买卖双方交接货物时的品质依据。卖方所交货物的品质如果与合同规定不符，卖方要承担违约责任，买方则有权对因此而遭受的损失向卖方提出索赔或解除合同。为了防止品质纠纷，合同中的品质条款应尽量明确具体，避免笼统含糊。在规定品质指标时尽量不用诸如"大约"、"左右"、"合理误差"等含意不清的用语，所涉及的数据应力求明确，而且要切合实际，避免订得过高、过低、过简或过细。

2. 品质机动幅度条款与品质公差

在国际贸易中，卖方交货品质必须严格与合同规定的品质条款相符。但是，某些商品由于生产过程中存在自然损耗，以及受生产工艺、商品本身特点等诸多方面原因的影响，难以保证交货品质与合同的规定完全一致，对于这些商品，如果条款规定过死或把品质指标订得绝对化，必然会给卖方的交货带来困难。为此，订立合同时可在品质条款中规定一些灵活条款，卖方所交商品品质只要在规定的灵活范围内，即可以认为交货品质与合同相符，买方无权拒收。常见的规定办法有以下两种。

（1）品质机动幅度条款

品质机动幅度是指对特定品质指标在一定幅度内可以机动。品质机动幅度主要适用于初级产品，以及某些工业制成品的品质指标。具体方法有规定范围、极限和上下差异三种。

①规定范围，指对某项商品的主要品质指标规定允许有一定范围的机动。

例如：番茄酱 28/30 浓缩度。

②规定极限，指对某些商品的品质规格，规定上下极限，如最大、最高、最多、最小、最低、最少。

例如：鱼粉　蛋白质55%以上；

脂肪　最高9%；

水分　最高11%；

盐分　最高4%；

砂分　最高4%。

③规定上下差异，指在规定某一具体品质指标的同时，规定必要的上下变化幅度。有时为了包装的需要，也可订立一些机动条款。

例如：中国大豆　含水量14%±1%。

（2）品质公差

品质公差是指允许交付货物的特定品质指标在公认的范围内有一定的差异。在工业品生产过程中，产品的品质指标产生一定的误差有时是难以避免的，如手表走时每天误差若干秒、某一圆形物体的直径误差若干毫米。这种误差若为某一国际同行业所公认，即成为品质公差。交货品质在此范围内即可认为与合同相符。

对于国际同行业有公认的品质公差，可以不在合同中明确规定。但如果国际同行业对特定指标并无公认的品质公差，或者买卖双方对品质公差理解不一致，或者由于生产原因，需要扩大公差范围时，也可在合同中具体规定品质公差的内容，即买卖双方共同认可的误差。

卖方交货品质在品质机动幅度或品质公差允许的范围内，一般均按合同单价计价，不再按品质高低另做调整。但有些商品，也可按交货时的品质状况调整价格，这时就需要在合同中规定品质增减价格条款。

例如，我国出口芝麻时常在合同中规定：中国芝麻　水分（最高）8%；杂质（最高）2%；含油量（湿态、乙醚浸出物）以52%为基础。如实际装运货物的含油量高或低1%，价格相应增减1%，不足整数部分，按比例计算。

1.3　商品的数量

在国际货物买卖中，商品的数量不仅是国际货物买卖合同中的主要交易条件之一，而且是构成有效合同的必备条件。合同中的数量条款是双方交接货物的数量依据。不明确卖方应交付多少货物，除无法确定买方应该支付多少金额的货款外，不同的数量有时还会影响到价格以及其他交易条件。因此，正确把握成交数量，对于买卖双方顺利达成交易以及合同的履行，都具有十分重要的意义。

1.3.1　数量计算

在国际贸易中，使用的数量计算方法通常有六种：（1）按重量（Weight）计量；（2）按容积（Capacity）计量；（3）按个数（Numbers）计量；（4）按长度（Length）计量；（5）按面积（Area）计量；（6）按体积（Volume）计量。具体交易时采用何种计量方法，要视商品的性质、包装种类、运输方法、市场习惯等决定。

1. 重量的计算方法

在国际货物买卖中，很多商品采用按重量计量的方法。按重量计量时，计算重量的方法主要有以下几种。

（1）按毛重计

毛重是指商品本身的重量加皮重，即商品连同包装的重量。有些单位价值不高的商品（例如，用麻袋包装的大米、大豆等农产品）可采用按毛重计量，即以毛重作为计算价格和交付货物的计量基础。这种计重方法在国际贸易中被称为"以毛作净"。

由于这种计重方法直接关系到价格的计算，因此，在销售上述种类的商品时，不仅在规定数量时，需明确"以毛作净"，在规定价格时，也应加注此条款，例如，"每公吨 300 美元，以毛作净"。

（2）按净重计

净重指商品本身的重量，即毛重扣除皮重（包装）的重量。在国际货物买卖中，按重量计量的商品大都采用以净重计量的方法。

在国际贸易中去除皮重的方法有四种：

①按实际皮重。将整批商品的包装逐一过秤，算出每一件包装的重量和总重量。

②按平均皮重。从全部商品中抽取几件，秤其包装的重量，除以抽取的件数，得出平均数，再以平均每件的皮重乘以总件数，算出全部包装重量。

③按习惯皮重。某些商品的包装比较规格化，并已经形成一定的标准，即可按公认的标准单件包装重量乘以商品的总件数，得出全部包装重量。

④按约定皮重。买卖双方以事先约定的单件包装重量，乘以商品的总件数，求得该批商品的总皮重。

去除皮重的方法，依交易商品的特点，以及商业习惯的不同，由买卖双方事先商定在买卖合同中作出具体规定。

（3）其他计算重量的方法

①按公量计重。在计算货物重量时，使用科学方法，抽去商品中所含水分，再加标准水分重量，求得的重量称为公量。这种计重办法较为复杂、麻烦，主要使用于少数经济价值较高而水分含量极不稳定的商品，如羊毛、生丝、棉花等。

②按理论重量计重。理论重量适用于有固定规格和固定体积的商品。规格一致、体积相同的商品，每件重量也大致相等，根据件数即可算出其总重量，如马口铁、钢板等。

③法定重量和净净重。纯商品的重量加上直接接触商品的包装材料，如内包装等的重量，即为法定重量。法定重量是海关依法征收从量税时，作为征税基础的计量方法。而扣除这部分内包装的重量及其他包含杂物（如水分、尘芥）的重量，则为净净重，净净重的计量方法主要也为海关征税时使用。

在国际货物买卖合同中，如果货物是按重量计量和计价，而未明确规定采用何种方法计算重量和价格时，根据惯例，应按净重计量和计价。

2. 国际贸易中常用的度量衡制度

在国际货物买卖中，各国使用的度量衡制度不相同。因此，同一计量单位表示的实际数量有时会有很大不同。例如，重量单位吨有公吨、长吨、短吨之分，分别等于 1000 千克、1016 千克、907 千克。目前，国际贸易中通常使用的度量衡制度度有四种：①公制（或米制）（Metric System）；②美制（U.S System）；③英制（British System）；④国际单位制（Le Systeme International d'Unites，SI）。

我国采用的是以国际单位制为基础的法定计量单位。《中华人民共和国计量法》第三条中明确规定："国家采用国际单位制。国际单位制计量单位和国家选定的其他计量单位为国家法定计量单位。"在外贸业务中，出口商品除合同规定需采用公制、英制或美制计量单位者外，也应使用法定计量单位。一般不进口非法定计量单位的仪器设备。如有特殊需要，须经有关标准计量管理机构批准，才能使用非法定计量单位。

3. 计量单位

在不同计量方式下，通常采用的计量单位名称及适用的商品，具体如下：

（1）重量单位

适用商品为一般天然产品以及部分工业制成品，如羊毛、棉花、谷物、矿产品、油类、沙盐、药品等。

常用计量单位：千克（kilogram 或 kg）、吨（ton 或 t）、公吨（metric ton 或 m/t）、公担（quintal 或 q）、公分（gram 或 gm）、磅（pound 或 lb）、盎司（ounce 或 oz）、长吨（long ton 或 l/t）、短吨（short ton 或 s/t）。

（2）容积单位

适用商品为谷物类以及部分流体、气体物品，如小麦、玉米、煤油、汽油、酒精、啤酒、液化气等。

常用计量单位：升（litre 或 l）、加仑（gallon 或 gal）、蒲式耳（bushel 或 bu）等。

（3）个数单位

适用商品为一般日用工业制品以及杂货类商品，如文具、纸张、玩具、成衣、车辆、拖拉机、活牲畜等。

常用计量单位：只（piece 或 pc），件（package 或 pkg），双（pair），台、套、架（set），打（dozen 或 doz），罗（gross 或 gr），大罗（great gross 或 g.gr），令（ream 或 rm），卷（roll 或 coil），头（head）。有些商品也可按箱（case），包（bade），桶（barrel 或 drum），袋（bag）等计量。

（4）长度单位

适用商品为纺织品匹头、绳索、电线电缆等。

常用单位：码（yard 或 yd）、米（metre 或 m）、英尺（foot 或 ft）、厘米（centi‐metre 或 cm）等。

（5）面积单位

适用商品为皮制商品、塑料制品等。如塑料篷布、塑料地膜、皮革、铁丝网等。

常用单位：平方码（square yard 或 yd^2）、平方米（square metre 或 m^2）、平方英尺（square foot 或 ft^2）、平方英寸（square inch）等。

（6）体积单位

适用商品为化学气体、木材等。

常用单位：立方码（cubic yard 或 yd^3）、立方米（cubic metre 或 m^3）、立方英尺（cubic foot 或 ft^3）、立方英寸（cubic inch）等。

1.3.2　合同中的数量条款

1. 基本内容

合同中的数量条款，主要包括成交商品的具体数量和计量单位。有的合同还需规定确定数量的方法。

按照合同规定的数量交付货物是卖方的基本义务。某些国家法律规定，卖方交货数量必须与合同规定相符，否则买方有权提出索赔，甚至拒收货物。例如，英国《1893 年货物买卖法案》第 30 条规定："卖方交付货物的数量如果少于约定数量，买方可以拒收货物；卖方实际交货数量多于约定数量，买方可以只接受约定数量而拒收超过部分，也可以全部拒收。如果买方接受了卖方所交的全部货物，则必须按约定单价支付货款。"《联合国国际货物销售合同公约》也规定，卖方必须按合同数量条款的规定如数交付货物。如果卖方交货数量多于约定数量，买方可以收取，也可以拒绝收取多交部分货物的全部或一部分；如果卖方实际交货数量少于约定数量，卖方应在规定的交货期届满前补交，但不得使买方遭受不合理的不便或承担不合理的开支，而且，买方保留要求损害赔偿的任何权利。

为了避免买卖双方交易后的争议，合同中的数量条款应当完整明确，对计量单位的实际含义双方应理解一致，采用对方习惯使用的计量单位时，要注意换算的准确性，以保证实际交货数量与合同数量一致。

2. 数量的机动幅度条款

在国际货物买卖中，有些商品是可以加以精确计量的，如金银、药品、生丝等。但在实际业务中，有许多商品受本身特性、生产、运输或包装条件以及计量工具的限制，在交货时不易精确计算。如散装谷物、油类、水果、粮食、矿砂、钢材以及一般的工业制成品等，交货数量往往难以完全符合合同约定的某一具体数量。为了便于合同的顺利履行，减少争议，买卖双方通常都要在合同中规定数量的机动幅度条款，允许卖方交货数量可以在一定范围内灵活掌握。

买卖合同中的数量机动幅度条款一般就是溢短装条款（More or Less Clause）。溢短装条款是指在规定具体数量的同时，再在合同中规定允许多装或少装的一定百分比。卖方交货数量只要在允许增减的范围内即为符合合同有关交货数量的规定。例如，1000 公吨，卖方可溢装或短装 5%，按此规定，卖方实际交货数量如果为950 公吨，或 1050 公吨，买方不得提出异议。

溢短装条款也可称为增减条款（Plus or Minus Clause），在使用时，可简单地在增减幅度前加上"±"符号。合同中规定有溢短装条款，具体伸缩量的掌握大都明确由卖方决定，但有时特别是在由买方派船装运时，也可规定由买方决定。在采用租船运输时，为了充分利用船舱容积，便于船长根据具体情况，如轮船的运载能力等，考虑装运数量，也可授权船方掌握并决定装运增、减量。在此情况下，买卖合同应明确由承运人决定伸缩幅度。

此外，在少数场合，也有使用"约"数条款来表示实际交货数量可有一定幅度的伸缩，即在某一具体数字前加"约"或类似含义的文字。例如，约10000吨。由于"约"数的含义在国际贸易中有不同解释，容易引起纠纷，如果买卖双方一定要使用"约"数条款时，双方应事先在合同中明确允许增加或减少的百分比，或在"一般交易条件"协议中加以规定，否则不宜采用。

在数量机动幅度范围内，多装或少装货物，一般都按合同价格结算货款，多交多收，少交少收。

1.4　商品的包装

1.4.1　商品包装的概述

1. 商品包装的含义

商品包装是商品生产的继续，是商品生产的最后一道程序，凡需要包装的商品，只有进行包装后，才算完成生产过程，商品才能进入流通领域和消费领域，实现商品的使用价值和价值。商品的包装是为了保护商品在流通过程中品质完好和数量完整所使用的包装材料或包装容器。

2. 包装的功能

国际贸易中的货物，除无须包装、可直接装入运输工具中的散装货物和在形态上自成件数、不必包装或者只需略加捆扎即可成件的裸装货物以外，其他绝大多数商品都需要包装。商品包装是实现商品的使用价值和附加价值的必要手段之一。适当的商品包装，对保护、保存商品，美化、宣传商品以及方便商品的存储、运输、销售等有着重要的意义。

包装的功能有很多，主要体现在以下三个方面：

（1）保护功能。保护功能是商品包装最基本的功能。为了使出口商品的品质和数量在运输、储存、销往国外市场的过程中不受损、不变质、不散失，应根据商品的形态、特征、运输环境、销售环境等因素，合理地选择包装材料，设计包装结构，并注意商品对包装在耐压性、耐摩擦性、耐腐蚀性、防锈蚀、防潮、防偷盗、防虫害、防霉、防受热或受冷、防水等方面的特殊要求。

（2）方便性功能。商品包装应能方便生产、装填、储运、装卸、陈列、销售、开启、使用、回收、处理或重复使用。

（3）信息传递功能。通过包装设计及其包装上的各种标识、文字、色彩等，不同的包装不仅可以传递运输货物的信息，而且可以传递有关商品的牌号、性质、成分、容量、使用方法、生产单位等信息，起到一定的广告作用，便于消费者识别，从而达到扩大销售的目的。

3. 商品包装的种类

商品包装的分类方法很多。通常人们习惯根据包装在流通过程中所起的作用不同，将商品包装分为运输包装和销售包装两大类。除此以外，包装还可按包装容器形状分类，分为箱、桶、袋、包、筐、篓、捆、坛、罐、缸、瓶等；按包装材料分类，分为木制品、纸制品、金属制品、玻璃制品、陶瓷制品和塑料制品等。其中纸制品、金属制品、玻璃制品和塑料制品是现代包装材料的四大支柱。按包装货物种类可分为食品、医药、轻工产品、针棉织品、家用电器、机电产品和果菜类等。按安全性能可分为一般货物包装和危险货物包装等。本节重点介绍的是运输包装和销售包装。

1.4.2　运输包装

运输包装（Transport Packing）又称大包装、外包装。它是将货物装入特定容器，或以特定方式成件或成箱的包装。

1. 运输包装的种类

根据包装方式的不同，运输包装主要可区分为以下几种。

（1）箱。不能紧压的货物通常装入箱内。按不同材料，箱子有木箱、板条箱、纸箱、瓦楞纸箱、漏孔箱等。

（2）桶。液体、半液体以及粉状、粒状货物，可用桶装。桶有木桶、铁桶、塑料桶等。

（3）袋。粉状、颗粒状和块状的农产品及化学原料，常用袋装。袋有麻袋、布袋、纸袋、塑料袋等。

（4）包。羽毛、羊毛、棉花、生丝、布匹等可以紧压的商品可以先经机压打包，压缩体积后，再以棉布、麻布包裹，外加箍铁和塑料带，捆包成件。

除上述单件包装外，运输包装还有将一定数量的单件包装组合成一件大的包装或装入一个大的包装容器内的集合运输包装，如托盘、集装袋等。

2. 运输包装的标志

运输包装的标志是为了方便货物交接、防止错发、错运、错提货物，方便货物的识别、运输、仓储以及方便海关等有关部门依法对货物进行查验等，而在商品的外包装上标明或刷写的标志。按其作用的不同，包装标志可分为：运输标志（Shipping Mark）、指示性标志（Indicative Mark）、警告性标志（Warning Mark）、重量体积标志和产地标志等。

（1）运输标志

运输标志即唛头，是国际货物买卖合同、货运单据中有关货物标志事项的基本内容。它一般由一个简单的几何图形以及字母、数字和简单的文字等组成，通常刷印在运输包装的明显部位，目的是为了使货物运输途中的有关人员辨认货物，核对单证。按国际标准化组织（ISO）的建议，运输标志应包括四项内容：①字首或简称。②参照号码。如买卖合同号码、订单、发票或运单号码、信用证号码等。③目的地。货物运送的最终目的地或目的港的名称。④件数号码。本批每件货物的顺序号和该批货物的总件数。

需要指出的是，为了便于刻唛、刷唛，节省时间和费用，便于在制单及其信息传递过程中使用电信手段，国际标准化组织推荐的标准运输标志不使用几何图形或其他图形。

（2）指示性标志

指示性标志是根据商品的特性，对一些容易破碎、残损、变质的商品，在搬运装卸操作和存放保管条件方面所提出的要求和注意事项，用图形或文字表示的标志。例如，"怕湿"、"向上"、"小心轻放"和"禁用手钩"等。

为了统一各国运输包装指示标志的图形与文字，国际标准化组织、国际航空运输协会和国际铁路货运会议分别制定了包装储运指示性标志，并建议各会员国予以采纳。我国制定有运输包装指示性标志的国家标准，所用图形与国际上通用的图形基本一致。图1-1列举的是一些常用的指示性标志。

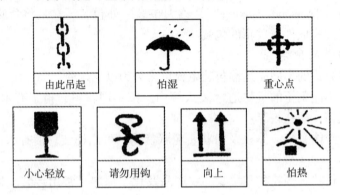

图1-1　常用的指示性标志图

（3）警告性标志

警告性标志又称危险品标志（Dangerous Cargo Mark），是指在装有爆炸品、易燃物品、腐蚀物品、氧化剂和放射物质等危险货物的运输包装上用图形或文字表示各种危险品的标志。其作用是警告有关装卸、运输和保管人员按货物特性采取相应的措施，以保障人身和物资的安全。

为保证国际危险货物运输的安全，联合国、国际海事组织、国际铁路合作组织和国际民航组织分别制定了国际海上、铁路、航空危险货物运输规则。在我国出口危险品的外包装上，应分别依照上述规则，刷印必要的危险品标志。图1-2列举了《国际海上危险货物运输规则》（简称《国际危规》）所规定的一些危险品标志。

（4）重量体积标志

重量体积标志是指在运输包装上标明包装的体积和毛重，以方便储运过程中安排装卸作业和舱位。例如：

GROSS WEIGHT　　　54 kg；

NET　WEIGHT　　　52 kg；

MEASUREMENT　　　42cm×28cm×18 cm。

（5）产地标志

商品产地是海关统计和征税的重要依据，由产地证说明。一般在商品的内外包装上均注明产地，作为商品说明的一个重要内容。例如，我国出口商品包装上均注明"MADE IN CHINA"。

图1-2 《国际海运危险货物规则》规定的一些危险品标志图

1.4.3 销售包装

销售包装（Selling Packing）又称小包装、内包装或直接包装，是在商品制造出来以后以适当的材料或容器所进行的初次包装。销售包装除了保护商品的品质外，还能美化商品，宣传推广，便于陈列展销，吸引顾客和方便消费者识别、选购、携带和使用，从而能起到促进销售，提高商品价值的作用。有的商品如罐头食品只有进行了销售包装后，生产才真正完成。

1. 销售包装的种类

根据商品的特征和形状，销售包装可采用不同的包装材料和不同的造型结构与式样。常见的销售包装有以下几种。

（1）挂式包装。可在商店货架上悬挂展示的包装，其独特的结构如吊钩、吊带、挂孔、网兜等，可充分利用货架的空间陈列商品。

（2）堆叠式包装。这种包装通常指包装品顶部和底部都设有吻合装置使商品在上下堆叠过程中可以相互咬合，其特点是堆叠稳定性强，大量堆叠而节省货位，常用于听装的食品罐头或瓶装、盒装商品。

（3）便携式包装。包装造型和长宽高比例的设计均适合消费者携带使用的包装，例如有提手的纸盒、塑料拎包、塑料袋等。

（4）一次用量包装。又称单份包装、专用包装或方便包装，以使用一次为目的的较简单的包装，例如一次用量的药品、饮料、调味品等。

（5）易开包装。包装容器上有严密的封口结构，使用者不需另备工具即可容易地开启。易开包装又分为易开罐、易开瓶和易开盒等，例如灌装可口可乐、瓶装矿泉水和火腿罐头。

（6）喷雾包装。在气密性容器内，当打开阀门或压按钮时，内装物由于推进产生的压力能喷射出来的包装，例如香水、空气清新剂、清洁剂等包装。

（7）配套包装。将消费者在使用上有关联的商品搭配成套，装在同一容器内的销售包装，例如工具配套箱、成套茶具的包装盒等。

（8）礼品包装。专作为送礼用的销售包装。礼品包装的造型应美观大方，有较高的艺术性，有的还使用彩带、花结、吊牌等。它的装潢除了给消费者留下深刻印象外，还必须具有保护商品的良好性能。使用礼品包装的范围极广，例如糖果、化妆品、工艺品、滋补品和玩具等。

2. 销售包装的装潢和说明

商品销售包装上的装潢和说明，是美化商品、宣传商品、吸引消费者，使消费者了解商品特性和妥善使用商品的必要手段。装潢、图案和说明通常直接印刷在商品包装上，也有采用在商品上粘贴、加标签、挂吊牌等方式。

销售包装的装潢，通常包括图案与色彩。装潢应美观大方，富于艺术吸引力，并突出商品的特性。同时，还应适应进口国或销售地区的民族习惯和爱好，以利于扩大出口。文字说明通常包括商品名称、商标品牌、数量规格、成分构成与使用说明等内容。这些文字说明应与销售包装的装潢画面紧密结合、和谐统一，以达到树立产品及企业形象、提高宣传和促销的目的。使用的文字说明或粘贴、悬挂的商品标签、吊牌等，还应注意不违反有关国家的标签管理条例的规定。例如，有的国家明文规定所有进口商品的文字说明必须使用本国文字。

3. 物品条码标志

物品条码（Product Code）是一种产品代码，它是由一组粗细间隔不等的平行线条及相应的数字组成的标记，如图 1 - 3 所示。

图 1 - 3　条码

这些线条和间隙空间表示一定的信息，通过光电扫描阅读装置输入相应的计算机网络系统，即可判断出该商品的生产国别或地区、生产厂家、品种规格和售价等一系列有关该产品的信息。例如国际上使用最广的 EAN 码由 12 位数字的产品代码和 1 位校验码组成。前 3 位为国别码，中间 4 位数字为厂商号，后 5 位数字为产品代码。

国际上通用的条码种类很多，主要有以下两种：一种是美国统一代码委员会编制的 UPC 条码（Universal Product Code），另一种是由欧洲 12 国成立的欧洲物品编码协会（后改名为国际物品编码协会）编制的 EAN 条码（European Article Number）。目前使用 EAN 物品标识系统的国家（地区）众多，EAN 系统已成为国际公认的物品编码标识系统。中国物品编码中心（ANCC）是国务院同意成立的统一组织、协调、管理全国条码工作的专门机构，隶属于国家质量监督检验检疫总局。1991 年 4 月代表我国加入国际物品编码协会（EAN International，现更名为 GS1），成为其授权的我国唯一的成员组织，负责推广国际物品编码协会建立并在全球推动实施的全球统一标识系统和相关商务标准——EAN·UCC 系统，在我国称为 ANCC 全球统一标识系统（简称 ANCC 系统）。

目前，国际物品编码协会分配给我国的国别号为"690"、"691"、"692"和"693"。它们是国际物品编码协会（GS1）分配给中国物品编码中心的标识代码前缀码，通常称为以这些前缀码开始的厂商识别代码都是由中国物品编码中心分配和管理的。

1.4.4　定牌、无牌和中性包装

定牌、无牌和中性包装是国际贸易中的通常做法。我国在出口业务中，一些出口企业有时也可应客户的要求，采用这些做法。

定牌包装是指买方要求卖方在出口商品和/或包装上使用买方指定的商标或牌名的做法。我国同意采用定牌包装，是为了利用买主（包括生产厂商、跨国公司、大型连锁超市和专卖店）的经营能力和它们的企业商誉或名牌声誉，以提高商品售价和扩大销售数量。但应警惕有的外商利用向我国定购定牌商品来排挤使用我方商标的货物销售，从而影响我国产品在国际市场树立品牌。

无牌是指买方要求卖方在出口商品和/或包装上免除任何商标或牌名的做法。它主要用于一些进一步加工的半成品，如供印染用的棉坯布，或供加工成服装用的呢绒、布匹和绸缎等。其目的主要是避免浪费，降低成本。国外有的大百货公司、超级市场向我国订购低值易耗的日用消费品时，也有要求采用无牌包装方式的。其原因是，无牌商品无需广告宣传，可节省广告费用，降低销售成本。除非另有约定，采用定牌和无牌时，在我国的出口商品和/或包装上均须标明"中国制造"字样。

中性包装是指在商品上和内外包装上不注明生产国别的包装。中性包装有定牌中性和无牌中性之分。

定牌中性是指在商品和/或包装上使用买方指定的商标/牌名，但不注明生产国别。

无牌中性是指在商品和包装上均不使用任何商标/牌名，也不注明生产国别。

1.4.5　合同中的包装条款

包装条款是国际货物买卖合同中的主要条款之一，也是国际货物买卖合同的重要内容。按照合同约定的包装要求提交货物，是卖方的主要义务。有些国家的法律将包装视作货物说明的一部分，《联合国国际货物销售合同公约》第 35 条（1）款规定：卖方须按照合同规定的方式装箱或包装。如果卖方不按照合同规定的方式装箱或包装，即构成违约。为了明确国际货物买卖合同中当事人的责任，通常应在买卖合同中对商品的包装要求作出明确具体的规定。

1. 包装条款基本内容

合同中包装条款的内容一般包括包装材料、包装方式、包装规格、包装费用和每件包装中所含物品的数量或重量。

例如：

铁桶装每桶净重 185~190 千克；

木桶装每桶净重 50 千克；

单层新麻袋每袋约 50 千克；

牛皮纸装内衬聚乙烯袋，每袋净重 25 千克；

每台装 1 个出口纸箱，810 个纸箱装 1 只 40 英尺集装箱。

2. 订立包装条款的注意事项

（1）包装条款应明确具体。在合同中一般不宜采用"适合海运包装"（Sea - worthy Packing）、"习惯包装"（Customary Packing）之类的术语，因为此类术语缺乏统一的解释，容易引起争议。有时为了更加明确，在规定包装材料和方式时，可订明每件的重量或数量。

（2）关于运输标志（唛头）应写清楚是由卖方提供还是由买方自行设计。按国际贸易习惯，唛头一般由卖方决定，习惯称"卖方唛头"（Seller's Mark），并无须在合同中做具体规定。如买方要求，也可在合同中作出具体规定，习惯称"买方唛头"（Buyer's Mark）。但如买方要求由其指定唛头，则应在合同中明确规定唛头的具体式样和内容，或规定买方提交唛头式样和内容的时限，并订明若到时尚未收到买方有关唛头的通知，则卖方可自行决定，以免延误卖方交货。如在合同中规定："唛头由买方提供，买方提供的唛头必须在装运前×天交到卖方，否则，卖方可以刷制自行设计的唛头。"

（3）选择包装方式时应考虑商品的特性和使用的运输方式，尽量有利于降低包装成本和节省运输费用。

（4）明确包装由谁供应和包装费用由哪方负担。包装费用一般包括在货价之中，不另计算。但若买方对包装有特殊要求，除非事先明确包装费用包括在货价内，其超出的包装费用原则上应由买方负担，并应在合同中具体规定负担的费用和支付办法。如商定全部或部分包装材料由买方负责提供，合同中应同时规定包装材料最迟到达卖方的时限和逾期到达的责任，该项时限应与合同的交货期限相适应。另外，即使由买方承担包装费用，如果卖方包装技术达不到，也不宜轻易接受，以免引起纠纷。

（5）考虑进口国对包装的有关法令规定和风俗习惯，各国政府对包装有时会有一些特殊的要求，如在包装材料方面，有的国家不允许使用玻璃和陶瓷制作包装材料，有的国家（如美国、日本、加拿大、新西兰）禁止用稻草、报纸做包装衬垫。同时，包装还应顾及各国的风俗习惯，如非洲国家不欢迎狗，而东南亚国家大都喜欢大象，日本忌以莲花为包装图案等。

【小结】

本章介绍了商品的名称、品质、数量和包装的基本概念，讲解了在国际贸易合同中商品的名称、品质、数量和包装条款的基本内容及规定方法，以及订立这些条款时应注意的问题。

【思考题】

1. 规定商品名称条款时有哪些注意事项？
2. 表示商品品质的方法有哪些？
3. 什么是品质机动幅度？规定品质机动幅度的方法有哪几种？
4. 国际贸易中常用的度量衡制度有哪几种？
5. 运输包装标志有哪几种？

【案例分析】

1. A 出口公司对外成交自行车 3000 辆，合同规定 2000 辆为黑色，1000 辆为湖蓝色，在备货中，A 公司发现黑色自行车有货，湖蓝色无货，只有其他色泽。业务人员认为买方是老客户，且要货很急，给一些其他颜色的自行车估计没什么问题，于是在没有征得客户的同意的情况下把 300 辆橘红色，300 辆纺织棕色和 400 辆银红色的自行车代替原合同的 1000 辆湖蓝色自行车转运出口，单证寄到国外后，客户拒绝付款赎单。试问，责任方在谁？

2. 出口合同规定的商品名称为"手工制造书写纸"（Handmade Writing Paper），买方收到货物后，经检验发现货物部分工序为机械操作，而我方提供的所有单据均表示为手工制造，对方要求我方赔偿。

我方拒赔，主要理由有两个方面：（1）该商品的生产工序基本上是手工操作，在关键工序上完全采用手工制作；（2）该笔交易是经买方当面先看样品成交的，而实际商品品质又与样品一致，因此应认为货物与双方约定的品质相符。

事后经中国国际贸易促进委员会有关人士调解后，双方在友好协商过程中取得谅解。对此，请给予评论。

3. 我国某汽车公司向马来西亚客户出口汽车配件，品名为 YZ - 8303R/L，但汽车公司提供了 YZ - 8301R/L，两种型号的产品在外形上非常相似，但却用在不同的车型上，因此客户不能接受，要求我方调换产品或降低价格。我方考虑到退货相当麻烦，费用很高，因此只好降低价格 15%，了结此案，请加以分析。

第 2 章
国际贸易术语

【学习目标】

通过本章的学习，能够了解贸易术语的概念、产生及发展和国际贸易惯例；熟悉和掌握《2010 年国际贸易术语解释通则》（以下简称《2010 通则》）中 11 个贸易术语的含义、特点、风险、费用和责任的划分以及适用的运输方式。

【重点与难点】

贸易术语；《2010 通则》中 11 个国际贸易术语的含义以及在实践中的应用。

【导入案例】

我国某公司从美国一公司进口特制钢材 100 公吨，价格条件为 FOB Vessel San Francisco。每公吨 860 美元，采用信用证方式支付。按照规定，我方通过国内某银行开立了金额为 10 万美元的不可撤销即期信用证。然而，对方收到信用证后回电称，"贵方信用证金额不足以保证合同的履行，还应增加 1 万美元以办理出口相关手续及费用"。我方感到十分不解，认为该术语下出口手续及费用按照《2000 年国际贸易术语解释通则》（以下简称《2000 通则》）应由卖方（美方）办理。对此，美方回复称，按其习惯做法及《1941 年美国对外贸易定义修订本》有关规定，该术语下卖方无义务办理出口清关及费用支付等，并且成交时合同并未注明受《2000 通则》约束。而此时由于我方急需该批货物，最终只好通过银行将信用证金额增至 11 万美元。试问：本案例中，美方的要求是否合理？我方应从中吸取什么教训？

（资料来源：冷柏军：《国际贸易实务》，北京，对外经济贸易大学出版社，2005。）

案例分析：案例涉及相关国际贸易惯例问题，我方正是因为没有充分认识不同国家适用不同惯例这一点而遭受了损失。

除此之外，使用 FOB 术语，卖方还必须注意有关提单出具的问题。在《2000 通则》中，托运人可以是交付运输的人，也可以是订立运输合同的人。在 FOB 条件下，由于是买方派船接货，若提单上托运人是买方，则很有可能出现买方和承运人串通的欺诈行为，比如买方中途转货，即出现"无单放货"，这样，由于卖方不是托运人，从而其无权起诉承运人，也就可能遭受到巨大损失。

在国际贸易中，交易双方通过磋商订立合同来确立各自承担的义务。在合同中要明确交货地点以及货物交接过程中有关风险、责任和费用的划分。因此，通常将在合同中予以明确的条件称为交货条件。交易双方在谈判和签约时往往通过使用贸易术语来确定成交条件，以避免因责任不清导致出现纠纷。可见学习和掌握国际贸易中的各种贸易术语及有关的国际惯例，具有十分重要的意义。

2.1　贸易术语概述

2.1.1　贸易术语的概念

贸易术语是在长期的国际贸易实践中出现并逐步发展起来的，由三个英文字母缩写组成的用以表明进出口商品的价格构成和买卖双方各自应承担的责任、费用与风险划分的专门用语。每种贸易术语有着各自特定的含义，它不仅表明了价格的组成，而且规定了买卖双方的权利和义务。例如，在 CIF 术语下，卖方价格包括成本、保险费和运费，卖方要负责租船订舱、支付货物运至目的港的运费，同时还要负责办理海上运输保险等；而在 FOB 术语下，卖方要在双方约定的装运港将货物装到买方指定的船上，并负责办理出口通关手续，买方则需要租船订舱，自己办理海上货运保险，并支付保险费，因此，熟悉并掌握每一个术语的具体含义对买卖双方有着非常重要的意义。

贸易术语以简略的文字说明了商品的价格构成和交货条件，同时以其特有的风险、责任、费用划分极大地便利了交易活动，既简化交货手续，又节省了交易时间和费用，继而大大提高了经济效益，对国际贸易的迅速发展起到了重要促进作用。

2.1.2　贸易术语的产生及发展

国际贸易起源于奴隶制社会，它是随着商品交换跨越国界而产生的，而贸易术语在国际贸易中的应用可以追溯到二百多年前。据有关资料记载，早在 19 世纪初，就出现了贸易术语的雏形，但在国际贸易活动中，由于双方当事人往往处于不同的国家和地区，而各个国家之间的贸易习惯又有所不同，这就容易引发误解、争议和诉讼，从而导致时间和金钱的大量浪费。为解决这些问题，便于商人们交易，就需要编订一个统一的贸易术语解释出版物。有鉴于此，国际商会于 1921 年在伦敦举行的一次会议上授权贸易术语委员会收集各国所理解的贸易术语的摘要，广泛征求出口商、进口商、代理人、船东、保险公司和银行等各方面的意见来寻求一个各方均适用的术语解释。1923 年摘要的第一版面世，内容涉及 FOB、FAS、FOR/FOT、Free Delivered、CIF 以及 C&F 六种贸易术语；摘要的第二版于 1929 年出版，其摘录并整理了 35 个国家对上述六种术语的解释，内容经整理得到进一步完善；随后又经过几年的磋商和研讨，1936 年 6 月国际商会最终在理事会会议上通过了具有历史性意义的《国际贸易术语解释通则》，即"INCOTERMS1936"（简称《1936 通则》），为国际贸易的发展作出了里程碑式的贡献。此后，国际商会又分别于 1953 年、1967 年、1976 年和 1980 年对《1936 通则》进行了修订和完善，当《1980 通则》生效时，贸易术语已经增加至 14 种；而后随着科技的进步和交通运输、通信业的发展，到 1990 年推出《1990 通则》时，原有的贸易术语中删除了 FOR/FOT

（铁路交货/火车上交货）和 FOA（起运地机场交货），增加了 DDU（未完税交货），贸易术语的数量改为 13 种。

贸易术语在长期的贸易实践中，无论在数量、名称及其内在含义方面，都经历了很大变化。随着贸易发展的需要，新的贸易术语应运而生，过时的术语则逐渐被淘汰。鉴于无关税区的广泛发展和电子信息的日益频繁运用，在《1990 通则》的基础上，国际商会公布了《2000 通则》，新版通则保持原有贸易术语的数量不变，只是更改了部分术语的当事人义务，并对一些词语的含义进行了适当的变更，以便其更加适应贸易实践的发展。可见贸易术语的出现促进了国际贸易的发展。

全球化经济赋予商业以空前宽广的途径通过世界各地市场。货物得以在更多的国家、大量且种类愈繁地销售。然而随着全球贸易数额的增加与贸易复杂性的提升，因销售合同不恰当起草引致误解与高代价争端可能性也提高了。为了解决这一问题和促进国际贸易的发展，国际商会重新编写了《2010 通则》（INCOTERMS 2010），该通则是国际商会根据国际货物贸易的发展对《2000 通则》的修订，2010 年 9 月 27 日公布，于 2011 年 1 月 1 日开始全球实施，《2010 通则》较《2000 通则》更准确标明各方承担货物运输风险和费用的责任条款，令船舶管理公司更易理解货物买卖双方支付各种收费时的角色，有助于避免现时经常出现的码头处理费（THC）纠纷。此外，新版通则亦增加大量指导性贸易解释和图示以及电子交易程序的适用方式。

2.2　贸易术语的国际惯例

贸易术语是在国际贸易实践中逐渐形成的，很长一段时间内，国际上没有形成对贸易术语的统一解释。不同国家对贸易术语有不同的解释和做法，这就会产生国际贸易中的矛盾和纠纷，影响了国际贸易的发展。为解决这些矛盾、促进国际贸易的发展，国际商会、国际法协会等国际组织以及美国一些著名商业团体经过长期的努力分别制定了解释国际贸易术语的规则，这些规则在国际上得到了广泛的应用，并成为国际贸易惯例。

国际贸易惯例是指在贸易中经反复实践形成的，并经国际组织加以编撰和解释的习惯做法。国际贸易惯例本身不是法律，对交易双方不具有强制约束力，因而，买卖双方有权在合同中作出与某项惯例不符的规定。只要合同有效成立，双方均要遵照合同的规定履行。

目前有关贸易术语的国际贸易惯例主要有三个：《1932 年华沙—牛津规则》（*Warsaw – Oxford Rules* 1932）；《1941 年美国对外贸易定义修订本》（*Revised American Foreign Trade Definitions* 1941）；《2000 年国际贸易术语解释通则》（*International Rules for the Interpretation of Trade Terms*，INCOTERMS 2000）；《2010 年国际贸易术语解释通则》（*International Rules for the Interpretation of Trade Terms*，INCOTERMS 2010）。

2.2.1　《1932 年华沙—牛津规则》

《1932 年华沙—牛津规则》是国际法协会专门为解释 CIF 合同而制定的。

19 世纪末 20 世纪初，CIF 贸易术语开始在国际贸易中得到广泛运用，但是对使用这一术语时买卖双方需要承担的具体义务却没有统一的规定。对此，1928 年国际法协会在波兰华沙开会，讨论并制定了有关 CIF 合同规则的《1928 年华沙规则》，共包括 22 条。其后，它又在 1932 年牛津会议上对华沙规则进行了修正，同时将规则定名为《1932 年华沙—牛津规则》，沿用至今。该规则全文共 21 条，主要阐述了 CIF 合同下，买卖双方当事人的风险、费用和责任的划分以及货物所有权转移的方式等，其主要内容如下：

1. 卖方必须备妥合同规定的货物，在规定的时间、按港口习惯方式将货物装到该港口的船上。

2. 根据货物的性质、预定航线或特定行业的特点，卖方必须自费订妥运输合同，除规则特别规定外，上述运输合同必须用"已装船"提单作为证明；在货物已装船或交承运人保管时，卖方须充分通知买方，并详细说明船名、唛头和其他细节，通知的费用由买方负担。

3. 卖方有责任自担费用向信誉良好的保险商或保险公司投保，取得海运保险单，以作为有效和确实存在的保险合同的证明。

4. 卖方应竭尽全力发送各种单据，并有责任尽速提交给买方。除买卖合同有规定外，单据不用航空寄递。这里的"单据"是指提单、发票、保险单或依照本规则用以代替这些单据的其他单据等。

5. 当正当的单据被提供时，买方有责任接受此种单据，并按买卖合同条款支付货款；买方有权要求检查单据的合理机会和进行检查的合理时间。

6. 风险自卖方将货物装到船上或交给承运人时转移给买方。

2.2.2　《1941 年美国对外贸易定义修订本》

1.《1941 年美国对外贸易定义修订本》的制定与修改

1919 年，美国的九个大商业团体在纽约制定了《美国出口报价及其缩写条例》（*The U. S. Export Quotations and Abbreviations*）；而后，又在 1941 年的美国第 27 届全国对外贸易会议上对其进行了修订，并更名为《1941 年美国对外贸易定义修订本》。这一修订本由美国商会、美国进口商协会和全国对外贸易协会所组成的联合委员会于 1941 年 7 月 30 日通过并即日生效。该修订本主要为美国、加拿大以及其他一些美洲国家所采用，它解释了 Ex（Point of Origin）——产地交货，FOB（Free on Board）——在运输工具上交货，FAS（Free Alongside Ship）——船边交货，C&F（Cost and Freight）——成本加运费，CIF（Cost, Insurance and Freight）——成本加保险费、运费和 Ex Dock（Named Port of Importation）——目的港码头交货六种贸易术语的含义。在这六种贸易术语中，除个别术语外，绝大多数与《2000 通则》中的解释有很大出入。所以，在同美洲国家进行交易时应加以注意。

2. 《1941 年美国对外贸易定义修订本》的内容简介

（1）Ex（Point of Origin）——产地交货

"Ex"在贸易术语中的英文含义是"Deliver at"，即在某地交货，交货的地点紧跟术语之后，如 Ex Factory，就是工厂交货。在该术语下，所报价格仅适用于原产地交货，卖方必须在规定的时间内、于双方约定的地点，将符合合同规定的货物置于买方控制之下，并承担在此之前的一切风险和费用；买方则需在规定日期或期限内受领货物，并承担受领货物之后的一切费用和风险。这与《2000 通则》的 Ex Works（工厂交货）类似。

（2）FOB（Free on Board）——在运输工具上交货

根据交货地点、费用和风险的不同，《1941 年美国对外贸易定义修订本》将FOB 分为六种：

①在内陆指定发货地点的指定内陆运输工具上交货（FOB Named Inland Carrier at Named Inland Point of Departure）。按此术语，卖方所报价格仅适用于在内陆装运地点，由卖方安排并将货物装于火车、卡车、驳船、拖船、飞机或其他供运输用的载运工具之上。

②在内陆指定发货地点的指定内陆运输工具上交货，运费预付到指定的出口地点（FOB Named Inland Carrier at Named Inland Point of Departure, Freight Prepaid to Named Point of Exportation）。按此术语，卖方所报价格包括把货物运至指定出口地点的运输费用，并预付至出口地点的运费。卖方在内陆指定起运地点取得清洁提单或其他运输收据后，对货物不再承担责任。

③在内陆指定发货地点的指定内陆运输工具上交货，减除至指定出口地点的运费（FOB Named Inland Carrier at Named Inland Point of Departure, Freight Allowed to Named Point of Exportation）。按此术语，卖方所报价格，包括货物至指定地点的运输费用，但注明运费到付，并将由卖方在价金内减除。卖方在内陆指定起运地点取得清洁提单或其他运输收据后，对货物不再承担责任。

④在指定出口地点的指定内陆运输工具上交货（FOB Named Inland Carrier at Named Inland Point of Exportation）。按此术语，卖方所报价格，包括将货物运至指定出口地点的运输费用，并承担直至上述地点的任何灭失及/或损坏的责任。

⑤指定装运港船上交货（FOB Vessel Named Point of Shipment）。按此术语，卖方所报价格包括在指定装运港将货物交到由买方提供或为买方提供的海洋轮船上的全部费用。

⑥进口国指定内陆地点交货（FOB Named Inland Point in Country of Importation）。按此术语，卖方所报价格包括货价及运至进口国指定内陆地点的全部运输费用。

从以上可以清楚地看到，除了第⑤种术语，其他种类 FOB 术语与《2000 通则》中的 FOB 解释相差甚远。然而需要注意的是，第⑤种 FOB 术语与《2000 通则》中的 FOB 条件也有所差别：根据《1941 年美国对外贸易定义修订本》的解释，要表示将货物装到船上，必须在 FOB 后面加注"Vessel"字样，如"FOB Vessel New York"；如果不加"Vessel"，则意味着卖方可以把货物放在纽约城的任何一个地方。关于这一点，我们在同美国、加拿大等美洲国家的交易中要尤其注意，以免发生不必要的争议和损失。

（3）FAS（Free Alongside Ship）——船边交货

FAS Vessel（Named Port of Shipment），即船边交货（指定装运港）。在该术语下，卖方的主要义务是：在规定日期或期限之内，将货物交至船边或交至由买方或为买方指定或提供的码头，并支付为搬运重件至上述船边或码头而引起的任何费用；提供清洁码头收据或轮船收据；承担货物的一切灭失及/或损坏责任，直至将货物交到船边或码头为止等。买方的主要义务则是：将船名、开航日期、装船泊位及交货时间明确地通知卖方，并办理从货物到达船边以后的一切运转事宜；承担货物交至船边或码头以后所发生的任何灭失及/或损坏的风险；支付因领取由原产地及/或装运地国家签发的、为货物出口或在目的地进口所需的各种证件（清洁码头收据或轮船收据除外）而发生的一切费用。

（4）C&F（Cost and Freight）——成本加运费

C&F（Named Port of Destination），即成本加运费（指定目的地）。在该术语下，卖方必须办理将货物运至指定目的地的运输事宜，并支付相关运费；取得运往指定目的地的清洁提单，并迅速送交买方或其代理；在买方请求并由其负担费用的情况下，提供产地证明书，领事发票或由原产国及/或装运国所签发的、为买方在目的地国家进口此项货物及必要时经由第三国过境运输所需要的各项证件；支付出口税或因出口而征收的其他税捐费用，并承担货物已装到船上为止的风险。买方则需要在船到达时受领货物并办理货物的随后运转；办理保险并支付保险费；支付产地证明书、领事发票或其他由原产地及/或装运地国家签发的、为货物在目的地国家进口及必要时经由第三国过境运输所需的任何其他证件的费用并承担货物装船后的风险。

（5）CIF（Cost, Insurance and Freight）——成本加保险费、运费

CIF（Named Point of Destination），即成本加保险费、运费（指定目的地）。在该术语下，卖方除承担上述 C&F 术语所规定的义务外，还必须办理保险，支付保险费；而买方在 C&F 中的保险义务也就被相应地免除。

（6）Ex Dock（Named Port Importation）——目的港码头交货

在该术语下，卖方必须负责安排货物至指定目的港的运输并支付其费用；办理海洋运输保险并支付保险费；承担指定目的港码头允许货物停留期限届满之前的货物灭失及/或损坏责任；支付一切起岸费用和在进口国的一切报关费用；除非另有约定，卖方还要支付进口国的关税和一切适用于进口的税捐等。买方的义务则是在码头规定的期限内，从指定目的港码头受领货物。这里需要指出的是，在《2000 通则》中的 DEQ（目的港码头交货）术语下，进口报关是由买方负责，这一点与"Ex Dock"有所不同。

总而言之，《1941 年美国对外贸易定义修订本》在澄清与简化对外贸易实务方面起过非常重要的作用，也得到了世界各国买卖双方的广泛认可。但由于其使用范围和术语的有限，目前渐渐出现了为《2000 通则》所取代的趋势。尽管如此，鉴于北美国家长期以来的习惯做法，从事国际贸易的相关人员在与其进行交易时仍需要注意和区别有关贸易术语。

2.2.3 《2000 通则》

《2000 通则》是国际商会在最初的《1936 通则》的基础上经过多次的修正和完善而制定出来的，它于 1999 年 7 月公布，2000 年 1 月 1 日正式生效。

《2000 通则》基本沿用了《1990 通则》的内容，《2000 通则》的公布和实施，使《国际贸易术语解释通则》更适应当代国际贸易的实践，这不仅有利于国际贸易的发展和国际贸易法律的完善，而且起到了承上启下的作用，标志着国际贸易惯例的最新发展。《2000 通则》的引言中指出，其宗旨是为国际贸易中最普遍使用的贸易术语提供一套解释的国际规则，以避免因各国不同解释而出现的不确定性，或至少在相当程度上减少这种不确定性。如今，作为一种重要的国际贸易惯例，它已成为国际贸易双方当事人签约、履行及解决业务纠纷的主要依据。

然而需要注意的是，《2000 通则》只限于销售合同当事人的权利义务中与已售货物（指"有形的"货物，不包括"无形的"货物，如电脑软件）交货有关的事项，如卖方交货、货物的进出口清关、货物的包装、买方受领货物的义务以及提供履行各项义务的凭证等。它并不涉及货物所有权和其他产权的转移、违约、违约行为的后果以及某些情况的免责，对于有关违约的后果或免责事项，可通过买卖合同中其他条款和适用的法律来解决。此外，由于该通则版本较多，并且还存在着前述的其他国际贸易惯例，所以倘若合同当事人愿意受该通则约束，则最好在买卖合同中予以明确表示，同时注明所采用的版本，以避免可能产生的争议，如注明"本合同受《2000 通则》管辖"（This contract is governed by INCOTERMS 2000）。

与《1990 通则》相比，《2000 通则》的变化不大，这也进而表明了《国际贸易术语解释通则》正日趋稳定化。相较于 1990 年版本，2000 年版本主要在以下两个方面发生了实质性改变：一是有关 FAS 和 DEO 术语下办理清关手续和交纳关税的义务，二是在 FCA 术语下装货和卸货的义务。有关改变的具体内容，将在下面章节阐述具体术语时加以说明。此外，《2000 通则》还在形式上做了一些改变，即将1990 年版本中买卖双方同一条义务的横向排列对比改为纵向排列对比，并且在买方义务的第三条的标题上加了保险合同一项，而买卖双方各十项的义务则保持不变。具体情况如表 2 - 1 所示。

表 2 - 1 《2000 通则》买卖双方应承担的义务

A1. 提供符合合同规定的货物	B1. 支付货款
A2. 许可证、批准文件及海关手续	B2. 许可证、批准文件及海关手续
A3. 运输合同与保险合同	B3. 运输合同与保险合同
A4. 交货	B4. 受领货物
A5. 风险转移	B5. 风险转移
A6. 费用划分	B6. 费用划分
A7. 通知买方	B7. 通知卖方
A8. 交货凭证、运输单证或具有同等作用的电子信息	B8. 交货凭证、运输单证或具有同等作用的电子信息
A9. 核查、包装及标记	B9. 货物检验
A10. 其他义务	B10. 其他义务

注：A 代表卖方义务；B 代表买方义务。

在贸易术语的数量和结构上，《2000 通则》也没有发生变化，共包括 13 种贸易术语，并按其特性仍分为"E、F、C、D"四个组。第一组为 E 组，仅包括 EXW 一种贸易术语，指卖方在产地交货的贸易术语；第二组 F 组，包括 FCA、FAS 和 FOB 三种贸易术语，指卖方需将货物交至买方指定的承运人，从交货地到目的地的运费由买方负担；第三组 C 组，包括 CFR、CIF、CPT 和 CIP 四种贸易术语，指卖方必须自费订立自装运地至目的地的货物运输合同，但不承担货物越过船舷或交付承运人后所可能遭受的一切灭失或损坏的风险以及额外费用；第四组 D 组，包括 DAF、DES、DEQ、DDU 和 DDP 五种贸易术语，指卖方须承担把货物交至目的地国所需的全部费用和风险。具体分类详如表 2 - 2 所示。

表 2 - 2　　　　　　　　　《2000 通则》中的 13 种贸易术语分类

组别	术语缩写	术语英文名称	术语中文名称
E 组（起运）	EXW	Ex Works	工厂交货 （……指定地点）
F 组 （主要运费未付）	FCA	Free Carrier	货交承运人 （……指定地点）
	FAS	Free Alongside Ship	船边交货 （……指定地点）
	FOB	Free On Board	船上交货 （……指定地点）
C 组 （主要运费已付）	CFR	Cost and Freight	成本加运费 （……指定地点）
	CIF	Cost, Insurance and Freight	成本加保险费、运费 （……指定地点）
	CPT	Carriage Paid to	运费付至 （……指定地点）
	CIP	Carriage and Insurance Paid to	运费、保险费付至 （……指定地点）
D 组 （到达）	DAF	Delivered at Frontier	边境交货 （……指定地点）
	DES	Delivered Ex Ship	船上交货 （……指定地点）
	DEQ	Delivered Ex Quay	码头交货 （……指定地点）
	DDU	Delivered Duty Unpaid	未完税交货 （……指定地点）
	DDP	Delivered Duty Paid	完税后交货 （……指定地点）

综上所述，国际贸易惯例在国际经济活动中发挥了极其重要的作用，它为交易

双方明确各自的权利提供了依据。在我国的对外贸易实践中，我们应该多了解和掌握一些国际贸易惯例，在平等互利的基础上，积极采用有利的贸易惯例，以推动外贸业务的开展。同时，当发生争议时也应当尽力援引适当的惯例据理力争，提出合理的论据，争取有利的裁决。

2.2.4 《2010 通则》

《国际贸易术语解释通则》这一用于国内与国际贸易事项的国际商会规则使得全球贸易行为更便捷。在销售合同中参引《2010 通则》可清晰界定各方义务并降低法律纠纷的风险。

《2010 通则》考虑到了全球范围内免税区的扩展、商业交往中电子通信运用的增多、货物运输中安保问题关注度的提高以及运输实践中的许多变化。《2010 通则》更新并加强了"交货规则"——规则的总数从 13 个降到 11 个，并为每一规则提供了更为简洁和清晰的解释。《2010 通则》同时也是第一部使得所有解释对买方与卖方呈现中立的贸易解释版本。

1. 《2010 通则》的主要变化

（1）两个新的贸易术语—— DAT 与 DAP，取代了 2000 年国际贸易术语解释通则中的 DAF、DES、DEQ 和 DDU 规则

国际贸易术语的数量从 13 个减至 11 个，这是因为 DAT（运输终点交货）和 DAP（目的地交货）这两个新规则取代了《2000 通则》中的 DAF、DES、DEQ 和 DDU 规则，但这并不影响约定的运输方式的适用。

在这两个新规则下，交货在指定目的地进行：在 DAT 术语下，买方处置运达并卸载的货物所在地（这与以前的 DEQ 规定的相同）；在 DAP 术语下，同样是指买方处置，但需做好卸货的准备（这与以前的 DAF、DES 和 DDU 规定的相同）。

新的规则使《2000 通则》中的 DES 和 DEQ 变得多余。DAT 术语下的指定目的地可以是指港口，并且 DAT 可完全适用于《2000 通则》中 DEQ 所适用的情形。同样地，DAP 术语下的到达的"运输工具"可以是指船舶，指定目的地可以是指港口，因此，DAP 可完全适用于《2000 通则》中 DES 所适用的情形。与其前任规则相同，新规则也是"到货交付式"的由买方承担所有费用，即买方承担全部费用（除了与进口清算有关的费用）以及货物运至指定目的地前所包含的全部风险。

（2）《2010 通则》的 11 个术语的分类

《2010 通则》的 11 个术语分为显然不同的两类：

①适用于任一或多种运输方式的规则

EWX 工厂交货

FCA 货交承运人

CPT 运费付至

CIP 运费及保险费付至

DAT 目的地交货

DAP 所在地交货

DDP 完税后交货

②只适用于海运及内河运输的规则

FAS 船边交货

FOB 船上交货

CFR 成本加运费

CIF 成本、保险费加运费

第一类所包含的七个《2010 通则》术语——EWX、FCA、CPT、CIP、DAT、DAP 和 DDP，可以适用于特定的运输方式，亦可适用于一种或同时适用于多种运输方式，甚至可适用于非海事运输的情形。但是需要注意，以上这些规则仅适用于存在船舶作为运输工具之一的情形。

在第二类术语中，交货点和把货物送达买方的地点都是港口，所以只适用于"海上或内陆水上运输"。

FAS、FOB、CFR 和 CIF 都属于这一类。最后的三个术语，删除了以越过船舷为交货标准而代之以将货物装运上船。这更贴切地反映了现代商业实际且避免了风险在臆想垂线上来回摇摆这一颇为陈旧的观念。

（3）国内贸易与国际贸易的规定

《国际贸易术语解释通则》在传统意义被用于存在跨境运输的国际销售合同中，此种交易需要将货物进行跨越国境的运输。然而，在世界许多地区，如在欧盟内不同国家间的通关手续变得不那么重要。因此，《2010 通则》正式认可该通则既可以适用于国内的也可以适用于国际的销售合同。所以，《2010 通则》在一些地方明确规定，只有在适当的情形下，才存在遵守进/出口手续义务。

两项发展使得国际商会相信在这个方向的改革是适时的。首先，商人们普遍在纯国内销售合同中使用《国际贸易术解释通则》。其次，比起之前的《统一商法典》中关于装运和交付的条款，美国人在国内贸易中使用《国际贸易术语解释通则》意愿增强了。

（4）引言

在《2010 通则》的每条规则前面，都有一条引言。引言解释每条规则的基本内容，比如说该规则何时被用到，风险何时发生转移，还有费用如何在买方和卖方之间分担等。引言并不是实际的《2010 通则》的规则的组成，但是它们能帮助使用者更准确、更有效地针对特定的贸易运用合适的《国际贸易术语解释通则》的规则。

（5）电子通信

之前版本的《国际贸易术语解释通则》已经说明了可以被电子数据交换信息替代的文件。然而，《2010 通则》的 A1/B1 条赋予电子方式的通信和纸质通信相同的效力，只要缔约双方同意或存在交易惯例。这一规定使《2010 通则》使用期内新的电子程序的发展更顺畅。

（6）保险范围

《2010 通则》是协会货物条款修订以来的第一版世界贸易术语解释通则，并对那些条款的变更做了考虑。

《2010 通则》把有关保险的信息义务规定在 A3/B3 条，这些条款涉及运输和保险合同，已经从《2010 通则》的 A10/B10 条中的更一般的条款中删除了。为了明确缔约方在该事项上义务，关于保险的 A3/B3 条的行文也做了改变。

（7）安全清关和这些许可所需要的信息

如今，货物运送过程中的安全问题得到了高度的重视，要求确认货物除了本身固有性质原因外对人身和财产不造成威胁。因而，在买方和卖方间已经分配了相应的责任，以在取得安全清关中获得或者提供帮助，如在国际贸易术语通则 2010 中的 A2/B2 和 A10/B10 条款中连锁保管的信息。

（8）终点站处理费用

在 CPT、CIP、CFR、CIF、DAT、DAP 和 DDP 等国际贸易术语规则中，卖家必须为货物到商定好目的地的运输作出安排。虽然运费是由卖家支付的，但因为运费一般被卖方纳入总体销售价格中，所以实际上运费是由买方支付的。

运费有时候会包含港口或集装箱终端设施内处理与移动货物的费用，并且承运人和终点站运营方也可能向收到货物的买方收取这些费用。在这些情况下，买家会希望避免为同一服务缴费两次，一次付给卖家作为销售价格中一部分与一次单独地付给承运人或者终点站运营方。《2010 通则》在 A6/B6 的相关规则中明确分配这类费用，以求避免类似情形的发生。

（9）连环销售

在农矿产品销售中，相对于工业品的销售，货物经常在链条运转中被频繁销售多次。这种情况发生时，在链条中间环节的卖方并不"船运"这些货物，因为这些货物已经由最开始的卖方船运了。连环运转中间环节的卖方因而履行其对买方的义务，并不是通过船运货物，而是通过"取得"已经被船运的货物。

为明确起见，《2010 通则》包含了"取得已船运的货物"的义务，以将此作为通则的相关规则中船运货物义务的替代义务。

（10）国际贸易术语的变体

有时各方想要改动一项国际术语规则。《2010 通则》不禁止此类改动，但是这样做会有危险。为了避免任何意外，各方将需要在他们的合同中使得该改动所需效果极其清晰。因此，比如说，如果《2010 通则》中的费用分配量在合同中被改变，各方亦需要很清楚地表明他们是否意图改变风险从卖方转至买方的临界点。

2. 《2010 通则》中术语的使用解释

正如在《2010 通则》中，买方与卖方的义务以镜像方式呈现：A 条款下反映卖方义务；B 条款下反映买方义务。这些义务可以由卖方或买方以个人名义履行，有时抑或受制于合同或者适用法律中的个别条款的规定，由诸如承运人、转运代理人等中介组织，或者其他由卖方或者买方基于特定目的而委托的人来履行。

《2010 通则》语义应是不言而喻了。然而，为了帮助使用者理解，下文将对在文件中通篇被运用的特定规则展开正确、理性的说明。

承运人：就《2010 通则》而言，承运人是指与托运人签署运输合同的一方。

报关单：这些是指为了遵守任何可适用的海关规定而需要满足的一些要求，可能包括单据、安全、信息或实物之义务。

交货：这个概念在贸易法和实务中有着多重含义，但在《2010 通则》中，它被用于表明货物遗失损害风险何时由卖方转移到买方。

交货凭证：这个表述现在被用做 A8 条款的标题。它意指用于证明已完成交货的凭证。对众多的《2010 通则》条款，交货凭证是指运输凭证或相应的电子记录。然而，在工厂交货（EXW）、货交承运人（FCA）、装运港船边交货（FAS）、装运港船上交货（FOB）的情况下，交货凭证可能只是一个简单的收据。交货凭证也可能有其他功能，比如作为支付机制的组成等。

电子记录或程序：由一种或更多的电子信息组成的一系列信息，适用情况下，其在效力上与相应的纸质文件等同。

"包装"这个词被用于不同的原因：

（1）遵照销售合同中任何要求的货物包装。

（2）使货物适合运输的包装。

（3）集装箱或其他运输工具中已包装货物的配载。

在《2010 通则》中，包装的含义包括上述第一种和第二种。然而，《2010 通则》并未涉及货物在货柜中的装载义务由谁承担，因而，在相关情形下，各方应当在销售合同中作出规定。

2.3 《2010 通则》中的主要贸易术语

不同的贸易术语代表着不同的价格组成和不同的权利义务划分，了解和掌握各种术语的含义，尤其是国际贸易活动中最常用的贸易术语的含义，有着至关重要的意义，只有深入了解和掌握这些术语，才能在交易中占据主动，才能推动交易的顺利完成。《2010 通则》中共包括 11 种贸易术语，根据其使用的频率，可分为 6 种主要的贸易术语（FOB、CFR、CIF、FCA、CPT 和 CIP）和其他 5 种贸易术语。

2.3.1 六种主要的贸易术语

2.3.1.1 FOB 术语

案例 2-1

买卖双方签订 FOB 合同，卖方向买方出口一级玉米 300 公吨。装船时货物经公证人检验，符合合同规定的品质条件，卖方在装船后及时发出装船通知。货物运输途中由于海上风浪过大，玉米被海水浸泡，品质受到影响。当货物到达目的港后，只能按三级玉米的价格出售，因而买方要求卖方赔偿市面差价损失。问题：①FOB 术语下买卖双方各承担什么样的责任和义务？②买卖双方对货物所承担的风险界线是什么？

FOB，全称为 Free on Board（… named port of shipment），即船上交货（……指定装运港），船上交货是指卖方在指定的装运港，将已办理出口清关手续的货物交至买方指定的船只上，或者指中间销售商设法获取这样交付的货物。一旦装船，买方将承担货物灭失或损坏造成的所有风险，卖方被要求将货物交至船只上或者获得已经这样交付装运的货物。这里所谓的"获得"迎合了连环销售，在商品贸易中十分普遍。FOB不适用于货物在装船前移交给承运人的情形。比如，货物通过集装箱运输，并通常在目的地交付。在这些情形下，适用FCA的规则。在适用FOB时，销售商负责办理货物出口清关手续。但销售商无义务办理货物进口清关手续、缴纳进口关税或是办理任何进口报关手续。FOB术语仅适用于海运或内河运输，因此，其后只能加上出口国的港口，如FOB Tianjin等。

1. FOB术语下买卖双方的义务

（1）卖方义务

A1 卖方的一般义务

卖方必须提供符合销售合同规定的货物和商业发票，以及合同可能要求的、证明货物符合合同规定的其他任何凭证。

根据双方合意或交易习惯任何A1至A10提及的单据都可以作为同等效力的电子凭证或手续。

A2 许可证、批准、安全通关及其他手续

在条约适用的情况下，卖方必须自担风险和费用，取得任何出口许可证或其他官方许可，并办理货物出口所需的一切海关手续。

A3 运输合同与保险合同

（a）运输合同

卖方没有义务为买方订立运输合同。但如果是根据买方要求或交易习惯且买方没有及时提出相反要求，由买方承担风险和费用的情况下，卖方可以按一般条款为买方订立运输合同。在上述任何一种情况下，卖方有权拒绝为买方订立运输合同，如果卖方订立运输合同，应及时通知买方。

（b）保险合同

卖方没有义务向买方提供保险合同。但是当买方要求的时候，卖方必须向买方提供买方获得保险时所需要的信息，此时一切风险和费用（如果有的话）由买方承担。（《2000通则》只说卖方无义务，《2010通则》附加了卖方在无义务的情况下必须向买方提供一些信息的说明）

A4 交货

卖方必须将货物运到买方指定的船只上，若有的话，就送到买方的指定装运港或由中间商获取这样的货物。在这两种情况下，卖方必须按约定的日期或在期限内按照该港习惯方式运输到港口。如果买方没有明确装运地，卖方可以在指定的装运港中选择最合目的的装运点。

A5 风险转移

卖方要承担货物灭失或者损坏的全部风险，直至已经按照A4中的规定交付货物为止；但B5中规定的货物灭失或者损坏的情况除外。

A6 费用划分

卖方必须支付：

（a）除由B6规定的理应由买方支付的以外，卖方必须支付货物有关的一切费用，直到已经按照A4规定交货为止；

（b）需要办理海关手续时，货物出口需要办理的海关手续费用及出口时应缴纳的一切关税、税款和其他费用。

A7 通知买方

在由买方承担风险和费用时，卖方必须给予买方说明货物已按照 A4 规定交货或者船只未能在约定的时间内接收上述货物的充分通知。

A8 交货凭证

卖方必须自付费用向买方提供证明货物已按照 A4 规定交货的通常单据。除非前项所述单据是运输单据，否则应买方要求并由其承担风险和费用，卖方必须给予买方协助，以取得运输单据。

A9 检查、包装、标志

卖方必须支付为按照 A4 规定交货所需进行的查对费用（如核对货物品质、丈量、过磅、点数的费用），以及出口国有关当局强制进行的装运前检验的费用。卖方必须自付包装货物的费用，除非按照相关行业惯例，运输的货物无须包装销售。卖方必须以适合运输的形式包装货物，除非买方在订立销售合同前已经告知卖方特定的包装要求。包装应做适当标记。

A10 信息帮助和相关费用

在适用的情况下，应买方要求并由其承当风险和费用，卖方必须及时地给予买方一切协助，以帮助其取得他们所需要的货物进口和/或运送到最终目的地的一切单据及信息（包含与安全因素相关的信息）。

卖方必须向买方支付所有买方因提供或帮助卖方得到 B10 中规定的单据或信息而产生的费用。

（2）买方义务

B1 买方的一般义务

买方必须按照销售合同规定支付价款。根据双方合意或交易习惯任何 B1 至 B10 提及的单据都可以作为同等效力的电子凭证或手续。

B2 许可证、批准、安全通关及其他手续

如果适用，买方在自担风险和费用的情况下，自行决定是否取得任何进口许可证或其他官方许可，或办理货物进口和在必要时从他国过境时所需的一切海关手续。

B3 运输合同和保险合同

（a）运输合同

买方自己付费，必须签订从指定装运港运输货物的合同，除非卖方已经按照 A3（a）的规定制定了运输合同。

（b）保险合同

买方没有义务向卖方提供保险合同。

B4 受领货物（接收货物）

买方必须在卖方 A4 中规定交货时受领货物。

B5 风险转移

自货物按照 A4 规定交付之时起，买方要承担货物灭失或损失的全部风险。

若：（a）买方没有按照 B7 规定通知船只的指定；或（b）买方指定的船只没有

按期到达,以致卖方无法履行 A4 规定;或(指定船只)没有接管货物;或者(指定船只)较按照 B7 通知的时间提早停止装货。那么,自以下所述之日起买方承担货物灭失或损失的全部风险:

自协议规定的日期起,若没有协议约定的日期,则自卖方按照 A7 规定的协议期限内的通知之日起;或者,若没有约定通知日期时,则自任一约定的交付期限届满之日起,但前提是,该货物已经被准确无疑地确定为合同规定之货物。

B6 费用划分

买方必须支付:

(a)自按照 A4 规定交货之时起与货物有关的一切费用,除了需要办理海关手续时,货物出口需要办理的海关手续费用及出口时应交纳的一切关税、税款和在 A6(b)中提到的其他费用。

(b)以下两种情形之一将导致额外费用:

(i)由于买方未能按照 B7 规定给予卖方相应的通知;

(ii)买方指定的船只未按时到达,或未接收上述货物,或较按照 B7 通知的时间提早停止装货,或买方未能按照 B7 规定给予卖方相应的通知而发生一切额外费用,但以该项货物已正式划归合同项下,即清楚地划出或以其他方式确定为合同项下之货物为限;及需要办理海关手续时,货物进口应交纳的一切关税、税款和其他费用,及货物进口时办理海关手续的费用,以及货物从他国过境的费用。

B7 通知卖方

买方必须给予卖方有关船名、装船点以及需要时在约定期限内所选择的交货时间的充分通知。

B8 提货证据

买方必须接受按照 A8 规定提供的交货凭证。

B9 货物检验

买方必须支付任何装运前检验的费用,但出口国有关当局强制进行的检验除外。

B10 信息帮助和相关费用

买方必须及时告诉卖方其对任何与安全有关的信息的要求,以使卖方可以遵循 A10。买方必须支付全部费用以及在 A10 中规定的卖方提供和给予协助使买方获取单据和信息所发生的一切费用。

在适用的情况下,应卖方要求并由其承当风险和费用,买方必须及时地提供或给予买方一切协助,以帮助其取得他们所需要的货物的运送和出口以及过境运输的一切单据及信息(包含与安全因素相关的信息)。

2. 使用 FOB 术语应该注意的问题

在 FOB 合同中,由于是买方负责办理租船订舱,卖方负责在约定日期将货物装到买方指定的船上,这样就存在着一个船货衔接的问题,如果处理不当,就很可能出现"船等货"或"货等船"的情况。按照一般惯例,如果卖方因货物尚未备妥而未能及时装运,则由卖方承担由此导致的空舱费(Dead Freight)或滞期费(Demurrage);如果买方未能按时派船(包括提前派船或延迟派船)而导致卖方无法按时交货,则由买方承担由此导致的空舱费、滞期费以及买方增加的仓储费等。无论是哪一种情况发生，都会阻碍交易的顺利进行。可见，买方及时、准确地将船名、装船地点和要求交货时间等信息通知给卖方和卖方及时备货待运，都是极其重要的。另外，在有些交易中，买方也可要求卖方代为租船订舱，但有关费用和风险仍由买方承担，卖方也可以拒绝，但要及时地通知买方。

上述案例 2-1 系属风险承担问题。显然，卖方在交付货物时，经公证人检验货物品质是符合规定的，而货物最终抵达目的港时的品质降级，是由于运输途中的海浪过大造成的。根据《2010 通则》，在 FOB 术语下，风险以货物装船为转移，因此卖方并不需要承担该项损失，而应由买方来承担。

案例 2-2

2010 年，中国 A 出口公司与日本 B 公司签订一份大豆的购销合同。合同具体规定了水分、杂质等条件，以中国出入境检验检疫局的证明为最终依据；大豆单价为每吨××美元 FOB 大连港，麻袋装，每袋净重××公斤，买方须于 2010 年 8 月派船到港接运货物。后由于各种原因，B 公司一直延误了数月后才派船来华接货。大豆装船交货，运抵目的地后，B 公司发现大豆生虫，于是委托当地检验机构进行检验，并签发了虫害证明以便向 A 公司索赔。A 公司接到对方索赔请求后，一方面拒绝赔偿，另一方面要求对方支付延误期间 A 公司所支付的仓储保管费以及其他费用。另外，保存在中国商品检验检疫局的检验货样，至争议发生后仍然完好，未发生虫害。试问：①A 公司要求 B 公司支付延误期间大豆的仓储保管费以及其他费用能否成立，为什么？②B 公司的索赔请求能否成立，为什么？

案例 2-2 涉及风险及费用的承担问题。在该案例中，一方面，由于买方 B 公司没有按期到港接货，按照惯例，由此产生的一切额外费用由买方负责；另一方面，按条件，买方承担货物自装运港装船以后的一切风险，卖方只能保证大豆在交货时的品质规格，对运输途中引起的大豆品质变化不承担责任，并且合同中有规定，以中国商品检验检疫局的检验证明为最终依据，而保存在中国商检局的货样至争议发生后仍然完好，未发生虫害，因此可以肯定卖方交货时的品质是完好的。由此可见，该案中 B 公司索赔要求不能成立。

3. 常见 FOB 术语的变形

按 FOB 条件成交时，《2010 通则》中只笼统规定了卖方要支付货物装上船前的一切费用，但对于具体的理舱费等由谁来承担则没有明确的规定。鉴于此，交易双方当事人往往采用 FOB 术语后加列附加条件，即通过使用 FOB 的变形来明晰费用的分担。常见的 FOB 变形及装船费用分担如下：

（1）FOB 班轮条件（FOB Liner Terms）。该条件下，装船费用按班轮条件办理，即由买方承担，卖方则不负担相关费用。

（2）FOB 吊钩下交货（FOB Under Tackle）。这是指卖方将货物交到买方指定船只的吊钩所及之处即可，由买方负担货物起吊开始的装船费用；如果使用驳船，则驳船费应由卖方负担。

（3）FOB 包括理舱费（FOB Stowed）。理舱是指将舱内的货物进行安置和整理。该变形要求卖方负责将货物装入船舱，并承担包括理舱费在内的装船费用。

（4）FOB 包括平舱费（FOB Trimmed）。平舱是指对装入船舱的散装货物进行平整，该变形要求卖方负责将货物装入船舱，并承担包括平舱费在内的装船费用。

（5）FOB 包括理舱费、平舱费（FOB Stowed and Trimmed，FOBST）。在该条件下，卖方需要负责包括理舱费、平仓费在内的装船费用。

以上是国际贸易实务中通常运用的 FOB 术语变形。然而需要指出的是，FOB 术语的变形仅仅涉及买卖双方关于装船费用的承担，它并不改变风险的划分、交货地点及时间等。而且，国际商会也未对各变形作出硬性规定，各当事人可根据实际情况在合同中予以注明。

4. 关于 FOB 术语的不同解释

在《1941 年美国对外贸易定义修订本》中已经谈到，其规定的 FOB 第五种解释 FOB Vessel 与《2010 通则》中的 FOB 基本相近，但其必须在 FOB 后面加上"Vessel"字样，才能表示装运港船上交货。此外，在风险的划分和出口清关手续的承担方面，《1941 年美国对外贸易定义修订本》则与《2010 通则》大有不同：根据《1941 年美国对外贸易定义修订本》，风险划分的界限是船上而非船舷，卖方也无义务办理出口清关，而是"在买方请求并由其负担费用的情况下，协助买方取得由原产地及/或装运地国家签发的、为货物出口或在目的地进口所需的各种证件"，并由买方支付出口税及因出口而征收的其他税捐费用。对于这些差异，在具体的业务中都必须多加注意。

2.3.1.2　CFR 术语

CFR，称为 Cost and Freight（… named port of destination），即成本加运费（……指定目的港）。

成本加运费是指卖方交付货物于船舶之上或采购已如此交付的货物，而货物损毁或灭失之风险从货物转移至船舶之上起转移，卖方应当承担并支付必要的成本加运费以使货物运送至目的港。

当使用 CPT、CIP、CFR 或 CIF 术语时，卖方在将货物交至已选定运输方式的运送者时，其义务即已履行，而非货物抵达目的地时才履行。

本规则有两个关键点，因为风险转移地和运输成本的转移地是不同的。合同中通常会指定目的港，但可能并未指定风险转移至买方的装运港，即风险转移给买方的地方。如果买方对装运港关乎买方的特殊利益（特别感兴趣），建议双方就此在合同中尽可能精确地加以确认。

建议双方对于目的港的问题尽可能准确确认，因为以此产生的成本加运费由卖方承担。订立与此项选择（目的港选择）精确相符的运输合同。如果因买方原因致使运输合同与卸货点基于目的港发生关系，那么除非双方达成一致，否则卖方无权从买方处收回这些费用。

成本加运费对于货物在装到船舶之上前即已交给（原为交付）承运人的情形可能不适用，例如通常在终点站（抵达港、卸货点，区别于 port of destination）交付的集装箱货物。在这种情况下，宜使用 CPT 规则（如当事各方无意越过船舷交货）。

成本加运费原则要求卖方办理出口清关手续，若合适的话。但是，卖方无义务为货物办理进口清关、支付进口关税或者完成任何进口地海关的报关手续。

CFR 术语亦仅适用于海运或内河运输。例如 CFR London 表示目的港为伦敦，出口方需要支付从装运港到伦敦的运费。

1. CFR 术语下关于买卖双方的义务

在该术语下，买卖双方各自承担的基本义务概括如下：

（1）卖方义务

A1 卖方的一般义务

卖方应当提供符合销售合同规定的货物和商业发票，以及其他任何合同可能要求的证明货物符合合同要求的凭证。如果买卖双方达成一致或者依照惯例，任何 A1 至 A10 中所要求的单据都可以具有同等作用的电子讯息（记录或手续）出现。

A2 许可证、批准、安全通关及其他手续

若可能的话，卖方应当自担风险和费用，取得任何出口许可证或者其他官方授权，并办妥一切货物出口所必需的海关手续。

A3 运输合同与保险合同

（a）运输合同

卖方应当在运输合同中约定一个协商一致的交付地点，若有的话，如在目的地的指定港口，或者经双方同意在港口的任意地点。卖方应当自付费用，按照通常条件订立运输合同，经由惯常航线，将货物用通常用于供运输这类货物的船舶加以运输。

（b）保险合同

卖方并无义务为买受人订立一份保险合同。但是，卖方应当按照买方的要求，在买方承担风险和费用（如果有的话）的前提下为其提供投保所需的信息。

A4 交货

卖方应当通过将货物装至船舶之上或促使货物以此种方式交付进行交付。在任何一种情形下，卖方应当在约定的日期或期间内依惯例（新增部分）交付。

A5 风险转移

除 B5 中描述的毁损灭失的情形之外，在货物按照 A4 的规定交付之前，卖方承担一切货物毁损灭失的风险。

A6 费用划分

卖方必须支付以下费用：

（a）所有在货物按照 A4 交付完成之前所产生的与之相关的费用，B6 中规定应由买方承担的可支付的部分除外。

（b）货物运输费用及由 A3（a）之规定（运输合同）而产生的一切其他费用，包括装载货物的费用，以及按照运输合同约定由卖方支付的在约定卸货港口卸货产生的费用。

（c）在适当的情况下，因海关手续产生的一切费用，以及出口货物所需缴纳的一切关税、税负（注意两者之间区别）及其他应缴纳之费用（英美法特色，极尽罗列之能），以及根据运输合同应由卖方承担的因穿过任何国家所产生的过境费用。

A7 通知买方

卖方应当给予买方所有/任何（后者更恰切，与2000年形成对比）其需要的通知，以便买方能够采取通常必要的提货措施。

A8 交货凭证

卖方应当在自负费用的情况下，毫不迟疑（延误）地向买方提供表明载往约定目的港的通常运输单据。

这一运输单据须载明（包含）合同货物，其日期应在约定的装运期内，使买方得以在目的港向承运人提取货物（主张权利），并且除非另有约定，应使买方得以通过转让单据（提单）或通过通知承运人，向其后手买方（下家）出售在途货物。如此运输单据为可以流通、可以议付形式（银行根据信用证付款）或有数个正本，则应向买方提供全套正本。

A9 检查、包装、标志

卖方应当支付为遵循A4中运输货物所需的进行核对的费用（比如核对货物质量、尺寸、重量、点数），同时还需支付国家出口机关规定的进行装船检查的费用。

卖方必须自付费用提供货物的包装，除非在此行业中这种货物无包装发运、销售是普遍的现象。卖方应当用适于运输的方式包装货物，除非买方在交易合同生效前对卖方提出了特殊的包装要求。包装应当适当（恰当更合适）标记（直译容易出现歧义——适当标记也可以理解为可标可不标）。

A10 信息帮助和相关费用

卖方必须在可能的情况下及时应买方的要求，在卖方承担风险与费用的前提下，向买方提供帮助，以使买方能够获得任何单据与信息，包括买方进口货物或者为保证货物到达目的地所需的安全信息。

卖方应当偿付所有买方基于B10的义务提供单据或信息的帮助所产生的一切费用（买方与卖方互相为对方为自己的帮助买单）。

（2）买方义务

B1 买方的一般义务

买方应当依销售合同支付商品价款。如果买卖双方达成一致或者依照惯例，任何B1至B10中所要求的单据都可以具有同等作用的电子讯息（记录或手续）出现。

B2 许可证、批准、安全通关及其他手续

若可能的话，买方有义务在自担风险与费用的情况下获得任何进口许可或其他的官方授权并为货物进口以及其在国内的运输办妥一切海关报关手续。

B3 运输合同和保险合同

（a）运输合同：买方无义务为卖方订立运输合同。

（b）保险合同：买方无义务为卖方订立保险合同。但是根据卖方请求，买方须提供投保所需要的必要信息（双方均无义务为对方订立保险合同，但若对方要求，则均有义务提供必要信息）。

B4 受领货物（接收货物）

买方必须在卖方按照A4规定交货时受领货物，并在指定目的港从承运人处收受货物。

B5 风险转移

买方必须承担货物按照 A4 规定交付后毁损灭失的一切风险。如果买方未按照 B7 规定给予卖方通知，买方必须从约定的装运日期或装运期限届满之日起，承担货物灭失或损坏的一切风险，假如货物已被清楚地确定为合同中的货物（特定物）。

B6 费用划分

除 A3（a）的规定费用之外，买方必须支付：

（a）从货物以在 A4 中规定的方式交付起与之有关的一切费用，除了出口所必要的清关费用，以及在 A6（c）中所涉及的所需的一切关税、赋税及其他各项应付出口费用。

（b）货物在运输途中直至到达目的港为止的一切费用，除非这些费用根据运输合同应由卖方支付。

（c）卸货费用，包括驳船费和码头费，除非该成本和费用在运输合同是由卖方支付的。

（d）任何额外的费用，如果（进一步规定）没有在既定日期或运送货物的既定期间的到期日前按照 B7 中的规定发出通知，但是（假如、倘若）货物已被清楚地确定为合同中的货物（特定物，这里和 B5 是类似的）。

（e）在需要办理海关手续时，货物进口应交纳的一切关税、税款和其他费用及办理海关手续的费用，以及需要时从他国过境的费用，除非这些费用已包括在运输合同中。

B7 通知卖方

每当能够在指定的目的港之内确定装运货物的时间或者接收货物的具体地点时，买方必须充分给予卖方通知。

B8 提货证据

买方必须接受按照 A8 规定提供的运输单据，如果该单据符合合同规定的话。

B9 货物检验

买方必须支付任何装运前检验的费用，但出口国有关当局强制进行的检验除外。

B10 信息帮助和相关费用

买方必须在合适的时候告知卖方任何安全保障要求，以便卖方做到与 A10 条款规定相符。买方必须支付给卖方所有由卖方为获得与 A10 条款相符的相关单据和信息所产生的费用和花费。

买方必须在合适的时候告知卖方任何安全保障要求，以便卖方做到与 A10 条款规定相符。

买方必须支付给卖方所有由卖方为获得与 A10 条款相符的相关单据和信息所产生的费用和花费。

买方必须在合适的情况下，及时地给卖方提供帮助，以便根据卖方的要求，在卖方承担风险、费用的条件下，获得任何单据和信息，包括与安全有关的信息，卖方运输和出口货物以及通过任何国境的信息。

2. 使用 CFR 贸易术语应注意的问题

（1）装船通知的重要作用

虽然各术语下卖方在交货后都应及时通知买方，但装船通知在 CFR 条件下尤为重要。这是因为在 CFR 术语下，卖方只负责租船订舱，货物运输保险则由买方办理。因此，卖方及时通知买方具体的装船时间对于买方及时办理保险有着非常重要的意义。根据其他有关法律和惯例，因卖方未及时通知而导致买方漏保，由此产生的风险由卖方承担。

（2）卖方的装运义务

在 CFR 贸易术语下，卖方负责租船订舱。"卖方必须自付费用，按照通常条件订立运输合同，经由惯常航线，将货物用通常可供运输合同所指货物类型的海轮（或依情况适合内河运输的船只）运输至指定的目的港"。因此，卖方只需按通常条件及惯常航线，用通常适用于合同货物的海轮运输即可。若买方提出其他要求，卖方可以酌情考虑，如不同意，则应及时通知买方。

（3）CFR 贸易术语的变形

外贸业务中常见的 CFR 术语的变形有以下几种：

①CFR 班轮条件（CFR Liner Terms）。在该条件下，卸货费用按班轮条件办理，即由卖方承担，实际上，在装运港的装船费用同样也由卖方承担。

②CFR 卸到岸上（CFR Landed）。这是指卖方负责把货物卸到岸上，并承担包括驳船费和码头费在内的全部卸货费用。

③CFR 吊货交货（CFR Ex Tackle）。采用该变形，卖方需要承担将货物从船舱吊起至卸离吊钩的全部费用；如果船舶不能靠岸，卖方则负责将货物卸到驳船上，驳船费由卖方负责。

④CFR 舱底交货（CFR Ex Ship's Hold）。该变形下，由买方承担货物自舱底起吊至卸到码头的相关费用。

同样，使用 CFR 术语的变形，也只是为了明确卸货费用的划分，它并不改变风险的划分和交货地点。

2.3.1.3　CIF 术语

CIF，全称为 Cost，Insurance and Freight（…… named port of destination），即成本加保险费、运费（……指定目的港），指卖方将货物装上船或指（中间销售商）设法获取这样交付的商品。货物灭失或损坏的风险在货物于装运港装船时转移向买方。卖方须自行订立运输合同，支付将货物装运至指定目的港所需的运费和费用。

卖方须订立货物在运输途中由买方承担的货物灭失或损坏风险的保险合同。买方须知晓在 CIF 规则下卖方有义务投保的险别仅是最低保险险别。如买方希望得到更为充分的保险保障，则需与卖方明确地达成协议或者自行作出额外的保险安排。

当 CPT、CIP、CFR 或者 CIF 术语被使用时，卖方须在向承运方移交货物之时而非在货物抵达目的地时，履行已选择的术语相应规范的运输义务。

此规则因风险和费用分别于不同地点转移而具有以下两个关键点。合同惯常会指定相应的目的港，但可能不会进一步详细指明装运港，即风险向买方转移的地点。如买方对装运港尤为关注，那么合同双方最好在合同中尽可能精确地确定装运港。

当事人最好尽可能确定在约定的目的港内的交货地点，卖方承担至交货地点的费用。当事人应当在约定的目的地港口尽可能精准地检验，而由卖方承担检验费用。卖方应当签订确切适合的运输合同。如果卖方发生了运输合同之下的于指定目的港卸货费用，则卖方无须为买方支付该费用，除非当事人之间约定。

卖方必须将货物送至船上或者（由中间销售商）承接已经交付的货物并运送到目的地。除此之外，卖方必须签订一个运输合同或者提供这类的协议。这里的"提供"是为一系列的多项贸易过程（连锁贸易）服务，尤其在商品贸易中很普遍。

CIF 术语并不适用于货物在装上船以前就转交给承运人的情况，例如通常运到终点站交货的集装箱货物。在这样的情况下，应当适用 CIP 术语。

"成本加保险费、运费"术语要求卖方在适用的情况下办理货物出口清关手续。然而，卖方没有义务办理货物进口清关手续，缴纳任何进口关税或办理进口海关手续。

CIF 术语仅适用于海运和内河运输。

1. CIF 贸易术语下关于买卖双方的义务

在该术语下，买卖双方各自承担的基本义务概括如下：

（1）卖方义务

A1 卖方的一般义务

卖方必须提供符合销售合同的货物和商业发票，以及买卖合同可能要求的、证明货物符合合同规定的其他任何凭证。在 A1 至 A10 中的任何单据都可能是在双方合意或习惯性用法中的同等作用的电子记录或程序。

A2 许可证、批准、安全通关及其他手续

在需要办理海关手续时，卖方须自负风险和费用，取得一切出口许可和其他官方许可，并办理货物出口所需的一切海关手续。

A3 运输合同与保险合同

（a）运输合同

卖家必须自行订立或者参照格式条款订立一个关于运输的合同，将货物从约定交付地（如果有）运输到目的地的指定港口（如果有约定）。运输合同需按照通常条件订立，由卖方支付费用，并规定货物由通常可供运输合同所指货物类型的船只、经由惯常航线运输。

（b）保险合同

卖家须自付费用，按照至少符合《协会货物保险条款》（LMA/IUA）C 款或其他类似条款中规定的最低保险险别投保。这个保险应与信誉良好的保险人或保险公司订立，并保证买方或其他对货物具有保险利益的人有权直接向保险人索赔。

A4 交货

卖方必须将货物装船运送或者（由承运人）获取已经运送的货物，在上述任何一种情况下，卖方必须在合意日期或者在达成合意的期限内依港口的习惯进行交付。

A5 风险转移

卖方直到货物以 A4 规定的方式送达之前都要承担货物灭失或者损坏的风险，除非货物是在 B5 描述的情况下灭失或者损坏。

A6 费用划分

卖方必须支付：

（a）除在 B6 中规定的应由买方支付的费用外的与货物有关的一切费用，直至按 A4 规定交货为止；

（b）运费和按照 A3（a）规定的所有其他费用，包括在港口装载货物的费用以及根据运输合同由卖方支付的在约定卸货港的卸货费；

（c）A3（b）规定所发生的保险费用；

（d）要办理海关手续时，货物出口需要办理的海关手续费以及出口应缴纳的一切关税、税款和其他费用，以及根据运输合同规定的由卖方支付的货物从他国过境的费用。

A7 通知买方

卖方必须给予买方一切必要的通知，以便买方采取必要的措施来确保领受货物。

A8 交货凭证

卖方必须自付费用，毫不迟延地向买方提供表明载往约定目的港的通常运输单据。此单据必须载明合同货物，其日期应在约定的装运期内，使买方得以在目的港向承运人提取货物，并且，除非另有约定，应使买方得以通过转让单据或通过通知承运人，向其后手买方出售在途货物。

如此运输单据有不同形式且有数份正本，则应向买方提供全套正本。

A9 检查、包装、标志

卖方必须支付为了使运输货物符合 A4 的要求而产生的所有核对费用（例如核对货物品质、丈量、过磅、点数），以及出口国当局强制要求的运前检验。

卖方必须自负费用，包装货物，但所运输货物通常无须包装即可销售的除外。卖方应当采用使货物适宜运输的包装方式，除非买方在买卖合同签订前告知卖方以特定方式包装。包装应当适当标记。

A10 信息帮助和相关费用

当适用的时候，应买方要求，并由其承担风险和费用，卖方必须及时地提供或给予协助以帮助买方取得他们货物进口和/或运输至最终目的地所需要的，包括安全相关信息在内的一切单据和信息。

对于买方提供或是协助卖方获取 B10 所规定的所有相关单据和信息而支出的所有的费用，卖方必须予以偿付。

（2）买方义务

B1 买方的一般义务

买方必须按照买卖合同规定支付价款。在 B1 至 B10 中任何有关的文件都可能是在各部分或习惯性用法中使用的同等的电子记录或程序。

B2 许可证、批准、安全通关及其他手续

在适当的时候，买方需要在自负风险和费用的前提下获得出口执照或其他政府许可并且办理所有出口货物的海关手续。

B3 运输合同和保险合同

（a）运输合同

买方无订立运输合同的义务。

（b）保险合同

买方无订立保险合同的义务。但是，如果买方想附加同 A3（b）中所描述的保险，就须根据卖方要求，提供给卖方任何附加该保险所需的信息。应买方要求，并由买方负担费用且提供一切卖方需要的信息，则卖方应提供额外的保险，如果能投保的话，例如《协会货物保险条款》（LMA/IUA）中的条款（A）或条款（B）或任何类似的条款中提供的保险和（或）与《协会战争险条款》和（或）《协会罢工险条款》（LMA/IUA）或其他类似条款符合的保险。最低保险金额应当包括合同中所规定的价款再另加 10%，并应用合同货币。保险应当承保从规定于 A4 条款和 A5 条款中的发货点发出至少到指定的目的港的货物。卖方必须提供给买方保险单或其他保险承保的证据。

此外，应买方的要求，并由买方自负风险及费用（如有）的情况下，卖方必须提供买方所需要的任何获取额外保险的信息。

B4 受领货物（接收货物）

买方在货物已经以 A4 规定的方式送达时受领货物，并必须在指定的目的港受领货物。

B5 风险转移

买方自货物按 A4 规定的方式送达后承担所有货物灭失或者损坏的风险。

如果买方未按照 B7 规定给予卖方通知，那买方就要从递送的合意日期或者递送合意期限届满之日起承担货物灭失或者损坏的风险，前提是货物必须被清楚地标明是合同项下货物。

B6 费用划分

除 A3（a）规定外，买方必须支付：（a）照 A4 规定交货之时起与货物有关的一切费用，但不包括 A6（d）中规定的在需要办理海关手续时，货物出口需要办理的海关手续费以及出口应缴纳的一切关税、税款和其他费用。（b）运输至到达目的地港口过程中与货物有关的一切费用，运输合同中规定由卖方承担的除外。（c）运费和码头搬运费在内的卸货费用，运输合同中规定由卖方承担的除外。（d）按照 B7 规定在约定日期或运送的协议期限到期时给予卖方相应通知而发生的任何额外费用，但以该项货物已正式划归合同项下为限。（e）在办理海关手续时，货物进口应交纳的一切关税、税款和其他费用，货物进口需要办理的海关手续费，以及从他国过境的费用，已包含在运输合同所规定的费用中的除外。及（f）根据 A3（b）和 B3（b），任何因买方要求而产生的附加保险费用也属于货物进口时应缴纳的费用。

B7 通知卖方

当买方有权决定装运货物的时间和/或在目的港内接受货物的地点，买方必须给予卖方充分的通知。

B8 提货证据

买方必须接受按照 A8 规定提供的运输单据，如果该单据符合合同规定的话。

B9 货物检验

买方必须支付所有强制性运前检验的费用，但出口国当局强制要求的检验除外。

B10 信息帮助和相关费用

买方必须及时地告知卖方获取相关安全信息的要求，以便卖方能够遵守 A10 中的规定。卖方由于履行 A10 所述的规定，提供和协助买方获得相关信息所支出的费用，买方必须予以偿付。

应卖方要求，并由其承担风险和费用，买方必须及时地提供或给予协助以使卖方获取其运输和货物出口通过任何国家所需要的，包括安全相关信息在内的一切单据和信息。

2. 使用 CIF 贸易术语应注意的问题

CIF 术语是当今国际贸易中运用最广泛的术语之一，在使用该术语时，除了注意上述 CFR 术语中有关租船订舱的事宜，还应当注意以下几点：

（1）关于象征性交货

CIF 是一种典型的象征性交货的方式，或说是一种单据买卖。象征性交货（Symbolic Delivery）是指卖方只要在约定日期和地点完成装运，并向买方提交包括物权凭证在内的有关单证，就算完成了交货，而无须保证到货。这与实际到货（Physical Delivery）相对应，后者必须将货物实际交给买方或其指定人。在 CIF 这种方式下，卖方只要将符合合同规定的全部合格单据交给买方，买方就必须履行付款义务，而不管货物是否在途中损失或灭失；同样，卖方如果不能提供符合合同规定的全部合格单据，即使货物完好无损地运至目的地，买方也有权拒付货款。因此，准备好全套符合合同规定的单据对卖方至关重要。然而，如果卖方提供的货物不符合合同的规定，即使买方已付款，其仍保有索赔的权利。实际上，CIF 是"装运合同"，卖方只要将货物交付装运后，便不再承担货物的有关风险。

（2）关于 CIF 合同中的保险险别

在 CIF 术语下，保险由卖方办理。通常来讲，卖方只需投保最低险别，最低保险金额一般为合同规定价款的 110%，并且使用合同货币；如果买方需要，并在其承担费用的前提下，卖方可加保战争、罢工和民变险等。

案例 2-3

法国某公司以 CIF 东京出口食品 2 000 箱，即期信用证付款，货物装运后，卖方凭已装船清洁提单和已投保一切险及战争险的保险单向银行收妥货款。后来，货到目的港后经进口人复验发现存在以下问题：（1）该批货物共有 12 个批号，抽查 20 箱后，发现其中 2 个批号含沙门氏细菌，超过进口国的标准；（2）收货人共收 1996 箱，短少 4 箱；（3）有 40 箱货物外表情况良好，但箱内货物共短少 120 公斤。试问：在上述情况下，进口方应分别向谁索赔？为什么？

案例 2-3 中，如果合同中已明确注明货物必须符合进口国的衡量标准，则货物由于不符合规定而导致的损失应由出口方赔偿，反之则应由进口方自行承担；对于收货时出现的数量短少问题，鉴于该案例中船公司签发的是已装船清洁提单，因此短少的数量应由船公司负责，但如果已经投保了一般附加险，则可以以"偷窃提货不着险"向保险公司索赔；至于箱内货物的短少，由于船公司只负责审查货物外表情况是否良好，货物件数是否符合合同规定，其没有义务核实货物实质情况，所以货物内在瑕疵问题所导致的损失应向出口方索赔。

（3）关于 CIF 贸易术语的变形及卸货费用的承担

同 CFR 的变形类似，CIF 常见的变形也有四种，具体如下：

①CIF 班轮条件（CIF Liner Terms）。在该条件下，卸货费用按班轮条件办理，即由支付运费的卖方承担。

②CIF 卸到岸上（CIF Landed）。采用该变形，卖方负责把货物卸到岸上，并承担包括驳船费和码头费在内的全部卸货费用。

③CIF 吊钩交货（CIF Ex Tackle）。在该变形条件下，卖方需要承担将货物从船舱吊起至卸离吊钩的全部费用；如果船舶不能靠岸，卖方则负责将货物卸到驳船上，驳船费由买方负责。

④CIF 舱底交货（CIF Ex Ship's Hold）。采用该变形，是由买方承担货物自舱底起吊至卸到码头的费用。

同 FOB、CFR 术语一样，CIF 术语的变形也只是为了明确有关费用的划分，并不改变风险的划分和交货地点。

（4）装运港和目的港的法律地位问题

我们知道，当合同的要件被违背时，就相当于实质性违约。在有关 CIF 的合同中，装运港和目的港均有涉及，但由于 CIF 条款后接目的港，因而只有目的港是要件，装运港不是要件。然而需要注意的是，尽管装运港不是要件，但若改变装运港，就改变了航线，继而又改变了风险，而风险是由买方承担的，所以卖方未经买方同意而擅自改变装运港，同样属于实质性违约，买方有权拒收货物并要求相应的损失赔偿。卖方在贸易实践中要尤其注意这一点。

2.3.1.4　FCA 术语

FCA 全称为 Free Carrier（... named place），即货交承运人（……指定地点），是指卖方于其所在地或其他指定地点将货物交付给承运人或买方指定人，即完成交货；若买方指定承运人以外的人领取货物，则当卖方将货物交给此人时，即视为已履行了交货义务。建议当事人最好尽可能清楚地明确说明指定交货的具体地点，风险将在此点转移至买方。

若当事人意图在卖方所在地交付货物，则应当确定该所在地的地址，即指定交货地点。另一方面，若当事人意图在其他地点交付货物，则应当确定一个不同的具体交货地点。FCA 要求卖方在需要时办理出口清关手续。但是，卖方没有办理进口清关手续的义务，也无须缴纳任何进口关税或者办理其他进口海关手续。

在需要办理海关手续时（在必要时/适当时），DAP 规则要求应由卖方办理货物的出口清关手续，但卖方没有义务办理货物的进口清关手续，支付任何进口税或者办理任何进口海关手续，如果当事人希望卖方办理货物的进口清关手续，支付任何进口税和办理任何进口海关手续，则应适用 DDP 规则。

"承运人"指任何人在运输合同中，承诺通过铁路、公路、空运、海运、内河运输或上述运输的联合方式履行运输或由他人履行运输。

FCA 术语适用于各种运输方式，包括多式联运，特别是内陆城市采用集装箱运

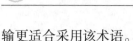

输更适合采用该术语。

1. FCA 术语下关于买卖双方的义务

在该术语下，买卖双方各自承担的基本义务概括如下：

（1）卖方义务

A1 卖方的一般义务

卖方应当提供符合销售合同规定的货物和商业发票以及合同可能要求的、证明货物符合合同规定的其他任何凭证。A1 至 A10 所提到的文件可以是由当事人约定的或已成为惯例的，具有同等效力的电子档案或程序。

A2 许可证、批准、安全通关及其他手续

卖方应当自担风险和费用，并且在需要的时候取得任何出口许可证或其他官方许可，在办理海关手续时办理货物出口所需要的一切海关手续。

A3 运输合同与保险合同

（a）运输

卖方没有为买方订立运输合同的义务。但是，若经买方要求，或者依循商业惯例且买方未适时给予卖方相反指示，则卖方可以按照通常条件订立由买方承担风险与费用的运输合同。在任何一种情况下，卖方都可以拒绝订立此合同；如果拒绝，则应立即通知买方。

（b）保险

卖方没有义务为买方订立保险合同。但是，卖方应当按照买方的要求，向买方提供其所需的有关购买保险的信息，由此产生的任何风险、费用由买方承担。

A4 交货

若有约定具体的交货点，卖方应按照约定，在指定的地点于约定的日期或者期限内，将货物交付给承运人或者买方指定的其他人。

交货在以下情况完成：（a）若指定的地点是卖方所在地，则当货物已装载于买方所提供的运输工具时；（b）当装载于卖方的运输工具上的货物已达到卸货条件，且处于承运人或买方指定的其他人的处置之下时的任何其他情况。

若买方未按照 B7（d）之规定，将在指定的地区内的具体交货地点通知卖方，且有几个具体交货点可供选择时，卖方可以在指定地点中选择最符合其目的的交货地点。

除非买方另有通知，否则，卖方可以根据货物的数量和/或性质的要求，将货物以适宜的方式交付运输。

A5 风险转移

卖方承担货物灭失或损害的一切风险，直至卖方已按照 A4 的规定交付货物，在 B5 描述的情况下产生的灭失或损害除外。

A6 费用划分

卖方应当支付：（a）与货物有关的一切费用，直至已按照 A4 规定交货为止。除 B6 中规定的由买方支付的费用外；（b）在适用情况下，货物出口应办理的海关手续费用及出口应缴纳的一切关税、税款和其他费用。

A7 通知买方

在买方自担风险和费用的情况下，卖方应当将货物按照 A4 的规定交付，或承运人或买方指定的其他人未能在约定的时间内提取货物的信息充分告知买方。

A8 交货凭证

卖方应当自担费用地向买方提供证明按照 A4 规定已完成交货的通常凭证。卖方应当根据买方的要求，给予买方一切协助以取得运输单据，风险和费用由买方承担。

A9 检查、包装、标志

卖方应当支付那些对实现按照 A4 的标准运输货物的目标必不可少的检查措施（例如质量检查、测量、称重、计数）所产生的费用，以及任何为出口国当局规定的装运前检验的费用。

卖方应当由自己负担成本来包装货物，除非对该特定种类的交易来说，将这种被销售货物不加包装地运输是相关行业惯例。卖方可以将货物以适宜其运输的方式加以包装，除非买方在销售合同签订前向卖方通知了明确的包装要求。包装应当适当地标记。

A10 信息帮助和相关费用

应买方的要求并由其承担风险和费用，卖方应当在需要时及时向买方提供或给予协助，以帮助买方取得为买方进口货物可能要求的和/或在运往目的地的过程中可能需要的包括与安全清关有关的信息在内的任何单据或信息。

卖方应当补偿买方因提供 B10 中协助其取得单据和信息的行为时的费用和要价。

（2）买方义务

B1 买方的一般义务

买方应当支付销售合同中规定的货物价款。B1 至 B10 所提到的文件可以是由当事人约定的或已成为惯例的，具有同等效力的电子档案或程序。

B2 许可证、批准、安全通关及其他手续

在需要的时候，买方可以获取一切进口许可证或其他官方许可，以及办理货物进口的海关手续和从他国过境的一切相关手续，并自担风险和费用。

B3 运输合同和保险合同

（a）运输合同。买方应当自付费用订立从指定的交货地点运输货物的合同，卖方按照 A3（a）规定订立合同的除外。

（b）保险合同。买方没有义务为卖方订立保险合同。

B4 受领货物（接收货物）

买方应当在卖方按照 A4 规定交货时，收取货物。

B5 风险转移

买方自卖方按照 A4 规定交货之时起，承担货物灭失或损坏的一切风险。若（a）买方没有按照 B7 规定将依 A4 规定对承运人或其他人的指定告知卖方或提醒其注意；或（b）其按照 A4 规定指定的承运人或其他人未接管货物，则买方按照下述规定承担货物灭失或损坏的一切风险：（ⅰ）自约定日期时起。若没有约定日期，（ⅱ）自卖方在约定的时期内依 A7 规定告知买方的日期起。若没有告知日期，（ⅲ）

自任何约定的交货期限届满之日起，但以该货物已被清楚地确定为合同项下货物为限。

B6 费用划分

买方应当支付：（a）自按照 A4 规定的交货之时起与货物有关的一切费用，除了 A6（b）中规定的货物出口办理海关手续的费用及其他货物出口应缴纳的关税、税款和其他费用。（b）因发生下述任何一种情况产生的任何额外费用：（ⅰ）由于买方未能按照 A4 规定指定承运人或其他人；（ⅱ）或由于承运人或买方指定的人未能接管货物；（ⅲ）或由于买方未能按照 B7 规定给予卖方相应通知，但以该货物已被清楚地确定为合同项下货物为限。（c）在有必要时，货物进口应缴纳的一切关税、税款和其他费用以及办理海关手续的费用及从他国过境的费用。

B7 通知卖方

买方应当：（a）及时告知卖方其依 A4 规定指定的承运人或者其他人的名称，使卖方能够按照 A4 的规定发送货物；（b）在必要时，告知卖方被指定的承运人或其他人在约定的期限内收取货物的具体时间；（c）告知卖方由买方指定人采取的运输方式；以及（d）在约定地点内的具体取货位置。

B8 提货证据

买方应当接受卖方依 A8 规定提供的交货凭证。

B9 货物检验

买方应当支付任何装运之前强制检验的费用，但出口国强制进行的检验除外。

B10 信息帮助和相关费用

买方应当及时告知卖方其关于安全清关信息方面的请求，使卖方能够履行 A10 中规定的义务。买方应当对卖方因依 A10 规定所提供或给予的关于取得单据和信息的协助而产生的费用和要价进行补偿。

应卖方的要求并由其承担风险和费用，买方应当在需要时及时向卖方提供或给予协助，以帮助卖方取得为运输和出口货物和/或从他国过境时需要的包括与安全清关有关的信息在内的任何单据或信息。

2. 使用 FCA 术语应注意的事项

（1）关于交货地点

在 FCA 术语下，交货的完成是指：①若指定的地点是卖方所在地，则当货物被装上买方指定的承运人或代表买方的其他人提供的运输工具时，交货完成。②若指定的地点是其他任何地点，则当货物在卖方的运输工具上，尚未卸货而交给买方指定的承运人或其他人时，交货即告完成。③若在指定地点没有决定具体的交货点，且有几个具体交货点可供选择时，卖方可以在指定地点选择最适合其目的的交货点。可见，在 FCA 条件下，交货地点的选择直接关系到装卸货物的责任划分。

（2）关于运输及相关费用

FCA 术语适用包括多式联运在内的多种运输方式，它是由买方指定承运人并订立货物运至指定目的地的运输合同；类似 FOB，卖方负责交货之前发生的一切费用。然而这里需要强调的是，采用 FCA 术语成交时，多数情况下货物都做了集成化的处理，即装入集装箱或托盘，因此，卖方在报价时应注意将此价格计算在内。

（3）关于风险转移

在 FCA 条件下，风险以货交承运人为转移，当采用多式联运方式时，风险在货交第一承运人处置时即转移给买方。由于买方的责任（未及时指定承运人，或其指定的承运人或其他人未在约定时间接管货物，或买方未及时给予卖方相应通知）而使卖方未能及时交付货物，则自约定的交货日期或交货期限届满之日起，由买方承担风险，前提是该项货物已正式划归合同项下。由此可见，风险转移的时间需针对具体情况加以确定。

2.3.1.5　CPT 术语

CPT 全称为 Carriage Paid to（... named place of destination），即运费付至（……指定目的港），是指卖方按约定向指定承运人交货，支付将货物运至指定目的地的运费，买方承担货交承运人之后的一切风险和费用。如果存在多个承运人，则风险自货物交付第一承运人处置时转移。CPT 术语适用于各种运输方式，包括多式联运。例如 CPT Detroit 表示目的地为底特律，同时出口方需要支付从装运港到底特律的运费。

在 CPT、CIP、CFR、CIF 适用的情形下，卖方的交货义务在将货物交付承运人，而非货物到达指定目的地时，即告完全履行。

1. CPT 贸易术语下买卖双方的义务

在该术语下，买卖双方各自承担的基本义务概括如下：

（1）卖方义务

A1 卖方的一般义务

卖方必须提供与销售合同规定一致的货物和商业发票，以及合同可能要求的证明货物符合合同规定的凭证。按照双方约定或惯例，A1 至 A10 中提及的单据可以是具有同等效力的电子记录或者程序。

A2 许可证、批准、安全通关及其他手续

在装运港所在地需办理这些手续的情况下，卖方必须自担风险和费用，取得任何出口许可证或其他官方核准文件，并办理货物出口以及货物在送达前从他国过境运输所需的一切海关手续。

A3 运输合同与保险合同

（a）运输合同。卖方必须订立运输合同，若约定了交付地点的，将货物从交付地的约定地点运至指定目的地，如果约定了目的地的具体交付货物地点的，也可运至目的地的约定地点。卖方必须自付费用，按照通常条件订立运输合同，依通常路线及习惯方式，将货物运至指定的目的地的约定点。如未约定目的地的具体交付货物地点或未能依交易习惯予以确定该地点，则卖方可在指定的目的地选择最适合其目的的交货点。

（b）保险合同。卖方没有为买方制定保险合同的义务。应买方的请求，并由买方承担风险和可能存在的费用时，卖方必须向买方提供其需要的用于获得保险的相关信息。

A4 交货

卖方必须在约定的日期或期限内依照 A3 的规定向订立合同的承运人交货。

A5 风险转移

除 B5 所描述情形下的灭失或损坏外，卖方承担货物灭失或损坏的一切风险，直至已按照 A4 规定交货为止。

A6 费用划分

卖方必须支付：（a）除 B6 规定者外，卖方必须支付按照 A4 规定交货之前与货物有关的一切费用；（b）按照 A3（a）规定所发生的运费和一切其他费用，包括根据运输合同规定应由卖方支付的装货费和在目的地的卸货费；以及（c）货物出口需要办理的海关手续费用及出口时应缴纳的一切关税、税款和其他费用，以及根据运输合同规定，由卖方支付的货物从他国过境的费用，如果这些地方需要办理这些海关手续。

A7 通知买方

卖方必须通知买方按照 A4 规定交货。卖方必须给予买方任何必要的通知，以便买方能够为领取货物采取通常必要的措施。

A8 交货凭证

如果依照惯例或者依照买方的要求，卖方必须向买方提供依据 A3 所订立的运输合同所签发的通常运输单据，且费用由卖方承担。运输单据必须包括约定货物，其注明日期必须在约定的装运时间内。（如果）按照约定或/和依照惯例，该单据必须同时能够赋予买方在约定地点向承运人受领货物的权利以及通过向下一个买方转移单据或向承运人告知的方式在运输中卖出货物的权利。当这样的运输单据是以转让的方式签发的，并且有多份正本时，一个完整全套的正本必须向买方提供。

A9 检查、包装、标志

卖方必须支付按照 A4 规定为交货所必需的核查费用（如核查品质、丈量、过磅、计数），同时包括出口国当局强制的装运前的检验费用。卖方必须自行承担费用为货物提供包装（除非在特定贸易中运输此种货物通常无须包装）。卖方应该提供适合运输的包装，除非买方在缔结买卖合同之前已经告知卖方特定的包装要求。包装上应适当地予以标记。

A10 信息帮助和相关费用

应买方要求并由其承担风险和费用，在需要办理清关手续时，卖方必须给予买方一切及时的协助，以帮助其取得包括买方为进口货物和/或为使货物运输到最终目的地所需的有关货物安全信息在内的任何凭证和信息。卖方必须偿付买方按照 B10 规定在卖方获得相关凭证和信息时给予协助所发生的费用。

（2）买方义务

B1 买方的一般义务

买方必须按照销售合同规定支付货物价款。按照双方约定或惯例，B1 至 B10 中提及的单据可以是具有同等效力的电子记录或者程序。

B2 许可证、批准、安全通关及其他手续

如果这些地方需要办理这些海关手续，买方在自行承担风险和费用的情况下，可以自由决定是否取得许可证或其他官方核准文件，并办理货物进口和经由他国过境运输的一切海关手续。

B3 运输合同和保险合同

（a）运输合同。买方没有为卖方制定运输合同的义务。

（b）保险合同。买方没有为卖方制定保险合同的义务，但是当卖方要求时，买方须向卖方提供获得保险的必要信息。

B4 受领货物

买方必须在货物已经按照 A4 的规定交货时受领货物，并在指定的目的地从承运人处受领货物。

B5 风险转移

买方承担按照 A4 规定交货时起货物灭失或损坏的一切风险。

在货物已被清楚确定为合同项下之物的条件下，如买方未能按照 B7 规定向卖方发出通知，则买方必须从约定的交货日期或交货期限届满之日起，承担货物灭失或损坏的一切风险。

B6 费用划分

除 A3（a）规定外，买方必须支付：（a）自按照 A4 规定交货时起的一切与货物有关的费用，除了在 A6 中提到的在这些地方需要办理海关手续的情况下货物出口需要办理的海关手续费用及出口时应缴纳的一切关税、税款和其他费用；（b）货物在运输途中直至到达目的地为止的一切费用，除非这些费用根据运输合同应由卖方支付；（c）卸货费，除非根据运输合同应由卖方支付；（d）如买方未按照 B7 规定给予卖方通知，则自约定的装运日期或装运期限届满之日起，货物所发生的一切额外费用，但以该项货物已正式划归合同项下，即清楚地划出或以其他方式确定为合同项下之货物为限；（e）在需要办理海关手续时货物进口应缴纳的一切关税、税款和其他费用，及办理海关手续的费用，以及从他国过境的费用，除非这些费用已包括在运输合同中。

B7 通知卖方

一旦买方有权决定发送货物的时间和/或者指定的目的地或者指定接收货物的地点，买方必须就此给予卖方充分通知。

B8 提货证据

如果符合合同规定，买方必须接受按照 A8 规定提供的运输单据。

B9 货物检验

买方必须支付强制性的装运前的检验费用，但出口国当局强制进行检验的除外。提供的运输单据，如果该单据符合合同规定的话。

B10 信息帮助和相关费用

买方必须及时通知卖方以便其按照 A10 规定提供任何必要的安全信息。买方必须偿付卖方按照 A10 规定在买方获得相关凭证和信息时给予协助所发生的费用。应卖方要求并由其承担风险和费用，在需要办理清关手续时，买方必须给予卖方一切及时的协助，以帮助其取得包括卖方为货物运输和出口及必要时从他国过境所需的有关货物安全信息在内的任何凭证和信息。

2. 使用 CPT 术语时应注意的事项

此规则有两个关键点，因为风险和成本在不同的地方发生转移。买卖双方当事人应在买卖合同中尽可能准确地确定以下两个点：发生转移至买方的交货地点，在其须订立的运输合同中载明的指定目的地。如果使用多个承运人将货物运至指定目的地，且买卖双方并未对具体交货地点有所约定，则合同默认风险自货物由买方交给第一承运人时转移，卖方对这一交货地点的选取具有排除买方控制的绝对选择权。如果当事方希望风险转移推迟至稍后的地点发生（例如某海港或机场），那么他们需要在买卖合同中明确约定这一点。

由于将货物运至指定目的地的费用由卖方承担，因而当事人应尽可能准确地确定目的地中的具体地点。且卖方须在运输合同中载明这一具体的交货地点。卖方基于其运输合同中在指定目的地卸货时，如果产生了相关费用，卖方无权向买方索要，除非双方有其他约定。

CPT 贸易术语要求卖方，在需要办理这些手续时，办理货物出口清关手续。但是，卖方没有义务办理货物进口清关手续、支付进口关税以及办理进口所需的任何海关手续。

2.3.1.6 CIP 术语

CIP 全称为 Carriage and Insurance Paid to（... named place of destination），即运费、保险费付至（……指定目的地），是指卖方按约定向指定承运人交货，同时支付将货物运至指定目的地的运费，交货后的一切风险和费用则由买方承担。同样，如果存在多个承运人，则风险自货物交给第一承运人处置时转移。另外，在 CIP 术语下，卖方还必须负责订立货运保险合同，并支付保险费。例如 CIP Moscow 表示目的地为莫斯科，出口方需要支付从装运地到莫斯科的运费和保险费。CIP 术语适用于各种运输方式，包括多式联运。

CIP 术语要求卖方在必要时办理货物出口清关手续。但是，卖方不承担办理货物进口清关手续，支付任何进口关税，或者履行任何进口报关手续的义务。

1. CIP 术语下买卖双方的义务

在该术语下，买卖双方各自承担的基本义务概括如下：

（1）卖方义务

A1 卖方的一般义务

卖方必须提供符合销售合同规定的货物和商业发票，以及合同可能要求的其他任何凭证。

如经双方当事人约定或者存在惯例，那么 A1 至 A10 中提及的任何文件都可以是一个等价的电子版的记录或程序。

A2 许可证、批准、安全通关及其他手续

如有需要，卖方必须自担风险和费用，取得任何出口许可证或其他官方授权，并办理货物出口及交货前货物从他国国境所需的一切海关手续。

A3 运输合同与保险合同

（a）运输合同。卖方必须订立一个货物运输合同，以将货物从交付地区的约定的任何的交付点，运送至指定的目的地，或者也可以运至指定地区约定的具体地点。卖方必须自行承担费用，并按照通常条件订立运输合同，同时合同须依照通常路线及习惯方式来提供货物。若未约定或按照惯例也不能确定具体的地点，则卖方可选择最符合其目的的交货点，以及在指定目的地的最适合其目的的交货点。

（b）保险合同。卖方必须自付费用取得货物保险，该货物保险至少应按照《协会货物保险条款》（劳埃德市场协会/国际保险人协会）的条款或其他类似条款中的最低保险险别投保。保险合同应与信誉良好的保险人或保险公司订立，并赋予买方或任何其他对货物具有保险利益的人直接向保险人索赔的权利。

当买方提出要求时，卖方应要求并且根据买方所提供的必要信息，在可行的情况下，由买方付费给予买方加投额外的保险，比如给予《协会货物保险条款》（劳埃德市场协会/国际保险人协会）中的条款（A）或者（B）的险级保障或类似条款的险级保障，和/或给予《协会战争条款》和/或《协会罢工条款》或者其他类似条款的险级保障。保险金额最低限度应包括合同规定的价款另加 10%，并应采用合同中约定的货币。保险应当包括，从 A4 和 A5 中规定的发货起点起，至少到达指定目的地的货物。卖方应向买方提供保险单或者其他保险范围的证据。

此外，卖方必须根据买方的要求、风险和费用（如果有的话），向买方提供买方需要投资额外保险的信息。

A4 交货

卖方必须按照约定日期或期限，向按照 A3 规定订立合同的承运人交货。

A5 风险转移

卖方在按照 A4 的规定交付商品之前，承担所有的货物毁损或灭失责任，但货物的毁损或灭失是由于 B5 所述的情况除外。

A6 费用划分

卖方必须支付：（a）直至按照 A4 的规定交货为止前与货物有关的一切费用，除 B6 中规定的买家所需支付的费用；（b）按照 A3（a）规定所发生的运费和其他一切费用，包括装船费和根据运输合同应由卖方支付的在目的地的卸货费；（c）按照 A3（b）规定所发生的保险费用；及（d）在需要办理海关手续时，货物出口需要办理的海关手续费用，以及货物出口时应缴纳的一切关税、税款和其他费用，以及根据运输合同由卖方支付的货物从他国过境的费用。

A7 通知买方

卖方必须通知买方货物已按照 A4 规定交货。买方必须给予买方任何有必要的通知，以便买方能够为接收货物而采取通常必要的措施。

A8 交货凭证

如果依习惯或按照买方要求，卖方必须自付费用向买方提供按照 A3 订立的运输合同所涉及的通常运输单据。

这份运输单据必须包括合同货物并且要在约定的运输期间内签署。如果依照约定或习惯，这份单据也必须要让买方能在确定的地点向运输方领取货物，并且还要让买方能通过转让单据给下一个买家或告知运输方的方式卖出货物。

当这样一份单据以协商的形式订立并且有若干原件的时候，必须向买方提供所有原件。

A9 检查、包装、标志

卖方必须支付为按照 A4 规定交货所需进行的查对费用（如核对货物品质、丈量、过磅、点数的费用）以及出口国有关机关的装运前的强制检验费用。

卖方必须自付费用，包装货物，除非按照相关行业惯例此类买卖货物无须包装发运。卖方可以以适合运输的方式包装货物，除非买方在销售合同签订前通知卖方具体的包装要求。包装应做适当标记。

A10 信息帮助和相关费用

如有需要，应买方的要求并由其负担风险与费用，卖方必须以适时的方法，提供或协助买方取得任何单据或信息，包括与货物出口安全或/和货物运送至最终目的地所需有关的信息。

卖方必须补偿买方依 B10 的情况因提供或给予协助取得所需之单据或信息的所有费用。

（2）买方义务

B1 买方的一般义务

买方必须按照销售合同规定支付货物价款。

经买卖双方同意或依据惯例，B1 至 B10 中所述之单据可以是同等作用的电子备案手续。

B2 许可证、批准、安全通关及其他手续

需要取得进口许可证、办理海关手续时，买方应当自担风险与费用，取得任何进口许可以及其他官方授权，并办理货物进口以及从他国过境的一切海关手续。

B3 运输合同和保险合同

（a）运输合同。买方对卖方没有义务制定运输合同。

（b）保险合同。买方对卖方没有义务制定保险合同。但是，应卖方要求，买方必须按照 A3（b）的规定向卖方提供必要的信息，以便卖方应买方之要求购买任何额外的保险。

B4 受领货物（接收货物）

买方必须在卖方按照 A4 规定交货时受领货物，并在指定的目的地从承运人处收受货物。

B5 风险转移

买方承担按照 A4 规定交货后货物灭失或损坏的一切风险。

买方如未按照 B7 规定通知卖方，则必须从约定的交货日期或交货期限届满之日起，承担货物灭失或损坏的一切风险，但以该项货物明确规定为合同项下之货物为限。

B6 费用划分

根据 A3（a）的规定，买方应当支付：（a）根据 A4 规定的从交货时起与货物有关的一切费用，除了在可适用情况下，货物出口所需的海关手续费用，以及关税、税额和 A6 中规定的出口所应支付的其他费用应由卖方支付；（b）及货物在运输途中直至到达约定目的地为止的一切费用，除非这些费用根据运输合同约定应由卖方支付；（c）及卸载费，除非这些费用根据运输合同约定应由卖方支付；（d）如买方未按照 B7 规定给予卖方通知，则自约定的装运日期或装运期限届满之日起，货物所发生的任何额外费用，但以该项货物已经清楚地确定为合同项下的货物为限；（e）在需要办理海关手续时，货物进口应缴纳的一切关税、税款和其他费用，及办理海关手续的费用，以及从他国过境的费用，除非这些费用已包括在运输合同中；（f）在 A3 和 B3 之下，应买方要求购买任何额外保险的费用。

B7　通知卖方

一旦买方有权决定发运货物的时间和/或指定的目的地/或接收货物目的地的具体地点，买方必须就此给予卖方充分通知。

B8　提货证据

买方必须接受按照 A8 规定提供的运输单据，如果该单据符合合同规定的话。

B9　货物检验

买方必须支付任何强制性装运前检验费用，但出口国有关当局强制进行的检验除外。

B10　信息帮助和相关费用

买方必须及时通知卖方任何安全信息要求，以使卖方遵守 A10 的规定。买方必须偿付卖方因给予协助和获取 A10 所述单据和信息所发生的一切费用。当需要时，应卖方要求并由其承担风险和费用，买方必须及时向卖方提供或协助卖方获得任何单据和信息，包括卖方为了货物的运输和出口和从他国过境所需要的与安全相关的信息。

2. 使用 CIP 术语时应注意的事项

（1）准确理解风险和保险问题

由于风险和费用因地点之不同而转移，本规则有两个关键点。买卖双方最好在合同中尽可能精确地确认交货地点，风险转移至买方地，以及卖方必须订立运输合同所到达的指定目的地。若将货物运输至约定目的地用到若干承运人而买卖双方未就具体交货点达成一致，则默认为风险自货物于某一交货点被交付至第一承运人时转移，该交货点完全由卖方选择而买方无权控制。如果买卖双方希望风险在之后的某一阶段转移（例如在一个海港或一个机场），则他们需要在其买卖合同中明确之。

将货物运输至具体交货地点的费用由卖方承担，因此双方最好尽可能明确在约定的目的地的具体交货地点。卖方最好制定与此次交易精确匹配的运输合同。如果卖方按照运输合同在指定的目的地卸货而支付费用，除非双方另有约定，卖方无权向买方追讨费用。

以 CIP 和 CIF 方式达成的交易，投保是卖方的合同义务，卖方拥有货物所有权，自然具有可保利益。卖方向保险公司投保后，保险合同在货物起运地起运后即生效。按照惯例，卖方要按双方确定的险别投保，而如果双方未在合同中规定应投保的险别，则卖方按惯例只需投保最低险别，最低保险金额一般为合同规定价款的 110%，并且使用合同货币；如果买方需要，且在其承担费用的前提下，卖方可加保战争、罢工和民变险等。

（2）合理确定价格

在使用 CIP 术语时，虽然其价格构成同 CIF 术语一样，也是成本加保险费、运费，但是实际上价格却可能大有差别。比如多式联运下，采用 CIP 术语时，卖方要支付的保险费不仅仅是水上保险，还可能包括陆运险等多种险别。因此，在具体核算时，卖方应充分考虑运输方式、保险险别和各类保险的收费情况，并预计有关价格的变动趋势，从而制定出合理的 CIP 价格，尽量避免由于自身的疏忽而导致收益的减少。

总之，随着集装箱和多式联运等运输方式的快速发展，上述 FCA、CPT 和 CIP 三种术语适用范围越来越广。

以上介绍了当前国际贸易活动中最为常见的六种贸易术语及其在应用中需要注意些一些问题，下面简单介绍一下《2010 通则》中的其他五种贸易术语。

2.3.2 其他五种贸易术语

2.3.2.1 EXW 术语

本条规则与（当事人）所选择的运输模式无关，即便（当事人）选择多种运输模式，亦可适用该规则。本规则较适用于国内交易，对于国际交易，则应选 FCA "货交承运人（……指定地点）" 规则为佳。

1. EXW 术语定义

EXW 全称为 Ex Works（... named place），即工厂交货（……指定地点），是指卖方按照合同规定的日期或期限，在其所在地或其他指定地点（如工场、工厂或仓库）将货物交由买方处置时，即完成交货。卖方承担交货之前的一切风险和费用，其并不负责将货物装到任何运输工具上，也不负责办理出口清关手续，但要提供商业发票或有同等作用的电子信息，以及合同可能要求的、证明货物符合合同规定的其他任何凭证；而买方则需要承担受领货物之后的一切风险和费用，并支付价款。例如 EXW Factory Shanghai，表示在上海卖方的某工厂交货。EXW 术语适用于各种运输方式。

EXW 术语是卖方承担责任最小，同时也是买方承担责任最大的贸易术语。由于其价格低廉，许多进口商仍愿意承担较大的风险而采用这一方式。此外，若双方希望在起运时由卖方负责装载货物并承担装载货物的费用和风险，则须在销售合同中予以明确。

2. 使用 EXW 术语时应注意的事项

（1）出口清关手续的办理。EXW 术语要求买方自行办理出口清关手续，因此在确定采用这一术语时，买方必须有把握能直接或间接地办理出口清关，否则就应该考虑使用 FCA 术语。

（2）货物交接问题。视合同具体规定，卖方必须及时将货物交接的时间、地点通知给买方，或是买方必须及时将受领货物的时间、地点通知给卖方，简言之，即安排好货物的交接工作。

（3）有关费用问题。由于该术语下卖方不负责将货物装上运输工具，因此有关货物的包装费用应事先在合同中加以明确，以免事后引起争议。

2.3.2.2　FAS 术语

FAS 全称为 Free Alongside Ship （… named port of shipment），即船边交货（……指定装运港），习惯上称为装运港船边交货，是指卖方必须在约定的时间内、在指定的装运港将已办理出口清关手续的货物交至买方指定的船边，在船边完成交货义务，并于交货后通知买方；买方则必须承担自那时起货物灭失或损坏的一切风险，也就是说，风险以船边为转移。如买方所派船只无法靠岸，卖方需要租用驳船将货物运至船边，仍在船边完成交货义务，装船的责任和费用均由买方承担。

FAS 术语仅适用于海运或内河运输。因此，其后只能跟出口国的港口；如 FAS Qingdao 等，而不能跟内陆城市，以免引起争议。

1. FAS 贸易术语下关于买卖双方的义务

卖方的义务还包括提交商业发票及合同可能要求的、证明货物符合合同规定的其他任何凭证，自担费用向买方提供证明货物已交付的通常单据，或具有同等作用的电子信息；自担风险和费用，取得出口许可证或其他官方许可，及负责办理货物出口清关手续及支付关税、税款和其他费用。

买方则要按照销售合同的规定接受单据、受领货物并支付货款；自费订立自指定装运港运输货物的合同，并充分通知卖方有关船名、装船点和要求交货时间等信息；自担风险和费用，取得进口许可证或其他官方许可，负责办理货物进口清关手续并支付关税、税款和其他费用。

2. 使用 FAS 贸易术语时应注意的事项

在《2010 通则》中，在 FAS 条件下，船边交货规则要求卖方在需要时办理货物出口清关手续。但是，卖方没有任何义务办理货物进口清关、支付任何进口税或者办理任何进口海关手续。这同《1990 通则》中所规定的买方办理出口清关手续恰好相反。此外，与 FOB 术语相似，FAS 术语下的船货衔接问题也非常重要；而《1941 年美国对外贸易定义修订本》要求必须在 FAS 后面加 "Vessel" 字样，才表示 "船边交货"，因此在同美国、加拿大等国家进行业务往来时需多加注意。

2.3.2.3　DAT 术语

DAT 是指终点站交货（……指定目的港或目的地）。此规则可用于选择的各种运输方式，也适用于选择的一个以上的运输方式。"终点站交货" 是指卖方在指定的目的港或目的地的指定的终点站卸货后将货物交给买方处置即完成交货。"终点站" 包括任何地方，无论约定或者不约定，包括码头、仓库、集装箱堆场或公路、铁路或空运货站。卖方应承担将货物运至指定的目的地和卸货所产生的一切风险和费用。

当事人尽量明确地指定终点站，如果可能，（指定）在约定的目的港或目的地的终点站内的一个特定地点，因为（货物）到达这一地点的风险是由卖方承担，建议卖方签订一份与这样一种选择准确契合的运输合同。

此外，若当事人希望卖方承担从终点站到另一地点的运输及管理货物所产生的风险和费用，那么此时 DAP（目的地交货）或 DDP（完税后交货）规则应该被适用。

在必要的情况下，DAT 规则要求卖方办理货物出口清关手续。但是，卖方没有义务办理货物进口清关手续并支付任何进口税或办理任何进口报关手续。

DAT 贸易术语下关于买卖双方的义务：

1. 卖方义务

A1 卖方的一般义务

卖方必须提供符合销售合同规定的货物和商业发票以及合同可能要求的、证明货物符合合同规定的其他凭证。如果在当事人约定或者依据商业惯例的情况下，A1 至 A10 中提及的任何单据都可以是具有同等效力的电子记录或者手续。

A2 许可证、批准、安全通关及其他手续

在必要的情况下，卖方必须自担风险和费用，在交货前取得任何出口许可证或其他官方许可，并且在需要办理海关手续时办理货物出口和从他国过境所需的一切海关手续。

A3 运输合同与保险合同

（a）运输合同。卖方必须自付费用订立运输合同，将货物运至指定目的港或目的地的指定终点站。如未约定或按照交易习惯也无法确定具体交货点，卖方可在目的港或目的地选择最符合其交易目的的终点站（交货）。

（b）保险合同。卖方没有为买方签订保险合同的义务。但是，卖方在买方的要求下，必须向买方提供买方借以获得保险服务的信息，其中如果存在风险和费用，一概由买方承担。

A4 交货

卖方必须在约定的日期或期限内，在目的港或目的地中按 A3（a）所指定的终点站，将货物从交货的运输工具上卸下，并交给买方处置完成交货。

A5 风险转移

除了 B5 所描述的（货物）灭失或损坏的情形外，卖方必须承担货物灭失或损坏的一切风险，直至货物已经按照 A4 的规定交付为止。

A6 费用划分

卖方必须支付：（a）除了按 B6 规定的由买方支付的费用外，包括因 A3（a）产生的费用，以及直至货物已按 A4 的规定交付为止而产生的一切与货物有关的费用；以及（b）在必要的情况下，在按照 A4 规定交货之前，货物出口需要办理的海关手续费用及货物出口时应缴纳的一切关税、税款和其他费用，以及货物经由他国过境运输的费用。

A7 通知买方

卖方必须提供买方需要的任何通知，以便买方能够为受领货物而采取通常必要的措施。

A8 交货凭证

卖方必须自付费用向买方提供提货单据，使买方能够按照 A4 或 B4 的规定提取货物。

A9 检查、包装、标志

买方必须支付按 A4 条规定为交付货物目的所需的检查费用（如质检、度量、称重、计数）。同时，卖方也必须支付出口国当局强制进行的任何装船前检查所产生的费用。

卖方必须支出费用以包装货物，除非在特定贸易中所售货物通常以不包装的形式运输。卖方应该以适合运输的方式包装货物，除非买方在买卖合同成立之前指定了具体的包装要求。包装应该被合理地标记。

A10 信息帮助和相关费用

卖方必须在必要的情况下，根据买方的要求，及时向买方提供或者协助买方获得其所需的进口货物和/或将货物运输至目的地的任何单据和信息，包括与安全相关的信息，其中如果存在风险和费用，一概由买方承担。卖方必须偿还按照 B10 规定的买方因（向卖方）提供或协助（卖方）获得文件和信息所花费的一切费用。

2. 买方义务

B1 买方的一般义务

买方必须根据买卖合同中规定的货物价格履行交付义务。如果买卖双方有约定或者有商业惯例的情况下，B1 至 B10 中提到的任何单据都可以是具有同等效力的电子记录或者手续。

B2 许可证、批准、安全通关及其他手续

在必要的情况下，买方必须自担风险和费用，取得所需的进口许可证或其他官方许可证，并办理货物进口所需的一切海关手续。

B3 运输合同和保险合同

（a）运输合同。买方没有为卖方签订运输合同的义务。

（b）保险合同。买方没有为卖方签订保险合同的义务。但是如果卖方要求，买方则必须向卖方提供必要的关于获得保险的必要信息。

B4 受领货物（接收货物）

货物已按 A4 的规定交付时，买受人必须受领货物。

B5 风险转移

自货物已按 A4 的规定交付时起，买方必须承担货物灭失或损坏的一切风险。如果买方未按 B2 的规定履行义务，买方承担由此产生的货物灭失或损坏的一切风险。

如果买方未按 B7 的规定给予通知，自约定的交付货物的日期或期间届满之日起，买方承担货物灭失或损坏的一切风险，但以该项货物已经被清楚地确定为合同货物为限。

B6 费用划分

买方必须支付：（a）自货物已按 A4 的规定交付时起，与货物有关的一切费用；（b）任何因买方未按 B2 规定履行义务或未按 B7 给予通知而使卖方额外支付的费用，但以该项货物已经被清楚地确定为合同货物为限；以及（c）在必要的情况下，货物进口需要办理的海关手续费用及货物进口时应缴纳的一切关税、税款和其他费用。

B7 通知卖方

一旦买方有权决定于约定期限内受领货物的时间点和/或于指定的目的地受领货物的具体位置，买方必须就此给予卖方充分通知。

B8 提货证据

买方必须接受卖方提供的符合 A8 规定的交货单据。

B9 货物检验

买受人必须支付装船前强制检验的费用，但出口国当局强制装船前检验的除外。

B10 信息帮助和相关费用

买方必须及时地告知卖方任何与货物安全信息要求相关的建议，以便于卖方可以遵守 A10 条款的相关规定。买方必须偿还卖方依照 A10 规定（向买方）提供或协助（买方）获得单据和信息的过程中所花费的一切成本和费用。

买方必须在必要的情况下，依照卖方的要求，及时（向卖方）提供或者协助（卖方）获得其所需的运输和出口货物及经由他国过境运输的任何单据和信息，包括与安全相关的信息，其中如果存在风险和费用，一概由卖方承担。

2.3.2.4 DAP 术语

DAP 是指目的地交货（……指定目的地）。

DAP 是《2010 通则》新添加的术语，取代了的 DAF（边境交货）、DES（目的港船上交货）和 DDU（未完税交货）三个术语。该规则的适用不考虑所选用的运输方式的种类，同时在选用的运输方式不止一种的情形下也能适用。

目的地交货的意思是卖方在指定的交货地点，将仍处于交货的运输工具上尚未卸下的货物交给买方处置即完成交货。卖方须承担货物运至指定目的地的一切风险。

尽管卖方承担货物到达目的地前的风险，该规则仍建议双方将合意交货目的地指定尽量明确。建议卖方签订恰好匹配该种选择的运输合同。如果卖方按照运输合同承受了货物在目的地的卸货费用，那么除非双方达成一致，卖方无权向买方追讨该笔费用。

在需要办理海关手续时（在必要时/适当时），DAP 规则要求应有卖方办理货物的出口清关手续，但卖方没有义务办理货物的进口清关手续，支付任何进口税或者办理任何进口海关手续，如果当事人希望卖方办理货物的进口清关手续，支付任何进口税和办理任何进口海关手续，则应适用 DDP 规则。

DAP 贸易术语下关于买卖双方的义务：

1. 卖方义务

A1 卖方的一般义务

卖方必须提供符合销售合同规定的货物和商业发票以及该合同可能要求的其他凭证。如果依当事人的协议或按照惯例，在 A1 至 A10 中涉及的任何单据均可以是具有同等效力的电子记录或程序。

A2 许可证、批准、安全通关及其他手续

在需要办理海关手续时，卖方必须自担风险和费用取得任何出口许可证或其他官方许可，并且办理出口货物和交付前运输通过某国所必需的一切海关手续。

A3 运输合同与保险合同

（a）运输合同。卖方必须自付费用订立运输合同，将货物运至指定的交货地点。如未约定或按照惯例也无法确定指定的交货地点，则卖方可在指定的交货地点选择最适合其目的的交货地点。

（b）保险合同。卖方对买方没有义务订立保险合同。但是如果买方提出需要保险合同的要求，并且自己承担风险和费用，那么卖方应该提供订立保险合同需要的全部信息。

A4 交货

卖方必须在约定日期或期限内，在指定的交货地点，将仍处于约定地点的交货运输工具上尚未卸下的货物交给买方处置。

A5 风险转移

除 B5 规定者外，卖方必须承担货物灭失或损坏的一切风险，直至已经按照 A4 规定交货为止。

A6 费用划分

卖方必须支付：（a）除依 B6 规定由买方支付费用以外的，按照 A3（a）规定发生的费用及按照 A4 规定在目的地交货前与货物有关的一切费用；（b）根据运输合同约定，在目的地发生应由卖方支付的任何卸货费用；及（c）在需要办理海关手续时，货物出口要办理的海关手续费用及货物出口时应交的一切关税、税款和其他费用，以及按照 A4 规定交货前从他国过境的费用。

A7 通知买方

卖方必须给予买方必要的通知，以便买方能够为受领货物而采取通常必要的措施。

A8 交货凭证

卖方必须自付费用，按照 A4/B4 的规定，向买方提供买方可以据以提取货物的凭证。

A9 检查、包装、标志

卖方必须支付为按照 A4 规定交货所需进行的查对费用（如核对货物品质、丈量、过磅、点数的费用）以及出口国有关当局强制进行的检验的费用。卖方必须自己负担货物包装费用，除非是在特定交易中通常无须包装货物的情况。卖方需要以适合于运输的方式包装货物，除非买方在买卖合同缔结之前告知卖方具体的包装方式。包装应做适当标记。

A10 信息帮助和相关费用

在需要办理海关手续时，应买方要求并由其承担风险和费用，卖方必须及时为买方提供其在货物进口或货物运输过程中所需的各类文本及信息协助，包括相关安全信息。在获取单据或信息时，卖方必须偿付买方按照 B10 规定提供或给予协助的所有费用。

2. 买方义务

B1 买方的一般义务

买方必须按照销售合同支付货物的价款。如果依当事人的协议或按照惯例，在

B1 至 B10 条款中涉及的任何单据均可以是具有同等效力的电子记录和程序。

B2 许可证、批准、安全通关及其他手续

在需要办理海关手续时，买方必须自担风险和费用，取得任何进口许可证或其他官方许可，并且办理货物进口的一切海关手续。

B3 运输合同和保险合同

（a）运输合同。买方对卖方没有义务订立运输合同。

（b）保险合同。买方对卖方没有义务订立保险合同。但是如果买方想获得保险，就必须向卖方提出自己需要保险的要求，并且向卖方提供必要的信息。

B4 受领货物（接收货物）。买方必须在卖方按照 A4 规定交货时受领货物。

B5 风险转移

买方必须承担按照 A4 规定交货之时起货物灭失或损坏的一切风险。如果（a）买方没有履行 B2 中规定的义务，则买方承担所有货物灭失或者毁损的风险。或者（b）买方没有按照 B7 中的规定履行其告知义务，则必须从约定的交货日期或交货期限届满之日起，承担货物灭失或损坏的一切风险。但是必须确认上面所讲的货物是合同中所指的货物。

B6 费用划分

买方必须支付：（a）自按照 A4 的规定交货时起与货物有关的一切费用；（b）在指定目的地将货物从交货运输工具上卸下以受领货物的一切卸货费，除非这些费用按照运输合同是由卖方承担；（c）在这项货物已清楚地确定为合同项下货物的条件下，若买方未能按照 B2 规定履行义务或未按照 B7 规定给予卖方通知，卖方因此而产生的一切费用；及（d）在需要办理海关手续时，办理海关手续的费用及货物进口时应缴纳的一切关税、税款和其他费用。

B7 通知卖方

一旦买方有权决定在约定期限内的时间和/或在指定的受领货物的地点，买方必须就此给予卖方充分通知。

B8 提货证据

买方必须接受卖方按照 A8 规定提供交货单据。

B9 货物检验

买方必须支付任何强制的装船前检验的费用，但出口国有关当局强制进行的检验除外。

B10 信息帮助和相关费用

买方必须及时告知卖方所有的安全信息需求以便卖方能够遵守 A10 的规定。在获取单据或信息时，买方必须偿付卖方按照 A10 规定提供或给予协助的所有费用。应卖方要求并由其承担风险和费用，买方必须及时为卖方提供其在货物进口或货物运输过程中所需的各类单据及信息协助，包括相关安全信息。

2.3.2.5　DDP 术语

这条规则可以适用于任何一种运输方式，也可以适用于同时采用多种运输方式的情况。

DDP 全称为 Delivered Duty Paid（… named place of destination），即完税后交货（……指定目的地），是指卖方在约定的时间内，在指定的进口国目的地，办理完进口清关手续并缴纳进口税费，将在交货运输工具上尚未卸下的货物交给买方，即完成交货。

采用 DDP 术语，卖方必须承担将货物运至指定目的地的一切风险和费用，并且要承担风险和费用，取得进口和出口许可证或其他官方许可，负责办理货物进口和出口清关手续并支付关税、税款和其他费用，并向买方提交商业发票及合同可能要求的、证明货物符合合同规定的其他任何凭证，及自费向买方提供提货单或通常的运输单据，或具有同等作用的电子信息，以便买方提取货物。

DDP 术语是卖方承担责任最大的术语，也即买方承担责任最小的术语，同样也可以推出，DDP 条件下成交的价格也理应是最高的。对于买方而言，DDP 相当于国内贸易。如果买方希望卖方承担卸货或其他责任和费用，则应该在销售合同中订明。

在使用 DDP 术语时，应注意到，若卖方不能直接或间接地取得进口许可证，不建议当事人使用 DDP 术语，而应考虑由买方负责承担进口事宜，如果当事方希望买方承担进口的所有风险和费用，应使用 DAP 术语。另外，若双方当事人同意排除卖方在办理进口时应承担的某些费用，如增值税，则应在术语后注明，如"完税后交货，增值税未付（……指定目的地）"。

【小结】

贸易术语，是在长期的国际贸易实践中出现并逐步发展起来的，它是由三个英文字母缩写组成的、用以表明进出口商品的价格构成和买卖双方各自应承担的责任、费用与风险划分的专门用语。每种贸易术语有着各自特定的含义，它不仅表明了价格的组成，同时还规定了买卖双方的权利和义务。因此，熟悉并掌握每一个术语的具体含义对买卖双方有着非常重要的意义。

贸易术语来源于国际贸易惯例，它是在长期贸易实践的基础上发展起来的。目前国际上较有权威性的惯例主要有《1932 年华沙—牛津规则》、《1941 年美国对外贸易定义修订本》及《2010 通则》。其中，《2010 通则》在当今国际上的影响最为深远。

【思考题】

1. 什么是贸易术语？有关贸易术语的国际贸易惯例有哪些？

2. 以 FOB 术语成交，都需要注意哪些问题？为什么说 CFR 术语下卖方的装船通知尤为重要？

3. 试比较 FOB、CFR 和 CIF 三种术语有何异同？

4. 什么是象征性交货？其主要特征是什么？

5. 试比较 FOB、CFR、CIF 三种传统贸易术语与 FCA、CPT、CIP 贸易术语。

【技能实训】

1. 美国某出口商同时与一新加坡进口商和一马来西亚进口商签订了 5000 公吨

和 4000 公吨的大米出口合同,合同中皆规定采用 CPT 条件。由于两份合同交货时间相近,且又在同一地点分别交付指定的承运人,因而,按照约定的时间,卖方将 9000 公吨大米使用同一运输工具一同运往指定地点,并打算货到后再进行分拨。然而,由于运到指定地点时天色已晚,来不及划分货物,而卖方又有急事需要连夜返回,在这种情况下,卖方遂将全部货物交付给两承运人,请他们第二天自行划分。没想到当天晚上突降暴雨,由于存放大米的仓库进水,大米损失了 4500 吨。对此,两进口商均以货物未特定化为由要求卖方赔偿,而卖方则认为已将货物交付承运人处置,风险已转移,其不应承担损失责任。试问:(1)在 CPT 术语下,买卖双方的责任和义务如何划分?(2)在本案例中,卖方是否完成了交货义务?风险是否已转移给买方?

2. 我国某外贸公司按 CIF New York 向美国某进口商出售一批农产品,由于该商品季节性较强,价格弹性较大,因此,双方在所签订的合同中规定:"买方须于 8 月底前将信用证开到,卖方保证运货船只不得迟于 9 月 10 日驶抵目的港。如运货船只晚于 9 月 10 日抵达目的港,买方有权取消合同。如此时货款已收付,卖方须将全部货款退还买方。"试问:(1)这一合同的性质是否属于 CIF 合同?(2)若美方一定要我方保证到货时间,则应如何选用贸易术语?

第3章

商品的价格和价格条款

【学习目标】

通过本章的学习，理解合同中价格条款的签订，掌握商品的定价原则与方法，掌握计价货币的选择，学会灵活使用贸易术语。

【重点与难点】

合同中的价格条款；商品的定价原则和方法；计价货币的选择；贸易术语的选用。

【导入案例】

某年10月，中国某出口公司按 CIF 价格条件和信用证付款方式向中东地区某商人出售一批服装。该公司寄出的结算单据遭开证行拒付，其理由是，在商业发票上所列价格条件仅标明目的港名称，而其前面却漏打"CIF"字样。经与议付行洽商并由议付行向开证行交涉，说明提单上注明"运费已付"，又有保险单证明已投保货运险，就整套单据而言，是符合 CIF 价格条件的，但开证行仍然坚决拒付，并将不符合点通知开证人。开证人则以市况不佳为由，要求减价15%才接受单据。几经交涉之后，开证行通知议付行称："买方只能按90%付款赎单。"议付行就此与出口公司联系后，先按90%收汇，未收部分则继续与开证行交涉，但终未成功。

案例分析：本案既然是按 CIF 价格条件和信用证付款方式达成交易的，则价格条件就是商业发票内的主要项目，贸易术语是商品单价的一个组成部分。制单人不应该在发票的单价项下漏打"CIF"字样。而且在信用证付款条件下，银行是凭单据付款，制单人漏打"CIF"字样，使单据表面上与信用证规定不符，开证银行有权拒绝付款。

本案商业汇票上漏打"CIF"字样，虽然没有影响开证人的实际利益，但开证人抓住单证上的问题，得理不饶人，或者拒付货款，或者杀价。由此可见，制单工作必须一丝不苟。

3.1 商品的价格条款

在国际贸易中，商品的价格是买卖双方交易磋商的主要内容，是交易双方最为关心的一个重要问题。因此，讨价还价往往成为交易磋商的焦点，价格条款便成为买卖合同中的核心条款。

3.1.1 价格条款的内容

合同中的价格条款，一般包括商品的单价和总值两项基本内容。

1. 单价

国际贸易中商品的价格，通常指的就是商品的单价。它的规定远较国内贸易的商品单价的规定复杂。它通常由四个部分组成，即计量单位、单位价格金额、计价货币和贸易术语，这四部分内容缺一不可。例如：

每公吨	500	美元	CIF 纽约
计量单位	单位价格金额	计价货币	贸易术语

（1）各国度量衡制度不同。合同中的计量单位必须明确规定清楚，如公吨、长吨或短吨一定要写清楚。单价条款中的计量单位应与数量条款中的计量单位一致。

（2）单位价格金额。这是指一个单位商品的价格。应按双方协商一致的价格，正确填写在书面合同中。如在出口合同中把金额写错，低于原来商定的金额，或在进口合同中错写成高于原来商定的金额，对方如将错就错，将使我方遭受损失，因为单位价格金额或书面合同中的条款如写错，而又经当事人双方签署确认，按国际贸易法律是可以因此而否定或改变磋商时谈定的条件的。

（3）计价货币。这些货币有英镑、美元、欧元等。要正确写明计价货币的名称。世界上很多国家货币单位的名称是相同的，但币值差别很大。所以，必须写明是哪一国货币。如"元"有美元、日元、港元、人民币元之分。在简写时应采用习惯标法或国际货币标准名称。还应特别注意在单据、信用证方面的一致性。

（4）贸易术语。在国际贸易中，每种不同的贸易术语所代表的风险、责任和费用的划分不同，表示的价格构成因素也各不相同，因此在制定价格条款时，贸易术语的选用对双方都至关重要。

若按具体的港口名称，如 CIF 伦敦、FOB 东京，一定要注意，凡世界上有同名的港口，必须加注国名。

以上四项内容，既表明了商品的价格，又划分了双方的责任。这四项内容又是紧密相关的，不是孤立的，当其中一个内容发生变化的时候，如果为保证进出口方的利益不变，那么其他内容也要相应变化。因此，在对外进行商务洽谈、磋商时，应对每部分内容予以慎重和仔细的考虑。

除了上述四项基本内容外，如买卖双方在交易中还涉及佣金或折扣的规定，在规定价格条款时，也应作出相应的规定。下面举例说明单价的规定方法：

每码 482 港元 CIF 新加坡

HKD 482 per yd. CIF Singapore

每公吨 335 美元 CIP 纽约减折扣 2%

US $335 per M/T CIP New York less 2% discount

每码 15 美元 CIF 科威特包含佣金 5%

US $15 per yd. CIF Kuwait including commission 5%

2. 总值

总值又称总价，是单价和数量的乘积，是一笔交易的货款总金额。总值所使用的货币应与单价所使用的货币一致。举例如下：

100 公吨 2004 年产杏仁，每公吨 CIFC2% 价格 1500 美元，旧金山交货。

for 100 metric tons of Bitter Apricot Kernels 2004 crop at USD1500 per metric ton CIFC 2% San Francisco.

3.1.2 制定价格条款时应注意的事项

在国际贸易合同中规定价格条款时，应注意下列事项：

（1）合理地确定货物的单价，防止偏高或偏低。

（2）根据船源、货源等实际情况，选择适当的贸易术语。

（3）争取选择有利的计价货币，必要时可加订保值条款。

（4）灵活运用各种不同的定价办法，尽可能避免承担价格变动的风险。

（5）参照国际贸易的习惯做法，注意佣金和折扣的合理运用。

（6）如交货品质、交货数量有机动幅度或包装费另行计价时，应一并订明机动幅度部分定价和包装费计价的具体办法。

（7）单价中的计量单位、计价货币和装运地或卸货地名称，必须书写清楚，以利于合同的履行。

3.1.3 价格条款示例

1. 单价：每公吨 95 英镑 CIF 香港

总值：14550 英镑

Unit Price：at GBP 95 per metric CIF Hong Kong

Total Value：GBP 14450（Say pounds sterling fourteen thousand five hundred and fifty only）

2. 单价：每件 50 美元 CIF 汉堡折扣 2%

总值：50000 美元

Unit Price：at USD 50 per piece CIF Hamburg less 2% discount

Total Value：USD 50000（Say US dollars fifty thousand only）

案例资料

与利比亚商人订立的出口合同，使用的贸易术语为 CFR，目的港规定为"的黎波里"，我方交货时误将货物运往黎巴嫩的"的黎波里"港，造成损失。试分析我方工作中的教训。

案例点评

我方使用贸易术语时，未注意在涉及到重名的具体的港口名称后加注国名，导致在办理运输时将货物运到错误的目的港。

3.2 商品的定价原则与方法

3.2.1 定价原则

我国进出口商品的定价原则是：在贯彻平等互利的原则下，根据国际市场价格水平，结合国别（地区）政策和购销意图制定适当的价格。这也是国际上常见的做法。

1. 按照国际市场价格水平定价

国际市场的价格是以商品的国际价值为基础在国际市场竞争中形成的，它是交易双方都能接受的价格，是确定进出口商品价格的客观价格。

2. 结合销售目的国家、地区的市场价格定价

在参照国际市场价格水平的同时，需要考虑销售目的地的市场价格，以便获得最大利润和价格竞争性。

3. 结合购销意图

国际贸易商品价格在国际市场的基础上，可根据购销意图来确定，定价可以略高于或低于国际市场价格。

3.2.2 影响商品定价的因素

由于成交商品价格构成因素不同，影响商品价格变化的因素也比较多，所以在制定进出口商品价格时，还应适当考虑下列因素：

1. 商品的质量和档次

在国际市场上，一般都贯彻按质论价的原则，即好货好价，次货次价。品质的优劣，档次的高低，包装装潢的好坏，式样的新旧，商标、品牌的知名度，都会影响商品的价格。

2. 运输距离

国际货物买卖一般都要经过长途运输。运输距离的远近影响运费和保险费的开支，从而影响商品的价格。因此，确定商品价格时，必须认真核算运输成本，做好比价工作，以体现地区差价。

3. 交货地点和交货条件

在国际贸易中，由于交货地点和交货条件不同，买卖双方承担的责任、费用和风险有别，在确定进出口商品价格时，必须考虑这些因素。

4. 季节性需求的变化

在国际市场上，某些节令性商品，如赶在节令前到货，抢先应市，即能卖上好价。过了节令的商品，往往售价很低，甚至以低于成本的"跳楼价"出售。因此，应充分利用季节性需求的变化，掌握好季节性差价，争取以对我方有利的价格成交。

5. 成交数量

按国际贸易的习惯做法，成交量的大小影响价格。即成交量大时，在价格上应给予适当优惠，例如采用数量折扣的办法；反之，如成交量过少，甚至低于起订量

时，则可以适当提高售价。不论成交多少，都是一个价格的做法是不当的，应当掌握好数量方面的差价。

6. 支付条件和汇率变动的风险

支付条件是否有利和汇率变动风险的大小，都影响商品的价格。例如，同一商品在其他交易条件相同的情况下，采取预付货款和凭信用证付款方式下，其价格应当有所区别。同时，确定商品价格时，一般应争取采用对自身有利的货币成交，如采用对自身不利的货币成交时，应当把汇率变动的风险考虑到货价中去，即适当提高出售价格或压低购买价格。

7. 供求关系

在国际市场上某种商品的供求关系状况会导致商品价格波动，一般来说，供大于求的商品，价格会下跌；而供小于求的商品，价格会上涨。

8. 国家的价格和退税

有些国家对于特殊产品，例如关系国际民生的重要物资或战略物资出口，在价格上有一些限制政策；同时，对一般商品出口有退税的优惠措施。所以，在核算商品价格以及盈亏时应考虑这种因素。

9. 商品的生命周期

商品的生命周期一般分为投入期、成长期、成熟期、衰退期。处于成长期特别是投入期的商品价格往往最高，随着产品不断地成熟，价格会趋于下降，而处于衰退期的商品价格最低。

10. 交货期的远近、货物保险条件和市场销售习惯等

交货期的远近、货物保险条件和市场销售习惯等因素也会不同程度地影响商品的价格。

3.2.3　定价策略

1. 高价定价策略

对于技术和工艺水平不高并且容易被模仿的商品应采用高价销售策略，以求得在最短的期限内收回预期利润。

2. 渗透定价策略

通过渗透定价策略，既可以帮助企业将产品打入竞争激烈的市场，以低价渗透策略争夺市场份额，又可以通过长期低价渗透策略将竞争对手挤出该市场，在不违反法律法规的情况下，获得市场垄断地位。

3. 尾数定价策略

对于需求价格弹性较强的商品来说，利用尾数定价法，可使消费者产生便宜的感受并乐意购买。例如衬衫标价 99.98 元/件。

4. 整数定价策略

对于一些高档商品，通过将实际价格提高，反而提高商品档次，增强消费者购买心理。

5. 声望定价策略

对于一些知名企业名牌商品，通常制定较高的价格，使消费者产生价高质优的

印象，并愿意购买。

6. 习惯定价策略

对于日用品、服装、鞋帽、食品等，通常存在消费者已习惯或已接受的价格水平，不能轻易调价，否则会使消费者产生顾虑而影响销售。

7. 折扣定价策略

折扣定价是指对基本价格作出一定的让步，直接或间接降低价格，以争取顾客，扩大销量。其中，直接折扣的形式有数量折扣、现金折扣、功能折扣、季节折扣，间接折扣的形式有回扣和津贴。折扣的两种形式：一是支付价款时对价款总额按一定比例即时予以扣除，二是在买方已支付价款总额后卖方再按一定比例予以退还部分价款。这两种形式实质都是价格优惠，并无本质区别。

3.2.4 定价方法

国际货物买卖中定价方法是多种多样的，可以根据不同的具体情况，分别采用下列定价办法。

1. 固定价格

它是在合同中规定固定价格是一种常规做法，它具有明确、具体、肯定和便于核算的特点。但是，由于国际市场货物行情瞬息万变，价格涨落不定。因此，在国际货物买卖合同中规定固定价格，就意味着买卖双方要承担从订约到交货付款以至转售时价格变动的风险。况且，如果行市变动过于剧烈，这种做法还可能影响合同的顺利执行。一些不守信用的商人很可能为逃避亏损，而寻找各种借口撕毁合同。

为了减少价格风险，在采用固定价格时，首先，必须对影响商品供需的各种因素进行细致的研究，并在此基础上，对价格的前景作出合理判断，以此作为决定合同价格的依据；其次，必须对客户的资信进行了解和研究，慎重选择订约的对象。

但是，国际货物市场的变化往往受各种临时性因素的影响，变化莫测。特别是从20世纪60年代末期以来，由于各种货币汇价动荡不定，商品市场变动频繁，剧涨暴跌的现象时有发生。在此情况下，固定价格往往会给买卖双方带来巨大的风险。尤其是当价格前景捉摸不定时，更容易使客户裹足不前。因此，为了减少风险，促成交易，提高合同的履约率，在合同价格的规定方面，也日益采取一些变通做法。

2. 非固定价格

（1）非固定价格的种类

从我国进出口合同的实际做法看，非固定价格，即一般业务上所说的"活价"，大体上可分为下述几种。

①暂不固定价格。某些货物因国际市场价格变动频繁、幅度较大或交货期较远，买卖双方对市场趋势难以预测，但又确有订约的意图，则可约定有关货物的品质、数量、包装和支付等条件，对价格暂不固定，即一般业务中的所谓"活价"。这种定价方法又可分为：一是在价格条款中明确规定定价时间和定价方法。例如：在装船月份前45天，参照当地及国际市场价格水平，协商议定正式价格；或按提单日期的国际市场价格计算；或以某月某日某地货物交易所该货物的收盘价再加若干美元。二是只规定定价时间。例如：由双方在××年×月×日协商确定价格。这种方式由

72

于未就定价方法作出规定，容易给合同带来较大的不稳定性，双方可能因缺乏明确的定价标准，而在商订价格时各执己见，相持不下，导致合同无法执行。因此，这种方式一般只适用于双方有长期交往并已形成比较固定的交易习惯的合同。

②暂定价格。买卖双方在洽谈某些价格变化较大的货物的远期交易时，为减少贸易风险，一般采用暂定价，即在合同中先订立一个初步价格，作为开立信用证和初步付款的依据，待双方确定最后价格后再进行最后清算，多退少补。例如，在合同中规定：每公吨 1000 英镑 CIF 神户。备注：上列价格为暂定价，于装运月份前20 天由买卖双方另行协商确定价格。

这种做法因缺乏明确的定价依据，具有较大的不确定性，应慎重使用。

③部分固定价格，部分非固定价格。有时为了照顾买卖双方的利益，解决双方在采用固定价格或非固定价格方面的分歧，也可采用部分固定价格、部分非固定价格的做法，或是分批定价的办法，交货期近的价格在订约时先固定下来，余者在交货前一定期限内定价。

（2）采用非固定价格的利弊

非固定价格是一种变通做法，在行情变动剧烈或双方未能就价格取得一致意见时，采用这种做法有一定的好处，表现在以下方面。

①有助于暂时解决双方在价格方面的分歧，先就其他条款达成协议，早日签约。

②解除客户对价格风险的顾虑，使之敢于签订交货期长的合同。数量、交货期的早日确定，不但有利于巩固和扩大出口市场，也有利于生产、收购和出口计划的安排。

③对进出口双方来说，虽不能完全排除价格风险，但对出口方来说，可以不失时机地做成生意；对进口方来说，可以保证一定的转售利润。

但应当看到，这种做法是先订约后定价，合同的关键条款——价格是在订约之后由双方按一定的方式来确定的。这就不可避免地给合同带来较大的不稳定性，存在着双方在定价时不能取得一致意见而使合同无法执行的可能，而且，如果合同定价条款规定不当，合同还有失去法律效力的危险。

3. 价格调整条款

在国际货物买卖中，有的合同除规定具体价格外，还规定有各种不同的价格调整条款。例如："如卖方对其他客户的成交价高于或低于合同价格 5%，对本合同未执行的数量，双方可协商调整价格。"这种做法的目的是把价格变动的风险规定在一定范围之内，以提高客户经营的信心。

值得注意的是，在国际上，随着某些国家通货膨胀的加剧，有些贸易合同，特别是加工周期较长的机器设备合同，都普遍采用所谓"价格调整（修正）条款"（Price Adjustment/Revision Clause），要求在订约时只规定初步价格（Initial Price），同时规定如原料价格、工资发生变化，卖方保留调整价格的权利。

价格调整条款通常按下列公式调整价格：

$$P_1 = P_0 \left(a + b \times \frac{M_1}{M_0} + c \times \frac{W_1}{W_0} \right)$$

式中，P_1 表示合同最终价；P_0——签约时双方约定的初步价；M_1——计算最终价时引用的有关物价指数；M_0——签约时引用的有关物价指数；W_1——计算最终价时引用的有关工资指数；W_0——签约时引用的有关工资指数；a——除原材料、工资外的其他费用与利润在价格中所占比例；b——原材料在价格中所占比例；c——工资在价格中所占比重；$a+b+c=100\%$。

如果买卖双方在合同中规定，按上述公式计算出来的最后价格与约定的初步价格相比，其差额不超过约定的范围（如百分之若干），初步价格可不予调整，合同原定的价格对双方当事人仍有约束力，双方必须严格执行。

上述价格调整条款的基本内容是按原料价格和工资的变动来计算合同的最后价格。在通货膨胀的条件下，它实质上是出口厂商转嫁国内通货膨胀、确保利润的一种手段。但值得注意的是，这种做法已被联合国欧洲经济委员会纳入它所制定的一些"标准合同"之中，而且其应用范围已从原来的机械设备交易扩展到一些初级产品交易，因而具有一定的普遍性。

由于这类条款是以工资和原料价格的变动作为调整价格的依据，因此，在使用这类条款时，就必须注意工资指数和原料价格指数的选择，并在合同中予以明确。

应注意的是，在国际货物买卖的一般贸易中，人们有时也应用物价指数作为调整价格的依据。但使用价格调整条款时，合同价格的调整是有条件的。如合同期间的物价指数变动超出一定的范围，价格即做相应的调整。如果用来调整价格的各个因素在合同期间所发生的变化从总体上看没有超过约定的限度，那么，合同原订的价格对双方当事人就仍然有约束力，双方必须严格执行。

3.3　计价货币

计价货币（Money of Account）是指合同中规定用来计算价格的货币。在国际货物买卖合同中，价格通常表现为一定量的特定货币。一般情况下，支付货币与计价货币相同。计价货币可以是进口国货币、出口国货币，也可以是进出口双方同意的第三国货币，还可以是买卖双方协商同意的某种记账单位。

3.3.1　计价货币

在当前国际金融市场普遍实行浮动汇率制的情况下，买卖双方都将承担一定的汇率变化的风险。因此，作为交易的当事人，在选择使用何种货币时，就不能不考虑货币汇价升降的风险；另一方面，也要结合企业的经营意图、国际市场供需情况和价格水平等情况，做全面综合的分析，但需避免因单纯考虑外汇风险而影响交易的正常进行。

在进出口业务中，选择使用何种货币计价或支付时，首先要考虑，货币是不是可自由兑换的货币。使用可自由兑换的货币，有利于调拨和运用，也有助于在必要时转移货币汇价风险。

对可自由兑换的货币，需考虑其稳定性。在出口业务中，一般应尽可能争取多使用从成交至收汇这段时期内汇价比较稳定且趋势上浮的货币，即所谓"硬币"；而进口业务中，则应争取多使用从成交至付汇这段时期内汇价比较疲软且趋势下浮的货币，即所谓"软币"。

为减少外汇风险，在进口和出口业务中分别使用"软币"和"硬币"是一种可行而有效的办法，但除此以外，也还可采用其他的方式，主要有以下几种。

1. 压低进口价格或提高出口价格

如在商订进口合同时使用当时视为"硬币"的货币为计价货币和支付货币，可在确定价格时，将该货币在我方付汇时可能上浮的幅度考虑进去，将进口价格相应压低。如在商订出口合同时使用当时视为"软币"的货币为计价货币和支付货币，则在确定价格时，将该货币在我方收汇时可能下浮的幅度考虑进去，将出口价格相应提高。鉴于汇价变动十分频繁，原因复杂多样，特别是较长时期如一年以后的趋势更难预测，所以，这一办法通常较多适用于成交距进口付汇或出口收汇间隔时期较短的交易。

2. "软币"、"硬币"结合使用

在国际金融市场上，往往是两种货币互为"软"、"硬"的。甲币为"软"即乙币之"硬"。而且每有今日视为"软币"而后成为"硬币"，或相反的情况。因此，在不同的合同中适当地结合使用多种"软币"和"硬币"，也可起到减少外汇风险的作用。

3. 订立外汇保值条款

在出口合同中规定外汇保值条款的办法主要有三种。

（1）计价货币和支付货币为同一"软币"

确定订约时这一货币与另一"硬币"的汇率，支付时按当日汇率折算成原货币支付。例如："本合同项下的日元金额，按合同成立日中国银行公布的日元和美元买入价之间的比例折算，相等于××美元。在议付之日，按中国银行当天公布的日元和美元买入价之间的比例，将应付之全部（或部分）美元金额折合成日元支付。"

（2）"软币"计价、"硬币"支付

即将货物单价或总金额按照计价货币与支付货币当时的汇率，折合成另一种"硬币"，按另一种"硬币"支付。例如："本合同项下每一加拿大元相等于××瑞士法郎。发票和汇票均须以瑞士法郎开立。"

（3）"软币"计价、"软币"支付

确定这一货币与另几种货币的算术平均汇率，或用其他计算方式的汇率，按支付当日与另几种货币算术平均汇率或其他汇率的变化做相应的调整，折算成原货币支付。这种保值可称为"一揽子汇率保值"。几种货币的综合汇率可有不同的计算办法，如采用简单的平均法、加权的平均法等。这主要需由双方协商同意。

值得一提的是，在国际贸易中利用特别提款权（Special Drawing Rights, SDR）这种"一揽子汇率"进行保值的方法正为越来越多的商人所采纳。在国际贸易中利用特别提款权这种"一揽子汇率"进行保值的方法确定价格时，可在合同中做如下规定："本合同项下的美元，按订约日伦敦《金融时报》所载美元的特别提款权汇率折成××特别提款权单位。在议付之日，按订约日伦敦《金融时报》所载美元的特别提款权汇率折成美元支付。"

3.3.2　不同货币价格的换算

1.底价为人民币改报外币

参照中国银行公布的人民币的买价进行折算，即

$$外币价格＝人民币底价÷人民币对外币买价$$

例如，某公司某种出口商品以人民币对外报价是：RMB2000：per M/T CIF London，若改报美元应报多少？已知条件是人民币对美元的外汇牌 USD100 ＝ RMB630.9/631.40。

其计算方法为

$$\frac{2000}{630.9} \times 100 = 317.01 \text{ 美元}$$

即改报美元应报317.01美元。这里值得指出的是，本币改报外币时，应除买入价，因为银行买入外汇时是按买入价折算的。银行在外汇买卖时一般赚取5%的差价，即手续费。

2.底价为外币改报人民币

人民币价格＝外币价格×人民币对外币的卖价

例如，某公司某商品出口报价是以英镑报出的：GBP15 per dozen CIF London，若以人民币报出，应报多少？已知条件是人民币对英镑的外汇牌价为：GBP100 ＝ RMB938.46/945.06。其计算方法为

$$15 \times 945.06 \div 100 \approx 141.76 \text{ 元}$$

即改报人民币为141.76元。这里值得指出的是，由外币改报本币，用卖出价相乘。其原因是银行卖出外汇是按卖出价折算的。

3.由一种外币改报另一种外币

理论上讲应使用外币的买价，但在西方外汇市场上，主要货币之间汇价的买价与卖价相差很小，故习惯上使用中间价，即

$$另一种外币价格＝某一种外币价格×两种外币中间价$$

例如，某公司某商品出口报价是以英镑报出的：GBP300 per box CIF London，现应邀改为美元报出，应报多少？

这首先要求出英镑与美元的汇率，然后折算出美元数。即应用外汇牌价中英镑比美元牌价所得的值，用此值去乘报价中的英镑数，即得出应报美元数额。

其计算方法为

$$938.46 \div 630.9 = 1.49 \text{ 美元}$$

$$300 \times 1.49 = 447 \text{ 美元}$$

即改报美元应报447美元。这里值得指出的是，在换算时，两种外币是采用外汇牌价中的买入价还是卖出价应一致，此处均用买入价。

3.4　贸易术语的选用

国际货物买卖的目的和全过程，在于实现货与款的跨国相对流动。而贸易术语

具有双重性，既可确定作为货物流动方式的交货条件，又可决定作为价款基本单位的价格条件。因此，在外贸业务中对贸易术语的选用，应考虑货与款两个方面的因素。

3.4.1　价款方面的因素

国际货物买卖的价款，一般都是以外汇计价并支付的，且在价格构成上存在着差别；而价款的流动，则是由支付方式所决定的，且支付方式与交货方式之间又有着联系。因此，在价款方面影响贸易术语选用的因素有支付方式、外汇管制与价格构成等。

1. 支付方式

在汇付、托收、信用证等多种国际贸易支付方式中，因信用证属银行信用，可在一定程度上解决买卖双方互不信任的矛盾，并能为双方提供融资便利，因此，在业务中广为使用。但需要指出的是，信用证支付方式中实行的是凭单付款的原则，因而严格地讲，它仅适用于属于凭单交货、凭单付款的象征性交货方式的 F、C 两组术语，而不适用于属于实际交货方式的 E、D 两组术语。唯有如此，信用证下的付款原则才能与合同中的付款条件相一致，而合同中的交货条件（即凭单交货）也才能与支付条件（即凭单付款）相协调。

2. 外汇管制与价格构成

目前，世界各国为了控制本国的贸易逆差或保持本国的贸易顺差，在外汇管制上一般都限制采用 E 组术语出口和 D 组术语进口，以避免外汇的收入太少和支出太多。对于 F、C 两组术语，因从价格构成上考虑 F 组术语为成本价、C 组术语为成本加运费（保险费），所以，一般都鼓励采用 C 组术语（尤其是 CIF、CIP）出口和 F 组术语进口。这样一方面达到外汇增收减支的目的，促进本国运输和保险业的发展；另一方面，利用本国运输工具可减少欺诈，在本国保险公司办理保险也便于理赔。

3.4.2　货物方面的因素

国际贸易中的货物，因需做跨国流动而必须历经报关、运输的环节，而货物在运输过程中可能会遇到多种风险，加上货物本身对其流动方式的影响，所以，在货物方面选用贸易术语时应考虑货、运、险、关四大因素。

1. 报关因素

报关因素包括出口报关和进口报关。一般来说，货物的报关手续由本国当事人办理比较方便，而由异国当事人办理则存在诸多困难。在《2000 通则》的 13 种术语中，除 EXW 进出口报关皆由买方办理和 DDP 进出口报关都由卖方办理外，其余 11 种术语都将出口报关作为卖方责任、进口报关作为买方责任。因此，当欲采用 EXW 或 DDP 成交时，买方或卖方一定要慎重考虑办理异国报关手续的实际可行性，并在难以办到时相应地改用 FCA 或 DDU 术语。

2. 风险与保险因素

在国际贸易中，买方和卖方一般都不愿承担货物在对方国家内所发生的风险。

对于货物在国际长途运输中存在的风险，如自然灾害、意外事故，甚至战争等社会政治事件，一般卖方也不愿承担。因此，在实际业务中 E、D 两组术语较少采用，除 FAS 外（因在《2000 通则》之前的版本中 FAS 术语下的出口报关是买方的责任）的 F、C 两组术语成为国际贸易中的常用术语。就保险而言，为了保障货物的安全，方便取得货损补偿，在出口业务中宜采用 CIF、CIP 术语，由卖方办理货物运输的投保手续。

3. 运输因素

运输因素包括运输方式、运输条件、运费成本与运价变动和装卸港情况等。

（1）运输方式

每种贸易术语，都有其最适用的运输方式。如前述 FOB、CFR、CIF 仅适于水上运输，而 FCA、CPT、CIP 可适用于任何运输方式。原则上可以用后三种分别代替前三种，但是，由于前三种是专门为水运设计的，有较强的针对性和详细的规定，因此，对于直接通过海洋和内河运输货物的业务，还是首选 FOB、CFR、CIF 术语为好。但随着空运、集装箱运输和多式联运的发展，中小企业可适当选用 FCA、CPT、CIP 术语，这样使出口方交货后可尽早取得单据，缩短收汇时间。

（2）运输条件

在本身有运输能力或安排运输无困难时，应争取自己办理货物的运输事宜，即按 C 组术语出口、按 F 组术语进口，以利于我方对货物的控制并防止对方安排运输时与承运人相勾结对我方进行国际贸易欺诈。如出口使用 F 组术语，则可能造成不法商人越过向银行付款赎单的正常途径，与承运人串通无单放货，而后以逃逸或宣告破产的伎俩，造成我方货款两空。又如进口使用 C 组术语，若对方与承运人串通出具假运单，则将使我方蒙受付了款却收不到货的损失。

（3）运费成本与运价变动

运费是货价构成的因素之一，在选用贸易术语时，应考虑货物经由路线的运费收取情况和运价变动趋势。在运费水平适中且运价稳定时，自己安排运输从经济上是合算的，因而，出口宜采用 C 组术语，进口宜采用 F 组术语。而当运费水平偏高或运价看涨时，则为避免运输成本增加或存在增加的风险，宜将运输的责任转给对方承担，即以 F 组术语出口，以 C 组术语进口。在运价看涨的情况下，如因某种原因不得不采用由自身安排运输的条件成交，则应将运价上涨的风险考虑到货价中去，以免承担运价变动的风险损失。

（4）装卸港情况

对于在装运港交货的四种术语，当装卸港条件较差或费用较高时，若用程租船运输，因运费、装卸费也会增加，因此应回避运输及装卸责任，即出口用 FAS 或 FOB Liner Terms、FOB Under Tackle 的术语变形，进口用 CFR（CIF）Liner Terms、CFR（CIF）Ex Tackle、CFR（CIF）Landed 的术语变形；若以班轮运输，则会加收港口附加费而使运费增加，也应考虑由对方安排运输，即出口用 FAS、FOB 术语，进口用 CFR、CIF 术语。

4. 货物因素

货物因素包括货物的品种与数量、货物的市场状况和货物的地理位置等。

（1）货物的品种与数量

国际贸易中货物的品种很多，而不同品种货物的特点也各异，从而影响了术语的选用。如某些季节性、节令性强的商品，必须保证货物的到达时间以赶上销售时机，因此，往往需采用 D 组术语订立"到达合同"；又如精密仪器、贵重物品、鲜活商品和急需物资，因要求货运质量高、运输速度快而需用航空运输，此时，仅适用于水运的 FOB 等术语就不能采用，而只能采用适合于各式运输的 FCA 等术语。另外，货物成交数量的大小也直接关系到安排运输的难易和经济上是否合算，在选用术语时也需考虑。如当成交量太小，又无班轮通航的情况下，负责安排运输的一方势必会增加运输成本，故选用贸易术语时，也应予以考虑。

（2）货物的市场状况

货物的市场状况包括供求关系与价格动态。当国际市场某商品的供过于求或价格看跌时，因买方处于主动，合同采用的术语一般对买方有利，如出口按 F 组术语，进口按 C 组术语；当某商品供不应求或价格看涨时，则情况刚好相反。

（3）货物的地理位置

当货源处在内陆地区时，出口宜采用 FCA、CPT、CIP 三种货交承运人的术语，以减少风险和运输责任，并利于提前交单结汇；当货源处于沿海地区时，出口可采用 FAS、FOB、CFR、CIF 四种在装运港交货的术语。

【小结】

本章主要介绍了合同中商品的价格条款、商品的定价原则与方法、计价货币以及贸易术语的选用。

在国际贸易中，商品的价格是买卖双方交易磋商的主要内容，是交易双方最为关心的一个重要问题。因此，讨价还价往往成为交易磋商的焦点，价格条款便成为买卖合同中的核心条款。国际贸易中商品的价格通常指的就是商品的单价。它的规定远较国内贸易的商品单价的规定复杂。它除了需规定单位价格金额外，还需标明计量数量单位、计价货币名称和国际贸易中惯用的贸易术语。

我国进出口商品的定价原则是：在贯彻平等互利的原则下，根据国际市场价格水平，结合国别（地区）政策和购销意图制定适当的价格。这也是国际上常见的做法。由于成交商品价格构成因素不同，影响商品价格变化的因素也比较多，所以在制定进出口商品价格时，还应适当考虑下列因素：商品的质量和档次、运输距离、交货地点和交货条件、季节性的需求的变化、成交数量、支付条件和汇率变动的风险以及交货期的远近、货物保险条件和市场销售习惯等。

国际货物买卖中定价方法是多种多样的，我们可以根据不同的具体情况，采用以下定价办法：固定价格、非固定价格或价格调整条款。

计价货币是指合同中规定用来计算价格的货币。选择使用何种货币计价或支付时，首先要考虑，货币是不是可自由兑换的货币。对可自由兑换的货币，还需考虑其稳定性。

在外贸业务中对贸易术语的选用，应考虑货与款两个方面的因素。

【思考题】

1. 下列我方出口报价是否正确？如有错误，请予更正。

（1）每码5元 CIFC 香港

（2）每箱100英镑 CFR 英国

（3）每打6美元 FOB 纽约

（4）每双18瑞士法郎 FOB 净价减1%折扣

（5）2000日元 CIF 大连包括3%佣金

（6）USD20.00 per yard FOB GUANGZHOU net

（7）DM46.00 per set CFR

（8）3 per doz CIF London including 5% commission

2. 我国进出口商品的定价原则是什么？

3. 为了正确掌握我国进出口商品价格，除应遵循上述定价原则外，还必须考虑哪些因素？

4. 在进出口贸易中，有哪几种定价方法？

5. 在进出口贸易中选用计价货币和支付货币时应注意什么问题？如何避免汇率风险？

6. 在进出口业务中，如何选择使用贸易术语？

7. 在使用集装箱海运的出口贸易中可使用 FOB 术语和 FCA 术语成交，试比较使用哪一种贸易术语对卖方更有利。

【技能实训】

我国 ABC 出口公司向法国 DEF 进口公司就出口某商品询盘，法方报价为400欧元/MT CIF 马赛，而我方公司报价人民币1978元，当时中国银行牌价100欧元 = 728.12元，卖出价为人民币730.35元。目前，我方公司有现货，该商品从中国港口至汉堡港运费为人民币598元/MT，保险费为人民币102元/MT，试问我方公司能否接受此报价？为什么？

第 4 章

佣金、折扣与成本核算

【学习目标】

通过本章的学习，理解佣金、折扣等的含义并灵活运用，掌握核算进出口商品价格的方法，使国际贸易中的商品价格的确定更为准确，以提高商品的竞争能力。

【重点与难点】

理解佣金、折扣的含义并灵活运用；准确核算进出口成本。

【导入案例】

外国某中间商主动来函与我国某出口公司联系，表示愿为推销棉布提供服务，并要求按每笔交易的成交额给予佣金 5%。不久，经该中间商介绍与当地进口商达成 CIFC 5% 总金额 50000 美元的交易，装运期为订约后 2 个月内从中国港口装运，并签订了销售合同。合同签订后，该中间商即来电要求我出口公司立即支付佣金 2500 美元。我出口公司回复称，佣金需待货物装运并收到全部货款后才能支付。于是，双方发生了争议。这起争议发生的原因是什么呢？应接受什么样的教训呢？

案例分析： 在本案中发生争议的原因主要是没有事先说明佣金的支付条件与支付时间，而引起歧义，双方各执一词都想争取有利于自己的条件。其中的教训当然就是应熟悉有关佣金的各项条件，事先谈好，避免出现歧义。

4.1 佣金和折扣

在国际贸易中，合同的商品价格较为复杂，有时还会涉及佣金和折扣。无论是佣金还是折扣都会直接影响商品的进出口价格，因此不容忽视。

4.1.1 佣金

通常在合同的价格条款中规定的价格，可分为含有佣金的价格和不含有佣金的价格，含有佣金的价格称为"含佣价"，而不含有佣金的价格则称为"净价"。

1. 佣金的含义

佣金是指经纪人、代理人为委托人服务而收取的报酬。在国际货物买卖中，往往表现为出口商付给销售代理、进口商付给购买代理人的酬金。佣金的比率大小，一般在 1%～5% 之间。

佣金可分为明佣和暗佣两种。明佣是指在合同价格条款中，明确规定了佣金的百分比。而暗佣则是不表明百分比，甚至不会出现佣金字样，具体的佣金百分比由双方当事人另行约定。

2. 佣金的表示方法

（1）用佣金率表示。①用文字表示，例如，每公吨 3000 美元 CIF 鹿特丹包含 3% 的佣金。②在贸易术语上加注佣金的英文字母 C 和佣金率，例如，每公吨 3000 美元 CIFC3% 鹿特丹。

（2）用绝对数来表示。例如，每公吨付佣金 90 美元。

3. 佣金的计算方法

多数情况下，以何种价格术语成交，就以何种价格为基础计算佣金。在国际贸易中，佣金的计算方法是不一致的，主要体现在以佣金率的方法规定佣金时，计算佣金的基数怎样确定。常见的方法是将成交金额或发票金额作为基础计算佣金。

佣金的计算公式：

单位货物佣金额＝含佣价×佣金率

净价＝含佣价－单位货物佣金额

净价＝含佣价×（1－佣金率）

含佣价＝净价÷（1－佣金率）

4. 佣金的支付方式

通常佣金的支付方式有三种：一种是出口企业收到全部货款后将佣金另行支付给中间商或代理商。这种做法有利于合同的圆满履行。因为中间商为了取得佣金，不仅会尽力促成交易，而且会负责联系、督促实际买主履约，协助解决履约过程中可能发生的问题，使合同得以顺利履行。但为了避免中间商的误解，应在与其确立业务关系时就明确这种做法，并最好达成书面协议。本章的引导案例中所述的情况正式忽视了这一点。另一种是中间商在付款时直接从货价中扣除佣金。采用这种做法，应注意防止重复付佣。最后一种是中间商要求出口企业在交易达成后就支付佣金。这种做法不能保证交易的顺利履行，因而一般不能接受。

在实际业务中，常用的是第一种方法，可以在合同履行后逐笔支付，也可按协议按月、季、半年甚至一年汇总支付，为了发挥佣金的作用，充分调动外商的积极性，应按约支付佣金，防止错付、漏付。

4.1.2 折扣

1. 折扣的含义

折扣是指卖方给予买方一定的价格减让，即在原价基础上给予适当的优惠。折扣的形式很多，如品质折扣、数量折扣、季节折扣、现金折扣等。与佣金相似，折扣也有"明扣"和"暗扣"之分，前者是用文字明确表示折扣的多少，后者则仅仅达成协议但在合同的条款中不明确表示出来。折扣可以用百分比表示，也可以用绝对数字表示。

2. 折扣的计算与支付方法

折扣通常是以成交额或发票金额为基础计算出来的。

折扣额＝含折扣价×折扣率

卖方实际净收入 = 含折扣价 – 折扣额

例：一批商品其价格为每箱 200 港元，现给予 2% 的折扣。此时买方支付货款时只需支付每箱 196 港元。

折扣一般在买方支付货款时预先扣除。如是暗扣，在合同中并不表示出来，而按双方私下达成的协议，由卖方另行支付给买方。

4.2 出口成本核算

在国际贸易中，商品的成本核算对于企业十分重要，它是达成交易的关键性问题，也是衡量企业经济效益的重要指标，企业要不断加强成本的核算，这样才能以清醒的头脑面对国际贸易的复杂局面。

4.2.1 出口商品换汇成本

1. 出口商品换汇成本的含义

出口商品换汇成本指出口商品净收入一单位外汇所需的人民币成本。在我国，一般是指出口商品每净收入一美元所耗费的人民币成本，即用多少元人民币换回一美元。得到的换汇成本与当时的外汇牌价相比，换汇成本越低于外汇牌价，出口企业的经济效益越好；相反则出口企业的经济效益越低。

2. 出口商品换汇成本的计算

出口商品换汇成本 = 出口总成本（人民币）/出口销售外汇净收入（美元）

（1）出口总成本是指出口企业为出口商品支付的国内总成本，包括两部分：进货成本和国内费用（出口前的一切费用和税金）。

出口总成本 = 出口商品进货成本 + 定额费用 – 出口退税额

（2）采购成本即出口商品购进价，其中包含增值税。

采购成本（进货成本）= 货价 + 增值税 = 货价×（1 + 增值税率）

（3）出口退税是对已经报关离境的出口货物，将其在出口前生产和流通各关节已经缴纳的国内增值税或者消费税等间接税的税款退还给出口企业的一项税收制度。在当前外贸激烈竞争的形势下，出口退税收入对外贸企业来说已经成为重要的收入，出口退税率的高低决定了产品在国际市场上竞争能力的高低。

出口退税额 = 货价×退税率 = ［采购成本/（1 + 增值税率）］×退税率

（4）定额费用包括银行利息、工资支出、邮电通信费用、交通费用、仓储费用、码头费用以及其他惯例费用等。

定额费用 = 出口商品进价×费用定额率

（5）出口销售外汇净收入是指在出口商品的外汇总收入中减去外汇费用（运费、保险费等），即按 FOB 价销售商品时应得的外汇收入。

例：出口椅子 1000 只，出口价每只 20.30 美元 CIF 纽约，其中运费 2160 美元、保险费 112 美元。进价每只人民币 117 元（含增值税 17%），费用定额率 10%，出口退税率 9%。银行美元的买入价为 6.83 元。请计算换汇成本。

解：出口总成本 = 117000 +（117000 ×10%）– 117000/（1 + 17%）×9% =

119700 元

外汇净收入 = 20300 - 2160 - 112 = 18028 美元

换汇成本 = 119700/18028 ≈ 6.64 人民币/美元

由于所得换汇成本 6.64 人民币/美元小于外汇牌价 6.83 人民币/美元，因此该公司该笔业务是盈利的。

4.2.2 出口商品盈亏率

1. 出口商品盈亏率

出口商品盈亏率指出口盈亏额与出口总成本的比例，它是衡量出口盈亏程度的重要指标。盈亏率为正表示企业获益，盈亏率为负表示企业亏损。

2. 出口商品盈亏率的计算

出口商品盈亏率 = 出口盈亏额/出口总成本 × 100%

= （出口销售人民币净收入 - 出口总成本）/出口总成本 × 100%

出口商品盈亏额 = 出口销售人民币净收入 - 出口总成本

出口销售人民币净收入 = 出口销售外汇净收入（美元）× 银行外汇买入价

例：我国某外贸公司出售一批货物至伦敦，出口总价为 60000 美元 CIFC5% 伦敦，其中中国口岸到伦敦的运费和保险费占 10%。这批货物的国内购进价为人民币 351000 元（含增值税 17%），该外贸公司的费用定额率为 5%，退税率为 9%，结汇时银行外汇买入价为 1 美元折合人民币 6.83 元。试计算这笔出口交易的盈亏率。

解：出口总成本 = 351000 + 351000 × 5% - 351000/（1 + 17%）× 9% = 341550 元

外汇净收入 = 60000 ×（1 - 5%）×（1 - 10%）= 51300 美元

出口盈亏率 = （51300 × 6.83 - 341550）/341550 × 100% ≈ 2.58%

该笔业务中盈亏率为正值，说明该外贸企业从中获益。

4.3 进口成本核算

商品的进口成本核算是不容忽视的，它直接影响销售价格、生产成本等方面。企业应做好进口产品的核算工作，做到心中有数，针对不同的情况及时作出决策，调节商品的价格。

4.3.1 进口成本的含义

货物的进口成本通常包含进口合同的成本价和进口费用，进口合同的成本价较为明显直观，在合同签订以后一目了然，但其他进口费用包罗万象，很难确定。

下面以 FOB 条件从国外进口为例，介绍一下有关费用情况：

1. 国外运输费用。从出口国港口、机构或边境到我国边境、港口、机场等的海、陆、空的运输费用。

2. 运输保险费。上述运输途中的保险费用。

3. 卸货费用。这类费用包括码头卸货费、起重机费、驳船费、码头建设费、码头仓租费等。

4. 进口税。货物在进口环节由海关征收（包括代征）的税种有关税、产品税、增值税、工商统一税及地方附加税、盐税、进口调节税、对台贸易调节税、车辆购置附加费等。

（1）关税是货物在进口环节由海关征收的一个基本税种。

关税的计算公式为：

进口关税税额 = 完税价格（合同的到岸价）×关税税率

（2）产品税、增值税、工商统一税、地方附加税都是在货物进口环节由海关代征的税种。

产品税、增值税和工商统一税的计算方法：

完税价格 =（到岸价格 + 关税）/（1 - 税率）

应纳税额 = 完税价格 × 税率

（3）进口调节税是对国家限制进口的商品或其他原因加征的税种。其计算公式为进口调节税税额 = 到岸价格 × 进口调节税税率

5. 银行费用。我国进口贸易大多通过银行付款。银行要收取有关手续费，如开证费、结汇手续费等。

6. 进口商品的检验费和其他公证费。

7. 报关提货费。

8. 国内运输费。

9. 利息支出。即从开证付款至收回货款之间所发生的利息。

10. 外贸公司代理进口费。

11. 其他费用，如杂费等。

4.3.2　进口成本的计算

进口商品总成本 = Ratel ×CIF ×（1 + A + D + V + D ×V）+ P + F1

式中，Ratel 是外汇汇率，A 为外贸公司的进口代理费费率，D 为海关进口关税税率，V 为海关代征增值税税率，P 是到岸港口的港杂费，F1 为港口或机场到仓库（货主地）的内陆运费。

例：甲公司向乙公司购买一批非彩色投影机，进口合同总价为 30 万美元，价格条款为 CIF 上海。丙外贸公司的进口代理费为 1%，海关关税税率为 20%，增值税税率为 17%，港口港杂费为 500 元人民币，内陆运费需要 1000 元人民币，当日外汇汇率为 6.83。请计算进口总成本。

解：投影机进口总成本 = Ratel ×CIF ×（1 + A + D + V + D ×V）+ P + F1

= 6.83 ×300000 ×（1 + 0.01 + 0.2 + 0.17 + 0.2 ×0.17）+ 500 + 1000

= 2049000 ×1.414 + 500 + 1000

= 2898786（元人民币）

【小结】

在国际贸易中商品的价格是买卖双方十分关心的问题，它会直接影响双方的利

益，采用不同的佣金率与折扣率，价格就会不同，因此在定价的过程中不能忽视佣金与折扣的作用。经营单位更应准确掌握国际市场行情，及时准确地核算出商品价格，把握市场节奏。

【思考题】

1. 什么是佣金，其表示方法有哪些？

2. 净价与含佣金价之间如何换算？

3. 何谓出口盈亏率？为什么在出口贸易中要重视出口盈亏率问题？

4. 计算以下情况中的佣金：

（1）CIF 报价为 1500 美元，对方要求 2% 的佣金，应付多少佣金？

（2）报价为 CIFC3% USD 80/PC，每件付多少佣金？

（3）发票金额为 10000 港元，佣金率为 5%，应付多少佣金？

（4）CFR 价为 1500 美元，佣金率为 3%，计算佣金为多少？

5. 对外报价为 CIF ANTWERP USD 2000.00/T，对方要求给予 2% 的折扣，试写出含 2% 折扣的报价，并计算折扣值及净价？

6. 某出口公司与西欧某中间商达成一笔交易，合同规定我方出口某商品 25000千克，每千克 15 美元，CFR C 2% 汉堡。海运运费为每千克 0.15 美元。出口收汇后出口公司向国外中间商汇付佣金。计算：（1）该出口公司向中国银行购买支付佣金的美元共需多少人民币？（2）该出口公司的外汇净收入为多少美元？（中国银行牌价：100 美元 = 683 元人民币）

7. 上海某公司向美国一公司出售货物一批，出口总价为 20 万美元 CIF 纽约，其中从上海到纽约的海运运费为 8000 美元，保险按 CIF 总值的 120% 投保一切险，保险费率为 2%，这批货物的出口总成本为 120 万元人民币。试计算这笔货物贸易的出口换汇成本（计算结果保留两位小数）。

【技能实训】

品名	遥控赛车			
货号规格	18812	18814	18817	18819
包装方式	12 辆/纸箱	20 辆/纸箱	20 辆/纸箱	12 辆/纸箱
尺码（箱）cm	72×36×48	72×72×48	72×72×48	72×36×48
毛重/净（箱）	12/9kgs	22/18kgs	22/18kgs	12/9kgs
供货价	150 元/辆	160 元/辆	170 元/辆	180 元/辆

公司出口遥控赛车，买进价格含 17% 增值税，出口退税税率为 9%，国内费用有出口包装费 20 元/纸箱，仓储费 10 元/纸箱，每箱其他国内费用有：国内运杂费20 元，商检费 15 元，报关费 5 元，港口费 30 元，其他费用 50 元，海运费率由上海至纽约为每运费吨 40 美元，运费计收标准是 W/M，燃油附加费为 5%。保险按发票金额加成 10% 投保一切险和战争险费率分别为 0.7% 和 0.3%。该公司分别以每件USD30/35/40/45 FOB NEWYORK 的价格出口。如改报 CIFC5% NEWYORK 应报多少？并计算换汇成本和出口商品盈亏率（汇率为 1：6.83）。

第5章

国际货物运输

【学习目标】

通过本章的学习，了解国际货物运输的各种基本形式，熟悉海洋运输、铁路运输、航空运输的相关知识，掌握合同装运条款的内容及主要运输单据的含义和作用，并学会签订国际货物运输合同。

【重点与难点】

班轮运费计算的标准；装运条款，特别是分批装运和转运条款；海运提单的种类及作用。

【导入案例】

我国 A 外贸公司与欧洲 B 公司订立供应某商品 500 公吨的出口合同，规定 1 月至 4 月由中国港口装上海轮运往欧洲某港，允许卖方交货数量可增减 5%。B 公司按时开来信用证的装运条款为 1 月 100 吨、2 月 150 吨、3 月 150 吨、4 月 100 吨，每月内不得分批。A 公司审查信用证后认为可以接受，遂于 1 月、2 月分别按信用证规定如期如数将货物装船并顺利收到货款。后由于货源不足，经协商得船公司同意，于 3 月 10 日先在青岛将货 70 公吨装上 C 轮，俟该轮续航烟台时，于 3 月 18 日在烟台再装上 75 公吨。A 公司向议付银行办理议付时，提交了分别于青岛和烟台装运的共计 145 公吨的两套提单。当议付行将单据寄到开证行索偿时，遭到开证行的拒付。理由是：信用证规定 3 月应装 150 公吨，不准分批，而现在仅装了 145 公吨，而且是分别在青岛与烟台两地装运的，与信用证规定不符。试分析开证行拒付的理由是否于法有据？

（资料来源：吴百福：《进出口贸易实务教程》，上海，上海人民出版社，2007。）

案例分析：本案主要涉及对分批装运条款的理解。根据《跟单信用证统一惯例》（UCP 600）规定，对于同一船只、同一航次中多次装运货物，即使提单表示不同的装船日期及（或）不同的装货港口，也不作为分批装运论处。由此可以发现，案中 A 公司于 3 月在青岛和烟台两个港口分两次将货物装上同一航次的同一船只，虽然提单表示不同的装船日期和不同的装货港口，也应视为 3 月一个批次的运输，不能看作分批装运。另外，根据买卖合同的 5% 溢短装条款，3 月实际装货 145 公吨，符合溢短装条款规定的增减幅度。由此可见，开证行拒付的理由不成立。

5.1　海洋运输

国际货物运输是一门比较复杂的学科。它具有面广、线长、中间环节多、空间距离大、涉及部门多、情况复杂等特点。作为国际贸易的从业人员，只有掌握国际货物运输的基本知识，才能在交易磋商及签订合同时充分考虑有关情况，使合同的运输条款的订立更加明确、具体、合理，为合同的顺利履行奠定基础。

国际货物运输方式包括海洋运输、铁路运输、航空运输、公路运输、邮包运输、管道运输、大陆桥运输以及由各种运输方式组合而成的国际多式联运等。

5.1.1　海洋运输方式

1. 海洋运输概述

海洋运输是利用海轮在国内外港口之间，通过一定的航区和航线进行货物运输的一种方式。目前，它是国际货物运输中最主要的运输方式。海洋运输之所以被广泛采用，是因为它与其他国际货物运输方式相比，具有以下明显的优点。

（1）运载量大。目前远洋运输多为万吨级巨轮，其运载能力远远大于铁路运输和公路运输。

（2）通过能力强。海上运输利用四通八达的天然航道，它不受道路限制。

（3）运费低。相对于陆、空运输来说，海洋运输费用较低，因此可降低商品成本。

海洋运输虽然具有许多优点，但也存在不足之处，例如，海洋运输的速度慢、风险大，易受自然条件影响，航期不易掌握。

根据海洋运输船舶的经营方式不同，海洋运输可分为班轮运输（Liner Transport）和租船运输（Shipping by Chartering）。

2. 班轮运输

（1）班轮运输的含义和特点。班轮运输又称"定期船运输"（Regular Shipping Liner），是指船舶按照固定的港口、航线和事先公布的船期表从事运输业务，并按固定的费率收取运费。班轮运输主要有以下几个特点：①具有"四固定"的特点，即固定船期、固定航线、固定停靠港口和相对固定的运费费率；②班轮运费包括装卸费，货物由承运人装卸配载；③船、货双方的权利、义务与责任豁免，以船方签发的提单条款为依据；④班轮承运货物比较灵活，不论数量多少，只要有舱位都可接受装运。

（2）班轮运费的计算标准。班轮运费包括基本运费和附加费两部分，基本运费的计算标准通常按不同商品分为以下几种：①按货物的毛重计收，在运价表内用"W"表示；②按货物的体积（或尺码吨）计收，在运价表内用"M"表示；③按商品的价格计收，即按从价运费收取，在运价表内用"A. V."表示；④按货物的毛重或体积计收，由船公司选择其中收费较高的一种计收运费，在运价表中用"W/M"表示；⑤按货物的重量、体积或价值三者中较高的一种计收运费，在运价表中用"W/M or A. V."表示；⑥按货物的重量、体积中较高者再加上价值的一种计运费，在运价表中用"W/M plus A. V."表示；⑦按货物的件数计收，如件、头、捆等；⑧对大宗低值货物，采用船、货双方临时议定运价的办法。

班轮运费中的附加费名目繁多，包括超长、超重附加费，选择卸货港附加费，变更卸货港附加费，燃油附加费，港口拥挤附加费，绕航附加费，转船附加费和直航附加费，等等。上述基本运费和各种附加费均按班轮运价计算。

班轮运费的计算，可遵循下列程序和步骤：第一，先根据货物的英文名称从货物分级表中查出有关货物的计费等级及其计算标准；第二，从航线费率表中查出有关货物的基本费率以及各项须支付的附加费率；第三，该货物的基本费率和附加费率之和即为每一运费吨的单位运价；第四，用该货物的计费重量吨或尺码吨乘以单位运价即得出总运费额。

例如：某公司出口货物一批共 200 箱，总毛重为 16.2 公吨，总体积为 23.316 立方米。由大连到欧洲某港口。试计算某企业应付船公司运费多少？

首先按货物英文名称从货物分级表中查出该货属于 10 级货，计费标准是"M"，然后再按航线查出 l0 级货每运费吨基本运费为 40 美元，另加燃油附加费 10%，该批货物的运费为

每立方米的单位运价：$40 + 40 \times 10\% = 44$ 美元。

该货物总的运费为：$23.316 \times 44 = 1025.904$ 美元。

3. 租船运输

（1）租船运输的方式与特点。租船运输是指租船人在租船市场上通过洽租、签约，向船东或二船东包租整船装运货物。租船方式主要包括定程租船（Voyage Charter）和定期租船（Time Charter）两种。一般在低价货、成交量大、交货期集中的情况下，采用租船方式进行运输。

（2）定程租船。按航程租赁船舶，其特点如下：①在定程租船方式下，船方必须按租船合同规定的航程完成货物运输任务，并负责船舶的经营管理及其在航行中的各项费用开支；②租船人应支付双方约定的运费；③货物在港口的装卸费用，应在租船合同中明确规定由船方或租方负担。

（3）定期租船。按期限租赁船舶，其特点如下：①船货双方的权利与义务在期租船合同中订明；②船方提供适航的船舶，船员薪金、伙食等费用以及保持船舶具有适航价值而产生的有关费用，均由船方负担；③船舶经营过程中产生的燃料费、港口费、装卸费和垫舱物料费等项开支，均应由租船人负担；④定期租船的租金，一般是按租期每月每一季载重吨若干金额计算。

4. 光船运输

光船租船是船东将空船租给承租人使用一段时间的租船方式，承租人自己配备船长、船员，这实质上属于一种财产租赁。

5. 租船合同及其主要内容

租船合同（Charter Party）是指租船人按一定的条件向船东租用船舶或船舶的部分舱位，双方就相互间的权利和义务达成的合同。

租船合同的主要条款包括船租双方当事人的名称、货物的名称、货量、装卸港口、船舶的受载日和解约日、船名、船籍、运费和装卸费用、装卸期限、滞期费和

速遣费等。

此外，租船合同还有一些专门性条款，如租船人责任终止条款、船东责任条款、共同海损清算条款等。

5.1.2 海运提单

1. 海运提单的性质和作用

海运提单（Bill of Lading，B/L）是承运人或其代理人在收到承运货物时签发给托运人的一种单据，它体现了托运人和承运人的关系。提单的主要性质和作用如下：

（1）货物收据。提单是承运人或其代理人签发给托运人的表明已收讫货物的收据。

（2）物权凭证。提单代表货物的所有权，谁拥有提单，谁就拥有物权。正本提单是卖方凭以议付，买方凭以提货，承运人凭以交货的依据。提单可用来抵押或转让。

（3）运输契约的证明。提单是装货后签发的，其有关条款明确规定了承运人和托运人双方的权利和义务。而运输契约是在装货前商订的，所以提单本身不是运输契约，而是运输契约的证明。

2. 海运提单的种类

海运提单可以从不同角度加以分类，主要分为以下几种。

（1）根据提单格式和内容繁简，可以分为简式提单和全式提单。

①简式提单（Short Form B/L）又称略式提单，是指只有正面记载事项，而背面无提单条款，这种提单一般都加注："各项条款及例外条款均以本公司正规的全式提单内所印的条款为准"的字样，否则，银行一般不予接受。

②全式提单（Long Form B/L）是指有正面记载事项，背面列有规定承运人、托运人之间权利与义务的提单条款。此种提单在贸易实务中应用广泛。

（2）根据运输方式不同，可分为直达提单、转船提单、联运提单、多式联运提单

①直达提单（Direct B/L）表明货物自装运港直接运到目的港而签发的提单。

②转船提单（Transhipment B/L）表明货物在装运港装船，不直接运到目的港，而需中途转船再驶往目的港，这种提单一般加注"在××港转船"的字样。

③联运提单（Through B/L）是指在海运和其他运输方式所组成的联合运输方式下，由承运人或其代理人在货物的起运地签发运往货物最终目的地的提单，其主要特点有：由第一程承运人作为总承运人，签发包括全程运输的提单；运输风险采用分段负责任的方式，即各段承运人只负责其所承运区段的运输风险；在海/海运输方式下，联运提单和转船提单的性质相同。

④多式联运提单（Combined Through B/L）适用于集装箱的多式联运方式，其主要特点是：由对全程负总责任的承运人签发；第一程运输不一定是海运，所以提单上不一定要注明第一程船的船名和装船日期。

（3）根据货物是否装船，可分为已装船提单和备用提单。

①已装船提单（On Board B/L）又称为装运提单，表明货物已经装上指定的船

舶后所签发的提单。这种提单可以凭提单上印就的"货物已装上具名船只"的字样，表示货物已装上某船，也可由承运人在提单上批注"装船日期"表示货物已装船。

②备运提单（Received for Shipment B/L）又称收妥待运提单或收讫待运提单，是指承运人收到货物后在等待装船期间签发的。银行一般不接受此种提单，待货物装上船后，在这种提单上加注"ON BOARD ON DATE"字样并签字盖章，备运提单即变为已装船提单。

（4）根据提单是否有不良批注，可分为清洁提单和不清洁提单。

①清洁提单（Clean B/L）是指货物装船时"表面状况良好"，未加有关货损或包装不良之类批语的提单，银行一般要求卖方押汇时提交清洁提单。

②不清洁提单（Unclean B/L）是指承运人加注了托运货物外表状况不良或存在缺陷等批语的提单，在实际业务中，买方不接受不清洁提单。

（5）根据提单的抬头不同，可分为记名提单、不记名提单和指示提单。

①记名提单（Straight B/L）又称直交提单，即明确指明收货人，例如"Pay to ×× only"，这种提单只能由特定收货人提货，不能背书转让，国际贸易中很少使用。

②不记名提单（Blank B/L）不具体规定收货人，收货人栏留空或填"来人"（Bearer）。该种提单不需背书即可流通转让，并且凭单交货，风险大，国际贸易中很少使用。

③指示提单（Order B/L）是指在提单的收货人栏内填写"凭指示"（To order）或"凭××指示"（To the order of）的字样，这种提单可以通过背书转让给第三者，故又称为"可转让提单"，这种提单在国际贸易中应用非常广泛。

背书有两种方法：一是由背书人在提单背面签名盖章，称作空白背书（Blank Endorsed）；二是除由背书人签字盖章外，还列明被背书人名称的，称为记名背书（Endorsed in Favor of）。目前，我国习惯采用"空白抬头，空白背书"（To Order and Blank Endorsed）的方式。

（6）按船舶营运方式不同，可分为班轮提单、租船合约提单。

①班轮提单（Liner B/L）是指货物采用班轮运输，由班轮公司签发的提单。

②租船合约提单（Charter Party B/L）是船方根据租船合约签发的提单，通常只在其上列明货名、数量、船名、装运港、目的港等必要项目，无背面提单条款。

（7）其他提单。

①预借提单（Advanced B/L）。在货物装船前被托运人"借走"的提单，称为"预借提单"，这是因为信用证最迟装运期已届临，但这时货尚未装船，托运人为了取得与信用证相符的提单，要求承运人先行签发已装船提单，以便如期办理结汇。预借提单是一种违法提单，尽管托运人要求预签提单时必须出具保函，但由于该保函法律地位极其脆弱，承运人仍需承担一定风险。

②倒签提单（Ante – dated B/L）。货物实际装船的日期晚于信用证上规定的装运日期。托运人为了使提单日期与信用证规定的装运日期相符，要求承运人按信用证规定的装运日期签署提单，这种提单叫作倒签提单。倒签提单是一种违法行为，

收货人可以"伪造提单"为由，拒绝提货并向法院起诉，因此，这种提单对承运人来说有较大风险。

③过期提单（Stale B/L）。过期提单是指晚于信用证规定的期限递交的提单，也称迟期提单。UCP600 规定，银行拒绝接受晚于信用证规定的交单付款、承兑或议付的特定期限的提单；如信用证无特定的交单期限，银行拒绝接受提单日后 21 天提交的单据；晚于货物到达目的港的提单，银行亦认为是过期提单而拒绝接受。

5.2 铁路运输

铁路运输是仅次于海运的一种运输方式，其特点有：运行速度较快，载运量大，风险较小，一般不受气候条件影响，可终年正常运行，具有高度的连续性。

我国对外贸易铁路运输包括国内铁路运输和国际铁路联运两种方式。

5.2.1 国内铁路运输

我国进口货物由港口经铁路转运到各地，出口货物由产地经铁路集中到港口装船，以及各省、自治区、直辖市之间产品的流通，均属于国内铁路运输的范畴——供应港澳地区的货物由产地经铁路运往深圳北站或广东南站，也属于国内铁路运输。但又与一般的国内运输不一样。

1. 内地对香港铁路运输

它由大陆段和港九段两部分铁路运输组成，是"两票运输，租车过轨"。即出口单位将货物运到深圳北站，收货人是深圳外贸运输机构，由该收货人作为各地出口公司的代理向铁路租车过轨，交付租车费，并办理出口报关等手续，由香港中国旅行社收货后转交给香港或九龙的实际收货人。

2. 内地对澳门铁路货运的情况

从内地运往澳门的货物只能在广州中转。内地出口单位将货物发送到广州南站，收货人是广东省外运公司，再由广东省外运公司办理水运中转至澳门。货到澳门由南光集团运输部接货并交付实际收货人。

5.2.2 国际铁路联运与铁路运输票据

1. 国际铁路联运

它是指在两个或两个以上国家之间进行的铁路货物运输，只需在始发站办妥托运手续，使用一份运送单据，由一国铁路向另一国移交货物时，无需发货人、收货人参加，铁路当局对全程运输负连带责任，这种运输方式称为国际铁路联运。

国际联运是铁路运输的重要方式，许多国家非常重视并参加了协约组织，订立了各种协定。参加国际联运的国家主要分两个集团：一个是以英国、法国、德国等 32 个国家并签订有《国际铁路货物运送公约》的"货约"集团。另一个是以前苏联为首的 12 个国家并签订有《国际铁路联运协定》的"货协"集团。

尽管"货协"中的苏联、东欧各国政体在 20 世纪 80 年代末 90 年代初解体了，但铁路联运业务并未终止，原"货协"的运作制度仍被沿用。

国际铁路联运的范围：（1）适用于国际货协国家之间的货物运送，发货人只需在发货站办理铁路托运，使用一张运单，即可办理货物的全程运输；（2）适用于未参加国际货协铁路间的顺向或反向货物运输，在转换的最后一个或第一个参加国的国境站改换适当的联运票据。

2. 铁路运输票据

对外贸易铁路运输分国内铁路运输和国际铁路联运，其使用的单据分别为承运货物收据（Cargo Receipt）和铁路运单（Railway Bill）。

承运货物收据是铁路部门承运货物的收据，亦构成收货人或外运公司与铁路部门的运输契约，是发货人办理对外结汇的凭证。

铁路运单正本和副本是国际铁路联运的主要运输单据，铁路运单共有一式五联，第一联为正本运单，它随货至目的地。第二联为运行报单，亦随货走，由铁路部门留存。第三联为运单副本，在始发站盖章后交发货人办理对外结汇，也可凭此联办理索赔。第四联为货物交付单，随货走，由终点站铁路部门留存。第五联为到达通知单，在终点站交收货人。

5.3　航空运输

航空运输（Air Transportation）是指使用飞机、直升机及其他航空器运送人员、货物、邮件的一种运输方式。具有运输速度快，交货迅速，包装简便，风险小，节省储存费用等特点，是现代旅客运输，尤其是远程旅客运输的重要方式；为国际贸易中的贵重物品、鲜活货物和精密仪器运输所不可缺。

航空物流是指货物以航空运输为主要的运输方式，从供应地向接收地进行的有效率、有效益的流通和储存，以满足顾客需求的过程，它将运输、仓储、装卸、加工、整理、配送、信息等方面进行有机结合，形成完整的供应链，为用户提供多功能、一体化的综合性服务。

5.3.1　航空运输的方式

1. 班机运输

班机（Scheduled Airline）是指在固定的航线上定期航行的航班，具有固定始发站、途经站、目的站的特点。班机所具有的特点使收（发）货人可准确把货物安全运达世界各地、及时投入市场，所以一直被贸易界所乐意接受，尤其在运送国际市场急需应市商品、鲜活贵重货物中，更显其利。但大多班机客货两用，以客为先，舱位有限，加之旅游旺季、出货旺季难以适应市场需求，往往造成大量货物分批分期出运，甚至滞留机场；同时班机运输较包机或部分包机的运输方式而言，运价相对昂贵，这是其不足之处。

2. 包机运输

包机运输（Chartered Carrier）可分为整架包机和部分包机两种。

（1）整架包机又称整包机，是指航空公司或包机代理公司按与租机人事先约定的条件和费率，将整架飞机租给租机人，从一个或几个航空站装运货物至指定目的地的运输方式。它适合运输大批量货物，运费随国际航空运输市场供需情况而变化，而空放则按运价的一定百分比收取空放费。因此用包机大多来回程都有货载，运费较低，如只使用单程载货费用就比较高。整架包机要在货物装运前一个月与航空公司洽妥，以便航空公司安排飞机运载和向起降机场及有关政府部门申请入境及办理有关手续。

中国民航的包机运费以飞行每公里固定费率核收，并对空放按其核收运价的70%收取空放费。

（2）部分包机指多家空运代理公司（或发货人）联合包租一架飞机，或是由包机公司将一架飞机的舱位分别卖给多家空运代理公司。这种包机方式适用一吨以上但又不足整机的货物。较班机而言，运费低但运送时间长。

包机方式的活动范围比较狭窄，主要是因为各国政府为维护本国航空公司利益而对别国航空公司的业务实行限制。如在申请入境、通过领空及降落地点上均须得到相关国家政府批准同意。

3. 集中托运方式

集中托运方式（Consolidation）是指空运代理公司把若干批单独发运的货物组成一整批，用一份总运单集中发运到同一到站，或运到某一预定的到站，由航空货运代理公司在目的地指定的代理收货、报关、分拨后交实际收货人的运输方式。可以采用班机或包机运输方式。

航空公司按不同重量批准公布的多种运费，并采用"递远递减"原则以及运费的最低限额等，使航空货运代理公司可以把从不同发货人处收集的小件货物集中起来后出运，享受汇总后重量的运价，从而赚取运价的差额。航空货运代理将这部分差额一部分让利给发货人，一部分作为自己的收益。这种集中托运业务在国际航空运输业中较为普遍，也是航空货运代理的主要任务之一。

4. 航空快递

航空快递是指航空快递企业利用航空运输，收取收件人的快件并按照向发件人承诺的时间将其送交指定地点或者收件人，掌握运送过程的全部情况并能将即时信息提供给有关人员查询的门对门速递服务。其特点：（1）运送速度快。自从航空业诞生之日起，航空物流运输就以快速而著称。目前，飞机仍然是最快捷的交通工具，常见的喷气式飞机的经济巡航速度大都在每小时 850～900 公里。快捷的交通工具大大缩短了货物在途时间，对于那些易腐烂、变质的鲜活商品，时效性、季节性强的报刊、节令性商品，抢险、救急品的运输，这一特点显得尤为突出。运送速度快，在途时间短，也使货物在途风险降低，因此许多贵重物品、精密仪器也往往采用航空运输的形式。（2）安全准确。与其他运输方式比航空快递运输的安全性较高，风险率仅为三百万分之一。航空公司的运输管理制度也比较完善，货物的破损率较低，如果采用空运集装箱的方式运送货物，则更为安全。（3）节约费用。由于采用航空运输包装管理方式，货物在途时间短，周转速度快，企业存货可以相应减少。一方面有利资金的回收，减少利息支出，另一方面企业可以降低仓储费用。同时航空货物运输安全、准确，货损、货差少，保险费用较低。与其他运输方式相比，航空物流运输的包装简单，包装成本减少。但总的来讲，随着新兴技术得到更为广泛的应用，产品更趋向薄、轻、短、小、高价值，管理者更重视运输的及时性、可靠性，相信航空物流快递行业将会有更大的发展前景。

5. 送交业务

在国际贸易往来中，出口商为了推销产品，扩大贸易，往往向推销对象赠送样品、目录、宣传资料、刊物、印刷品等。这些物品空运至到达国后，委托当地的航空货运代理办理报关、提取、转运等工作，最后送交给收件人。在到达时所发生的报关手续费、税金、运费、劳务费等一切费用，均由航空货运代理先行垫付后向委托人收取。由于其十分方便，许多私人物品运送也采用这一方式。

6. 货到付款

货到付款（Cash on Delivery）这一方式是由发货人或其代理与承运人之间达成协议，由承运人在货物到达后交于收货人的同时，代收航空运单上所记载的货款，然后寄给发货人或代理人。承运人在办理一批货到付款的货物时，按货到付款总额的一定百分比计收劳务费。货到付款的劳务费、航空运费、声明价值费等可由发货人预付，也可由收货人到付。

5.3.2　航空运单

航空运单（Air Waybill）是发货人与承运人之间的运输合同，是货物收据，可凭以办理议付结汇，但它不是物权凭证，不能凭以提货，不能背书转让。收货人只能凭"收货通知"办理提货手续。航空运单正本三份，第一份注有"Original for the shipper"字样，交发货人；第二份注有"Original for the issuing carrier"字样，交承运人留作记账；第三份注有"Original for the consignee"字样，随货走，作为收货人核收货物依据。

5.3.3　航空货物运费和办理手续

1. 航空货物运费

货物重量按毛重计算。计算单位为公斤。重量不足 1 公斤，按 1 公斤算，超过 1 公斤的尾数四舍五入。

非宽体飞机装载的每件货物重量一般不超过 80 公斤，体积一般不超过 40 厘米×60 厘米×100 厘米。宽体飞机装载每件货物重量一般不超过 250 公斤。体积一般不超过 250 厘米×200 厘米×160 厘米，超过以上重量和体积的货物，由航空公司依据具体条件确定可否收运。每公斤的体积超过 6000 立方厘米的货物按轻泡货物计重。轻泡货物以每 6000 立方厘米折合 1 公斤计量。

2. 航空货物办理手续

（1）托运人托运货物应向承运人填交货物运输单，并根据国家主管部门规定随附必要的有效证明文件。托运人应对运输单填写内容的真实性和正确性负责。托运人填交的货物运输单经承运人接受，并由承运人填发货物运输单后，航空货物运输合同即告成立。

（2）托运人要求包用飞机运输货物，应填交包机申请书，经承运人同意接受并签订包机运输协议书以后，航空包机货物运输合同即告成立，签订协议书的当事人均应遵守民航主管机关有关包机运输的规定。

（3）托运人对运输的货物，应当按照国家主管部门规定的包装标准包装；没有统一规定包装标准的，托运人应当根据保证运输安全的原则，按货物的性质和承载飞机的条件包装。凡不符合上述包装要求的，承运人有权拒绝承运不符合规格的货物。

（4）托运人必须在托运的货物上标明发站、到站和托运人、收货人的单位。姓名和地址，按照国家规定标明包装储运指标标志。

（5）国家规定必须保险的货物，托运人应在托运时投保货物运输险。

（6）托运人托运货物，应按照民航主管机关规定的费率缴付运费和其他费用。除托运人和承运人另有协议外，运费及其他费用一律于承运人开具货物运单时一次付清。

（7）承运人应于货物运达到货地点后二十四小时内向收货人发出到货通知，收货人应及时凭提货证明到指定地点提取货物，货物从发出到货通知的次日起，免费保管三天。收货人逾期提取，应按运输规则缴交保管费。

（8）收货人在提取货物时，对货物半途而废或重量无异议，并在货物运输单上签收，承运人即解除运输责任。

（9）因承运人的过失或故意造成托运人或收货人损失，托运人或收货人要求赔偿，应在填写货物运输事故记录的次日起 180 日内，以书面形式向承运人提出，并附有关证明文件。

5.4　公路、内河、邮政和管道运输

5.4.1　公路运输

公路运输（Highway Transportation）是指在公路上运送旅客和货物的运输方式，是交通运输系统的组成部分之一，主要承担短途客货运输。现代所用运输工具主要是汽车。因此，公路运输一般即指汽车运输。在地势崎岖、人烟稀少、铁路和水运不发达的边远和经济落后地区，公路为主要运输方式，起着运输干线作用。

公路运输是以汽车为运输工具，机动灵活，使用方便，能深入到厂矿、铁路车站、码头、农村、山区等各点，加之公路网纵横交错、布局稠密，因而公路运输既是联系点与点之间的主要运输方式，也是面上的运输方式；公路运输事业投资较少，回收快，设备容易更新；一般公路的技术要求较低，受到破坏后较易恢复。因此，公路运输对国民经济和社会发展，以及战时的军事运输，都起着重要的作用。但公路运输也有其局限性，主要是所用汽车与铁路车辆、船舶等相比，装载量小，单位运输量的能源消耗大，运输成本高，容易发生交通事故，排放污染物和产生噪声污染等，造成汽车公害。这些都有赖于科学技术的进步和组织管理工作的改善而不断予以解决。

1. 运输方式

（1）集装箱汽车运输：采用集装箱为容器，使用汽车运输的。

（2）笨重物件运输：因货物的体积、重量的要求，需要大型或专用汽车运输的。

（3）快件货物运输：在规定的距离和时间内将货物运达目的地。应托运人的要求，采取即托即运的，为特快件货物运输。

（4）出租汽车货运：采用装有出租营业标志的小型货运汽车，供货主临时雇用，并按时间、里程和规定费率收取运输费用的。

（5）搬家货物运输：为个人或单位搬迁提供运输和搬运装卸服务，并按规定收取费用的。

（6）危险货物运输：承运"危险货物品名表"列名的易燃、易爆、有毒、有腐蚀性、有放射性等危险货物和虽未列入"危险货物品名表"但具有危险货物性质的新产品。

2．运输运费

（1）计算标准

公路运费均以"吨/里"为计算单位，一般有两种计算标准，一是按货物等级规定基本运费费率，二是以路面等级规定基本运价。凡是一条运输路线包含两种或两种以上的等级公路时，则以实际行驶里程分别计算运价。特殊道路，如山岭、河床、原野地段，则由承托双方另议商定。

（2）运费费率

公路运费费率分为整车物流（Vehicle Logistics，VL）和零担运输（Less - than - carload Freight）两种，后者一般比前者高 30% ~ 50%，适用零担费率。凡 1 公斤重的货物，体积超过 4 立方分米的为轻泡货物或尺码货物（Measurement Cargo）。整车轻泡货物的运费按装载车辆核定吨位计算；零担轻泡货物按其长、宽、高计算体积，每 4 立方分米折合 1 公斤，以公斤为计费单位。此外，尚有包车费率（Lump Sum Rate），即按车辆使用时间（小时或天）计算。

5.4.2　内河运输

内河运输（Inland Water Transportation）是水上运输的一个组成部分。它是内陆腹地和沿海地区的纽带，也是边疆地区与邻国边境河流的连接线，在现代化的运输中起着重要的辅助作用，是使用船舶通过国内江湖、河川等天然或人工水道，运送货物和旅客的一种运输方式。早期在我国南方就存在，主要用于盐、茶叶、丝绸的货物运输。其特点是运输速度慢、时效性不强，但投资少、运力大、成本低、能耗低。运送没有时效性要求的大宗货物和集装箱货物，尤其是需要量稳定，连续发送就能满足其需要且价格不高，运输费用占整个售价较大比例的大宗货物，内河运输具有明显的优势。因此，从根本上来说，内河运作为综合运输体系的一个重要组成部分，在流域综合运输体系中仍将占据自己应有的地位且具有不可替代的重要作用。

近年来，我国水运业已形成了布局合理、层次分明、功能齐全、优势互补的港口体系；同时全国高等级航道网也基本形成。我国港口（货物）吞吐量和集装箱吞吐量连续五年保持世界第一。

2013 年我国港口货物吞吐量 2 亿吨以上的港口数量达到 16 个；3 亿吨以上的港

口数量为 10 个；4 亿吨以上的港口数量有 8 个；5 亿吨以上的港口数量共 3 个，分别为宁波—舟山港、上海港和天津港。在 16 个 2 亿吨以上大港中，继 2012 年新增烟台港后，2013 年增加了 3 个江苏省内的南通港、南京港、连云港港。

我国港口货物吞吐量排名前十位的依次是宁波—舟山港、上海港、天津港、广州港、苏州港、青岛港、唐山港、大连港、营口港、日照港。秦皇岛港、深圳港、烟台港分别列第十一位、第十二位和第十三位。

宁波—舟山港继 2012 年以 7.2% 的增速突破 7 亿吨后，2013 年再突破 8 亿吨，达到 80978 万吨，增速也达到 8.8%。虽然货物吞吐量雄踞全球第一、总量较大，但增速毫不逊色，在前五大港口中，增速也仅次于苏州港的 9.3%，反映出宁波—舟山港的强劲增长势头。据中港网数据显示，宁波—舟山港货物吞吐量在 2012 年首次超越上海港，超出上海港 800 余万吨，货物吞吐量分别排名中国及全球第一。2013 年，宁波—舟山港又将二者的差距拉大到 3400 万吨。

5.4.3　国际邮政运输

国际邮政运输（International Parcel Post Transport）是一种具有国际多式联运性质的运输方式。一件国际邮件一般要经过两个或两个以上国家或者独立行政区域的邮政局和两种或两种以上不同运输方式的联合作业方可完成。

国际邮政运输分为普通邮包和航空邮包两种，对每件邮包的重量和体积都有一定的限制。其特点是：手续简便、费用低，具有国际性和"门对门"运输的性质。如一般规定每件长度不得超过 1 米，重量不得超过 20 公斤，但各国规定也不完全相同，可随时向邮局查问。邮政运输一般适合于量轻体小的货物，如精密仪器、机械零配件、药品、样品和各种生产上急需的物品。

1. 国际邮政运输的特点

国际邮政运输是国际贸易运输不可缺少的渠道。根据它的性质和任务，概括起来主要有以下几个特点。

（1）具有广泛的国际性。国际邮政是在国与国之间进行的，在多数情况下，国际邮件需要经过一个或几个国家经转。各国相互经转对方的国际邮件，是在平等互利、相互协作配合的基础上，遵照国际邮政公约和协定的规定进行的。为确保邮政运输的安全、迅速、准确地传送，在办理邮政运输时，必须熟悉并严格遵守本国和国际上的邮政各项规定和制度。

（2）具有国际多式联运性质。国际邮政运输过程一般需要经过两个或两个以上国家的邮政局和两种或两种以上不同的运输方式的联合作业才能完成。但从邮政托运人角度来说，它只要向邮政局照章办理一次托运，一次付清足额邮资，并取得一张包裹收据（Parcel Post Receipt），全部手续即告完备。至于邮件运送、交接、保管、传递等一切事宜均由各国邮政局负责办理。邮件运抵目的地，收件人即可凭邮政局到件通知和收据向邮政局提取邮件。所以，国际邮政运输就其性质而论，是国际多式联运性质。

（3）具有"门到门"（Door to Door）运输的性质。各国邮政局如星斗密布于全国各地，邮件一般可在当地就近向邮政局办理，邮件到达目的地后，收件人也可在当地就近邮政局提取邮件。所以邮政运输基本上可以说是"门到门"运输。它为邮件托运人和收件人提供了极大的方便。但国际邮政运输与其他运输方式有所不同。国际邮政运输主要任务是通过国际邮件的传递，沟通和加强各国人民之间的通讯联系，促进相互间的政治、经济、文化交流。这与国际贸易大量货物运输在业务性质上是存在差别的。

2. 万国邮政联盟

万国邮政联盟（Universal Postal Union）简称邮联。其宗旨是根据邮联组织法规定，组成一个国际邮政领域，以便相互交换邮件；组织和改善国际邮政业务，以利国际合作的发展；推广先进经验，给予会员国邮政技术援助。邮联的组织机构有：大会，为邮联的最高权力机构，每五年举行一次；执行理事会，为大会休会期间的执行机构；邮政研究咨询理事会，研究邮政技术和合作方面的问题，并就此问题提出改进建议以及推广邮政经济和成就；国际局，为邮联的中央办事机构，设在瑞士伯尔尼，其主要任务是对各国邮政进行联络、提供情报和咨询，负责大会筹备工作和准备各项年度工作报告。我国于 1972 年加入邮联组织。

3. 国际邮政运输的主要内容

国际邮件按运输方法分为水陆路邮件和航空邮件。按内容性质和经营方式分为函件和包裹两大类。按我国邮政规定，邮包分为：

（1）普通包裹。凡适于邮递的物品，除违反规定禁寄和限寄的以外，都可以作为包裹寄送。

（2）脆弱包裹。容易破损和需要小心处理的包裹，如玻璃器皿、古玩等。

（3）保价包裹。邮局按寄件人申明价值承担补偿责任的包裹。一般适于邮递贵重物品，如金银首饰、珠宝、工艺品等。此外，国际上还有快递包裹、代收货价包裹、收件人免付费用包裹等，目前我国邮政暂不办理这些项目。以上包裹如以航空方式邮递，即分别称为航空普通包裹、航空脆弱包裹和航空保价包裹。邮政局在收寄包裹时，均给寄件人以执据，故包裹邮件系属于给据邮件。给据邮件均可以办理附寄邮件回执。回执是在邮件投交收件人作为收到凭证的邮件。回执尚可按普通、挂号或航空寄送。

邮资和单证邮资是邮政局为提供邮递服务而收取的费用。各国对邮资采取不同的政策，有些国家把邮政收入作为国家外汇收入来源之一；有些国家要求邮政自给自足，收支大致相抵；有些国家对邮政实行补贴政策。从而形成不同的邮资水平。

根据《万国邮政公约》（Universal Convention of Post）规定，国际邮资应按照与金法郎接近的等价折成其本国货币制定。邮联以金法郎为单位，规定了基本邮资，以此为基础，允许各国可按基本国情增减。增减幅度最高可增加 70%，最低可减少 50%。国际邮资均按重量分级为其计算标准。邮资由基本邮资和特别邮资两部分组成。基本邮资是指邮件经水陆路运往寄达国应付的邮资，也是特别邮资计算的基础。基本邮资费率是根据不同邮件种类和国家地区制定的，邮政局对每一邮件都要照章收取基本邮资。特别邮资是为某项附加手续或责任而收取的邮资，如挂号费、回执费、保价费等，是在基本邮资的基础上，按每件加收的，但是保价邮资须另按所保价值计收。邮政运输的主要单证是邮政收据（Post Receipt）。邮政收据是邮政局收到寄件人的邮件后所出具的凭证，也是邮件灭失或损坏时凭以向邮政局索赔的凭证，同时还是收件人凭以提取邮件的凭证。

4. 国际邮政运输的责任范围

邮政部门与寄件人之间是委托与被委托的关系。双方的权利义务和责任豁免是由国家法律和国家授权制定的邮政规章予以明确规定，并受其制约的，与此同时，还要受到国际公约和协定的约束。这种关系自邮政部门接受寄件人的委托起建立，并一直至邮政部门交付邮件于收件人而告终止。根据邮政法规，寄件人应遵守邮政有关规定，办理邮件委托手续并照章交付邮资；邮政部门负有安全、准确、迅速完成接受委托的邮递责任，并对邮件的灭失、短少、损坏负有补偿责任。但非因邮政部门的过失所造成的邮件灭失、短少、损坏，邮政部门可免于负责。根据我国相关规定，凡由于下列原因所造成的损失，邮政部门可免于负责：

（1）不可抗力。

（2）寄达邮局按法令予以扣留或没收的。

（3）违反了禁、限寄规定而被主管当局没收或销毁的。

（4）寄达国声明对普通包裹不负补偿责任的。

（5）属于寄件人的过失，所寄物品性质不符，以及邮件封装不妥。

（6）虚报保价金额。

（7）属于海关监督查验所做的决定。

（8）寄件人未在规定期限的一年内办理查询的。

关于补偿范围和补偿金额，根据规定凡保价包裹和普通包裹，如由于邮政部门责任，邮政部门都负责予以补偿，对保价包裹的补偿金额，最多不超过货价金额。普通包裹的补偿金额，每件不超过下列标准，如实际损失低于该标准，则按实际损失补偿：包裹重量5公斤以下补偿40金法郎；包裹重量5~10公斤补偿60金法郎；包裹重量10~15公斤补偿80金法郎；包裹重量15~20公斤补偿109金法郎；但如有双边协定的，则按双边协定的补偿规定办理。

5.4.4　管道运输

管道运输（Pipeline Transport）是用管道作为运输工具的一种长距离输送液体和气体物资的运输方式，是一种专门由生产地向市场输送石油、煤和化学产品的运输方式，是统一运输网中干线运输的特殊组成部分。有时候，气动导管（Pneumatic Tube）也可以做到类似工作，以压缩气体输送固体舱，而内里装着货物。管道运输石油产品比水运费用高，但仍然比铁路运输便宜。大部分管道都是被其所有者用来运输自有产品。

优点：（1）运量大；（2）占地少；（3）管道运输建设周期短、费用低；（4）管道运输安全可靠、连续性强；（5）管道运输耗能少、成本低、效益好。

缺点：（1）灵活性差。管道运输不如其他运输方式（如汽车运输）灵活，除承运的货物比较单一外，它也不容随便扩展管线。（2）专用性强。运输对象受到限制，承运的货物比较单一。只适合运输诸如石油、天然气、化学品、碎煤浆等气体和液体货物。（3）专营性强。管道运输属于专用运输，其成产与运销混为一体，不提供给其他发货人使用。（4）固定投资大。为了进行连续输送，还需要在各中间站建立储存库和加压站，以促进管道运输的畅通。

对一般用户来说，管道运输常常要与铁路运输或汽车运输、水路运输配合才能完成全程输送。此外，如果运输量明显不足时，运输成本会显著地增大。

5.5　集装箱、国际多式联运、大陆桥运输

5.5.1　集装箱运输

集装箱（Container）是用钢、铅、胶合板、玻璃钢或这些材料混合制成的容器，是货物运输的一种辅助设备，又称为"货柜"或"货箱"。集装箱运输是指将一定数量的单件货物装入集装箱内，作为一个运送单位所进行的运输。

集装箱运输具有许多优点，如可露天存放，节省仓库，节省商品的包装费用，减少货损货差，提高装卸效率，缩短运输时间，节约运费，降低成本等。它是一种现代化的先进的运输方式，适用于海洋运输、铁路运输，更适用于国际多式联运。集装箱运输已成为国际货物运输中占主导地位的运输方式，我国海上集装箱运输已成为普遍采用的一种重要的运输方式。

国际标准化组织为了统一集装箱规格，推荐 13 种规格的集装箱。其中 20 英尺和 40 英尺集装箱使用最普遍。集装箱运输有整箱货（Full Container Load，FCL）和拼箱货（Less than Container Load，LCL）两种，集装箱运输的主要单据有装箱单、场站收据（Dock Receipt，D/R）和集装箱联运提单（Combined Transport B/L，CT B/L）。

集装箱运输货物的交接方式主要有四种：整箱交/整箱收（FCL/FCL）；拼箱交/拆箱收（LCL/LCL）；整箱交/拆箱收（FCL/LCL）；拼箱交/整箱收（LCL/FCL）。

5.5.2　国际多式联运

国际多式联运（International Multimodal Transport）是在集装箱运输的基础上产生和发展起来的，也就是说，它是以集装箱为媒介，把海、陆、空等各种单一的运输方式有机地结合起来，组成一种国际货物运输。

根据《联合国国际货物多式联运公约》，进行国际多式联运必须具备以下条件：

（1）多式联运经营人和托运人之间须订立一份多式联运合同，明确双方的权利、义务、责任和豁免。

（2）必须是两种或两种以上不同运输方式的连贯运输。

（3）必须使用全程多式联运单据，并由多式联运经营人负总责任。该单据是物权凭证，我国使用的（CT B/L）。

（4）必须是全程单一的运费费率。

（5）必须是国际货物运输。

国际多式联运具有显著的优越性：手续简便、减少中间环节、责任统一、缩短运输时间、提高货运质量、降低运输成本、加速货运周转。开展国际多式联运是实

现"门到门"运输的有效途径。

5.5.3 大陆桥运输

大陆桥运输（Land Bridge Transport）是指以铁路、公路为中间桥梁把大陆两端的海洋运输连接起来，组成海——陆——海的连贯运输。这种运输方式合理地利用海陆运输条件，能缩短营运时间，降低营运成本。

当今世界上有四条大陆桥运输线：

1. 美国大陆桥运输线。即利用美国贯穿东西的三条铁路干线（西雅图——芝加哥——波士顿、旧金山——芝加哥——纽约、洛杉矶——堪萨斯城——巴尔的摩），将远东地区的货物运往欧洲。

2. 加拿大大陆桥运输。即利用两条铁路干线（温哥华——温尼伯——哈利法克斯、鲁珀特港——温尼伯——魁北克），将远东地区的货物运入欧洲。

3. 西伯利亚大陆桥运输。该铁路东起纳霍德卡和东方港，西至莫斯科。东端可与平壤、北京、乌兰巴托相连接，西端可与赫尔辛基、斯德哥尔摩、奥斯陆、华沙、柏林、科隆、布鲁塞尔、巴黎、德黑兰相连接。通过该铁路可将远东地区的货物运往北欧、西欧、中欧、南欧及西亚各国。

4. 中荷大陆桥，也称欧亚大陆桥或新亚欧大陆桥。东起我国连云港，西至荷兰鹿特丹。大陆桥途经江苏、安徽、河南、陕西、甘肃、青海、新疆7个省、区，65个地、市、州的430多个县、市，到中俄边界的阿拉山口出国境。出国境后可经三条线路抵达荷兰的鹿特丹港。中线与俄罗斯铁路友谊站接轨，进入俄罗斯铁路网，途经阿克斗亚、切利诺格勒、古比雪夫、斯摩棱斯克、布列斯特、华沙、柏林到达荷兰的鹿特丹港，全长10900公里，辐射全球30多个国家和地区。

5.6 运输条款

运输条款是买卖合同中的主要条款，它包括装运时间、装货港、目的港分批装运和转船等条款。明确、合理地规定装运条款，是保证进出口合同履行的重要条件。

装运条款的订立与合同的性质和运输方式有着密切关系，我国进出口货物大部分是通过海洋运输，所以进出口合同大部分是 FOB、CIF 和 CFR 合同。下面主要介绍以上述三种贸易术语成交，采用海洋运输方式的进出口贸易合同的装运条款。

5.6.1 装运时间条款

装运时间又称装运期，是指卖方按买卖合同规定将货物交付给买方或承运人的期限。这是合同的主要条款，如卖方违反这一条件，买方有权撤销合同，并要求卖方赔偿损失。履行 FOB、CIF、CFR 合同时，卖方只需在装运港将货物装上船，取得代表货物所有权的单据，就完成交货任务。因此，装运时间（Time of Shipment）和交货时间（Time of Delivery）是同一概念，在采用其他价格术语成交时，"装运"与"交货"是两个完全不同的概念。

1. 装运时间的规定方法

进出口合同中规定装运时间通常有以下几种方法：

（1）明确规定具体的装运时间。

①订明某年某月装运，如 Shipment during Jan.。

②跨月装运，如 Shipment during Jan./Feb.。

③规定某月某日前装运或某月底前装运，如 Shipment on or before Jan.15th；Shipment at or before the end of Jan.。

该方法的特点是：期限具体，含义明确，双方不易发生纠纷，在实际业务中采用比较普遍。

（2）规定收到信用证后若干天装运。采用这种方法，应在合同中规定买方开立信用证的时间，否则，可能会因买方拖延开证或拒绝开证使卖方被动，如 Shipment within 30 days after receipt of L/C.。

（3）收到电汇后若干天装运。采用汇付方式收款时可使用这种方法。

（4）笼统规定近期装运。这种方法不规定具体期限，如立即装运（Immediate Shipment）、尽快装运（Shipment as Soon as Possible）、即刻装运（Prompt Shipment）等，这种方法各国解释不一致，容易引起纠纷，因此，采用此方法应慎重。

2. 规定装运时间应注意的问题

（1）应考虑货源和船源的实际情况。卖方签合同时，要了解货源、船源情况，避免船、货脱节。

（2）明确规定装运期，少用或不用笼统规定装运期的方法。

（3）考虑装运港或目的港的特殊季节因素。例如，对某些国家或地区，应尽量避免装运期在冰冻期或雨季。

（4）要考虑运输情况。对有直达船和航次较多的港口，装运期可短一些，对无直达船或偏僻的港口，装运期要长一些。

5.6.2　装运港、目的港

1. 装运港、目的港的规定方法

（1）装运港和目的港通常分别各规定一个。如，装运港——大连，目的港——纽约。

（2）按实际业务需要，也可分别规定两个或两个以上的港口。

（3）签约时无法确定装运港或目的港，可采用选择港的方法。规定选择港有两种方法：一种是在两个或两个以上的港口中选择一个，如："CFR 伦敦/汉堡/鹿特丹"，这种方法主要由买方选择某一港口卸货。另一种是笼统规定某一区域为装运港或目的港。

2. 确定装运港和目的港应注意的问题

买卖双方确定装运港或目的港时，要结合产销和运输等多种因素考虑，尤其是确定国外港口时，情况复杂，应多注意以下问题：

（1）明确规定国外装运港或目的港，避免采用例如"欧洲主要港口"等笼统规定。

（2）不接受内陆城市为装运港或目的港，否则我方要承担从港口到内陆城市的运费和风险。

（3）考虑装卸港口的特殊具体条件。例如，有无直达班轮航线，有无冰封期，对船舶国籍有无限制等因素。

（4）应注意国外港口有无重名，如有重名，应在合同中明确注明港口所在国家或地区的名称。

5.6.3 分批装运和转运

分批装（Partial Shipment）是指将同一合同项下的货物分若干批次装运。但对同一船只、同一航次的多次装运，只要运输单据注明的目的地相同，即使提单上有不同的装运期或装运港口，也不视为分批装运。转运（Transhipment）是指货物在装运港装船后，在中途将货物卸下装上其他的运输工具，以完成运输任务。

根据 UCP600 规定：除非信用证有相反规定，可准许分批和转运；如合同未明确是否允许分批、转船，应视为允许。但为了避免争议，一般应在合同中明确规定是否允许分批或转运。例如，允许分批装运和转运"Partial shipment and transhipment to be allowed."

对于分批装运条款，有些合同只简单规定"允许分批装运"，而不加其他限制，即只要卖方交货的总量与合同规定相符，交货的批次及每批装量可以不受限制；有些对批量、分批时间、分批次数都明确规定，则卖方应严格按合同规定定批、定量、定期分运；另外，在信用证规定的时间内分批装运，只要其中一批未按规定装运，则该批及以后各批均告失效。

5.6.4 其他条款

在国际货物买卖合同中，除了规定上述装运条款外，还规定装船通知条款、滞期和速遣条款，对美国贸易时还规定 OCP 条款等。

1. 装船通知条款

装船通知（Advice of Shipment）是装运条款中不可缺少的一项重要内容。规定装运通知，可以明确买卖双方的责任，共同做好车、船、货的衔接，并按时办理货运保险。尤其是按 CFR 条件成交时，装运通知具有特殊意义。总之，规定好装运通知，有利于合同的履行。

2. 滞期和速遣条款

在定程租船的大宗商品买卖合同中，常常规定滞期和速遣条款，这是一种奖罚条款。滞期费是指负责装卸货物的一方，未能按合同约定的装卸期限完成货物的装卸，则需向船方缴纳延误船期的罚款。速遣费是指负责装卸货物的一方在合同约定的装卸期限内提前完成货物装卸作业，可以从船方取得奖金，按惯例，速遣费通常是滞期费的一半。

计算滞期费、速遣费与装卸时间的长短关系密切，因此，在合同中必须合理地规定计算装卸时间的方法。合同中规定装卸时间的主要方法是以日为单位计算。例如，按连续日计算；按晴天工作日计算；按 24 小时晴天工作日计算（Weather

Working Days of 24 Consecutive Hours）等。装卸的起算时间一般以船长向租船人或代理递交装卸准备就绪通知书后的一定时间起算，如上午递交，下午开始起算装卸时间，装卸的终止时间以装完或卸完的时间为准。

3. OCP 条款

同美国进行贸易时，为了取得运费的优惠，可采用 OCP 条款，OCP 是 Overland Common Points 的缩写，意为"内陆公共点"，美国把北起北达科他州、南至新墨西哥州直到东部沿海规定为 OCP 地区，按 OCP 运输条款达成交易，既可享受美国内陆运输的优惠费率，又可享受 OCP 海运的优惠费率，因此，对美贸易的采用 OCP 运输条款，对进出口双方均有利。采用 OCP 条款时，应注意下列问题：

（1）货物最终目的地在 OCP 范围内。

（2）必须经美国西海岸港口中转，所以签订 CFR/CIF 合同时，目的港应注明美国西海岸港口。

（3）海运提单上须注明 OCP 字样。

【小结】

本章中最重要的是国际海洋运输中的班轮运输的"四固定"和班轮运费的计算；合同中装运条款的内容和订立；海运提单的性质和作用，即货物收据、物权凭证和运输契约证明，以及海运提单的种类，其中记名提单、不记名提单和指示提单的区别是最需要掌握的。其次需要熟悉铁路运输方式及其单据、航空运输方式及其单据，同时还要了解集装箱运输和国际多式联运、大陆桥运输及其他运输方式。

【思考题】

1. 国际货物运输的方式有哪几种？在实际业务中，应当如何选择使用？
2. 何谓班轮运输和租船运输？它们的主要区别在哪里？
3. 班轮运费的计算标准有哪几种？试分别说明其含义。
4. 提单的性质和作用表现在哪些方面？主要有哪些种类？
5. 海运提单与海运单的区别有哪些？
6. 什么是"空白抬头、空白背书"提单？
7. 国际多式联运的含义和条件是什么？
8. 简述香港特别行政区铁路货物运输的基本做法。
9. 在国际贸易中，航空运输特别适合哪些货物的运输？
10. 铁路运单、航空运单、邮包收据与海运提单有哪些异同？

【技能实训】

根据所给提单回答问题。

Shipper SHANGHAI KNITWEAR IMPORT & EXPORT CORPORATION		中国对外贸易运输总公司 上海　SHANGHAI 联　运　提　单 COMBINED TRANSPORT BILL OF LADING
Consignee or order TO　ORDER		RECEIVER the foods in apparent good order and condition as specified below unless otherwise stated herein.　THE Carrier, in accordance with the provisions contained in this document,
Notify address XYZ　CO. LTD. TEL NO: 81 – 525 – 73256 FAX: 81 – 525 – 73286		1) undertakes to perform or to procure the performance of the entire transport form the place at which the goods are taken in charge to the place designated for delivery in this document, and 2) assumes liability as prescribed in this document for such transport One of the bills of Lading must be surrendered duty indorsed in exchange for the goods or delivery order
Pre – carriage by	Place of Receipt	
Ocean Vessel M. V. Gloria	Port of Loading SHANGHAI	

Port of Discharge YOKOHAMA	Place of Delivery	Freight payable at SHANGHAI	Number of original Bs/L THREE　(3)

Marks and Nos. Number and kind of packages Description of goods Gross weight（kgs.）Measurement（m³）

XYZ CO. LTD. , YOKOHAMA CARTON/NO. 1 – 80 MADE INCHINA	ALL COTTON CUSHIONS IN CARTON 2 × 20'　　CY—CY SHIPPER'S LOAD COUNT ANDSEAL SAY TO CONTAIN 　　FTRIGHT PREPAID	1200. 58KGS	8. 98M³

ABOVE PARTICULARS FURNISHED BY SHIPPER

Freight and charges	IN WITNESS whereof the number of original bills of Lading stated above have been signed, one of which being accomplished, the other（s）to be void.	
	Place and date of issue SHANGHAI Nov. 20th , 2003	
	Signed for or on behalf of the carrier	
	FAN CHENG INTERNATIONAL TRANS – PORTAION SEAVICE AS AGENT FOR THE CARRIER NAMED ABOVE	

（1）该提单应由谁首先背书？

（2）作为收货人的代理人，你如何知道找谁提货？

（3）收货人提货时应交出几份提单？

（4）收货人提货时是否应交出海运单？

（5）卸货港是哪里？

（6）谁是承运人？

（7）该提单下有几个集装箱？

（8）XYZ Co. Ltd. 是否一定是收货人？

（9）提单是否一定要经过 XYZ Co. Ltd. 背书？

（10）该提单由谁签署？

第6章

国际货物运输保险

【学习目标】

通过本章的学习，了解保险的基本原则、理解国际货物运输面临的各种风险、损失以及掌握中国人民保险公司和英国伦敦保险协会保险条款的内容，并学会如何办理保险业务。

【重点与难点】

保险基本原则；共同海损与单独海损；中国人民保险公司保险条款；保险业务办理程序。

【导入案例】

我国 A 公司向美国 B 公司出口一批货物，交易条件为 CIF 纽约，总价为 200 万元人民币，我国 A 公司按照合同的约定向中国人民保险公司投保了一切险，并交纳了保险费，载货船舶行驶途中遭到暴风雨的袭击，使一部分货物坠入海中受到了损失，事后保险公司按照规定赔偿了 100 万元人民币。请问：

1. 国际运输货物为什么要进行保险？

2. A 公司、B 公司谁有权向保险公司提出索赔？为什么？

3. 投保人、被保险人和保险人各是谁？

4. 该案例体现了保险的哪些基本原则？

案例分析： 1. 货物在运输途中可能会遇到各种风险，从而使货物损坏或支付额外的费用，为了能够得到经济补偿，所以要进行货物运输保险。

2. B 公司有权向保险公司提出索赔。因为虽然 CIF 的保险是由 A 公司办理，但是实际上是为买方 B 公司所办理的保险。货物在装运完毕后，卖方 A 公司要转移保险单给买方 B 公司，所以买方有权提出索赔。买方索赔时卖方应当尽协助义务。

3. 投保人是 A 公司，被保险人是 B 公司，保险人是中国人民保险公司。

4. 体现了保险利益原则、最大诚信原则、补偿原则和近因原则。

国际贸易货物在运输途中可能会遇到各种风险，从而使货物损坏或支付额外的费用，为了使货物在发生损失后能够得到经济补偿，一般都要进行货物运输保险。本章将详细介绍保险的基本原则、中国人民保险公司和英国伦敦保险协会保险条款的内容以及保险业务程序等方面的内容。

6.1　保险基本原则

保险按照保险标的的不同，可以分为财产保险和人身保险两大类。财产保险是指以财产及其相关利益为保险标的的保险，包括财产损失保险、责任保险、信用保险、保证保险、农业保险等，它是以有形财产或无形财产及其相关利益为保险标的的一类补偿性保险。人身保险是以人的寿命和身体为保险标的的保险。当人们遭受不幸事故或因疾病、年老以致丧失工作能力、伤残、死亡或年老退休时，根据保险合同的约定，保险人对被保险人或受益人给付保险金或年金，以解决其因病、残、老、死所造成的经济困难。国际货物运输保险是财产保险的一种。无论哪一类保险，投保人和保险人都必须订立保险合同并遵守下述基本原则。

6.1.1　保险利益原则

保险标的是保险所要保障的对象，它可以是任何财产及其有关利益或人的寿命和身体。保险利益是指投保人或被保险人对保险标的所具有的法律上承认的利益。投保人对保险标的应当具有保险利益。对国际货物运输而言，反映在运输货物上的利益主要是货物本身的价值，但也包括相关的费用，如运费、保险费、关税和预期利润。

投保人或被保险人对保险利益的存在是保险合同生效的前提条件，只有投保人或被保险人对保险标的具有保险利益，才能进行投保。判断投保人或被保险人是否对保险标的具有保险利益的标准是保险标的的存在状态与他们是否具有利害关系，如果保险标的发生损失时能够引起投保人或被保险人的利益损失，一般可以认为投保人或被保险人对标的具有保险利益，反之，则不具有保险利益。

保险利益的构成条件：

1. 保险利益必须是合法的利益

受到法律保护的利益才能构成保险利益，合法利益的体现在投保人对保险标的的所有或合法占有，采取非法手段占有或获得的以及不合法的保险标的不能成为保险利益。例如盗窃、抢劫的物品、武器和违禁品等均没有保险利益，不能进行投保。

2. 保险利益是客观存在的、确定的利益

主观想象和无法确定的利益不能成为保险利益。例如各种荣誉证书、奖励证书等精神荣誉无法确定其价值，不能进行投保。确定的利益包括现有利益和预期利益，现有利益是指投保时已经存在的利益，一般比较容易确定；预期利益是指投保时尚未存在，但根据法律或合同可以在保险期限内实现的利益，如预期利润、运费、租金等。对于预期利益随着社会的发展也能够准确的计算出来，例如目前各国在对国际货物运输保险的保险金额确定上，普遍是在 CIF 的基础上增加 10% 左右作为预期利润进行保险。

3. 保险利益必须是经济利益

投保人或被保险人对保险标的的利益，必须是可以通过货币计量的，如果保险利益不能用货币计量，保险的承保和补偿就难以进行。例如政治利益的损失、行政

处分和刑事处罚等无法用货币进行衡量，所以保险人都不予承保。

在财产保险中，一般从保险合同订立到保险合同终止，始终要求存在保险利益。但在国际海洋货物运输保险中，保险利益在适用时限上具有一定的灵活性，它规定在投保时可以不具有保险利益，但在索赔时要求被保险人对保险标的必须具有保险利益。

6.1.2　最大诚信原则

保险合同是以最大诚信为基础的，因此，如果一方当事人不遵守最大诚信原则，另一方可声明保险合同无效。我国法律规定，保险活动当事人行使权利义务时应遵循诚实信用原则。最大诚信原则是保险合同当事人订立保险合同以及在合同的有效期内应依法向对方提供全部实质性重要事实，信守订立合同的约定和承诺。

最大诚信原则的基本内容：

1. 告知是最大诚信原则最主要的内容

告知是保险当事人有关的义务，告知包括投保人告知和保险人告知。

投保人告知包括以下几个方面内容：订立保险合同时，对有关保险人关于保险标的的询问及其保险标的的危险事实进行如实回答；保险合同有效期限内，当保险标的危险程度增加时应当及时告知保险人；保险合同有效期限内，保险标的发生所有权变动时应当及时通知保险人；保险事故发生后应当及时通知保险人；如果有重复保险的情况应通知保险人。

保险人的告知包括以下几个方面内容：保险合同一般是由保险人单方制定的，保险人订立保险合同时应当说明保险合同条款的内容；保险事故发生后，保险人应当按照约定履行赔偿义务，如拒付，应发出拒付通知书。

2. 保证是最大诚信原则的又一重要内容

保证是投保人或被保险人在保险合同中约定投保人担保对某一事项作为或不作为，或担保某一事项的真实性。例如某公司对其仓库中的货物进行保险，该公司承诺派专人对仓库进行负责看管，并以此作为保险合同内容的一部分，这一承诺就构成了保证。

保证有明示保证和默示保证。明示保证是以保险条款的形式在保险合同中的载明的保证，由于保险合同是保险人单方制定，一般保险人都会制定相应的保证条款，被保险人必须遵守。默示保证是指在保险单上没有文字明确列出，但习惯上已被社会公认为是被保险人应当遵守的事项。如在海上保险合同中船舶的适航保证、不改变航道的保证和航行合法保证都属于默示保证。

6.1.3　补偿原则

补偿原则又称损害赔偿原则，是指当保险标的发生损失时，被保险人有权按照约定获得保险赔偿，用于弥补保险事故所造成的损失。

1. 补偿原则的赔偿限制

（1）补偿一般以实际损失为限。补偿以保险标的发生损失为前提，无损失无补偿。实际损失包括直接损失和为防止或减少保险标的的损失而支出必要合理的施救费用和诉讼费用等。

（2）补偿一般以保险金额为限。保险金额是保险人承担赔偿责任的最高限额，保险人赔偿的数额只能等于或低于保险金额。

（3）补偿以保险利益为限。保险人对被保险人的赔偿以被保险人所具有的保险利益为前提条件和最高赔偿限额。

补偿原则的宗旨是为了防止被保险人因保险标的发生损失而获取额外利益。

2. 补偿原则的派生原则

（1）保险代位原则是保险人根据法律或保险合同的约定，对被保险人所遭受的损失进行赔偿后，依法取得向对财产负有损失责任的第三者进行追偿的权利或取得对保险标的的所有权。

保险代位原则包括代位求偿权和物上代位权。

①代位求偿权。代位求偿权是指当保险标的由于第三者的原因造成损失时，保险人在依法承担赔偿责任后，就取得以自己的名义向第三者请求赔偿的权利。代位原则在实际应用中一般不适用于人身保险，主要适用于财产保险。

保险人在行使代位求偿权时，代位追偿的金额如果超过赔偿金额，其超过的部分应当归被保险人所有；如果被保险人在保险人赔付前已从第三者获得赔款，保险人可以不予赔偿，或可以从保险赔款中扣减被保险人从第三者已索赔部分；如果被保险人免除第三者责任或放弃向第三者的追偿权，保险人则不承担赔偿责任。

②物上代位权。物上代位权是指保险标的发生推定全损时，保险人在全额支付保险金之后，依法拥有对该保险标的的物的所有权。物上代位权的取得一般是通过委付实现的，委付是指保险标的发生推定全损时，被保险人将保险标的的一切权利和义务转给保险人，要求全额赔偿的行为。被保险人向保险人提出委付时必须具备以下几个条件：第一，必须是保险标的发生推定全损。第二，委付不得附加其他条件。第三，委付的对象是全部的标的，即将保险标的的全部权利和义务转给保险人。

（2）损失分摊原则是指在投保人对同一保险标的、同一保险利益、同一保险事故分别与两个以上的保险人订立保险合同的情况下，被保险人所能得到的赔偿金由各保险人采用适当的方法进行分摊。

分摊原则仅适用于重复保险，在重复保险的情况下，对于损失如何进行分摊，目前多数的做法是被保险人必须向所有的与之签订合同的保险人索赔，保险人按照承保的比例进行分担责任。

6.1.4　近因原则

近因是指引起保险标的发生损失直接的、最有效、起决定性作用的原因。近因也是在保险事故发生中起主导作用或起支配作用的原因。近因原则是保险理赔工作中必须遵循的一项基本原则，也是在保险标的发生损失时用来确定保险标的所受损失是否能获得保险赔偿的一项重要依据。

保险事故的发生时，近因属于保险责任，则保险人承担赔偿责任；若近因属于除外责任，则保险人不承担赔偿责任。在多个原因导致保险标的损失的情况下，只有导致保险标的损失的近因在保险责任范围之内，保险人才对保险标的负赔偿责任。

认定近因原则的关键是确定风险与损害结果之间的关系。例如一艘航行中的船舶突然遭受雷电的袭击，致使船舶的电线短路，引起火花，火花引燃了货物，导致货物损失。在此次事故中，我们会发现雷电、电线短路、火花、起火之间具有必然的因果关系，因而可以确定货物遭受损失的近因为雷电。

1. 单一原因情况下的近因认定

如果导致损失的原因只有一个，则该原因就是近因。若该近因在保险责任范围内，保险人承担赔偿责任；若不在保险责任范围之内，保险人不承担赔偿责任。例如某公司对仓库中的货物向保险人投保了火灾险，在保险期限内货物不慎被全部盗走，由于导致货物损失的原因是盗窃并不是火灾，不在保险的责任范围之内，所以保险人不予赔偿；反之，如果货物的损失是因为大火导致的，则保险人应当承担赔偿责任。

2. 多种原因存在时的近因认定

如果导致损失的原因有多个，要区别不同的情况，确定保险责任。如果多种原因都在保险责任范围内，保险人应承担赔偿责任。反之，多种原因均属于除外责任，则保险人不负责赔偿。如果多种原因有些属于保险责任，有些属于除外责任，则对属于保险责任范围内的给予赔偿，属于除外责任的不予赔偿。

坚持近因原则的目的在于分清有关各方的责任，明确保险人承保危险与保险标的损失之间的因果关系。

6.2 我国海运货物保险

在国际贸易中，货物由卖方交付到买方手中，一般都要经过长途运输，货物在运输途中可能会遇到各种风险，从而使货物遭受损失，国际货物运输保险就是为了使这些损失在发生后能够得到补偿。下面介绍我国海上货物运输保险。

6.2.1 海上货物运输风险

国际保险业把海上货物运输风险分成海上风险和外来风险（见表6－1）。

表6－1　　　　　　　　　　　海上货物运输风险

风险	海上风险	自然灾害
		意外事故
	外来风险	一般外来风险
		特殊外来风险

1. 海上风险（Perils of Sea）

海上风险也称海难，一般是指船舶或货物在航行中发生的或随海上运输所发生的风险。海上风险包括自然灾害和意外事故。

（1）自然灾害（Natural Calamities）是指不以人的意志为转移的自然界的力量所引起的灾害。但是在海洋运输中，自然灾害并不是指由于自然界力量所引起的一切灾害，而是指恶劣气候、海啸、地震、洪水、暴风雨、雷电、火山爆发等自然界力量引起的灾害。

（2）意外事故（Accidents）是指偶然的属于非意料的原因而造成的事故。在海上货物运输保险中，意外事故也并不是指海上所有的意外事故，而是指运输工具在运输途中遭受搁浅、触礁、沉没、互撞、失踪、失火、爆炸等意外事故。

2. 外来风险（Extraneous Risks）

外来风险是指海上风险以外的其他原因造成的风险。外来风险包括一般外来风险和特殊外来风险。

（1）一般外来风险是指被保险货物在运输途中由于偷窃、雨淋、短量、玷污、渗漏、破碎、串味、受潮、发霉、生锈、钩损、锈损等原因而造成的风险。

（2）特殊外来风险是指由于政治、军事、国家法律政策和行政措施等外来原因造成的风险。一般包括战争、罢工、武装冲突、交货不到、拒收等原因造成的风险。

6.2.2　保险人承保的损失

海损是指海运保险货物由于海上风险所造成的各种损失。海损按照损失的程度可分为全部损失和部分损失（见表6-2）。

表 6-2　海损的种类

海损	全部损失	实际全损
		推定全损
	部分损失	共同海损
		单独海损

1. 全部损失（Total Loss）

全部损失简称全损，是指运输途中整批货物的全部灭失。全损可分为实际全损和推定全损。

（1）实际全损（Actual Total Loss）是指被保险货物已经完全损失或灭失。实际全损主要有以下几种情况。

①保险标的物全部灭失。如船与货同沉。

②保险标的物全部灭失，无法复得。如货物被海盗劫走，最终无法追回。

③保险标的物变质丧失商业价值或原有用途。如茶叶遭水浸泡。

④船舶失踪到达一定期限。各国对失踪期限的规定不一致，我国规定为两个月。

（2）推定全损（Constructive Total Loss）是指保险事故发生后，被保险货物遭受损失虽未达到完全灭失的状态，但对受损的货物为避免实际全损而进行整理、施救等所花费的费用超过获救后被保险货物的价值。推定全损主要包括以下几种情况。

①货物受损后，修复费用超过货物修复后的价值。

②货物受损后，整理和续运的费用超过货物的价值。

③被保险人为收回丧失的标的物所需的费用超过收回标的物的价值。

④为避免全部损失所需的施救费用超过获救后标的物的价值。

2. 部分损失（Partial Loss）

部分损失是指被保险货物的损失没有达到全部损失的程度。部分损失可分为共同海损和单独海损。

（1）共同海损（General Average）是指载货的船舶在海上遇到了危险，为了维护船货的共同安全，由船方有意采取合理的施救措施所造成的特殊牺牲和支出的额外费用。共同海损的构成条件为：

①危险必须是真实存在的、紧迫的和不可避免的。

②船方行为必须是为了船和货共同安全而有意识的采取的紧急、合理的施救措施。

③施救行为所作出的特殊牺牲及支付额外费用是合理的。

④共同海损行为必须是最终是有效的，即最终避免了船和货的全损，共同海损才能成立。

共同海损发生后，所作出的牺牲和支付的额外费用应当由船方、货方、运费方三方按照获救的价值比例分摊。

（2）单独海损（Particular Average）是指在载货船舶行驶途中遭遇海上风险直接造成船方或货方的损失，由于非人为因素原因造成的，属于特定利益方部分损失。这种损失只涉及船方或货方单方面的利益，损失由受损者单独负责。如果受损货物投保了相应的保险，则由保险人按保险条款的规定予以赔偿。构成单独海损应具备以下两个条件：一是单独海损必须是意外的、偶然的海上风险事故直接导致的船舶或货物的损失；二是单独海损由受损的货主或船方自行承担。

总之，共同海损和单独海损是有明显区别的，主要表现如下：

第一，造成海损的原因不同。单独海损是海上风险直接造成的货物损失，没有人为因素在内；共同海损是为了解除或减轻共同危险而人为地采取措施导致的损失。

第二，承担损失的责任不同。单独海损的损失由受损方自行承担；共同海损的损失则由受益的各方按照受益大小比例共同分担。若被保险人已经投保海运保险，则由保险人按合同规定承担对被保险人分摊金额的赔偿责任。

6.2.3 海洋货物运输保险条款

现行的中国人民保险公司的《中国保险条款》（*China Insurance Clause*，CIC）是1981年1月1日的修订本，中国人民保险公司根据不同的运输方式制定了不同的保险条款。首先介绍《海洋货物运输保险条款》的内容。

1. 保险人承保的责任范围

保险人承保的责任范围的大小主要取决于不同的险别（见表6-3）。

表 6-3　　　　　　　　　　　　海洋运输险别

险别	基本险	平安险
		水渍险
		一切险
	附加险	一般附加险
		特殊附加险

（1）基本险。基本险又称主险，分为平安险、水渍险、一切险。

①平安险（Free from Particular Average，FPA）承保的责任范围主要包括下列内容：被保险货物在运输途中由于自然灾害所造成的全部损失或推定全损；由于运输工具遭受意外事故所造成货物的全部或部分损失；在运输工具已经发生意外事故前后又发生自然灾害所造成货物的部分损失；在装卸或转运时由于一件或数件货物整件落海造成的全部或部分损失；被保险人对遭受承保责任内危险的货物采取抢救、防止或减少货损的措施而支付的合理费用，但以不超过该批被救货物的保险金额为限；运输工具遭遇海难后，在避难港由于卸货所引起的损失以及在中途港、避难港由于卸货、存仓以及运送货物所产生的特别费用；共同海损的牺牲、分摊和救助费用；运输契约订有"船舶互撞责任"条款，根据该条款规定应由货方偿还船方的损失。

②水渍险（With Particular Average，WPA 或 WA）承保的责任范围除平安险责任外，还负责被保险货物在运输途中由于自然灾害造成的部分损失。

③一切险（All Risks，AR）责任范围除包括水渍险的各项责任外，还负责被保险货物在运输途中由于一般外来原因所造成的全部损失或部分损失。

一切险并不承保一切风险造成被保险货物的一切损失。如战争、罢工等特殊附加险不在承保范围之内。

三种基本险的责任中，一切险责任范围最大，水渍险次之，平安险最小。由于基本险均可独立投保，投保人在办理保险可选择其一进行投保。

（2）附加险。中国人民保险公司除了制定上述基本险外，还制定了附加险。附加险包括一般附加险和特殊附加险。

①一般附加险是针对一般外来原因引起风险而造成损失的险别。目前一般附加险共有 11 种。

偷窃、提货不着险（Theft Pilferage and Non-delivery，T. P. N. D.）承保货物被偷窃或货物在目的地整件提不着货的损失。

淡水雨淋险（Fresh Water and/or Rain Damage，F. W. R. D）承保货物在运输途中由于直接遭受雨淋或淡水所造成的损失。

短量险（Risk of Shortage）承保货物在运输途中因外包装破裂或散装货物发生的数量短缺或重量短少的损失。

混杂、玷污险（Risk of Intermixture and Contamination）承保货物在运输途中因混进杂质或被污染所致的损失。

渗漏险（Risk of Leakage）承保流质、半流质、油类等货物因容器损坏而引起的渗漏损失，或用液体储藏的货物因液体渗漏而使货物变质、腐烂而受到的损失。

碰损、破碎险（Risk of Clash and Breakage）承保货物在运输途中因震动、碰撞、受压而引起破碎和碰撞所致的损失。

串味险（Risk of Odour）承保货物在运输途中因受其他带异味货物的影响而引起的串味损失。

钩损险（Hook Damage）承保货物在装卸过程中因遭受钩损而引起的损失。

受潮、受热险（Damage Caused by Sweating and Heating）承保货物在运输途中，由于恶劣气候突然变化或船上通风设备失灵致使船舱内水汽凝结、发潮或发热而造成的损失。

包装破裂险（Breakage of Packing）承保货物在运输途中因包装破裂所造成的损失，以及为续运安全的需要对包装进行修补或调换所支付的费用。

锈损险（Risk of Rust）承保货物在运输途中因生锈造成的损失。

上述 11 种附加险不能独立投保，只能在投保基本险基础上才能加保。投保人可以选择一种或几种进行加保。如果投保了一切险则就不用再投保一般附加险，因为一切险的责任范围包括 11 种附加险。

②特殊附加险是由于特殊外来原因引起风险而造成损失的险别。目前特殊附加险共包括 8 种。

战争险（War Risk）承保战争或类似战争行为等引起的被保险货物的直接损失，包括战争、类似战争行为和敌对行为、武装冲突或海盗行为以及由此而引起的捕获、拘留、禁制、扣押所造成的损失，或者由于各种常规武器所造成的损失，以及由于上述原因所引起的共同海损的牺牲、分摊、和救助费用，但对于原子弹、氢弹等核武器造成的损失，保险公司不予负责。

罢工险（Strikes Risk）承保因罢工者、被迫停工工人、参加工潮、暴动和民众斗争的人员采取行动所造成的被保险货物的直接损失。对于任何人的恶意行为造成的损失保险公司也负责赔偿。但对在罢工期间由于劳动力短缺或不能使用劳动力所造成的被保险货物的损失或费用，保险公司不负责赔偿。

舱面险（On Deck Risk）是指存放在舱面的货物，保险公司除按保险单所载条款负责损失外，还负责被抛弃或被风浪冲击落水的损失。

进口关税险（Import Duty Risk）承保被保险货物遭受保险责任内的损失，而被保险人仍按完好的货物价值完税的，保险人对受损部分货物所缴纳的进口关税的损失负责赔偿。

拒收险（Rejection Risk）承保被保险货物在目的港被进口国的政府或有关当局拒绝进口或没收所造成的货物的损失；

黄曲霉素险（Aflatoxin Risk）承保被保险货物所含黄曲霉素超过进口国的限制标准被拒绝进口、没收或强制改变用途所造成的损失；

交货不到险（Failure to Deliver Risk）承保被保险货物无论何种原因从装上船舶开始，不能在预定抵达目的地的日期起算六个月内交货所造成的损失。

货物出口到香港（包括九龙）或澳门存仓火险责任扩展条款（Fire Risk Extension Clause for Storage of Cargo at Destination HongKong, Including Kowloon, or Macao）

承保被保险货物在到达目的地卸离运输工具后，如直接存放在保险单所载明的过户银行指定的仓库所造成的存仓火险损失，保险期限的起算是从货物运入过户银行指定的仓库时开始，直至银行收回押款解除货物的权益为止或运输责任终止时起计满30天为止。

特殊附加险与一般附加险一样，也不能单独投保，只有在投保基本险的基础上，才能加保一种或几种。

2. 保险责任起讫

（1）基本险的起讫。中国人民保险公司对平安险、水渍险、一切险的三种基本险别的责任起讫均采用国际保险业惯用的"仓至仓"条款（Warehouse to Warehouse，W/W）。

"仓至仓"责任是从被保险货物运离保险单所载明的发货人仓库（存储场所）开始，直到该货物运至保险单所载明目的地或收货人的最后仓库（储存场所）时为止。如果未运抵收货人仓库（储存场所），则以货物在最后目的港全部卸离海轮后60天为止。如果在上述60天内被保险货物转运到其他地点，则该项货物从开始转运时保险责任即告终止。在实际运用中"仓至仓"的责任根据不同的贸易术语有所不同。

如果一批货物按 CIF 成交，则保险责任期间为"仓至仓"（如图 6-1 所示）。

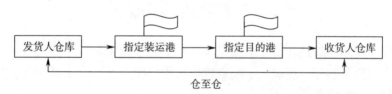

图 6-1　按 CIF 成交的保险责任期间

如果一批货物按 CFR 或 FOB 成交，则保险责任期间为装运港至仓。（如图 6-2 所示）。

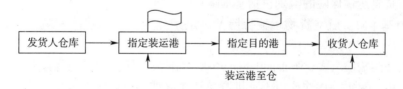

图 6-2　按 CFR 或 FOB 成交的保险责任期间

（2）战争险的责任起讫。战争险的责任起讫不采用"仓至仓"条款，而是采用"港至港"条款，即从被保险货物从装上海轮开始到卸离海轮时终止。如果被保险货物不卸离海轮，保险责任最长期限以海轮到达目的港当日午夜起算满15天为止。如果在中途港转船则以海轮抵达该港当日午夜起满15天为止，在15天内，如果货物再装上续运海轮，则保险责任仍延长到目的港卸离海轮时为止。战争险的责任期间见图 6-3 示。

3. 除外责任

除外责任是指保险公司不予赔偿的各种情形，海运货物保险的除外责任如下：

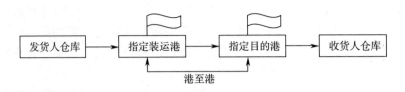

图 6-3　战争险的责任期间

（1）被保险人故意或过失所造成的损失。

（2）属于发货人责任所引起的损失。

（3）在保险责任开始前，被保险货物存在品质不良或数量短少所引起的损失。

（4）被保险货物自然损耗、本质特性、市场价格涨落、运输迟延所引起的损失和费用。

4. 索赔时限

索赔时限也称索赔时效，是指被保险货物发生损失时，被保险人向保险人要求索赔的有效期限，超过此期限，被保险人将丧失索赔权。关于我国海运保险索赔时限，中国人民保险公司规定，从被保险货物所载明的最后卸货港全部卸离海轮后起算，最多不超过两年。

6.3　其他货物运输保险

其他货物运输保险是在海洋运输保险基础上发展起来的，中国人民保险公司除了海洋运输保险条款外，还制定了航空货物运输保险条款、陆上货物运输保险条款和邮政货物运输保险条款。

6.3.1　航空货物运输保险

1. 航空货物运输保险的险别

航空货物运输保险的险别包括基本险和附加险。

（1）基本险。航空货物运输保险基本险别分为航空运输险和航空运输一切险两种。

①航空运输险（Air Transportation Risks）承保责任范围是被保险货物在运输途中遭受雷电、火灾、爆炸或由于飞机遭受其他危难事故被抛弃或由于飞机遭受自然灾害或意外事故所造成的全部或部分损失。本险别的承保责任范围与海运保险中的水渍险大致相同。

②航空运输一切险（Air Transportation All Risks）承保责任范围除包括上述航空运输险的全部责任外，还包括被保险货物在运输途中由于偷窃、短少等一般外来原因所造成的全部或部分损失。本险别的承保责任范围与海运保险中的一切险大致相同。

（2）附加险。附加险是指航空货物运输战争险，承保责任范围是负责赔偿由于战争和类似战争行为、敌对行为或武装冲突以及各种常规武器和炸弹所造成的货物损失。投保人在投保航空运输险或航空运输一切险后才可以投保战争险，此外投保人还可以投保罢工险，如果投保战争险再加保罢工险，则不需额外交纳保险费。

2. 航空货物运输保险的除外责任

航空运输险和航空运输一切险的除外责任与海洋运输保险的基本险的除外责任责任范围相同。航空货物运输战争险除外责任不包括原子弹或热核武器所导致的损失。

3. 航空运输保险的责任起讫

（1）航空货物保险基本险的责任起讫。航空运输险、航空运输一切险的保险责任也采用"仓至仓"条款，但与海运险条款中的"仓至仓"条款有所不同。航空运输货物保险的责任是从被保险货物运离保险单所载明起运地仓库或储存处所开始生效，在正常运输过程中继续有效，直到该项货物运抵保险单所载明目的地交到收货人仓库或储存处所为止；如果被保险货物未运抵保险单所载明的收货人仓库或储存处所，则以被保险货物在最后卸货地卸离飞机后满 30 天为止；如果在上述 30 天内货物转运到目的地外的其他地点，则以该项保险责任开始转运时终止。

（2）航空货物运输保险战争险的责任起讫。航空货物运输保险战争险的责任起讫是从被保险货物在起运地装上飞机时开始直到到达目的地卸离飞机时为止。如果货物不卸离飞机，则以飞机抵达目的地当日午夜起算满 15 天为止。

6.3.2　陆上货物运输保险

1. 陆上货物运输保险的险别

陆上货物运输保险的险别包括基本险和附加险。

（1）基本险。陆上货物运输基本险包括三种。

①陆运险（Overland Transportation Risks）承保的责任范围与海洋运输保险的水渍险大致相似，承保货物由于自然灾害或由于运输工具在运输途中遭受意外事故所造成的全部损失或部分损失。

②陆运一切险（Overland Transportation All Risks）承保的责任范围与海洋运输保险的一切险大致相似。除包括上述陆运险的责任外，还承保货物由于偷窃、短少等一般外来原因造成的全部损失或部分损失。

陆运险和陆运一切险责任范围仅限于火车及汽车运输。

③陆上运输货物冷藏货物险（Overland Transportation Insurance for Frozen Products）是陆上运输货物保险中的专门保险，具有基本险的性质，其保险责任除陆运险的范围之外，还负责赔偿由于冷藏机器或隔温设备在运输途中损坏所造成的被保险货物解冻而腐坏的损失。

（2）附加险。附加险是指陆上运输货物战争险，该险承保范围是火车运输途中因战争、类似战争行为和敌对行为武装冲突所致的损失，以及各种常规武器所致的货物损失。投保人只有在投保上述基本险的基础上才可以投保战争险。此外投保人还可以投保罢工险，如果投保战争险再加保罢工险，则不需额外缴纳保险费。

2. 陆上货物运输保险的除外责任

陆运险和陆运一切险的除外责任与海洋运输货物保险的除外责任相同。

陆上运输货物冷藏险的除外责任是指对于战争、工人罢工或运输迟延而造成的被保险货物的腐败或损失，以及被保险货物在保险责任开始时未能保持良好状况，整理包扎不妥或冷冻不合规定所造成的损失不予负责。

陆上货物运输战争险的除外责任是指由于敌对行为和使用原子弹或热核武器，以及货物被有关当局或组织扣押所造成的损失不负责赔偿。

3. 陆上运输货物保险的责任起讫

陆运险和陆运一切险的责任起讫采用国际保险业惯用的"仓至仓"条款，是从被保险货物运离保险单所载明的起运地发货人仓库或储存处所开始时生效，包括正常陆运和有关水上驳运在内，直至该项货物送交保险单所载明的目的地收货人仓库或储存处所为止；如未运抵上述仓库或储存处所，则以被保险货物到达最后卸载的车站后，保险责任以 60 天为限。

陆上运输冷藏货物险的责任起讫是自被保险货物运离保险单所载明的起运地点的冷藏仓库装入运输工具开始时生效，包括正常的陆运和有关的水上驳运在内，直至货物到达目的地收货人仓库为止，但最长不超过货物到达目的地车站后 10 天。

战争险的责任起讫是以货物置于运输工具时为限，即从被保险货物装上保险单所载明的起运地的火车时开始到保险单所载明目的地卸离火车时为止；如果被保险货物不卸离火车，则以火车到达目的地的当日午夜起计算满 48 小时为止，如在中途转车，则以火车到达中途站的当日午夜起计算满 10 天为止，在 10 天内货物装上续运火车，则保险责任继续有效。

6.3.3　邮政运输货物保险

1. 邮政运输货物保险的险别

邮政运输货物保险的险别包括基本险和附加险。

（1）基本险。邮政运输货物保险基本险包括邮包险和邮包一切险。

①邮包险（Parcel Post Risks）承保责任范围包括被保险货物在运输途中遭受自然灾害或运输工具遭受意外事故所造成的全部损失或部分损失。该险别的责任范围与海运保险中水渍险大致相同，此外还负责被保险人合理的施救费用和共同海损的牺牲、分摊。

②邮包一切险（Parcel Post All Risks）承保责任范围除包括上述邮包险的全部责任外，还负责赔偿被保险邮包在运输途中由于一般外来原因所造成的全部或部分损失。

（2）附加险。附加险是指邮包战争险。战争险属于邮政运输保险的附加险，不能单独投保，投保人只有在投保邮包险或邮包一切险的基础上才可以加保。此外投保人还可以投保罢工险，如果投保战争险再加保罢工险，则不需额外缴纳保险费。

2. 邮政运输保险的除外责任

邮包险和邮包一切险的除外责任与海洋运输货物保险的除外责任相同。邮包战争险除外责任不包括原子弹或热核武器所导致的损失。

3. 邮政运输险的责任起讫

邮包险和邮包一切险的责任起讫是从被保险邮包离开保险单所载起运地点寄件人的处所运往邮局时开始生效，直至该项邮包运达保险单载明的目的地邮局，自邮局发出到货通知书给收件人的当日午夜起算满 15 天为止。在此期限内，邮包一经递交至收件人处所，保险责任即告终止。

邮包战争险的保险责任起讫是自被保险邮包经过邮局收讫后自储存处所开始运送时生效，直至该项邮包运到保险单载明的目的地的邮局送交收件人为止。

6.4　英国伦敦保险协会海运货物保险条款

英国伦敦保险协会制定的《协会货物条款》（*Institute Cargo Clauses*，ICC）在国际保险市场上影响最为显著。目前世界上大多数国家在国际海洋运输保险业务中直接采用《协会货物条款》。《协会货物条款》最早制定于 1912 年，后来进行了修订，目前使用的是 1992 年新修订的保险条款。

英国伦敦保险协会条款共有 6 种，分别是协会货物条款（A）〔Institute Cargo Clauses（A）〕、协会货物条款（B）〔Institute Cargo Clauses（B）〕、协会货物条款（C）〔Institute Cargo Clauses（C）〕、协会战争险条款（货物）〔Institute War Clauses（Cargo）〕、协会罢工险条款（货物）〔Institute Strikes Clauses（Cargo）〕和恶意损害险条款〔Malicious Damage（Clauses）〕。

上述 6 种保险条款中，ICC（A）、ICC（B）、ICC（C）属于主险，可以独立投保。协会战争险和罢工险属于附加险，在投保人需要时也可征得保险公司同意进行独立投保。恶意损害险属于附加险，不能独立投保。

6.4.1　协会货物条款（A）——ICC（A）

1. ICC（A）承保责任范围

ICC（A）承保责任范围较广，采用"一切风险减除外责任"方式予以明确，即除了除外责任的风险不予负责外，其他风险均予负责。

2. ICC（A）除外责任

（1）一般除外责任包括被保险人故意的不法行为造成的损失或费用，自然渗漏、自然损失，损耗、自然磨损；包装或准备不足或不当所造成的损失或费用，被保险货物的内在缺陷或特性所造成的损失或费用，直接由于延迟所引起的损失或费用，由于船舶所有人、租船人经营破产或不履行债务所造成的损失或费用，由于使用任何原子或核武器所造成的损失或费用。

（2）不适航、不适货除外责任是指载货船舶、运输工具、集装箱不适宜安全运载而引起被保险货物的损失，并且这种情况已被保险人或其他受雇人知悉。

（3）战争除外责任包括由于战争、内战、敌对行为等造成的损失或费用，由于捕获、拘留、扣留（海盗除外）等所造成的损失或费用，包括由于漂流水雷、鱼雷、炸弹等造成的损失或费用。

（4）罢工除外责任包括罢工者、被迫停工工人造成的损失或费用以及由于罢工、被迫停工所造成的损失或费用等。

6.4.2　协会货物条款（B）——ICC（B）

1. ICC（B）承保责任范围

ICC（B）承保风险采用"列明风险"的方式把保险人承保的风险一一列出，共计10项：火灾、爆炸；船舶或驳船触礁、搁浅、沉没或倾覆；陆上运输工具倾覆或出轨；船舶、驳船或运输工具同水以外的外界物体碰撞；在避难港卸货；地震、火山爆发、雷电；共同海损牺牲；抛货或浪击落海；海水、湖水或河水进入船舶、驳船、运输工具集装箱、大型海运箱或贮存处所；货物在装卸时落海或摔落造成整体的全损。

2. ICC（B）除外责任

ICC（B）的除外责任除了包括ICC（A）的除外责任外，保险人还对以下两种情况不负责赔偿。

（1）对被保险人以外的第三人故意损害所造成的损失。

（2）对海盗行为所造成的损失。

6.4.3　协会货物条款（C）——ICC（C）

1. ICC（C）承保责任范围

ICC（C）也采用"列明风险"的方式，但其承保的风险比较少，它只承保重大意外事故所造成的损失，其承保风险的共计6项：火灾、爆炸；船舶或驳船触礁、搁浅、沉没或倾覆；陆上运输工具倾覆或出轨；在避难港卸货；共同海损牺牲；抛货。

2. ICC（C）除外责任

ICC（C）的除外责任与ICC（B）的除外责任完全相同。

综上所述，ICC（A）的承保风险类似我国海运保险的一切险，ICC（B）类似水渍险，ICC（C）险类似平安险，但比平安险的责任要小一些。

需要说明的是，伦敦保险协会海运货物运输保险条款保险期限的规定同我国海运货物保险期限大致相同，也是"仓至仓"。

6.5　货物运输保险实务

6.5.1　办理投保手续

在国际贸易中，保险由何方投保，主要取决于买卖双方所选择的贸易术语，按照《2000通则》规定，卖方办理保险的贸易术语有 CIF、CIP 以及 D 组术语，买方办理的保险贸易术语有 EXW、F 组术语以及 CFR、CPT。投保人办理投保手续主要包括以下内容。

1. 保险金额的确定

保险金额也称投保金额，是指投保人向保险公司投保的金额，也是保险公司承担赔偿的最高限额，另外也是计算保险费的基础。保险金额一般由买卖双方协商确定。如果双方未约定，按照国际惯例，保险金额通常按照 CIF 或者 CIP 总值加成 10% 计算。加成 10% 是作为买方经营管理费用和预期利润。保险金额计算公式如下：

$$保险金额 = CIF（CIP）总值 \times （1 + 保险加成）$$

$$CIF = \frac{CFR}{1 - 保险费率 \times （1 + 投保加成）}$$

2. 保险险别的选择

在国际货物运输保险业务中，投保的险别如果选择不当，就会造成货物在受损时得不到赔偿，或者投保了不必要的险别会多支出保险费用的情况。所以买卖双方可根据货物本身的特点和运输途中风险的情况对保险险别加以选择。投保的险别可以是基本险的一种，也可以此基础上加保一种或多种附加险。

3. 投保单的填写

确定保险金额和投保险别后，就可向保险公司索取并填写投保单，投保单是保险公司印制的一种办理投保手续的业务单据，投保人在填写完毕后，应当随信用证、提单、商业发票等单证提交保险公司。

6.5.2　缴纳保险费

投保人向保险公司支付保险费是保险合同的生效条件，保险费是在保险金额的基础上按照一定的保险费率计算出来的，保险费是保险公司经营业务的收入，也是用作保险赔偿的主要资金来源。其计算公式如下：

$$保险费 = 保险金额 \times 保险费率$$

【例 6 – 1】上海某公司出口一批货物，每吨 989 元人民币 CFR 伦敦，共计 10 吨，保险费率为 1%，投保加成为 10%，计算该批货物的保险费。

$$CIF = \frac{989}{1 - 1\% \times （1 + 10\%）} = 1000 （元）$$

保险金额 = CIF 总值 ×110% = 1000 × 10 × 110% = 11000（元）
保险费 = 11000 元 ×1% = 110（元）
该批货物的保险费为 110 元。

6.5.3　领取保险单

保险单是保险人的承保证明，也是规定保险当事人各自权利和义务的协议。在进出口贸易实践中，保险单主要有以下几种。

1. 保险单

保险单（Insurance Policy）又称大保单，是投保人与保险公司之间订立的正式的保险合同。保险单内容完整，它除了在正面载明证明双方当事人建立保险关系的文字、被保险货物的基本情况和承保险别、理赔地点以及保险公司声明所保货物如遇危险凭保险单以及有关证件给付赔款等内容外，在背面还对保险人和被保险人的权利和义务做了十分具体的规定。保险单目前在国际贸易中使用最为广泛。

2. 保险凭证

保险凭证（Insurance Certificate）俗称小保单，是一种简化了的保险合同。保险凭证只有正面内容，仅载明被保险人的名称，被保险货物的名称、数量、标记；运输工具种类和名称，保险险别、起讫地点和保险金额等，背面无条款，对保险人和被保险人的权利和义务不予载明。保险凭证由于内容简化，当发生纠纷时，责任很难确定，因此，在国际贸易中已逐渐被取消。

3. 联合凭证

联合凭证（Combined Certificate）也称联合发票，是一种将发票和保险单相结合的保险单证，是将保险公司所承保的险别、保险金额和保险编号等保险的相关内容加列在外贸公司开具的出口商业发票上，作为已承保的证据。这种单证只在我国采用，并且使用范围也有限，仅适用于我国对中国香港、澳门地区及新加坡、马来西亚的少数出口业务。

4. 预约保险单

预约保险单（Open Policy）又称为开口保险单，是保险人对被保险人将要装运的属于约定范围内的一切货物进行承保的保险单据。这种保险单载明预约保险货物的范围、险别、保险费率以及每批保险货物的保险金额和保险费的结算办法等。预约保险的货物一经起运，则保险公司自动负承保责任。预约保险单没有总保险金额的限制，在我国，预约保险单常用于我国企业采用 FOB、CFR 进口时使用。

5. 投保单

投保单（Application for Insurance）也称要保单，是保险公司事先印制的一种供投保人办理投保手续的业务单据。当投保人要办理保险时，要向保险公司索取和填制投保单，并随商业发票、提单、信用证等单证一同交给保险公司，保险公司审核无误后签发保险单据。投保单并不是正式的保险合同，如果投保单与保险单内容不一致，应当以保险单上的内容为准。

6. 批单

批单（Endorsement）是在保险单出具后，因为保险内容有所变更，保险公司应被保险人的要求而签发的批改保险单内容的凭证，它具有补充变更原保险单内容的作用。保险单一经批改，保险公司应当按照批改后的内容承担责任。批单一般粘贴在保险单上，并加盖骑缝章，作为保险单不可分割的一部分。

6.5.4 保险索赔

如果被保险的货物在保险责任有效期内发生属于保险责任范围内的损失，被保险人可向保险公司提出索赔。被保险人在索赔时应注意以下几点：

1. 及时通知保险公司

当被保险人获悉被保险货物发生损失时，应立即通知保险公司，以便保险公司在接到损失通知后采取相应的措施。

2. 采取合理的施救措施

被保险货物受损后，被保险人应当采取相应的施救措施，以防止损失进一步扩大。由此产生的合理的施救费用由保险公司负责赔偿，但以不超过该批被救货物的保险金额为限。对于货物遭受损失的，应尽可能地保留现场，以便保险公司和有关各方进行检验确定责任。

3. 准备好索赔单证

索赔单证包括保险单据正本，运输单据，商业发票，装箱单、重量单，检验报告，海事报告摘录，货损、货差证明，索赔清单，其他单证。

4. 注意索赔时效

一旦货物发生了保险责任范围内的损失，被保险人必须在规定的索赔期限内向保险人索赔，超过这一期限，保险人可以拒赔。中国人民保险公司规定的索赔时效为被保险货物在到达目的港全部卸离海轮后，最长不超过两年，超过上述期限，被保险人一般将不能得到赔偿。

【小结】

本章是国际货物运输保险的相关内容。首先介绍了保险基本原则，其次介绍了海上保险的风险、损失，以及中国人民保险公司保险条款和英国伦敦保险协会货物保险条款的内容，最后介绍了国际货物运输中保险业务的办理程序。

【思考题】

1. 保险的基本原则有哪些？
2. 共同海损的构成条件有哪些？
3. 列举中国人民保险公司海洋运输保险的险别。
4. 列举保险单据的形式。

【案例分析】

1. 某货轮从天津新港驶往新加坡，在航行中航船货物起火，大火蔓延到机舱，船长为了船货的安全决定采取紧急措施，往舱中灌水灭火，火被扑灭，但由于主机受损，无法继续航行，于是船长决定雇用拖轮，将货船拖回新港修理，检修后，重新驶往新加坡。事后调查，这次事件造成的损失有：①1000 箱货物被烧毁；②600 箱货物由于灌水灭火受到损失；③主机和部分甲板被烧坏；④拖船费用；⑤额外增加的燃料和船长、船员的工资。从上述情况和各项损失的性质来看，哪些属单独海损，哪些属共同海损，为什么？

2. 某外贸公司按 CIF 术语出口一批货物，装运前已向保险公司按发票总额的110% 投保平安险，6 月初货物装妥顺利开航。载货船舶于 6 月 13 日在海上遭遇暴雨，致使一部分货物受到水渍，损失价值 2100 美元。数日后，该轮船又突然触礁，致使该批货物又遭到部分损失，价值达 8000 美元，试问：保险公司对该批货物的损失是否赔偿，为什么？

3. 我某公司以 CIF 术语出口一批化肥，装运前按合同规定已向保险公司投保水渍险，货物装妥后顺利开航。载货船舶起航后不久在海上遭遇暴风雨，海水涌入舱内，致使部分化肥遭到水渍，损失价值达 1000 美元，数日后，又发现部分化肥袋包装破裂，估计损失达 1500 美元，试问：该损失应由谁承担？为什么？

【技能实训】

以下是一份中国人民保险公司的保险单，把其中画线的英文部分翻译成中文。

中国人民保险公司

The People's Insurance Company of China

总公司设于北京，一九四九年创立

HEAD OFFICE：BEIJING ESTABLISHED IN 1949

海洋货物运输保险单

MARINE CARGO TRANSPORTATION INSURANCE POLICY

(1) INVOICE NO　　　　　　(2) CONTRACT NO

(3) L/C NO　　　　　　　　(4) POLICY NO

被保险人：(5) TIANJIN ABC TEXTILES IMPORT & EXPORT CORP

中国人民保险公司（以下简称本公司）根据×××××（以下简称为被保险人）的要求，由被保险人向本公司缴付约定的保险费，按照本保险单承保险别和背后所载条款与下列特款承保下述货物运输保险，特立本保险单。

THIS POLICY OF INSURANCE WINTNESSES THAT THE PEOPLE'S INSURANCE COMPANY OF CHINA（HEREINAFTER CALLED "THE COMPANY"），AT THE REQUEST OF TIANJIN ABC TEXTILES DSTRICT IMPORT & EXPORT CORP.（HEREINAFTER CALLED "INSURED"）AND IN CONSIDERATION OF THE AGREED PREMIUM BEING PAID TO THE COMPANY BY THE INSURED, UNDERTAKES TO INSURE THE UNDER MENTIONED GOODS IN TRANSPORTATION SUBJECT TO THE CONDITIONS OF THIS POLICY AS PER THE CLAUSES PRINTED OVERLEAF AND OTHER SPECIAL CLAUSES ATTACHED HEREON.

标记 MARKS & NOS	包装及数量 QUONTITY	保险货物项目 DESCRIPTION OF GOODS	保险金额 AMOUNT INSURED
A. B. C. YOKOHAMA NO. 1—50	(6) 50 CARTONS	(7) WET BULE UNSPLITTED	USD16 500. 00

总保险金额

TOTAL AMOUNT INSURER (8) US DOLLARS SIXTEEN THOUSAND FIVE HUNDRED ONLY

保费　　　　　　费率　　　　　　　装载运输工具

PREMIUM AS ARRANGED RATE AS ARRANGED PER CONVEYANCE S. S：(9) VICTORY

开航日期　　　　　　　　自　　　　　　至

SLG. ON OR ABOUT (10) MARCH 31 2006　　FROM (11) TIANJIN TO YOKOHAMA

险别：

CONDITION：(12) ALL RISKS AND WAR RISK AS PER CIC 1/1/1981

所保货物，如遇出险，本公司凭本保险单及其他有关证件给付赔款所保货物。

CLAIMS IF ANY PAYABLE ON SURRENDER OF THIS POLICY TOGETHER WITH OTHER RELEVANT DOCUMENTS.

所保货物，如发生本保险单项下可能引起的损失或事故。

IN THE EVENT OF ACCIDENT WHEREBY LOSS OR DAMAGE MAY RESULT IN A CLAIM UN-

DER THIS POLICY IMMEDISTE NOTICE

　　成立即通知本公司下述代理人查勘。

APPLYING FOR SURVEY MUST BE GIVEN TO THE COMPANY'S AGENT AS MENTIONED HEREUNDER：

中国人民保险公司
THE PEOPLE'S INSURANCE CO. OF CHINA

赔款赔付地点

CLAIM PAYABLE AT　YOKOHAMA，JAPAN

日期

DATE　MARCH 30，2014

出单公司地址

ADRESS OF ISSUING OFFICE

第7章

进出口货物报关

【学习目标】

通过本章的学习，了解我国海关管理的基本内容，理解检验检疫制度、许可证制度的相关规定，掌握一般进出口货物报关和其他货物报关的规定，能够正确计算进出口税费，并准确地填制报关单，最终具备贸易报关的能力。

【重点与难点】

海关管理措施；一般进出口货物报关；进出口税费的计算；报关单的填制。

【导入案例】

我国某进出口公司从国外进口一批玉米，数量为 5000 吨，价格为每吨 800 美元 CIF 上海，2008 年 6 月 10 日运输船舶"公主号"即将到达目的港，船舶负责人于当日上午向上海海关进行申报，假设海关最终审定的价格与成交价格一致，进口玉米的关税税率为 10%，1 美元 = 6.8 元人民币。请问：

1. 该批货物应当在何时向海关申报进口？

2. 该批货物如果顺利通关要经过哪些环节？

3. 该公司应当缴纳多少关税？

案例分析：1. 该批货物应当在 2008 年 6 月 24 日前向海关申报进口。因为按照我国法律的规定，进口货物的收货人或其代理人应当自装载货物的运输工具申报进境之日起 14 日内向海关申报。

2. 要经过货物的申报、海关查验、缴纳进口税费、海关放行等环节。

3. 该公司应当缴纳 2720000 元人民币的关税。按照从价税的计算公式：

从价税 = 完税价 × 从价税税率

从价税 = 800 × 5000 × 10% × 6.8 = 2720000（元）。

在进出口贸易中，向海关报关是非常重要的环节。当事人能否按照规定报关，直接关系到进出口贸易能否顺利进行。本章将详细介绍进出口货物报关的相关内容，并通过实例分析讲解进出口货物报关程序和相关规定。

7.1 海关管理与报关概述

7.1.1 海关管理概述

1. 海关的性质

（1）海关是国家行政机关。海关总署是全国海关的最高领导机构，是隶属于国务院的直属机构，统一管理全国各地海关，在港口、车站、机场、邮局和边境口岸等设立直属与隶属海关。

（2）海关是国家进出境监督管理机关。海关实施监督管理的范围是进出关境以及与之有关的活动，监督管理对象是所有进出关境的运输工具、货物和物品。

（3）海关的监督管理是行政执法活动。海关的执法依据是《海关法》和其他法律、行政法规，海关的监督管理是保证国家有关法律法规实施的行政执法活动，《海关法》是海关管理事务的基本法律规范。其他法律是指全国人民代表大会和常务委员会制定的与海关监督管理相关的法律规范，包括《对外贸易法》、《商品检验法》等。行政法规是国务院制定的与海关监督管理相关的法律规范，例如《进出口关税条例》、《知识产权保护条例》等。

2. 海关的任务

《海关法》明确规定海关有四项基本任务，即监管进出境的运输工具、货物和物品，征收关税和其他税费，查缉走私和编制海关统计。

（1）监管。监管是海关最基本的任务。海关监管主要分为运输工具监管、货物监管及物品监管三大体系，每个体系都有一整套规范的管理程序和方法。

（2）征收税费。征收关税和其他税费是海关的另一项任务。关税是指海关对准许进出口的货物及物品所征收的税收。其他税费是指在进出口环节征收的国内税费，包括增值税、消费税和船舶吨税等。海关征税的依据主要是《海关法》和《进出口关税条例》。

（3）查缉走私。查缉走私是世界各国海关普遍承担的一项职责，也是海关的一项基本任务。查缉走私更是海关为保证顺利完成监管和征税而采取的保障措施。海关缉私是指制止和打击一切非法进出口货物报关行为，维护国家进出口贸易正常秩序，保障社会主义现代化建设顺利进行。

（4）编制海关统计。海关统计是国家统计的一个重要组成部分，它以数字形式反映实际进出口情况。我国海关统计制度规定，凡是能够引起境内物质资源储备的增加或减少的进出口货物，均列入海关统计，无形货物不列入海关统计。

3. 海关的权力

海关的权力指海关在监督管理活动中所享有管理支配和指挥的权力。海关的具体权力有：

（1）税费征收权，包括代表国家依法征收关税及相关税费，对特定货物和物品减征或免征关税，以及对发生少征或漏征税款依法进行补征、追征的权力。

（2）检查权，海关有权检查进出境运输工具、检查有走私嫌疑的运输工具和有藏匿走私货物物品场所以及检查走私嫌疑人的身体。

（3）扣留权，海关对于违反海关法律的进出境运输工具、货物、物品以及相关的资料可以进行扣留。

（4）追缉权，进出境运输工具或个人违抗海关监管逃逸的，海关可以连续追缉到海关监管区和附近沿海沿边地区规定以外，将其带回处理。

（5）佩带和使用武器权，是指海关为履行职责可以佩带武器，并在一定条件下使用，目前我国海关可以使用的武器包括轻型枪支、电警棍、手铐等。

（6）行政处罚权，包括对走私货物、物品及违法所得予以没收，对有走私行为及违反海关监管规定的当事人进行罚款等。

（7）提取货物变卖权，进口货物超过三个月未向海关申报及进口货物收货人申明放弃货物，海关可以提取依法变卖处理，对于不宜长期保留的货物，海关可以先行变卖。

（8）行政许可权，包括海关对报关企业注册登记许可，加工贸易备案、变更和核销业务的许可，对报关员从业资格许可等权力。

（9）其他权力，包括行政奖励和对进出境货物有关的知识产权进行保护等权力。

4. 海关管理体制与组织机构设置

（1）海关的体制与设关原则。《海关法》规定："国务院设立海关总署，统一管理全国海关"，"海关依法独立行使职权，向海关总署负责"，"海关的隶属关系，不受行政区划的限制"，明确了海关总署作为国务院直属部门的地位，进一步明确海关机构的隶属关系，把海关集中统一的垂直领导体制以法律的形式确立下来。国家在对外开放的口岸和海关监管业务集中的地点设立海关。"海关的隶属关系，不受行政区划的限制"也表明了海关管理体制与一般性的行政管理体制的区域划分无必然联系，如果海关监督管理需要，国家可以在现有的行政区划之外考虑和安排海关的上下级关系和海关的相互关系。

（2）组织机构设置。我国海关机构设置分为海关总署、直属海关和隶属海关三级。

海关总署是国务院直属机构，在国务院的领导下统一管理全国海关机构人员编制、经费物资和各项海关业务。海关总署下设广东分署，在上海、天津设立了特派员办事处作为其派出机构。

直属海关是由海关总署直接领导，负责管理一定区域范围内的海关业务的海关。直属海关就本关区内的海关事务独立行使职责，并向海关总署负责。全国海关目前共有46个直属海关单位（广东分署，天津、上海特派办，41个直属海关，2所海关院校），600个隶属海关和办事处，通关监管点近4000个。中国海关现有关员（含海关缉私警察）约5万人。直属海关除香港、澳门、台湾地区外，分布在全国31个省、自治区、直辖市。

隶属海关是由直属海关领导，负责办理具体海关业务的海关，是海关进出境监督管理职能的基本单位，一般在口岸及海关业务集中的地点设立。

除了上述三级之外，我国海关还设立了缉私机构。1998年我国海关设立了走私犯罪侦查局，专门负责打击走私工作。为了更好适应新形势的要求，2003 年 1 月 1 日开始统一更名为缉私局。目前缉私机构名称分别为海关总署缉私局、海关总署广东分署缉私局、各直属海关缉私局及各隶属海关缉私分局。

7.1.2　报关概述

报关是指进出境运输工具负责人、进出口货物收发货人、进出境物品所有人或其代理人向海关办理运输工具、货物、物品进出境手续及相关海关事务的过程。

1. 报关单位

报关单位是指依法在海关注册登记的进出口收发货人及报关企业。报关单位如果要取得报关权必须向海关办理登记，我国对报关单位实行的是注册登记管理制度，未经海关依法登记的企业及个人不得从事报关业务。

进出口收发货人是指依法直接进口或出口货物的境内法人、其他组织或个人。进出口收发货人一般在对外贸易主管部门实行备案登记取得进出口经营权后，再向海关注册登记，才能办理报关业务。

报关企业是指经海关注册登记，接受进出口收发货人的委托向海关办理报关业务，从事报关服务的境内企业法人。目前我国从事报关服务的报关企业主要有两类：一类是经营国际货运代理业务、国际货物运输工具代理业务并兼营报关业务的国际运输代理公司，例如中国对外贸易运输公司、中国外轮代理公司等。另一类是主营代理报关业务的报关行或报关公司。

2. 报关员

报关员是指依法取得报关员从业资格，并在海关注册登记，向海关办理进出口货物报关业务的人员。

我国海关规定，报关员只有经海关注册登记才能办理报关业务。报关员必须受雇于一个报关单位，才能办理报关业务。所以报关员必须受雇于一个进出口收发货人或报关企业才能向海关报关。我国法律规定，禁止报关员非法接受他人委托从事报关业务。

（1）报关员资格。我国报关员从业资格许可是通过报关员考试取得的。通过报关员全国统一考试并颁发证书才能取得报关员资格。报关员资格考试的考试科目包括报关专业知识、报关相关知识和报关法律法规。报关员全国统一资格考试由海关总署统一组织，海关总署在考试前三个月对外公告考试办法。目前报关员资格考试的报名条件为：

①具有中华人民共和国国籍；

②遵纪守法、品行端正；

③年满 18 周岁，具有完全的民事行为能力。

④具有大专毕业及以上的学历。

但下列人员不得报名考试：

①因触犯刑法受到刑事处罚，刑罚执行完毕不满 5 年的。

②因在报关活动中发生走私或严重违反海关规定行为，被海关吊销报关员证不满 5 年的。

③考生因舞弊行为被宣布考试成绩无效或因欺骗行为被撤销报关员资格许可、自行为确定之日起，不满3年的。

④因向海关工作人员行贿构成犯罪的。

（2）报关员资格证书的颁发。海关总署核定并公布全国统一合格分数线。成绩合格的考生可以向海关申请取得报关员资格证书，报关员资格证书在全国范围内有效。持有报关员资格证书者可以按规定申请注册成为报关员。

（3）报关员资格证书的失效。

①自资格证书签发之日起3年内未注册成报关员的。

②连续2年脱离报关员岗位的。

7.1.3 出入境检验检疫制度

出入境检验检疫制度是指国家出入境检验检疫部门对出入境的货物、物品及包装物、运输工具设备和人员检验监督管理的总和。其国家主管部门是国家质量监督检验检疫总局。

1. 出入境检验检疫制度

我国出入境检验检疫制度包括进出口商品检验制度、进出境动植物检疫制度以及国境卫生监督制度。

（1）进出口商品检验制度。进出口商品检验制度是根据《中华人民共和国进出口商品检验法》及其实施条例的规定，由国家质量监督检验检疫总局及其口岸出入境检验检疫机构对进出口商品所进行品质、质量检验和监督管理的制度。

我国商品检验的种类分类四种，即法定检验、合同检验、公正鉴定和委托检验。对法律、行政法规规定有强制性标准或者其他必须执行的检验标准的进出口商品，依照法律、行政法规规定的检验标准检验；法律、行政法规未规定有强制性标准或者其他必须执行的检验标准，依照对外贸易合同约定的检验标准检验。

（2）进出境动植物检疫制度。进出境动植物检疫制度是根据《中华人民共和国进出境动植物检疫法》及其实施条例的规定，国家质量监督检验检疫总局及其口岸出入境检验检疫机构对进出境动植物、动植物产品的生产、加工、存放过程实行动植物检疫的监督管理制度。

（3）国境卫生监督制度。国境卫生监督制度是指出入境检验检疫机构根据《中华人民共和国国境卫生检疫法》及其实施细则，以及国家其他卫生法律、法规和卫生标准，在进出口口岸对出入境的交通工具、货物、运输容器以及口岸辖区的公共场所、环境、生活设施、生产设备所进行的卫生检查、鉴定、评价和采样检验的制度。

2. 进出境商品检验检疫范围

（1）《出入境检验检疫机构实施检验检疫的进出境商品目录》所列的商品。

（2）出口危险货物的包装容器的性能鉴定和使用鉴定。

（3）对装运出口易腐烂变质食品和冷冻品的船舱、集装箱等运输工具的适载检验。

（4）《中华人民共和国食品卫生法》中应实施检验检疫的进出口食品。

（5）有关国际条约中规定的进出境商品。

（6）其他法律、法规规定应当检验检疫的商品。

3. 出入境检验检疫程序

法定检验检疫的入境货物，在报关时必须提供出入境检验检疫机构签发的"入境货物通关单"，海关凭"入境货物通关单"验放。入境货物的检验检疫由入境货物的货主或代理人通过报检员向出入境检验检疫机构报检，对经检验检疫合格的入境货物签发"入境货物通关单"，经检验检疫不合格的，签发"检验检疫处理通知书"，进口方需要索赔的，可以要求检验检疫机构签发检验检疫证书。

法定检验检疫的出境货物，在报关时必须提供出入境检验检疫机构签发的"出境货物通关单"，海关凭"出境货物通关单"验放。出境货物的检验检疫由出境货物的货主或代理人通过报检员向出入境检验检疫机构报检，对经检验检疫合格的出境货物签发"出境货物通关单"，经检验检疫不合格的，出具"出境货物不合格通知单"。如果再行出口，必须重新备货报验。

7.1.4　许可证制度

进出口许可证制度是指由商务部门依法制定并调整进出口管理目录，以签发进出口许可证的形式对该目录商品实行的行政许可管理。

1. 进口许可证

进口许可证是证明对外贸易经营者经营列入国家进口许可证管理目录商品合法进口的证明文件，是海关验放的重要依据。

进口许可证有效期为 1 年，当年有效。需要跨年度使用时，有效期最长不超过次年 3 月 31 日，逾期自行失效，海关不予放行。

进口许可证不得擅自更改证面内容。如需更改，应提出申请，由发证机构重新换发许可证。

进口许可证管理实"一证一关"（指进口许可证只能在一个海关报关）管理。一般情况下，进口许可证为"一批一证"制（指一批货物使用一个许可证），如果实行"非一批一证"制，最多使用不超过 12 次。

对进口实行许可证管理的大宗、散装货物，溢短装数量不得超过进口许可证所列进口数量的 5%。

2. 出口许可证

出口许可证是证明对外贸易经营者经营列入国家出口许可证管理目录商品合法出口的证明文件，是海关验放的重要依据。

出口许可证的有效期不得超过 6 个月。出口许可证需要跨年度使用时，出口许可证有效期不得超过次年 2 月底，逾期自动失效，海关不得放行。

出口许可证不得擅自更改证面内容。如需更改，应提出申请，由发证机构重新换发许可证。

出口许可证管理实"一证一关"管理。一般情况下，出口许可证为"一批一证"制，如果实行"非一批一证"制，最多使用不超过 12 次。

对出口实行许可证管理的大宗、散装货物，溢短装数量不得超过出口许可证所列出口数量的 5% 。

3. 自动进口许可证

自动进口许可证是我国自动进口制度中具有法律效力,用来证明对外贸易经营者经营某些商品合法进口的证明文件,是海关验放的重要依据。

自动进口许可证有效期为 6 个月,仅限公历年度内有效。

自动进口许可证项下货物原则上实行"一批一证"制管理,对部分货物也可实行"非一批一证"制管理。对实行"非一批一证"制管理的,在有效期内可以分批次累计报关使用,但累计使用不得超过 6 次。

海关对散装货物,溢短装数量在货物总量正负 5% 以内的予以免证验放,对原油、成品油、化肥、钢材四种大宗货物的溢短装数量在货物总量的正负 3% 以内予以免证验放。

4. 纺织品出口自动许可证

纺织品出口自动许可证的适用范围包括出口到美国、欧盟、香港特别行政区的纺织品和列入商务部和海关总署签发《纺织品出口自动许可目录》的纺织品。

纺织品出口自动许可证有效期为 3 个月,在公历年度内有效,逾期作废;实行"一批一证"制和"一证一关"制。

纺织品出口自动许可证不得买卖、转让、涂改、伪造和变卖。

向海关交验的纺织品出口自动许可证应加盖已向海关备案的出口自动许可专用章。

7.2 一般进出口货物报关

7.2.1 报关程序

在进出口贸易中,货物进出境必须经过报关环节。一般进出口货物报关程序包括以下四个环节。

1. 进出口申报

进出口申报是进出口收发货人、受委托的报关企业在规定的期限、地点,采用报关单的形式,向海关报告实际进出口货物的情况,并接受海关审核的行为。

(1)进出口申报地点。进口货物应当由进口收货人或其代理人在货物的进境地海关申报;出口货物应当由发货人或其代理人在货物的出境地海关申报。

经进出口收发货人申请,海关同意,进口货物的收货人或其代理人可在有海关的货物指运地(进口转关货物运抵报关的地点)、出口货物发货人或其代理人可以在设有海关的货物启运地(出口转关货物发运的地点)申报。例如长春一企业进口的货物抵达大连港,一般应在大连海关报关,如果申请转关经过海关同意,将货物运抵长春并在长春海关进行申报,此时长春为指运地。例如长春一企业出口的货物从长春起运,一般应在长春海关报关,如果申请转关经过海关同意,将货物运抵大连并在大连海关进行申报,此时为大连起运地。

(2)进出口申报程序。

①准备申报单证。准备申报的单证是报关工作的第一步，也是报关工作能否顺利进行的关键。进出口申报时应当准备的单证有许可证及批准文件、运输单据、商业发票、出入境检验检疫证明、合同和其他资料。

②申报前看货取样。进口货物的收货人向海关申报前，因确定货物的物品、规格、型号、归类等原因，可以向海关提出查看货物或者提取货样的书面申请。

③申报。进出口收发货人或其代理人首先将报关单的内容录入海关电子计算机系统生成电子数据报关单。一旦接收到海关发送的"接受申报"和"现场交单"或"放行交单"的通知，即表示电子申报成功。进出口收发货人或其代理人应当在接到通知之日起 10 日内，持打印的纸质报关单，备齐单证办理相关报关手续。

2. 配合查验

海关查验是指海关依法确定进出境货物的性质、价格、数量、原产地、货物状况等是否与报关单上已申报的内容相符，对货物进行实际检查的行为。

查验一般在海关监管区内进行，对进出口大宗散货、危险品、鲜货商品和落驳运输的货物，经货物收发货人或代理人申请，海关也可同意在装卸的现场进行查验。在特殊情况下，海关也可在海关监管区以外进行查验。

查验时间一般在海关正常工作时间内，对于一些进出口业务繁忙的口岸，经进出口收发货人或代理人的申请，也可在海关正常工作时间外进行查验。

3. 缴纳税费

进出口收发货人或其代理人将报关单及其他单证提交海关，由海关进行审核、核对税费后开具税款缴款专用书和收费票据。进出口货物收发货人或其代理人在规定时间内，持缴款书或收费票据向指定银行办理税费交付手续；在试行中国电子口岸网上缴税和付费的海关，进出口货物收发货人或其代理人可以通过电子口岸接收海关发出的税款缴款书和收费票据，在网上向签有协议的银行进行电子支付税费。一旦收到银行缴款成功的信息，可报请海关办理货物放行手续。

4. 提取或装运货物

提取货物即提取进口货物，装运货物即装运出口货物。

进出口收发货人或其代理人在缴纳税费后即可报请海关办理货物放行手续。海关进出境现场放行，一般由海关在进口货物"提货凭证"或出口货物"装货凭证"上签盖海关放行章，进出口收发货人或其代理人签收进口货物"提货凭证"或出口货物"装货凭证"，凭以提取进口货物或将出口货物装运到运输工具上离境，在实行无纸通关方式的海关，海关通过计算机系统在计算机上自动打印海关通知放行的凭证。

7.2.2　报关内容

进出口货物的报关比较复杂，根据海关规定，进出境货物报关业务应由报关员办理。进出境货物的报关业务包括：按照规定如实申报进出口货物的商品编码、实际成交价格、原产地及相应优惠贸易协定代码等，并办理填制报关单、提交报关单证等与申报有关的事宜；申请办理缴纳税费和退税、补税等事宜；申请办理进出口货物减税、免税等事宜；办理进出口货物的查验、结关等事宜；办理应当由报关单位办理的其他事宜。

7.2.3　报关时限

1. 进口货物申报时限

进口货物的申报期限为自装载货物的运输工具申报进境之日起 14 日内。申报期限的最后一天是法定节假日或休息日的，顺延至法定节假日或休息日后的第一个工作日。

经海关批准准予集中申报的进口货物，自装载货物的运输工具申报进境之日起 1 个月内办理申报手续。

进口货物的收货人未按规定期限向海关申报的，由海关按规定征收滞报金。进口货物自装载货物的运输工具申报进境之日起超过 3 个月仍未向海关申报的，货物由海关提取依法变卖处理。对属于不宜长期保存的货物，海关可以根据实际情况提前处理。

2. 出口货物申报时限

出口货物的申报期限为货物运抵海关监管区后，装货的 24 小时以前。至于装货的 24 小时以前到什么程度，是一天还是三天由报关人自定。海关对出口货物申报时限的规定，主要是为了给海关留有一定时间，以便正常查验及征收税费，以维护口岸正常的货物秩序。

7.3　其他货物报关

除了一般进出口货物外，在进出口贸易中还有其他货物，下面逐一进行介绍。

7.3.1　保税货物进出口报关

保税货物是指经海关批准未办理纳税手续进境，在境内储存、加工、装配后复运出境的货物。

我国将保税货物限定为两种特定目的而进口的货物。即进行贸易活动（储存）和加工、制造活动（加工和装配）。

保税货物未办理纳税手续进境属于暂时缓税，而不是免税。待货物最终流向确定后，海关再决定征税与否。保税货物必须以原状或加工成成品后离境。这是构成保税货物的重要前提。

保税货物报关与一般进出口货物报关有所不同。保税货物报关程序包括以下几个环节：

1. 合同登记备案

合同登记备案是指经营保税货物的单位持合同、证件及有关单证向主管海关办理合同备案登记手续，经海关核准后发给登记手册。备案手续是保税业务的开始，必须在保税货物进口前办理。

2. 进出境报关

保税货物与一般进出口货物一样，都要经过进出境报关阶段。只不过与一般进出口货物不同的是，保税货物暂缓纳税，不进入纳税环节。

3. 核销结案

在合同期满或加工产品出口后一定期限内，经营单位应持相应资料向海关办理核销手续，海关进行核定后，予以核销结案。核销结案是保税货物报关程序的终点。

7.3.2　特定减免税货物的报关

特定减免税货物是指海关根据国家的政策规定准予减免税进境使用于特定地区、特定企业、特定用途的货物。

1. 特定免减税货物的内涵

特定减免税货物的内涵主要是"三个特定"：

（1）特定地区指我国关境内的出口加工区和保税区。

（2）特定企业指外商投资企业，即中外合资经营企业、中外合作经营企业和外商独资企业，也就是通常所说的"三资企业"。

（3）特定用途包括以下几个方面：国内投资项目进口设备，贷款项目进口物资，科教用品，残疾人专用品，救灾捐赠物资，扶贫、慈善捐赠物资。

2. 特定减免税货物的报关

特定减免税货物报关与一般进出口货物报关基本相同，但有以下区别：

（1）特定减免税货物进口报关时，进口货物收货人或代理人除了向海关提交报关单和单证外，还应当向海关提交减免税的证明文件，即进出口货物征免税证明。

（2）特定减免税货物一般应提交进口许可证件。

（3）特定减免税货物无需缴纳进口关税和进口环节税（增值税）。

7.3.3　暂准进出口货物报关

暂准进出口货物是指为了特定的目的经海关批准暂时出境或暂时进境，并在规定的期限内复运进境或复运出境的货物。

1. 暂准进出口货物的种类

目前，我国将暂准进出口货物分为以下四种。

（1）实用 ATA 单证册报关的暂准进出口货物。ATA 单证册也称暂准进口单证册，是世界海关组织通过的《货物暂准进口公约》及附件 A 和《ATA 公约》中规定使用的用以替代各缔约国海关暂准进出口货物报关单和税费担保的国际通关文件。

（2）展览品。即未使用 ATA 单证册申报的进出口展览品以外的其他展览品。

（3）集装箱箱体。

（4）暂准进出口货物。除上述三种货物以外的其他暂准进出口货物。

2. 暂准进出口货物的报关

暂准进出口货物的报关与一般进出口货物报关相似，但有所不同。现分别介绍如下：

（1）使用 ATA 单证册报关。在我国，目前使用 ATA 单证册的范围仅限于展览会、交易会、会议及类似活动的货物。除此之外，我国海关均不予接受。ATA 单证册的担保机构和出证机构均是中国国际商会。ATA 单证册的有效期最长为 1 年。我国海关规定 ATA 单证册项下货物暂准进出境期限为自货物进出境起 6 个月，超过 6 个月的须经直属海关批准，有特殊情况超过一年的，须经海关总署批准。

（2）展览品报关。展览会期间出售的小卖品及使用的含酒精饮料、烟叶制品、燃料，海关不予免税，而是照常征税。进境展览品的暂准进境期限是 6 个月，自展览品进境之日起 6 个月复运出境。如果需要延长复运出境的期限，应当向主管海关提出申请。经批准可以延长，延长期限最长不超过 6 个月。

出境展览品的暂准出境期限为自展览品出境之日起 6 个月内复运进境。如果需要延长复运进境的期限，应当向主管海关提出申请。

（3）集装箱箱体报关。境内生产的集装箱及我国营运人购买进口的集装箱在投入国际运输前，营运人应当向其所在地海关办理登记手续。经登记的集装箱无论是否装载货物都无须对箱体单独办理报关手续。进出境的期限海关也没有限制。

境外集装箱箱体暂准进境，无论是否装载货物，应当对箱体单独向海关申报，并应当于入境之日起 6 个月内复运出境。如有特殊情况，不能按期复运出境的，营运人可以向海关提出延期申请，经批准后可以延期，延长期限最长不得超过 3 个月。

（4）暂准进出口货物的报关。暂准进出口货物应当自进境或出境之日起 6 个月内复运出境或复运进境。如果因特殊情况不能按规定期限复运出境或复运进境的，应当向海关提出申请延期，经批准可以延期。延长期限最长不得超过 6 个月。

7.3.4 过境、转运、通运货物报关

1. 过境货物的报关

过境货物是指从境外启运，在我国境内不论是否换装运输工具，通过陆路运输继续运往境外的货物。

进境货物进境时，过境货物经营人或报关企业应当向海关提交过境货物报关单以及海关规定的其他单证办理过境手续，经海关审核无误后，进境地海关在提运单上加盖"海关监管货物"的戳记，并将过境货物报关单和货物清单制作关封后加盖"海关监管货物"专用章，连同上述提运单一同交经营人或报关企业，过境货物的经营人或承运人应当负责将上述单证完整地交给出境地海关。经出境地海关审核无误后，加盖海关放行章，过境货物在海关的监管下出境。

2. 转运货物的报关

转运货物是指由境外起运，通过我国境内设立海关的地点换装运输工具，而通过境内陆路运输继续运往境外的货物。

载有转运货物的运输工具进境后，承运人应当向主管海关申报进境。经海关同意后，在海关指定的地点进行换装运输工具，转运货物在规定的时间和海关的监管下出境。

3. 通运货物的报关

通运货物是指由境外起运，由船舶、航空器载运进境，并由原运输工具载运出境的货物。

在运输工具进境时，运输工具的负责人应当向进境地海关申报。海关在接受申报后，在运输工具抵离境时对申报的货物予以核查并监管货物实际离境。

表 7 - 1　　　　　　　　　　　　　过境、转运、通运货物的区别

类别 ＼ 项目	运输形式	是否在我国境内换装运输工具	起运地	目的地
过境货物	通过我国境内陆路运输	不论是否换装运输工具	我国境外	我国境外
转运货物	不通过我国境内陆路运输	换装运输工具		
通运货物	由原装载航空器、船舶载运进出境	不换装运输工具		

7.4　报关实务

7.4.1　进出口税费的计算

进出口税费是指在进出口环节由海关依法征收的关税、增值税、消费税、船舶吨税等税费。

1. 关税的征收

（1）从价关税。从价关税是以货物的完税价格为依据，以应征税额占货物完税价格的百分比作为税率。其计算公式为

$$从价税 = 完税价 \times 从价税税率$$

【例 7 - 1】上海某公司从日本进口彩色电视机 10 台，每台 1000 美元 CIF 上海，货物总价为 10000 美元，1 美元 = 6.8 元人民币，假设彩色电视机的关税税率为 20%，海关审定的完税价格与成交价格一致。计算该公司应当缴纳多少进口关税？

从价税 = 完税价 × 从价税税率

从价税 = 10000 × 6.8 × 20% = 13600（元）

该公司应当缴纳进口关税 13600 元。

完税价格具体规定如下：

进口货物的完税价格由海关以货物的成交价格为基础审查确定，包括货物运抵我国境内输入地点起卸前的运费、保险及相关费用。进口货物的完税价格一般以 CIF 作为计算的标准。

进口货物的完税价格的计算公式为

进口货物完税价格 = CIF 或 CFR ÷（1 - 保险费率）

出口货物的完税价格由海关以货物的成交价格，以及该货物运输途中，中国境内输出地点装卸前的运费及相关费用、保险费为基础审查确定。出口货物的完税价格一般以 FOB 为基础进行调整确定，其中出口关税应当予以扣除。

出口货物的完税价格的计算公式为

出口货物的完税价格 = FOB - 出口关税 = FOB ÷（1 + 出口关税税率）

【例 7 - 2】广州某公司出口钢材一批，申报出口量为 120 吨，每吨价格为 1000 美元 FOB 广州，1 美元 = 6.8 元人民币，假设出口关税税率为 20%，计算该公司应当缴纳多少出口关税？

出口货物的完税价格 = FOB ÷（1 + 出口关税税率）

出口货物的完税价格 =（120000×6.8）÷（1＋20%）=680000（元）

从价税 = 完税价×从价税税率

从价税 = 680000×20% = 136000（元）

该公司应当缴纳出口关税 136000 元。

目前，世界上大多数国家包括我国在内对大部分商品都使用从价税征收关税。

（2）从量关税。从量关税是按商品的数量、体积、大小等计量单位统计的，计税时，用货物的计量单位乘以每单位应纳税额可得出该货物的关税税额。其计算公式为

$$从量税额 = 货物的数量×单位税额$$

【例7-3】大连某公司以 CIF 大连进口啤酒 100 吨，总价为 30000 美元，假设对啤酒征收从量税为每吨 500 元人民币，计算该公司应当缴纳多少进口关税？

从量税额 = 货物的数量×单位税额

从量关税 = 100×500 = 50000（元）

该公司应当缴纳进口关税 50000 元。

目前我国对原油、啤酒、冻鸡、胶卷等进口商品征收从量税，对出口商品极少征收从量税。

（3）复合税。复合税是对某种商品同时使用从价和从量两种标准计税。其计算公式为

$$复合税应征税额 = 完税价格×从价税税率＋货物数量×单位税额$$

【例7-4】浙江某单位从日本进口电视摄像机 20 台，以每台 10000 美元 CIF 上海成交，1 美元 ＝6.8 元人民币，假设海关审定的完税价格与成交价格一致，海关对电视摄像机征收复合税，从价税率为 5%，从量税为每台 10000 元人民币，计算该单位应当缴纳多少进口关税？

复合税应征税额 = 完税价格×从价税税率＋货物数量×单位税额

复合税应征税额 = 200000×6.8×5%＋20×10000 = 68000＋200000 = 268000（元）

该公司应当缴纳进口关税 268000 元。

目前我国对进口摄像机、相机等商品征收复合税，对出口货物不征收复合税。

2. 消费税的征收

消费税的纳税义务人是指在中国境内生产、委托加工和进口应税消费品的单位和个人。

消费税一般由税务机关征收，但进口环节消费税由海关征收。征收消费税的商品主要包括奢侈品、非生活必需品、高能耗的高档消费品、不可再生和不可替代的资源类商品以及一些过度消费会对人的身体健康、社会秩序、生态环境等造成危害的特殊商品，例如钻石、珠宝、汽车、汽油、烟、酒等商品。

我国消费税采用从价、从量方法计征。

（1）从价征收消费税的计算公式为

应纳税额 = 组成计税价格×消费税税率

组成计税价格 =（关税完税价格＋关税税额）÷（1－消费税税率）

（2）从量征收消费税的计算公式为

应纳税额 = 应征消费税消费品数量 × 单位税额

（3）同时实行从量、从价征收的消费税是上述两种征税方法之和，计算公式为

应纳税额 = 应征消费税消费品数量 × 单位税额 + 组成计税价格 × 消费税税率

【例 7 - 5】重庆某公司从国外进口啤酒 10 吨，其总成交价格为 CIF 广州 5000 美元，其关税税率为 10%，消费税税率为 8%，1 美元 = 6.8 元人民币。海关采取从价征收，计算该公司应当缴纳多少消费税？

组成计税价格 = （5000 × 6.8 + 5000 × 6.8 × 10%）÷ （1 - 8%）= 40652.17（元）

应纳税额 = （5000 × 6.8 + 5000 × 6.8 × 10%）÷ （1 - 8%）× 8% = 3252.17（元）

该公司应当缴纳消费税 3252.17 元。

3. 增值税的征收

在中国境内销售货物或者提供加工、修理、修配劳务以及进口货物的单位和个人，为增值税的纳税义务人。增值税一般由税务机关征收，但进口环节的增值税由海关征收。目前我国增值税税率分为三档，即 17%、13% 和 0。

进口环节的增值税以组成价格作为计税价格，征税时不得抵扣任何税额。其组成价格由关税完税价格加上关税组成；对于应征消费税的品种，其组成价格还要加上消费税。增值税的组成价格和应纳税额为

组成计税价格 = 关税完税价格 + 关税税额 + 消费税税额

应纳增值税税额 = 组成计税价格 × 增值税税率

【例 7 - 6】天津某公司从国外进口货物一批，经过海关审核成交价格为 1000 美元，1 美元 = 6.8 元人民币，已知该批货物的关税税率为 10%，消费税税率为 8%，增值税税率为 17%，请计算该公司应当缴纳多少增值税？

先计算消费税，根据从价消费税的公式：

消费税税额 = （关税完税价格 + 关税税额）÷（1 - 消费税税率）× 消费税税率
　　　　　　 = （1000 × 6.8 + 1000 × 6.8 × 10%）÷ （1 - 8%）× 8%
　　　　　　 = 650.43（元）

增值税的组成计税价格 = 1000 × 6.8 + 1000 × 6.8 × 10% + 650.43 = 8130.43（元）

应纳增值税税额 = （1000 × 6.8 + 1000 × 6.8 × 10% + 650.43）× 17% = 1382.17（元）

该公司应当缴纳增值税 1382.17 元。

4. 船舶吨税的征收

船舶吨税是海关在设关口岸对进出、停靠我国港口的国际航行船舶征收的一种使用税。征收船舶吨税的目的是用于航道设施的建设。

船舶吨税的计算公式为

吨税 = 净吨位 × 吨税税率（元/净吨）

船舶净吨位的尾数，按四舍五入原则，半吨以下的免征尾数，半吨以上的按 1 吨计算。不及 1 吨的小型船舶，除经海关总署特准免征者外，应一律按 1 吨计征。

【例 7 - 7】印度轮船"公主号"在 2008 年 1 月 5 日在大连港停泊，该轮船代理人向海关申报，经过海关审定该轮船注册净吨位为 5000 吨，假设每吨税率为 5 元，该船应当缴纳多少船舶吨税？

吨税 = 净吨位 × 吨税税率（元/净吨）

吨税 = 5000 × 5 = 25000（元）

该公司应当缴纳吨税 25000 元。

5. 滞纳金和滞报金

滞纳金是指应纳关税的单位或个人因在规定期限内未向海关缴纳税款而依法应缴纳的款项。滞报金是指海关对未在法定申报期限内向海关申报进口货物的收货人采取的依法加收的属经济制裁性的款项。

进出口当事人应当在海关开立"海关专用缴款书"后的 15 天内缴纳税款，逾期则征收滞纳金；滞报金的起征日为规定的申报时限的次日。滞纳金和滞报金的征收比例分别为滞纳税额的 0.5‰ 和进口货物完税价格的 0.5‰，其计算公式为

$$滞纳金 = 滞纳税额 × 0.5‰ × 滞纳天数$$

$$滞报金 = 进口货物完税价格 × 0.5‰ × 滞报天数$$

【例 7 - 8】某公司进口货物一批，应当缴纳的关税税额为 10000 元，增值税为 1000 元，海关于 2008 年 11 月 6 日开立"海关专用缴款书"，但该公司到 12 月 5 日才缴纳税款，该批货物应当缴纳多少滞纳金？

该公司应当在海关开立《海关专用缴款书》后的 15 天内缴纳税款，即 11 月 5 日到 20 日为缴纳期限，滞纳天数从 11 月 21 日到 12 月 5 日共计 14 天。

滞纳金 = 滞纳税额 × 0.5‰ × 滞纳天数

滞纳金 =（10000 + 1000）× 0.5‰ × 14 = 77（元）

该公司应当缴纳滞纳金为 77 元。

【例 7 - 9】某船舶装载某企业购买的货物于 2008 年 11 月 5 日申报进口，但该企业于 12 月 26 日才向海关申报货物进口，经海关审定该批货物的成交价格为 CIF 天津 100000 元人民币，该公司应当缴纳多少滞报金？

首先确定滞报的天数。进口货物应当在运输工具申报进境之日起 14 日内进行货物的申报，即 11 月 6 日至 11 月 20 日为申报期限。所以滞报的天数为 11 月 21 日至 12 月 26 日共计 35 天。

滞报金 = 进口货物完税价格 × 0.5‰ × 滞报天数

滞报金 = 100000 × 0.5‰ × 35 = 1750（元）

该公司应当缴纳滞报金 1750 元。

应当指出的是，我国海关征收的关税、进口环节增值税、消费税、滞纳金、滞报金等一律以人民币计征。采用四舍五入法计算至分，分以下四舍五入。税款的起征点为人民币 50 元，低于 50 元的免征。如果进出口货物价格及费用以外币计算，海关按照适用税率之日的汇率折合成人民币再行计算。

7.4.2　报关单填制

进出口货物报关单是指进出口货物的收发货人或其代理人按照海关的规定，向海关申报进出口货物情况，申请海关审查放行货物的法律文书。进出口收发货人在进出口货物时应当向海关如实申报，申报人对所填制的进出口货物报关单真实性和准确性承担法律责任。

我国现行法律规定，进出口收发货人在向海关报关时应采用纸质报关单和电子报关单形式。纸质报关单和电子数据报关单具有同等的法律效力。

1. 报关单的种类

（1）报关单录入凭单是指申报单位按海关规定的格式填写的凭单，用作报关单预录入的依据（可将现行报关单放大后使用）。

（2）预录入报关单是指预录入公司录入、打印，并联网将录入数据传送到海关，由申报单位向海关申报的报关单。

（3）EDI 报关单是指申报单位采用 EDI 方式向海关申报的电子报文形式的报关单及事后打印、补交备核的书面报关单。

（4）报关单证明联是指海关在核实货物实际入、出境后按报关单格式提供的证明，用作企业向税务、外汇管理部门办理有关手续的证明文件。

2. 报关单填制的一般要求

申报人在填制报关单时应当依法如实向海关申报，对申报内容的真实性、准确性、完整性和规范性承担相应的法律责任，具体要求如下：

（1）报关单填报必须真实，做到两个相符，即"单证相符、单货相符"。

（2）报关单的填报要准确、齐全、完整、清楚，各项内容详细准确填报，字迹清楚，不得用铅笔或红色笔填写。

（3）不同批文或合同的货物、同一批货物中不同贸易方式的货物、不同备案号的货物、不同提运单的货物、不同征免性质的货物、不同运输方式或相同运输方式但不同航次的货物，均应分别填写报关单。

（4）已向海关申报的进出口货物报关单如内容与实际货物不一致，且又有正当理由的，申报人可以提出申请，经海关核准后，对原填报的内容进行更改或撤销。

（5）报关人员报关时必须按照《海关法》和《海关进出口货物申报管理规定》以及《进出口货物报关单填制规范》的要求，向海关申报。

3. 报关单填制的具体规范

进出口货物报关单内容计四十多个栏目，除少数栏目外，其余均由报关人员填写。为了统一进出口货物报关单的填制要求，保证报关单数据质量，海关总署制定了《进出口货物报关单填制规范》。进出口货物报关单各栏目的填制规范如下：

（1）预录入编号。预录入编号是指申报单位或预录入单位对该单位填制录入的报关单的编号，用于该单位与海关之间引用其申报后尚未批准放行的报关单。

报关单录入凭单的编号规则由申报单位自行决定。预录入报关单及 EDI 报关单的预录入编号由接受申报的海关决定编号规则，计算机自动打印。

（2）海关编号。海关编号指海关接受申报时给予报关单的编号。

（3）进口口岸/出口口岸。进口口岸/出口口岸指货物实际进（出）我国关境口岸海关的名称。本栏目应根据货物实际进（出）口的口岸海关选择填报"关区代码表"中相应的口岸海关名称及代码。

其他未实际进出境的货物，填报接受申报的海关名称及代码。

例如：货物从上海海关进境应填报为：上海海关2200。但是如果货物从上海海关隶属的浦江海关进境则不能填报上海海关2200，而应填报为：浦江海关2201。

（4）备案号。备案号指进出口企业在海关办理加工贸易合同备案或征减、免、税审批备案等手续时，海关给予"登记手册"和"征免税证明"或其他有关备案审批文件的编号。

一份报关单只允许填报一个备案号。

（5）进口日期/出口日期。进口日期指运载所申报货物的运输工具申报进境的日期。本栏目填报的日期必须与相应的运输工具进境日期一致。出口日期指运载所申报货物的运输工具办结出境手续的日期。本栏目供海关打印报关单证明联用。预录入报关单及EDI报关单均免于填报。

无实际进出境的报关单填报办理申报手续的日期。

除特殊情况外，进口货物申报日期不得早于进口日期，出口货物申报日期不得晚于出口日期。例如：出口日期为2008年2月25日应当填写为：2008.02.25。进口日期为2008年1月18日应当填写为：2008.01.18。

（6）申报日期。申报日期指海关接受进（出）口货物的收货人、发货人或其代理人申请办理货物进（出）口手续的日期。以电子数据报关单方式申报的，申报日期为海关计算机系统接受申报数据时记录的日期，以纸质报关单方式申报的申报日期为海关接受纸质报关单并对报关单进行登记处理的日期。

预录入及EDI报关单填报向海关申报的日期，与实际情况不符时，由审单关员按实际日期修改批注。

（7）经营单位。经营单位指对外签订并执行进出口贸易合同的中国境内企业或单位。本栏目应填报经营单位名称及经营单位编码。进出口企业之间相互代理进出口，或没有进出口经营权的企业委托有进出口经营权的企业代理进出口的，填报代理方。

例如：上海大华木板厂委托上海新元贸易公司（3105913429）从境外进口木材。经营单位栏应填报为：上海新元贸易公司3105913429。

特殊情况下确定经营单位原则如下：

①援助、赠送、捐赠的货物，填报直接接受货物的单位。例如湖北省民政厅（42019990000）接受外国捐赠物资一批，经营单位栏应填报为：湖北省民政厅42019990000。

②境外企业不得作为经营单位填报。

③外商投资企业委托外贸企业进口投资设备、物品的，填报外商投资企业。

④合同的签订者和执行者不是同一企业的，经营单位按照执行合同的企业填报。

（8）运输方式。运输方式指载运货物进出关境所使用的运输工具的分类。本栏目应根据实际运输方式按海关规定的"运输方式代码表"选择填报相应的运输方式名称或代码。

特殊情况下，如非邮政方式进出口的快递货物，按实际运输方式填报；进出境旅客随身携带的货物，按旅客所乘运输工具填报。

（9）运输工具名称。运输工具名称指载运货物进出境的运输工具的名称或运输工具编号。本栏目填制内容应与运输部门向海关申报的载货清单所列相应内容一致。

一份报关单只允许填报一个运输工具名称。

（10）提运单号。提运单号指进出口货物提单或运单的编号。本栏目填报的内容应与运输部门向海关申报的载货清单所列相应内容一致。

一份报关单只允许填报一个提运单号，一票货物对应多个提运单时，应分单填报。

（11）收货单位/发货单位。收货单位指已知的进口货物在境内的最终消费、使用单位，包括自行从境外进口货物的单位、委托有外贸进出口经营权的企业进口货物的单位；发货单位指出口货物在境内的生产或销售单位。发货单位包括自行出口货物的单位、委托有外贸进出口经营权的企业出口货物的单位。

本栏目应填报收货单位、发货单位的中文名称或其海关注册编码。

（12）贸易方式（监管方式）。贸易方式指以国际贸易中进出口货物的交易方式为基础结合海关监管的需要而设定的管理方式。本栏目应根据实际情况，并按海关规定的"贸易方式代码表"选择填报相应的贸易方式简称或代码。

一份报关单只允许填报一种贸易方式。

（13）征免性质。征免性质指海关对进出口货物实施征、减、免税管理的性质类别。

本栏目应按照海关核发的"征免税证明"中批注的征免性质填报，或根据实际情况按海关规定的"征免性质代码表"选择填报相应的征免性质简称或代码。

一份报关单只允许填报一种征免性质。

（14）征免比例/结汇方式。征免比例仅用于"进料非对口"贸易方式下进口料件的进口报关单，现在此栏不再填报。结汇方式是出口货物的发货人或代理人收结外汇的方式。

出口报关单的结汇方式栏目应按海关规定的"结汇方式代码表"选择填报相应的结汇方式名称或代码。

（15）许可证号。许可证号是国际商务主管部门及其相关发证机关签发的进出口货物许可证的编号。

一份报关单只允许填报一个许可证号。

（16）起运国（地区）/运抵国（地区）。对发生运输中转的货物，如中转地未发生任何商业性交易，则起运国（地区）/运抵国（地区）不变，如中转地发生商业性交易，则以中转地作为起运/运抵国（地区）填报。

本栏目应按海关规定的"国别（地区）代码表"选择填报相应的起运国（地区）或运抵国（地区）中文名称或代码。

无实际进出境的，本栏目填报"中国"（代码"142"）。

进口货物的原产国（地区）无法确定时，报关单中的原产国（地区）栏应填报为"国别不详"或"701"。

（17）装货港/指运港。装货港指进出口货物在运抵我国关境前的最后一个境外装运港。如果中途发生中转，中转港就是装货港。

指运港指出口货物运往境外的最终目的港；最终目的港不可预知的，可按尽可能预知的目的港填报。

本栏目应根据实际情况按海关规定的"港口航线代码表"选择填报相应的港口中文名称或代码。

无实际进出境的，本栏目填报"中国境内"。

（18）境内目的地/境内货源地。境内目的地指已知的进口货物在国内的消费、使用地或最终运抵地。境内货源地指出口货物在国内的产地或原始发货地。

本栏目应根据进口货物的收货单位、出口货物生产厂家或发货单位所属国内地区，并按海关规定的"国内地区代码表"选择填报相应的国内地区名称或代码。

（19）批准文号。进口报关单本栏目用于填报《进口付汇核销单》编号。出口报关单本栏目用于填报"出口收汇核销单"编号。

（20）成交方式。成交方式也称贸易术语或价格术语。本栏目应根据实际成交价格条款按海关规定的"成交方式代码表"选择填报相应的成交方式名称或代码。

无实际进出境的，进口填报 CIF 价，出口填报 FOB 价。

例如：上海某公司采用 CIF 伦敦出口货物一批，则成交方式栏应填报为 CIF 或 1。

（21）运费。运费是进出口货物从始发地至目的地的国际运输所需要的各种费用。

本栏目用于成交价格中不包含运费的进口货物或成交价格中含有运费的出口货物，应填报该份报关单所含全部货物的国际运输费用。进口成交方式为 FOB 或出口成交方式为 CIF 或 CFR 的，应在本栏目填报运费。本栏可按运费单价、总价或运费率三种方式之一填报，同时注明运费标记，并按海关规定的"货币代码表"选择填报相应的币种代码。

运保费合并计算的，运保费填报在本栏目。

（22）保费。本栏目用于成交价格中不包含保险费的进口货物或成交价格中含有保险费的出口货物，应填报该份报关单所含全部货物国际运输的保险费用。进口成交方式为 FOB 或 CFR 以及出口成交方式为 CIF 的，应在本栏填报保险费。本栏可按保险费总价或保险费率两种方式之一填报，同时注明保险费标记，并按海关规定的"货币代码表"选择填报相应的币种代码。

运保费合并计算的，运保费填报在运费栏目中。

（23）杂费。杂费指成交价格以外的、应计入完税价格或应从完税价格中扣除的费用，如手续费、佣金、回扣等，可按杂费总价或杂费率两种方式之一填报，同时注明杂费标记，并按海关规定的"货币代码表"选择填报相应的币种代码。

应计入完税价格的杂费填报为正值或正率，应从完税价格中扣除的杂费填报为负值或负率。

（24）合同协议号。本栏目应填报进（出）口货物合同（协议）的全部字头和号码。

（25）件数。本栏目应填报有外包装的进（出）口货物的实际件数。

（26）包装种类。本栏目应根据进（出）口货物的实际外包装种类，按海关规定的《包装种类代码表》选择填报相应的包装种类代码。散装和裸装货物，本栏目填报为散装或裸装。

（27）毛重（公斤）。本栏目填报进（出）口货物实际毛重，计量单位为公斤，不足一公斤的填报为 1。如果货物的重量在 1 公斤之上，则保留到小数点后四位。

（28）净重（公斤）。本栏目填报进（出）口货物的实际净重，计量单位为公斤，不足一公斤的填报为 1。如果货物的重量在 1 公斤之上，则保留到小数点后四位。

（29）集装箱号。集装箱号是在每个集装箱箱体两侧标示的全球唯一的编号。

（30）随附单据。随附单据指随进（出）口货物报关单一并向海关递交的单证或文件。合同、发票、装箱单、许可证等的必备的随附单证不在本栏目填报。

本栏目分为随附单据代码和随附单据编号两项，代码应按海关规定的"监管证件名称代码表"选择填报相应证件的代码。编号应填许可证件的编号。

（31）用途/生产厂家。进口货物填报用途，应根据进口货物的实际用途按海关规定的"用途代码表"选择填报相应的用途或代码，如某企业进口一批原材料直接用于本企业加工生产则此栏应填报为企业自用或 04。

生产厂家指出口货物的境内生产企业的名称，本栏目供必要时填写。

（32）标记唛码及备注。进出口报关单中标记唛码栏目中填报的是除图形以外的所有文字和数字。

备注栏需要备注的内容是：受外商投资企业委托代理其进口投资设备、物品的外贸企业名称；关联备案号；关联报关单号；多个集装箱运输的货物，依次填写集装箱的箱号、规格和自重；多个监管证件的，填写其余监管证件的代码和编号；其他申报时必须说明的事项。

（33）项号。项号是同一货物在报关单中的商品排列序号和在登记手册中的商品序号。

（34）商品编号。商品编号是商品分类编码规则确定的进（出）口货物的商品编号。

（35）商品名称、规格型号。商品名称及规格型号应据实填报，并与所提供的商业发票相符。商品名称应当规范，规格型号应当足够详细。

（36）数量及单位。数量及单位指进（出）口商品的实际数量及计量单位。

（37）原产国（地区）/最终目的国（地区）。原产国（地区）指进出口货物的生产、开采或加工制造国家（地区），最终目的国（地区）指已知的出口货物的最终实际消费、使用或进一步加工制造国家（地区）。

本栏目应按海关规定的"国别（地区）代码表"选择填报相应的国家（地区）名称或代码。

（38）单价。本栏目应填报同一项号下进（出）口货物实际成交的商品单位价格。单价填报到小数点后四位，第五位及以后略去。

无实际成交价格的，本栏目填报货值。

（39）总价。本栏目应填报同一项号下进（出）口货物实际成交的商品总价。总价填报到小数点后四位，第五位及以后略去。

无实际成交价格的，本栏目填报货值。

（40）币制。币制指进（出）口货物实际成交价格的币种。

本栏目应根据实际成交情况按海关规定的"货币代码表"选择填报相应的货币名称或代码，如"货币代码表"中无实际成交币种，需转换后填报。

（41）征免。征免指海关对进（出）口货物进行征税、减税、免税或特案处理的实际操作方式。

本栏目应按照海关核发的"征免税证明"或有关政策规定，对报关单所列每项商品选择填报海关规定的"征减免税方式代码表"中相应的征减免税方式或代码。

（42）税费征收情况。本栏目供海关批注进（出）口货物税费征收及减免情况。

（43）录入员。本栏目用于预录入和 EDI 报关单，打印录入人员的姓名。

（44）录入单位。本栏目用于预录入和 EDI 报关单，打印录入单位名称。

（45）申报单位。申报单位是经过海关登记，有权向海关报关，对申报内容的真实性直接向海关负责的企业或单位。自理报关的，应填报进（出）口货物的经营单位名称及代码；委托代理报关的，应填报经海关批准的报关企业名称及代码。

本栏目还包括报关单位地址、邮编和电话等分项目，由申报单位的报关员填报。

（46）填制日期。填制日期指报关单的填制日期。预录入和 EDI 报关单由计算机自动打印。

（47）海关审单批注栏。本栏目指供海关内部作业时签注的总栏目，由海关关员手工填写在预录入报关单上。

其中"放行"栏填写海关对接受申报的进出口货物作出放行决定的日期。

【小结】

本章首先介绍了我国海关的任务、权力和机构设置，并对出入境检验检疫制度和许可证管理制度也做了详细的介绍；其次介绍了一般进出口货物与其他进出口货物报关的相关法律规定，结合税费计算题讲解了进出口税费如何计算，最后具体介绍了海关总署颁布的报关单的填制规范。

【思考题】

1. 简述海关的任务。
2. 简述我国海关的组织机构设置情况。
3. 一般进出口货物报关的程序有哪些？
4. 简述特定减免税货物的范围。
5. 简述进出境商品的检验检疫范围。

【技能实训】

1. 将班级同学分组，并收集一般进出口货物报关中涉及的相关单证，把报关程序完整地演示出来。

2. 某公司进口一批货物，经海关审定完税价格为 10000 美元，假设汇率 1 美元 =7 元人民币，已知该批货物的关税税率为 20%，消费税税率为 8%，增值税税率为 17%，请计算该批货物的关税、消费税、增值税。

3. 报关单实训

（1）资料 1

浙江浙海服装进出口公司（3313910194）在对口合同项下进口蓝湿牛皮，委托浙江嘉宁皮鞋有限公司（3313920237）加工牛皮沙发革。承运船舶在帕腊纳瓜港装货启运，航经大阪，又泊停釜山港转"HANSA STAVANGER"号轮 HV300W 航次（提单号：HS03D8765）于 2008 年 7 月 30 日抵吴淞口岸申报进境。经营单位委托上海某货运代理公司持 C29083100693 号手册和 310200103036124 号入境货物通关单（代码：A）于次日向海关申报货物进口。

该货物法定计量单位为千克，海运费、港杂费合计为 1500 美元，保险费为 140 美元。

（2）资料 2

```
CONTAINER NO      SEAL NO.    TYPE    PACKAGES
CRXU2216065       KHL049945   20 DRY            VOL.        TARE
GR. WEIGHT
                              9       270     17520. 000

CLEAN ON BOARD
FREIGHT PREPAID           20FT DC SAID TO CONTAIN：
NCM：4104. 11. 24              09 BALES CONTAINING：
FCL/FCL                   CONTRACT NO. E0683
SD 2030412442/7           COMMODITY, WET BLUE, UNSPLITTED
RE 03/0492716 - 001       TR1 SELECTION, MEDIUM SIZE 42 - SQ. FT
                          AVERAGE AREA, MINIMUM 38 SF
                   FREE OF HUMP, MAX 10 PCT HOLES IN BELLY
                          QUANTITY：48, 004.50 SQUARE FEET
                   SHIPPERS LOAD STOW & COUNT"" FCL/FCL
TOTAL NUMBER OF
CONTAINER/PACKAGES                CONTAINER VESSEL
```

（3）资料 3

```
        Commercial Invoice E0683            16/05/2008
Sold To：      Zhejiang Zhehai Garments Import and Export Co. , Ltd.
Address       No. 265 Changdai  Road , Haining City, Zhejiang China 314400
Country of origin    Brazil         Port of Destination     Shanghai, China
Ship       Northern Enterprise   Port of shipment   Paranagua, Brazilian Port
```

Volumes   09 bales   Payment   At Sight

item   quantity   description of merchandise   unit price   total price

09 bales   per sqft.   US $ US $

Contract no. E0683

Commodity: cow wet blue, unsplitted, TR1 selection

medium size 42 sq. ft. , average area, minimum 38 sf.

free of hump, max 10pct holes in belly

Quantity: 48, 004. 50 square feet

Unit Price: USD1. 09/sq. ft.

Amount: USD52, 324. 91

Price terms: CFR Shanghai, China

148, 004. 50 square feet   wet blue unsplitted TR1   1. 09 52, 324. 91

L/C No. ZJJ04LC0300135

148, 004. 50 total value   52, 324. 91 GAWEN COMPANY LIMITED, HONGKONG

(4) 资料4

Packing List

Date: 16/05/2008

Packing List no: E0683

Sold To: Zhejiang Zhehai Garments Import and Export Co. , Ltd.

Address: No. 265 Changdai Road, Haining City, Zhejiang, China 314400

Shipment: Northern Enterprise

cow wet blue

Wet blue	unsplitted	1	TR1	5, 185. 75	125	1, 892. 62	1, 863. 45
Wet blue	unsplitted	2	TR1	5, 127. 00	125	1, 871. 18	1, 842. 34
Wet blue	unsplitted	3	TR1	5, 135. 00	125	1, 874. 10	1, 845. 22
Wet blue	unsplitted	4	TR1	5, 372. 25	125	1, 960. 69	1 , 930. 47
Wet blue	unsplitted	5	TR1	5, 492. 25	125	2, 004. 48	1, 973. 59
Wet blue	unsplitted	6	TR1	5, 220. 50	125	1, 905. 30	1, 875. 94
Wet blue	unsplitted	7	TR1	5, 446. 50	125	1, 987. 79	1, 957. 16
Wet blue	unsplitted	8	TR1	5, 491. 75	125	2, 004. 30	1, 973. 41
Wet blue	unsplitted	9	TR1	5, 533. 50	125	2, 019. 54	1, 988. 42

09 bales containing: Contract no. E0683

Commodity: cow wet blue, unsplitted, TR1 selection

Medium size 42 sq. ft. , average area, minimum 38sf.

Free of hum, max 10pct holes in belly

Quantity: 48, 004. 50 square feet

Price terms: CFR Shanghai, China

L/C No. ZJJ04LC0300135

TOTAL   48. 004. 50   1, 125

17, 520. 00   17, 250. 00

COMPENSATION

total to be invoiced 48,004.50 GAWEN COMPANY LIMITED,

HONGKONG

（5）资料 5

中华人民共和国进口货物报关单

预录入编号： 海关编号：

进口口岸		备案号	进口日期		申报日期	
经营单位		运输方式	运输工具名称		提运单号	
收货单位		贸易方式	征免性质		征税比例	
许可证号		起运国（地区）	装货港		境内目的地	
批准文号	成交方式	运费	保费		杂费	
合同协议号	件数	包装种类	毛重（公斤）		净重（公斤）	
集装箱号		随附单据			用途	
标记唛码及备注						
项号 商品编号 商品名称、规格型号 数量及单位 原产国（地区） 单价 总价 币值 征免						
税费征收情况						
录入员 录入单位		兹证明以上申报无讹并承担法律责任		海关审单批注及放行日期（签章）		
报关员				审单 审价		
单位地址		申报单位（签章）		征税	统计	
邮编 电话		填制日期		查验	放行	

请根据以上资料，填制进口报关单以下栏目：

① "备案号" 栏应填（ ）。

A. 310200103036124

B. PGSH0002

C. C29083100693

D. ZJJ04LC0300135

② "申报日期" 栏应填（ ）。

A. 08.07.30

B. 08.07.31

C. 2008.07.30

D. 2008.07.31

③"经营单位"栏应填（　　　）。

A. 浙江嘉宁皮革有限公司 3313920237

B. 浙江浙海服装进出口公司 3313910194

C. 浙江嘉宁皮革有限公司

D. 浙江浙海服装进出口公司

④"运输方式"栏应填（　　　）。

A. 江海运输　　B. 海洋运输　　C. 中转运输　　D. 江海联运

⑤"运输工具名称"栏应填（　　　）。

A. M/V" NORTHERN ENTERPRISE" /302N

B. " NORTHERN ENTERPRISE" /302N

C. NORTHERN ENTERPRISE/302N

D. HANSA STAVANGER/HV300W

⑥"提运单号"栏应填（　　　）。

A. PGSH0002　　　B. ZJJ04LC0300135　　　C. E0683　　　D. HS03D8765

⑦"收货单位"栏应填（　　　）。

A. 浙江嘉宁皮革有限公司 3313920237

B. 浙江浙海服装进出口公司 3313910194

C. 浙江嘉宁皮革有限公司

D. 3313920237

⑧"贸易方式"栏应填（　　　）。

A. 来料加工　　B. 进料加工　　C. 进料对口　　D. 三资进料加工

⑨"征免性质"栏应填（　　　）。

A、来料加工　　B. 进料加工　　C. 进料对口　　D. 三资进料加工

⑩"起运国（地区）"栏应填（　　　）。

A. 巴西　　　B. 香港　　　C. 日本　　　D. 韩国

⑪"装货港"栏应填（　　　）。

A. 香港　　　B. 帕腊纳瓜　　C. 大阪　　　D. 釜山

⑫"运费"栏应填（　　　）。

A. 1500　　　B. 502/1500/2　　C. 502/1500/3　　D. 此栏为空

⑬"保费"栏应填（　　　）。

A. 140　　　B. 502/140/2　　C. 502/140/3　　D. 此栏为空

⑭"包装种类"栏应填（　　　）。

A. 件　　　B. 托盘　　　C. 包　　　D. 捆

⑮"集装箱号"栏应填（　　　）。

A. CRXU2216065 * 1 (1)　B. CRXU2216065 * 1 (2)

C. KHL049945 * 1 (1)　　D. CRXU2216065/KHL049945 * 1 (2)

⑯"随附单据"栏应填（　　　）。

A. A　　　　　　　　B. 310200103036124

C. A310200103036124　　　D. A：310200103036124

⑰ "标记唛码及备注"栏除了填报标记唛码外，还应填报（　　）。

A. A：310200103036124

B. 委托浙江浙海服装进出口公司进口

C. 委托浙江浙海服装进出口公司进口 A：310200103036124

D. 标记唛码已填，无须再填报其他内容

⑱ "数量及单位"栏应填（　　）。

A. 17250 千克　　　　　　　［第一行］

B. 17250 千克　　　　　　　［第一行］

1125 张　　　　　　　　　　［第二行］

48004. 50 平方英尺　　　　　［第三行］

C. 17250 千克　　　　　　　［第一行］

48004. 50 平方英尺　　　　　［第二行］

D. 17250 千克　　　　　　　［第一行］

48004. 50 平方英尺　　　　　［第三行］

⑲ "单价"栏应填（　　）。

A. 3. 0333　　　B. 2. 9866　　　C. 1. 0900　　　D. 46. 5110

⑳ "征免"栏应填（　　）。

A. 照章征税　　　B. 全免　　　C. 进料加工　　　D. 中外合作

第 8 章

国际贸易结算

【学习目标】

通过本章的学习，了解国际贸易结算中广泛使用的支付工具、国际商会《跟单信用证统一惯例》对信用证的有关规定；掌握信用证支付方式的基本概念、基本流程、支付特点、信用证的法律特点、种类及不同结算方式的结合使用。

【重点与难点】

国际结算的概念；国际结算的特点；国际结算工具；国际结算方式中的信用证方式。

【导入案例】

一批出口欧洲高档瓷器的货款结算问题

我国某外贸公司向德国商人出口一批高档瓷器。通过谈判达成的交易条件为：凭样品买卖，每一件高档瓷器装一箱，共 100 件 100 箱。价格为每件 2 万美元 CIF 汉堡，合同总值为 200 万美元，以信用证方式结算货款。装货前由出口商初检，复验期限为货到后 20 天。当时由于交货时间较紧，在与样品相符的货物不足 100 件的情况下交了 4 件与样品不符的同类产品，并且按照合同的规定向指定的保险公司投保了一切险。我国外贸公司的所有单据与信用证在表面上是完全相符的。

德国商人收货后发现了两种情况：一是货物中有 4 箱货物同样品不相符；二是货物在运输途中有 6 箱货物已碰损破碎。对于上述情况，德国商人在结算货款时应如何处理？

案例分析：因为是信用证项下结算，按照国际惯例，只要出口商提交的单据表面与信用证条款相符，开证行即支付信用证项下货款，而不管实际货物是否与合同相符或有无破损。

本案例中，德国开证行审单付款后，会通知德国商人。德国商人只能与我国出口商联系，就不符及破损商品的价款问题单独协商，还可以与保险公司直接商讨理赔事宜。

国际贸易结算是国际贸易中最重要的环节，只有选择正确的贸易结算方式才能使买卖双方在交易中做到双赢。两个不同国家的当事人，不论是个人间的、单位间的、企业间的或政府间的，因为商品买卖、服务供应、资金调拨、国际借贷而需要通过银行办理的两国间外汇收付业务叫作国际结算。国际贸易结算是以物品交易、货钱两清为基础的有形贸易结算。

国际贸易结算中使用的票据包括汇票、本票、支票，其中以使用汇票为主。汇付、托收和信用证是目前国际贸易结算的三种基本形式。国际贸易的结算主要涉及支付工具、付款时间、地点及支付方式等问题，因此，进出口双方在洽商交易时，必须对此取得一致的意见，在合同中加以明确，并力争使用对己方有利的支付条款。

8.1　票据

国际贸易货款的收付，以现金结算的较少，大多数情况下使用非现金结算，即使用信用工具来进行国际债权债务的清算。票据是国际通行的结算和信用工具，是可以流通转让的债权凭证。在国际贸易中，货款的支付结算工具以票据为主。票据包括汇票、本票、支票，其中以使用汇票为最普遍。

8.1.1　汇票

1. 汇票的概念

英国《1882 年票据法》对汇票作出如下定义："汇票是一人向另一人签发的，要求即期或定期或在将来可以确定的时间，对某人或其指定来人或持票来人支付一定金额的无条件的书面支付命令。"

《日内瓦统一法》规定汇票需包含："汇票"字样、无条件支付一定金额的命令、付款人、付款期限、付款地点、收款人、出票日期和地点、出票人签字八项内容才构成有效汇票。

我国《票据法》规定：汇票是出票人签发的，委托付款人在见票时或者在指定日期无条件支付确定金额给收款人或者持票人的票据。

根据这一定义，汇票具有以下法律特征：

（1）汇票是票据（支票）的一种，因此汇票具有票据（支票）的法律特征，主要是：

①汇票必须符合法定要式。签发汇票必须符合法定的形式要求，要有完整的必要记载事项，如票面金额、出票人、付款人、收款人、出票日期等。绝对应记载事项缺一不可，如果缺少绝对应记载事项，则会导致票据（支票）无效。

②汇票是债权凭证，汇票权利必须凭票行使。一般情况下，谁持有汇票，谁就取得了该汇票的一切权利，汇票权利的范围要受汇票的票载内容的限制，汇票的票载金额及内容表明了债权人与各债务人之间的债权债务关系。

③汇票是流通证券。汇票在到期前可以流通转让，其次数不受限制。但在流通转让过程中，除不记名汇票外，其余汇票在转让时必须经过背书和交付。汇票在流通中，有时还要受票载内容的限制。例如，出票人在汇票上记载"不得转让"字样的，汇票不得转让。

④汇票是无条件支付命令。汇票经过依法完成出票行为后，汇票的承兑人或付款人在汇票到期时，必须无条件履行付款义务。持票人有权命令汇票的债务人履行义务。汇票的各债务人在背书转让过程中或在付款时不得提出任何附加条件。如果

汇票的债务人在票据（支票）转让过程中或在付款时记载了担保付款的前提条件或者付款的前提条件，其条件视为没有记载。

（2）汇票是出票人委托付款人支付的票据（支票）。汇票是委托支付证券，这种委托付款关系与支票有共同之处，而与本票不同。本票是自付证券。

（3）汇票上须有一定的到期日，但不必须是见票即付。汇票出票人对到期日有足够的自由决定权，可以是见票即付，也可以是定日付款，或者出票后定期付款、见票后定期付款。因此，汇票可以供远期付款，具有信用证券的性质。

2. 汇票的当事人

（1）汇票的基本当事人。

根据汇票定义，汇票的当事人一般有三个：出票人、受票人和受款人。

出票人（Drawer）即签发汇票的人。在进出口业务中，通常是出口商。

受票人（Drawee）即汇票的付款人。在进出口业务中，通常是进口商或其指定的银行。在信用证结算方式下，若信用证没有指定付款人，根据 UCP600 规定，开证行即是付款人。

受款人（Payee）即汇票规定的可受领金额的人。在进出口业务中，若信用证没有特别指定，受款人通常是出口商本人或其指定银行。

在信用证项下的国际贸易结算业务中，即期付款有时不一定需要汇票，可以发票代替。而对于远期付款，汇票一般都是必要的，因付款人须凭汇票承兑，并承担到期付款的责任，而持票人必要时可凭承兑的汇票贴现或经背书转让。

（2）汇票的其他当事人。

除上述基本当事人之外，汇票在使用中还可能出现其他当事人，如背书人、承兑人、持票人、参加承兑人、保证人等。如此众多的当事人在汇票的流通中形成了错综复杂的各种法律关系。

①背书人。背书人是没有背书前的收款人，通过背书方式转让汇票的收款权，背书的目的是要在转让人和受让人之间建立起权利义务关系。作为转让人的背书人一旦在汇票上签名，他就要承担以下两项业务：第一，须对包括被背书人在内的所有后来取得该汇票的人保证该汇票必将得到承兑或付款。第二，须保证在他以前曾在该汇票上签名的一切前手的签字的真实性和背书的连续性。背书连续，是指在票据转让中，转让汇票的背书人与受让汇票的被背书人在汇票上的签章依次前后衔接。

②承兑人。在汇票未经承兑时，付款人不是汇票上的义务人，没有责任对票据进行付款。这时，他不会因为拒绝付款而承担《票据法》上的任何责任，即汇票的付款人是汇票上的关系人，而不是债务人，不承担《票据法》上的义务。然而，汇票一经承兑，付款人便上升为汇票承兑人，成为票据债务人，开始承担票据义务。票据义务分为第一义务和第二义务。第一义务又称主义务或付款义务，是指票据第一义务人向持票人支付票据金额的义务。承兑人作为汇票债务人承担到期付款的责任就是履行他的票据第一义务，即付款义务。

我国《票据法》第四十四条规定："付款人承兑汇票后，应当承担到期付款的责任。"承兑人的付款责任有两层含义：第一，承兑人的付款责任相对于其他票据债务人的付款责任而言是第一位的，即汇票的持票人在到期日首先应向承兑人请求付款，只有当向其请求付款未获成功时，才可以以此为理由转向其前手追索，而不能在到期日不向承兑人请求付款而直接向其前手请求付款。第二，承兑人的付款责任是绝对的付款责任，即便承兑人与出票人之间并不存在事实上的资金关系，承兑人也不能以此为抗辩理由来对抗持票人。这意味着承兑人即使未从出票人处获得任何利益，也必须应权利人的付款请求权给付汇票金额。

③持票人。持票人（Holder）是指持有汇票的当事人，持票人为汇票的债权人。票据为完全有价证券，持有票据是享有和行使票据权利的重要条件，只有合法持票人才有资格论及票据权利。狭义上的合法持票人主要是指通过合法的票据行为占有票据之人，是票据上的持票人。广义上的合法持票人，是指通过合法的票据行为、普通民事行为取得并持有票据之人，如通过发行、善意取得、赠与、继承、公司分立合并等方式取得票据的持有人。

英美票据法对持票人均有专门规定。《英国票据法》第 2 条规定，持票人是指占有汇票或本票之受款人或被背书人或来人，而合法持票人是指取得根据的票面是完整合格的持票人。我国《票据法》明确使用了持票人的概念，但实际蕴含了不同类型的持票人，可见我国《票据法》上的持票人概念为一般意义上的持票人，即票据发行流通之后，现实持有票据的人。从学理上讲，持票人通常是指依背书转让而从票据上所载收款人受让票据的人。

④保证人。保证人（Warranter）是指与债权人约定，为主合同债务提供担保，当债务人不能履行债务时，由其按照约定履行债务或者承担责任的一方当事人。保证合同是主债务合同的从合同，是由债权人和保证人来订立的，而不是债务人和保证人。因为保证人的保证义务对象是债权人，设定保证的目的是为了防止债务人不履行债务造成债权人的损失无可救济，从而使债权人的权利得到更为充分的保障。保证是一种人的担保，它以人的信誉和财产来提供担保，相对来说，这种担保方式的风险比较大。

3. 汇票的必要项目

（1）票据的名称。汇票必须表明"汇票"字样，汇票上注明"汇票"字样的目的在于与其他票据，如本票、支票加以区别，以免混淆。例如"Exchange for GBP1250.00"或"Draft for USD18320.00"。《英国票据法》虽然认为可以不写票据名称，从实际业务来看，写汇票名称可以给有关当事人不少方便。

（2）无条件的支付命令。汇票中必须要有无条件支付委托的文句，不能将其他行为的履行或事件的发生作为其先决条件。如果汇票上规定"如果某公司交付的货物符合合同规定，即支付其金额 10000 美元"、"于货物抵达目的地后付款"等附加条件或限制，则该汇票无效。

但是，汇票加注出票条款是用以表明汇票的原始交易，例如"按某号信用证开立"、"按某合同装运货物"等，并不构成支付的附加或限制条件。如 Drawn under Shipment of 330 Cartons Cotton Teatowels as per S/C NO. ST303（托收项下的汇票）；Drawn under National Paris Bank L/C NO. TH2003 Dated Aug. 25，2010（信用证项下汇票）。

（3）确定金额。汇票金额要用文字大写（Amount in Words ）和数字小写（Amount in Figures）分别表明，汇票的大写金额和小写金额要完全一致。如果文字和数字不符，按照《英国票据法》、《日内瓦统一法》的规定，在大写、小写金额不一致的情况下，以文字为准，即以大写为准。但这种说法只能在票据法和一般国际习惯上解释，而在出口贸易以信用证方式结算使用的汇票中，如果发生大写、小写金额不一致，开证行或开证申请人都有权拒付全部货款，或要求更换正确的汇票才能付款。所以作为出口结算制单的要求，大写、小写金额必须完全一致。我国《票据法》规定："票据金额以中文大写和数字同时记载的，二者必须一致，二者不一致的，票据无效。"

（4）付款人。付款人就是受票人，在汇票上表示为以"To…"开头的文句。汇票是出票人指令付款人按期按固定金额支付款项的一种票据，如果没有付款人，汇票的意义也不存在。信用证项下汇票的付款人一般都是信用证的开证行。如信用证规定："开立你方的即期汇票，以我行为付款人。"按此条款缮制汇票时，汇票付款人栏中填开证行名称。如果信用证没有明确规定，也以开证行为付款人。

（5）受款人。受款人又称收款人，收款人一般是汇票的抬头人，是出票人指定的接受票款的当事人。有的是以出口商或以其所指定的第三者为受款人。在国际票据市场上，汇票的抬头人通常有三种写法：

①记名式抬头，即在受款人栏目中填写："付给×××的指定人"（Pay To The Order of ×××），这种类型的抬头是最普遍使用的一种。

②限制性抬头，即在受款人栏目中填写"仅付给×××"（Pay To xxx Only）或"限付给×××，不许转让"。

③持票人抬头，即在受款人栏目中填写"付给持票人"（Pay To Beater）。

（6）汇票出票地点及日期。汇票的出票地点是汇票内容中的主要项目之一。它的位置一般在右上方和出票日期连在一起。为什么出票地点是汇票的必要项目之一？目前国际上票据法还不统一，各国各地区根据自身的利益制定自己的票据立法，甚至各法系互相矛盾。如发生争执，以哪一国票据法为依据？一般以出票当地法为准，所以出票地点在这种情况下就变成汇票的主要项目之一。

（7）付款期限。付款期限在各国票据中都被认为是票据的重要项目。法国、德国、意大利、荷兰等国在票据法中都规定汇票未列明到期的期限视为无效。一般付款期限分为两种：即期汇票与远期汇票。

即期汇票（Sight Draft）即在汇票的出票人按要求向付款人提交单据和汇票时，付款人应立即付款。

远期汇票（Time Draft）表示在将来的某个时间付款。远期付款到期日一般有四种表示方法。

①见票后××天付款。"At XX Days After Sight"，即以付款人见票承兑日起算，××天后为到期付款日。

②出票后××天付款。"At XX Days After Date"，即以汇票出票日为起算日，××天后到期付款。

③提单出单日后××天付款。"At XX Days After B/L"，即付款人以提单签发日为起算日，××天后到期付款。

④定日付款。指定×年×月××日为付款日，例如"On 25th Feb. 2008"。

（8）出票人。出票人是开立票据并将其交付给他人的法人、其他组织或者个人。出票人对收款人及正当持票人承担票据在提示付款或承兑时必须付款或者承兑的保证责任。就一般汇票而言，出票人一般不直接承担付款，而是委托他人付款。因此，汇票的出票人在完成出票后，未产生自己的直接付款义务，只承担担保义务。

BILL OF EXCHANGE

Invoice No：

Date

Exchange for _____

At _____ Sight of This First of Exchange（Second of The Same Tenor and Date Unpaid）

Pay to _____ or Order

The Sum of _____

Drawn under _____ L/C No. _____ Dated：_____

To：_____ 　　For：_____

4. 汇票的种类

（1）按照出票人身份的不同，汇票分为银行汇票和商业汇票。

银行汇票（Bank's Draft）的出票人和付款人都是银行。银行汇票由银行签发后，交汇款人，由汇款人寄交国外收款人向付款行取款。银行汇票通常用于票汇业务中，票汇又称顺汇或汇付。出票银行在汇票签发后，必须将付款通知书（Advice of Drawing）寄给国外付款行，以便付款行在收款人持汇票取款时核对，核对无误后付款。银行汇票多为光票，不附单据。

商业汇票（Commercial Draft）的出票人是商号或个人，付款人可以是商号、个人，也可以是银行。在国际贸易结算中，出口商用逆汇法，或称出票法，向国外进口商收取货款时签发的汇票，即属商业汇票。商业汇票的出票人不必对付款人发送付款通知书，一般多为附有货运单据的汇票。

（2）按照付款期限的不同，汇票分为即期汇票和远期汇票。即期汇票（Sight Bill or Demand Draft）即见票即付的汇票，规定付款人见票后立即付款。即期汇票一般以提示日为到期日，持票人持票到银行或其他委托付款人处，后者见票必须付款的一种汇票，这种汇票的持票人可以随时行使自己的票据权利，在此之前无须提前通知付款人准备履行义务。

远期汇票（Time Bill or Usance Bill）是指在一定期限或特定日期付款的汇票，可分为定期付款、出票日后定期付款、见票后定期付款三种。在上述三种表示远期汇票付款日期的方式中，通常使用的是第一种和第三种。在实际业务中，具体使用什么方法计算付款日期，需由双方洽商决定，并在合同和汇票中明确规定。

关于见票/出票日/单据日以后若干天付款的到期日计算方法采用"算尾不算头，若干天的最后一天是到期日，如遇假日顺延"的原则，即不包括所述日期，按所述日期之次日作为起算日。

（3）按照有无附属单据，分为光票和跟单汇票。光票（Clean Bill）是不附带货运单据的汇票。光票的流通完全依靠当事人的信用，即完全看出票人、付款人或背书人的资信。商业光票一般仅用于收付运费、保险费、利息等小额款项，但银行汇票都是光票。

跟单汇票（Documentary Bill）是出票时附有代表货物所有权的货运单据的汇票。使用跟单汇票表示出票人不仅要提供汇票，而且要提供有关规定单据才能取得货款，而受票人只有付清或保证付清汇票规定的金额才能取得单据以提取货物。这里，单据实际上成了卖方（出票人）收汇、买方（付款人）得货的一项保证。因此，国际贸易中商业跟单汇票最为普遍。

（4）按照承兑人身份不同，汇票分为银行承兑汇票和商业承兑汇票。银行承兑汇票（Bank's Acceptance Bill）是由银行担任承兑人的一种可流通票据。付款人在汇票上注明承兑字样并签字后，就确认了对汇票的付款责任，并成为承兑人。银行承兑汇票是银行信用，目前银行承兑汇票一般由银行签发并承兑。

商业承兑汇票（Commercial Acceptance Bill）是由商号或个人承兑的远期汇票。银行承兑汇票是建立在银行信用基础上的，商业承兑汇票是建立在商业信用基础上的。因此，银行承兑汇票信用程度高于商业承兑汇票。

5. 汇票的票据行为

（1）出票（Issue）。出票人开立汇票并交付汇票后，出票行为即已完成。由于出票行为，出票人对受款人或持票人担保，汇票将依汇票文义被付款人承兑和付款。如果付款人拒绝承兑或付款，执票人有权向出票人追索，请求出票人偿付票款。出票人为了免除对持票人应负的被追索的责任，可在出票时注明免除担保承兑的责任。

（2）提示（Presentation）。提示是持票人将汇票提交付款人要求承兑或付款的行为，是持票人要求取得票据权利的必要程序。提示又分付款提示和承兑提示。

（3）背书（Endorsement）。背书是票据转让的两种基本方式之一（另一种是单纯交付）。凡指示性抬头的汇票，都必须经由背书的方式转让。背书行为包括背书与交付两方面，故又称背书交付。背书交付是指由持票人在汇票背面签上自己的名字，并将汇票交付给受让人的行为。前者称为背书人，后者称为被背书人。

背书的作用在于转让票据权利。汇票一经背书，票据权利即由背书人转移至被背书人，被背书人成为汇票的正当持票人。但是汇票经背书转让后，并不完全了结背书人与汇票的关系。由于背书行为，背书人即由汇票的债权人变成汇票的债务人。背书人对汇票的责任与出票人相同，即必须对其后手有担保该汇票被付款人承兑及付款的责任。如果付款人对汇票拒绝承兑或付款，被背书人有权向背书人进行追索。但是，背书人对汇票付款承担的是担保责任。

被背书人成为汇票的正当持票人后可以行使以下权利：首先，他可以以背书人连续背书作为他取得正当票据权利的证明。其次，他有权以自己的名义在汇票有效期内要求付款人承兑或付款。遭到付款人的拒绝，他可以向其直接背书人以及曾在汇票上签名的一切前手行使索权。最后，除背书人加以限制的以外，被背书人可以再度经背书将汇票转让给别人。

（4）付款（Payment）。付款人是汇票的债务人之一，但在汇票承兑前和承兑后的法律地位有所区别。在汇票承兑之前，付款人不是汇票的主债务人，出票人是主债务人。只有在汇票承兑后，付款人才成为汇票的主债务人，出票人退居次债务人的地位。付款人对受款人或持票人的主要义务是对汇票承担付款责任。由于汇票有即期汇票和远期汇票之分，所以付款人的付款义务也包括承兑和付款两个方面。

付款人对即期汇票和未被付款人承兑的远期汇票的付款义务不具有强制性。也就是说，受款人或持票人不能强迫付款人付款或承担到期付款的责任。如果付款人拒绝付款，受款人或持票人也不能向付款人起诉。这是因为汇票上的付款人是出票人单方面指定的，为了防止出票人无故向付款人滥发汇票，各国票据法都规定，在汇票承兑之前，出票人是主债务人，而付款人只是从债务人。

（5）承兑（Acceptance）。承兑是远期汇票的付款人表示承担汇票到期时的付款责任的行为。承兑的方式通常是付款人在汇票上写明"承兑"字样，并经付款人签字。付款人对汇票表示承兑后，也就成为承兑人，承兑实际上是付款人确认对汇票的付款责任的行为。承兑人是汇票的主债务人，对受款人或持票人承担支付票面金额的义务。因此，在汇票承兑之前，付款人是否愿意承担付款义务还是未知数。但是，汇票一经承兑，即表明付款人同意接受出票人的支付命令，承担到期付款的义务。这时，付款人即成为汇票的主债务人，而出票人退居从债务人的地位。这样，付款人对汇票的付款义务就成为强制性的了。如果付款人这时拒绝付款，受款人或持票人就可以直接对付款人起诉，要求其承担付款义务。付款人经承兑成为汇票的主债务人后，其他债务人如出票人和背书人等的义务并没有解除。这些债务人对汇票的付款负有担保作用。在付款人拒付的情况下，持票人对他们仍可以行使追索权。

（6）拒付（Dishonor）和追索（Recourse）。汇票的持票人向付款人提示时，可能遭到拒绝付款（Dishonor by Non – payment）或拒绝承兑（Dishonor by Non – acceptance）两种情形。汇票的拒付行为不局限于付款人正式表示不付款或不承兑，在付款人或承兑人拒不见票、死亡、宣告破产或因违法被责令停止业务活动等情况下，使得付款在事实上已不可能，也构成拒付。当付款人拒付时，出票人应根据原契约与之进行交涉。

出现拒付，持票人有追索权，即有权向其前手（背书人、出票人）要求偿付汇票金额、利息和其他费用的权利。持票人在追索前必须按规定作成拒绝证书和发出拒付通知。拒绝证书用以证明持票人已进行提示而未获结果，由付款地公证机构出具，也可由付款人自行出具退票理由书，或有关的司法文书。拒付通知用以通知前手关于拒付的事实，使其准备偿付并进行再追索。

8.1.2　本票

1. 本票的概念

本票（Promissory Note）是一个人向另一个人签发的，保证于见票时或定期或在可以确定的将来的时间，对某人或其指定人或持票人支付一定金额的无条件的书面承诺。本票是由出票人约定自己付款的一种自付证券，其基本当事人有两个，即出票人和收款人，在出票人之外不存在独立的付款人。

2. 本票的种类

依照不同的标准，本票可以分为：记名式本票、指定式本票和不记名本票；远期本票和即期本票；银行本票和商业本票等。在进出口结算中使用的本票，大都是银行本票。

3. 本票的使用

（1）出票。本票的出票行为是以自己负担支付本票金额的债务为目的的票据行为。本票出票人出票，必须按一定的格式记载相关内容，包括绝对要项和非要项。

本票的要项包括：表明"本票"字样；无条件支付的承诺；确定的金额；收款人名称；出票日期；出票人签章。

本票的非要项包括：付款地、出票地等。

（2）见票付款。银行本票是见票付款的票据，收款人或持票人在取得银行本票后，随时可以向出票人请求付款。本票的出票人是票据上的主债务人，负有向持票人绝对付款的责任。除票据时效届满而使票据权利消灭或者要式欠缺而使票据无效外，并不因持票人未在规定期限内向其行使付款请求权而使其责任得以解除。因此，持票人对出票人享有付款请求权和追索权，只是丧失对背书人及其保证人的追索权。

8.1.3　支票

1. 支票的概念

支票（Cheque or Check）是银行为付款人的即期汇票。具体来说，支票是银行存款户对银行签发的授权银行对某人或其指定人或执票来人即期支付一定金额的无条件书面支付命令。出票人签发支票时，应在付款行存有不低于票面金额的存款。如存款不足，持票人提会遭拒付，这种支票称为空头支票。开出空头支票的出票人要负法律责任。

2. 支票的必要项目

（1）写明"支票"字样；

（2）无条件支付命令；

（3）一定金额；

（4）出票人签字；

（5）出票日期和地点。

3. 支票的种类

（1）记名支票（Check Payable to Order）是在支票的收款人一项写明收款人名称，如"限付"（Pay × × Only）或"指定人"（Pay Order），取款时须由收款人签章方可支取。

（2）不记名支票（Check Payable to Bearer）又称空白支票，支票上不记载收款人名称，只写"付来人"（Pay Bearer）。取款时持票人无须在支票背后签章，即可支取。

（3）划线支票（Crossed Check）是在支票正面划两道平行线的支票。划线支票只能委托银行代收票款入账，使用划线支票的目的是为了在支票遗失或被人冒领时，还有可能通过银行代收的线索追回票款。

（4）银行支票（Bank Check）是由银行签发，并由银行付款的支票，也是银行即期汇票。银行代顾客办理票汇汇款时，可以开立银行支票。

（5）旅行支票（Traveler's Check）是银行或旅行社为旅游者发行的一种固定金额的支付工具，是旅游者从出票机构用现金购买的一种支付手段。

8.2　汇付、托收

8.2.1　汇付

1. 汇付的概念

汇付（Remittance）是由国际货物买卖合同的买方委托银行主动将货款支付给卖方的结算方式。在此种支付方式下，信用工具的传递与资金的转移方向是相同的，因此也称为顺汇法。汇付业务通常是由买方主动按合同规定的条件和时间（如预付货款或货到付款或凭单付款）通过银行将货款汇交卖方。汇付结算方式在使用上有局限性，主要用于定金、支付货款尾数、从属费、佣金退赔等款项。

2. 汇付业务的当事人

（1）汇款人（Remitter）即他们付款人，在国际贸易结算中通常是进口商、买卖合同的买方或其他经贸往来中的债务人。他们通过银行将货款汇交给卖方。

（2）收款人（Payee）通常是出口商、买卖合同中的卖方或其他经贸往来中的债权人。他们将货物发给买方，随后将有关货运单据自行寄送买方。

（3）汇出行（Remitting Bank）是接受汇款人的委托或申请汇出款项的银行，通常是进口商所在地的银行。汇出行根据汇款申请书汇出款项。

（4）汇入行（Receiving Bank）又称解付行（Paying Bank），是接受汇出行的委托解付款项的银行，汇入行通常是汇出行在收款人所在地的代理行。

3. 汇付业务的种类

汇付根据汇出行向汇入行发出汇款委托的方式分为三种形式：

（1）电汇（Telegraphic Transfer，T/T）。汇出行接受汇款人委托后，以电传方式将付款委托通知收款人当地的汇入行，委托它将一定金额的款项解付给指定的收款人。电汇因其交款迅速，在三种汇付方式中使用最广。但因银行利用在途资金的时间短，所以电汇的费用比信汇的费用高。

（2）信汇（Mail Transfer，M/T）。信汇和电汇的区别在于汇出行向汇入行航寄付款委托，所以汇款速度比电汇慢。因信汇方式人工手续较多，目前欧洲银行已不再办理信汇业务。

（3）票汇（Demand Draft，D/D）。票汇是以银行即期汇票为支付工具的一种汇付方式。由汇出行应汇款人的申请，开立以其代理行或账户行为付款人，列明汇款人所指定的收款人名称的银行即期汇票，交由汇款人自行寄给收款人，由收款人凭票向汇票上的付款人（银行）取款。

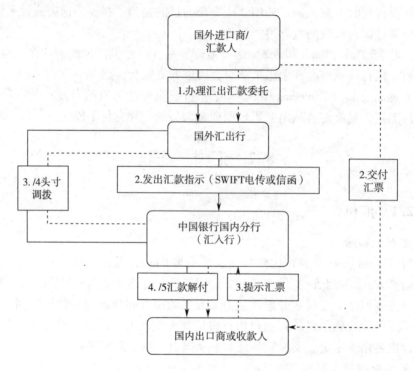

图 8 - 1　汇付的具体业务流程图
（实线为电汇和信汇业务，虚线为票汇业务）

办理汇付业务应注意的事项：

作为境内收款人如果想更快收妥款项，则应提示境外汇款人按下列要求填写汇款申请书：

①正确填列收款人全称、账号（必须注明收款人开户银行的交换行号）及开户银行英文名全称。

②如企业在境外账户行办理汇款时，则应该在汇款申请书中的收款人银行的代理行（INTERMEDIARY INST）一栏填写开户银行的相对应境外账户行名称。开户银行账户行资料可向开户银行查询。

③收款人银行名称要准确，最好要有银行 SWIFT 号码。

④收款人名称为开户银行名称。

⑤收款人账号（A/C No：××××），填写开户银行在境外账户行的相对币种的有关账号。

⑥备注或附言中应注明实际的收款单位名称和账号，收款人单位账号必须是行号＋收款人账号（A/C No：×××——×××××××）。

4. 汇付业务的贸易应用

（1）预付货款（Payment in Advance）。预付货款是指买方在订货时汇付或在卖方交货前汇付货款的办法。预付货款意味着进口方预先履行付款义务，但货物的所有权并没有在付款时转移，因而对进口方不利。预付货款一般有以下两种规定方法：一是随订单付现（Cash with Order）。合同一经签订，买方就把货款预付给卖方。二是装运前付款（Payment before Shipment）。买方在卖方装运货物前的一定时间内将货款支付给卖方。

（2）货到付款（Payment after Arrival of the Goods）。货到付款是指卖方装运货物后买方才主动汇付货款的方式。在实际操作中，买方往往要等货到目的港（地）时才付款，所以又可称为"到付"。按照买方提取货物时间的先后，可以分为买方提货前付款和买方提货后付款。

提货前付款是指卖方在装运货物后，将装运通知中运输单据传真给买方以证明自己履行了交货义务，买方在提取货物前自动付款给卖方。

买方提货后付款可分为赊销（Open Account Transaction，O/A）和寄售（Consignment）。赊销是指按照合同约定的付款时间，不管买方是否已经实际销售了货物，都必须将货款汇付给卖方；寄售是指买方在货物实际销售完毕后再将货款支付给卖方。因此，买主提货后付款实际是卖方给予买方资金融通，卖方资金负担过重。

5. 汇付业务评价

（1）风险大。汇付结算方式完全是建立在商业信用基础上的结算方式。交易双方根据合同或经济事项预付货款或货到付款，预付货款进口商有收不到商品的风险；而货到付款则有出口商收不到货款的风险。

（2）资金负担不平衡。对于货到付款的卖方或预付货款的买方来说，资金负担较重，整个交易过程中需要的资金几乎全部由他们来提供。

（3）手续简便，费用少。汇付的手续比较简单，银行的手续费用也较少，所以在国际贸易的预付货款及货款尾款结清上使用较多。

8.2.2　托收

1. 托收的概念

托收（Collection）是债权人（出口方）委托银行向债务人（进口方）收取货款的一种结算方式。使用托收方式结算货款，是由出口方先行发货，然后收妥包括运输单据（通常是海运提单）在内的货运单据并开出汇票，把全套单据交出口地银行（托收行），委托其通过进口地的银行或代理行（代收行）向进口方收取货款。

2. 托收业务的当事人

托收涉及的基本当事人有四个，即委托人、托收行、代收行和付款人。此外，还有其他关系人。

（1）委托人（Principal）。委托人是开出汇票委托银行办理托收的出口商，主要负有两方面的责任：一方面是履行与进口商签订贸易合同的责任，另一方面是履行与托收行签订委托代理合同的责任。

①贸易合同项下的责任：按时按质按量交付货物（这是出口商最基本的合同义

务），提供符合合同要求的单据。单据的种类和内容要满足合同的要求，应能证明出口商已履行了合同。

②委托代理合同的责任：出口商在委托银行办理托收业务时，应正确填写托收申请书，托收申请书即构成委托人与托收行之间的委托代理合同。根据合同，委托人承担如下责任与义务：明确指示、及时指示、负担费用。

（2）托收行（Remitting Bank）。托收行又称委托行或寄单行，是接受委托人的委托，转托国外银行代为收款的出口方银行。在跟单托收业务中，托收行应承担如下主要责任和义务：

①执行委托人的指示；

②对单据的处理；

③按惯例处理业务；

④承担过失责任。

（3）代收行（Collecting Bank）。代收行是接受托收行的委托代为向付款人收款的银行，一般为进口方银行。在跟单托收业务中，代收行应承担如下主要责任和义务：

①执行托收行的托收指示；

②对单据的处理；

③对货物的处理；

④代收情况的通知。

（4）付款人（Drawee）。付款人是根据托收委托书指示而向代收行付款的进口商。

付款人的基本责任就是付款。托收委托书应注明付款人采取行动的确切期限，付款人必须在规定的期限内采取行动。

除以上几个基本当事人外，有时还会出现"提示行"和"需要时代理"两个当事人。提示行（Presenting Bank）是指当代收行与付款人不在一地或代收行不是付款人的开户行时，代收行要委托另一家银行提示汇票和单据代收货款，受委托银行称为提示行。

需要时代理（In Case of Need）是在发生拒付时，委托人指定的在付款地代为照料货物存仓、转售、运回等事宜的代理人。

3. 托收业务流程

（1）进出口双方签订货物买卖合同。

（2）出口人发货、备单，并将合同中规定的单据送交托收行。

（3）托收行审查托收申请书及所附单据并将单据寄交代收行。

（4）代收行办理委托代收手续并将单据交进口人。

（5）进口人验单、付款或承兑并领取单据。

（6）代收行通知托收行有关客户的付款或承兑信息。

（7）托收行将进口人的有关款项或付款信息交出口人。

4. 托收业务种类

（1）按照是否附有商业单据（发票、运输单据等）来划分，托收方式分为两

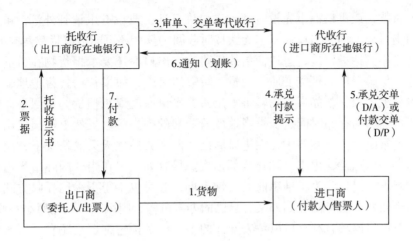

图 8 - 2　托收业务流程图

类，即光票托收和跟单托收。

①光票托收（Clean Collection）。光票托收是指仅凭金融单据（汇票、本票、支票等类似功能的票据）向付款人提示付款，而不附带任何商业单据的一种托收方式。

光票托收一般适用于货款的尾款、样品费、进口赔款等金额较小的费用的结算，且汇票的付款期限通常为即期。

②跟单托收（Documentary Collection）。跟单托收是指金融单据附带商业单据或为节省印花税而仅凭商业单据提示承兑及/或付款的托收方式。

（2）根据交单条件的不同，跟单托收方式可分为凭承兑交单与凭付款交单。

①凭承兑交单（Documents against Acceptance，D/A）。凭承兑交单是指代收行或提示行（如果有）仅凭付款人在远期汇票上"履行承兑"为唯一的交单条件，至此，作为代收行或提示行应已履行了托收指示中其应尽的责任。

②凭付款交单（Documents against Payment，D/P）。凭付款交单是指代收行或提示行（如果有）须凭付款人的实质性付款为同意放单的唯一条件。按支付时间的不同，付款交单又可分为即期付款交单（Documents against Payment at Sight，D/P at Sight）和远期付款交单（Documents against Payment after Sight，D/P after Sight）。

5. 托收业务评价

托收属于商业信用，银行办理托收业务时，即没有检查货运单据正确与否或是否完整的义务，也没有承担付款人必须付款的责任。托收虽然是通过银行办理，但银行只是作为出口商的受托人行事，并没有承担付款的责任，进口商不付款与银行无关。出口商向进口商收取货款靠的仍是进口商的商业信用。

如果遭到进口商拒绝付款，除非另外有规定，银行没有代管货物的义务，出口商仍然应该关心货物的安全，直到对方付清货款为止。

托收对出口商的风险较大，D/A 比 D/P 的风险更大。跟单托收方式是出口商先发货，后收取货款，因此对出口商来说风险较大。进口商付款靠的是他的商业信誉，如果进口商破产倒闭，丧失付款能力，或货物发运后进口地货物价格下跌，进口商借故拒不付款，或进口商事先没有领到进口许可证，或没有申请到外汇，被禁止进口或无力支付外汇等，出口商不但无法按时收回货款，还可能造成货款两空的损失。如果货物已经到达进口地，进口商借故不付款，出口商还要承担货物在目的地的提货、存仓、保险费用和可能变质、短量、短重的风险，如果货物转售他地，会产生数量与价格上的损失，如果货物转售不出去，出口商就要承担货物运回本国的费用以及承担可能因为存储时间过长被当地政府贱卖的损失等。虽然上述损失出口商有权向进口商索赔，但在实践中，在进口商已经破产或逃之夭夭的情况下，出口商即使可以追回一些赔偿，也难以弥补全部损失。尽管如此，在当今国际市场出口竞争激烈的情况下，出口商为了推销商品占领市场，有时也不得不采用托收方式。如果进口商信誉较好，出口商在国外又有自己的办事机构，则风险可以相对小一些。

托收对进口商较有利，可以免去开证的手续以及预付押金，还有可以预借货物的便利。当然托收对进口商也不是没有一点风险。如进口商付款后才取得货运单据领取货物，如果发现货物与合同规定不符，或者是假货，也会因此而蒙受损失。但总的来说，托收对进口商比较有利。

6. 托收业务的国际惯例

国际商会（ICC）为给办理托收业务的银行与委托人提供可遵循的共同规则，以利于商业和金融业的发展，于1958年草拟了《商业单据托收统一规则》（*Uniform Rules for Collection of Commercial Paper*）（国际商会第192号出版物）。之后，国际商会又于1967年修订和公布该规则，称为国际商会第254号出版物。为适应国际贸易发展的需要，特别是考虑到实际业务中不仅有跟单托收，也有光票托收，国际商会于1978年对规则进行第二次修订，并定名为《托收统一规则》（*Uniform Rules for Collection*）（国际商会第322号出版物），该规则于1979年1月1日生效。随着国际贸易不断发展，银行和委托人普遍认为现存的规则已不能适应实际业务的需要，纷纷提出很多意见和建议。于是国际商会银行委员会从1993年着手对第322号出版物进行了修订，最后于1995年5月由国际商会银行委员会一致通过，并定名为国际商会第522号出版物，简称URC522，于1996年1月1日施行。

URC522包括七部分：总则及定义；托收的方式及结构；提示方式；义务与责任；付款；利息、手续费及费用；其他规定。共26条。

URC522还对托收的提示方式、付款、承兑的程序、利息、托收手续费和费用的负担、托收被拒付后作成拒绝证书等事宜做了具体规定。

《托收统一规则》公布实施后，已成为托收业务具有一定影响的国际惯例，并已被各国银行采纳和使用。但应指出，只有在有关当事人事先约定的条件下，才受该惯例的约束。我国银行在办理国际贸易结算、使用托收方式时，也参照该规则的解释办理。

8.3　信用证

信用证（Letter of Credit，L/C）作为国际贸易的一种重要的支付方式，对国际贸易的发展起到了非常重要的作用。

信用证方式是银行信用介入国际货物买卖价款结算的产物。它的出现不仅在一定程度上解决了买卖双方之间互不信任的矛盾，而且还能使双方在使用信用证结算货款的过程中获得银行资金融通的便利，从而促进了国际贸易的发展。

8.3.1　信用证的概念

根据国际商会《跟单信用证统一惯例》的解释，信用证是指由银行（开证行）依照客户（申请人）的要求和指示或自己主动，在符合信用证条款的条件下，凭规定单据向第三者（受益人）或其指定方进行付款，或承兑和（或）支付受益人开立的汇票；或授权另一银行进行该项付款，或承兑和支付汇票；或授权另一银行议付。简而言之，信用证是一种银行开立的有条件的承诺付款的书面文件。

8.3.2　信用证的特点

1. 信用证是一种银行信用

信用证支付方式是一种银行信用，由开证行以自己的信用作出付款的保证。在信用证付款的条件下，银行处于第一付款人的地位。《跟单信用证统一惯例》规定，信用证是一项约定，按此约定，根据规定的单据在符合信用证条件的情况下，开证银行向受益人或其指定人进行付款、承兑或议付。信用证是开证行的付款承诺。因此，开证银行是第一付款人。在信用证业务中，开证银行对受益人的责任是一种独立的责任。

2. 信用证是一种自足文件

信用证的开立是以买卖合同作为依据，但信用证一经开出，就成为独立于买卖合同以外的另一种契约，不受买卖合同的约束。《跟单信用证统一惯例》规定，信用证与其可能依据的买卖合同或其他合同，是相互独立的交易。即使信用证中提及该合同，银行也与该合同无关，且不受其约束。所以，信用证是独立于有关合同以外的契约，开证银行和参加信用证业务的其他银行只按信用证的规定办事。

3. 信用证是纯单据业务

在信用证方式之下，实行的是凭单付款的原则。各有关方面处理的是单据，而不是与单据有关的货物、服务或其他行为。所以，信用证业务是一种纯粹的单据业务。银行虽有义务合理小心地审核一切单据，但这种审核，只是用以确定单据表面上是否符合信用证条款为原则，开证银行只根据表面上符合信用证条款的单据付款。所以在信用证条件下，实行所谓"严格符合的原则"。"严格符合的原则"不仅要做到"单、证一致"，即受益人提交的单据在表面上与信用证规定的条款一致；还要做到"单、单一致"，即受益人提交的各种单据之间表面上一致。

8.3.3　信用证的当事人

1. 开证申请人

开证申请人（Applicant/Opener/Accountee）是指向银行申请开立信用证的人，即国际贸易中的进口商或实际买方，在信用证中又称开证人。如由银行自己主动开立信用证，则此种信用证所涉及的当事人没有开证申请人。

2. 开证银行

开证银行（Opening Bank，Issuing Bank）是接受开证申请人（买方）的请求而开出信用证的银行，是信用证的基本当事人之一。

一般而言，国际贸易中的开证银行通常是进口方银行。在为进口商开立信用证时，进口商需递交开证申请书，并交付保证金及费用，根据开证申请书条款，正确、及时地开出信用证。

3. 通知银行

通知银行（Advising Bank/Notifying Bank）指受开证行的委托，将信用证转交出口商的银行，通知银行一般是出口商所在地银行。它只证明信用证的表面真实性，并不承担其他义务。

4. 受益人

受益人（Beneficiary）指信用证抬头所指定有权使用该信用证的人，即买卖合同中的出口商，是国际支付关系中的债权人。

5. 议付银行

议付银行（Negotiating Bank）是信用证的当事人之一，指由被授权议付的银行对汇票或单据付出对价。如果只审查单据而不支付对价并不构成议付。议付行是准备向受益人购买信用证下单据的银行，议付行可以是通知行或其他被指定的愿意议付该信用证的银行，一般是出口商所在地银行。议付银行可以是指定的银行，也可以是非指定的银行，由信用证的条款来规定。

6. 付款银行

付款银行（Paying Bank/Drawee Bank）指信用证条款中指定的付款银行。它一般是开证行，也可以是指定的另一家银行。

7. 偿付银行

偿付银行（Reimbursing Bank）又称信用证清算银行（Clearing Bank），是指接受开证银行在信用证中委托代开证银行偿还垫款的第三国银行，指被指示及/或被授权按照开证行发出的偿付授权书提供偿付的银行。偿付行产生的原因是：进出口商在信用证中规定的支付货币，既不是进口国的货币，也不是出口国的货币，而是第三国的货币，而开证行拥有的第三国货币资金调度或集中在第三国银行，要求该银行代为偿付信用证规定的款项。偿付银行通常是开证银行的存款银行或约定的垫款银行。

8.3.4　信用证的流程

跟单信用证操作的流程简述如下：

（1）买卖双方经过磋商，约定以信用证方式进行结算。

（2）进口方向开证行递交开证申请书，约定信用证内容，并支付押金或提供保证人。

（3）开证行接受开证申请书后，根据申请开立信用证，正本寄给通知行，指示其转递或通知出口方。

（4）由通知行转递信用证或通知出口方信用证已到，通知行在开证行要求或授权下对信用证加以保兑。

（5）出口方认真核对信用证是否与合同相符，如果不符，可要求进口商通过开证行进行修改；待信用证无误后，出口商根据信用证备货、装运、开立汇票并缮制各类单据，船运公司将装船的提单交予出口商。

（6）出口商将单据和信用证在信用证有效期内交予通知行。

（7）通知行审查单据符合信用证条款后接受单据并付款，若单证不符，可以拒付。

（8）通知行将单据寄送开证行，向其索偿。

（9）开证行收到单据后，应核对单据是否与信用证相符，如正确无误，即应偿付通知行代垫款项，同时通知开证申请人备款赎单。

（10）进口方付款赎单，如发现不符，可拒付款项并退单。进口商发现单证不符，也可拒绝赎单。

（11）开证行将单据交予进口商。

（12）进口商凭单据提货。

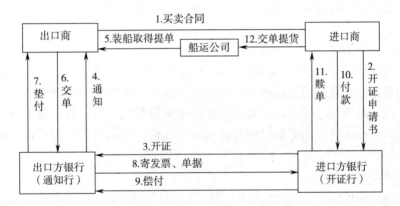

图 8 - 3　跟单信用证操作流程

8.3.5　信用证的种类

1. 跟单信用证

跟单信用证（Documentary Credit）凭跟单汇票或仅凭商业单据付款的信用证。国际贸易结算中所使用的信用证绝大部分是跟单信用证。

2. 光票信用证

光票信用证（Clean Credit）又称无跟单信用证，是指开证银行仅凭受益人开具的汇票或简单收据而无需附带货运单据付款的信用证。

光票信用证在贸易货款的结算上使用不广，它主要被用于贸易总公司与各地分公司间的货款清偿及贸易从属费用和非贸易结算方面。某些光票信用证在要求汇票之外，还要求附交一些非货运性单据，如发票等，通常也归在光票信用证的范围内。

3. 不可撤销信用证

不可撤销信用证（Irrevocable L/C）指信用证一经开出，在有效期内，非经信用证各有关当事人的同意，开证行不能擅自修改或撤销的信用证。此种信用证在国际贸易中使用最多。

4. 保兑信用证

保兑信用证（Confirmed Credit）指经开证行以外的另一家银行加具保兑的信用证。保兑信用证主要是受益人（出口商）对开证银行的资信不了解，对开证银行的国家政局、外汇管制过于担心，怕收不回货款而要求加具保兑的要求，从而使货款的回收得到了双重保障。

5. 即期信用证

即期信用证（Sight Letter of Credit）是指受益人按即期信用证规定的条款签发即期汇票，称为见票即付信用证，亦称即期汇票付款。

有些国家采用即期信用证，在其条款中明确规定须提交即期汇票，有些国家不要求提交汇票，认为提交即期汇票手续繁杂，而且增加费用（如印花税），只须提交单据或收据，并遵照信用证所列条款，即可付款。

采用即期信用证，不论汇票的付款人是开证银行还是开证申请人，或是其他付款银行，只要是所开出的汇票（或只提供单据）符合信用证所列条款，一经提示，开证银行或付款银行即须立刻付款，开证申请人也须立即向开证银行或付款银行偿还款项。

6. 延期付款信用证

延期付款信用证（Deferred Payment Letter of Credit）是受益人提示符合信用证条款规定的单据，在规定的期限内，被指定银行履行付款责任。延期付款信用证有两个特点：其一是板期，即受益人交单时即已确定付款到期日；其二是远期付款不需要汇票。由于不需要提供汇票可以有效规避印花税，延期付款信用证曾在欧洲得到普及。

7. 红条款信用证

红条款信用证（Red Clause L/C）是允许出口商在装货交单前可以支取全部或部分货款的信用证。开证行在信用证上加列上述条款，通常用红字打成，故此种信用证称红条款信用证。

8. 付款信用征、承兑信用证、议付信用证

（1）付款信用证（Payment L/C）

付款信用证是指在符合信用证条款的条件下，开证行自己或其授权其他银行凭规定的单据向受益人或其指定人进行付款的信用证。付款信用证是限制性信用证，明确规定由哪一家银行付款，付款行通常是开证行自己，或是它指定的银行（通常是它的海外分行或代理银行）。

付款信用证的开证行承诺的是"终局"付款行为，除非受益人与银行另有协议，付款行向受益人支付票款后没有追索权。付款信用证通常不需要受益人出具汇票。

（2）承兑信用证（Accepting L/C）

承兑信用证是指在符合信用证条款的条件下，开证行自己或其授权其他银行承兑并支付受益人开立的汇票的信用证。

（3）议付信用证（Negotiating L/C）

议付信用证是指在符合信用证条款的条件下，开证行授权其他银行议付信用证项下款项的信用证。一般情况下，议付信用证是非限制性信用证，不指定具体由哪一间银行议付，受益人当地的任何银行都可以办理议付。议付行与开证行不是同一银行。

议付是议付行对受益人的单据办理融资，而融资款即由开证行根据其在信用证中的承诺偿付。除非受益人与议付银行另有协议，议付信用证项下，议付行向受益人支付票款之后仍有追索权。

9. 可转让信用证

可转让信用证（Transferable L/C）是指开证行授权通知行在受益人的要求下，可将信用证的全部或一部分转让给第三者，即第二受益人的信用证。可转让信用证只能转让一次，信用证转让后，即由第二受益人办理交货，但原证的受益人，即第一受益人，仍须负责买卖合同上卖方的责任。如果信用证上允许分装，信用证可分别转让给几个第二受益人，这种转让可看成一次转让。不可转让信用证是指受益人不能将信用证的权利转让给他人的信用证。

10. 背对背信用证

背对背信用证（Back - to - back L/C）是指一个信用证的受益人以这个信用证，为保证要求一家银行开立以该银行为开证行、以这个受益人为申请人的一份新的信用证，也称转开信用证。其中的原始信用证又称为主要信用证，而背对背信用证是第二信用证。

一个中间商向国外进口商销售某种商品，请该进口商开立以他为受益人的第一信用证，然后向当地或第三国的实际供货人购进同样商品，并以国外进口商开来的第一信用证作为保证，请求通知行或其他银行对当地或第三国实际供货人另开第二信用证，以卖方（中间商）作为第二信用证的申请人。不管他根据第一信用证能否获得付款，都要负责偿还银行根据第二信用证支付的款项。

11. 对开信用证

对开信用证（Reciprocal L/C）是指两张信用证的开证申请人互以对方为受益人而开立的信用证。对开信用证的特点是第一张信用证的受益人（出口商）和开证申请人（进口商）就是第二张信用证的开证申请人和受益人，第一张信用证的通知行通常就是第二张信用证的开证行。两张信用证的金额相等或大体相等，两证可同时互开，也可先后开立。对开信用证多用于易货交易或来料加工和补偿贸易业务等。

12. 循环信用证

循环信用证（Revolving L/C）被全部或部分使用后，其金额又恢复到原金额，可再次使用，直至达到规定的次数或规定的总金额为止。它通常在分批均匀交货情况下使用。在按金额循环的信用证条件下，恢复到原金额的具体做法有：

（1）自动式循环。每期用完一定金额，不需等待开证行的通知，即可自动恢复到原金额。

（2）非自动循环。每期用完一定金额后，必须等待开证行通知到达，信用证才能恢复到原金额使用。

（3）半自动循环。每次用完一定金额后若干天内，开证行未提出停止循环使用的通知，自第×天起即可自动恢复至原金额。

8.3.6 信用证的主要内容

国际上各银行的信用证没有固定、统一的格式，但其内容基本相同。主要包括以下几项：

（1）对信用证本身的说明。如信用证的编号、种类、金额、开证日期、有效日期、交单日期和到期地点等。

（2）信用证的当事人。如开证申请人、受益人、开证行及其指定的通知行、议付行、付款行、偿付行、保兑行等的名称、地址。

（3）有关货物的描述。如商品的名称、规格、数量、包装、单价、总值等。

（4）对运输的要求。如运输方式、装运期限、起运地、目的地、可否分批和中途转运等。

（5）对单据的要求。对单据的要求包括：①对汇票的要求。信用证上如规定出口商提交汇票，则应列明汇票的必要项目，如出票人、受票人、期限、主要条款等；②对货运单据的要求，主要是商业发票、海关发票、提单或运输单据、保险单证及其他单据。

（6）特别条款。主要是根据进口国的政治、经济、贸易情况的变化或进口商根据业务需要规定的一些条款，如要求加具保兑、限制议付、限装某船或不许装某船、限制港口和航线等。

（7）开证行对受益人及汇票持有人保证付款的责任文句以及适用的国际惯例，如"该证受国际商会《跟单信用证统一惯例》第600号出版物的约束"字样。

SWIFT 信用证样本

Issue of a Documentary Credit：BKCHCNBJA08E

                   BANK OF CHINA LIAONING NO. 5，ZHONGSHAN SQUARE

                   ZHONGSHA，DISTRICT DALIAN CHINA

Destination Bank：KOEXKRSEXXX

                   KOREA EXCHANGE BANK SEOUL 178. 2 KA，ULCHI RO，CHUNG－KO

MESSAGE TYPE：700

27：SEQENCE OF Total：1/1（表示电文页次）

40A：Type of Documentary Credit IRREVOCABLE（跟单信用证类型）

20：Letter of Credit Number LC84E0081/99（信用证号码）

31C：Date of Issue 990916（开证日期）

31D：Date and Place of Expiry 991015KOREA

51D：Applicant Bank BANK OF CHINA LIAONING BRANCH（开证行）

50：Applicant DALIAN WEIDA TRADING CO. ，LTD（开证申请人）

59：Beneficiary SANGYONG CORPORATION CPO BOX 110 SEOUL KOREA（受益人）

32B：Currency Code，Amount USD 1146725.04（信用证结算货币和金额）

41D：Available with...by... ANY BANK BY NEGOTIATION（指定的有关银行议付）

42C：Drafts at 45 DAYS AFTER SIGHT（汇票付款期限）

42D：Drawee BANK OF CHINA LIAONING BRANCH（汇票付款人受票人）

43P：Partial Shipments NOT ALLOWED（分装条款）

43T：Transhipment NOT ALLOWED（转运条款）

44A：Shipping on Board/Dispatch/Packing in Charge at/ from RUSSIAN SEA PORT（起运港）

44B：Transportation to DALIAN PORT, P. R. CHINA（货物发送的最终地）

44C：Latest Date of Shipment 990913（最迟装运期）

45A：Description of Goods or Services（货物描述）

FROZEN YELLOWFIN SOLE WHOLE ROUND（WITH WHITE BELLY）USD770/MT CFR DALIAN QUANTITY：200MT ALASKA PLAICE（WITH YELLOW BELLY）USD600/MT CFR DALIAN QUANTITY：300MT

46A：Documents Required：（单据要求）

1. SIGNED COMMERCIAL INVOICE IN 5 COPIES.（签字的商业发票五份）

2. FULL SET OF CLEAN ON BOARD OCEAN BILLS OF LADING MADE OUT TO ORDER AND BLANK ENDORSED, MARKED "FREIGHT PREPAID" NOTIFYING LIAONING OCEAN FISHING CO., LTD. TEL 86）411 – 3680288

3. PACKING LIST/WEIGHT MEMO IN 4 COPIES INDICATING QUANTITY/GROSS AND NET WEIGHTS OF EACH PACKAGE AND PACKING CONDITIONSAS CALLED FOR BY THE L/C.（装箱单/重量单四份，显示每个包装产品的数量/毛净重和信用证要求的包装情况）

4. CERTIFICATE OF QUALITY IN 3 COPIES ISSUED BY PUBLIC RECOGNIZED SURVEYOR.（质量证明三份）

47A： ADDITIONAL INSTRUCTIONS （附加指示）

1. CHARTER PARTY B/L AND THIRD PARTY DOCUMENTS ARE ACCEPTABLE.（租船提单和第三方单据可以接受）

2. SHIPMENT PRIOR TO L/C ISSUING DATE IS ACCEPTABLE.（装船期在信用证有效期内先于 L/C 签发日的船期是可接受的）

3. BOTH QUANTITY AND AMOUNT 10 PERCENT MORE OR LESS ARE ALLOWED.（允许数量和金额公差在 10% 左右）

71B：Charges（费用）

ALL BANKING CHARGES OUTSIDE THE OPENNING BANK ARE FOR BENEFICIARY'S ACCOUNT.

48：Period for Presentation（单据提示日期）

DOCUMENTS MUST BE PRESENTED WITHIN 15 DAYS AFTER THE DATE OF ISSUANCE OF THE TRANSPORT DOCUMENTS BUT WITHIN THE VALIDITY OF THE CREDIT.

49：Confirmation Instructions WITHOUT（保兑指示）

78：Instructions to the Paying/Accepting/Negotiating Bank：（对付款行/承兑行/议付行指示）

57A："Advising Through" Bank（通知行）

8.3.7 与信用证有关的国际惯例

《跟单信用证统一惯例》是国际商会于 1930 年拟订的，并于 1933 年正式公布。1951 年、1962 年、1974 年、1978 年、1983 年、1993 年进行了多次修订，被各国银行和贸易界所广泛采用，成为信用证业务的国际惯例。2006 年 10 月 25 日，国际商会又对 1993 年 UCP500 进行了修订，称为 2007 年版本 UCP600。

UCP 是国际银行界、律师界、学术界自觉遵守的"法律"，是全世界公认的、到目前为止最为成功的一套非官方规定。由于 UCP 的重要和核心地位，它的修订还带动了 eUCP、ISBP、SWIFT 等的相应修订和升级。

UCP600 共有 39 个条款，比 UCP500 减少 10 条，但却比 UCP500 更准确、清晰，更易读、易掌握、易操作。它将一个环节涉及的问题归集在一个条款中；将 L/C 业务涉及的关系方及其重要行为进行了重新定义，如第二条的 14 个定义和第三条对具体行为的解释。

UCP600 纠正了 UCP500 造成的许多误解：第一，把 UCP500 难懂的词语改变为简洁明了的语言，取消了易造成误解的条款，如"合理关注"、"合理时间"及"在其表面"等短语。第二，UCP600 取消了无实际意义的许多条款。如"可撤销信用证"、"风帆动力批注"、"货运代理提单"及 UCP500 第 5 条"信用证完整明确要求"及第 12 条有关"不完整不清楚指示"的内容。第三，UCP600 的新概念描述极其清楚准确。第四，更换了一些定义。如对审单作出单证是否相符决定的天数，由"合理时间"变为"最多为收单翌日起第 5 个工作日"等。第五，方便贸易和操作。UCP600 有些特别重要的改动。如拒付后的单据处理，增加了"拒付后，如果开证行收到申请人放弃不符点的通知，则可以释放单据"等。

8.4 银行保函、国际保理与出口信用保险

8.4.1 银行保函

1. 银行保函的定义

银行保函（Banker's Letter of Guarantee，L/G）是银行应委托人的请求，向受益人开立的一种书面担保凭证。银行作为担保人，对委托人的债务或义务承担赔偿责任。

委托人和受益人的权利和义务，由双方订立的合同规定，当委托人未能履行其合同义务时，受益人可按银行保函的规定向保证人索偿。

国际商会于 1992 年出版了《见索即付保函统一规则》，其中规定："索偿时，受益人只需提示书面请求和保函中所规定的单据，担保人付款的唯一依据是单据，而不能是某一事实。担保人与保函所可能依据的合约无关，也不受其约束。"以上规定表明，担保人所承担的责任是第一性的、直接的付款责任。

2. 银行保函与跟单信用证的区别

银行保函与跟单信用证相比，当事人的权利和义务基本相同，所不同的是跟单信用证要求受益人提交的单据是包括运输单据在内的所有商业单据，而银行保函要求的单据实际上是受益人出具的关于委托人违约的声明或证明。这一区别，使两者适用范围有了很大的不同，银行保函可适用于各种经济交易，为合同的一方向另一方提供担保。另外，如果委托人没有违约，保函的担保人就不必为承担赔偿责任而付款，而信用证的开证行则必须先行付款。

3. 银行保函的种类

根据银行保函在合同中所起的不同作用和担保人承担不同的担保职责，保函可以具体分为以下几种。

（1）投标保函。投标保函指银行应投标人申请向招标人作出的保证承诺，保证在投标人报价的有效期内投标人将遵守其诺言，不撤标、不改标、不改原报价条件，并且在其一旦中标后，将按照招标文件的规定在一定时间内与招标人签订合同。

（2）履约保函。保证人承诺，如果担保申请人（承包人）不履行他与受益人（业主）之间订立的合同时，应由保证人在约定的金额限度内向受益人付款。此保证书除应用于国际工程承包业务外，同样适用于货物的进出口交易。

（3）预付款保函。预付款保函又称还款保函或定金保函，指银行应供货方或劳务承包方申请向买方或业主方保证，如申请人未能履约或未能全部按合同规定使用预付款时，则银行负责返还保函规定金额的预付款。

（4）补偿贸易保函。补偿贸易保函指在补偿贸易合同项下，银行应设备或技术的引进方申请，向设备或技术的提供方所作出的一种旨在保证引进方在引进后的一定时期内，以其所生产的产成品或以产成品外销所得款项来抵偿所引进设备和技术的价款及利息的保证承诺。

8.4.2　国际保理

目前，国际上为企业所惯用的信用证付款方式正逐渐被赊账贸易所代替，应运而生的银行保理业务能够为企业提供新的融资方式。而这一业务作为银行中间业务的重要部分，正在成为下一个银行之间争夺的据点。在上海，已有汇丰银行、渣打银行、民生银行、光大银行开始深度细化中小企业保理业务。

1. 国际保理的概念

保理业务是指销售商将其现在或将来的基于其与购货商（债务人）订立的货物销售与服务合同或因其他原因所产生的应收账款转让给银行，从而获得银行为其提供的商业资信调查、贸易融资、应收账款管理及信用风险担保等方面的综合性金融服务。

国际保理业务（International Factoring）全称为国际保付代理业务，是国际贸易在赊销和承兑交单贸易结算方式下，保理商向出口商提供的一项包括出口贸易融资、进口商资信调查及评估、销售账务处理、应收账款管理及追收和买方信用担保等内容的综合性金融服务。具体做法是：出口商事先与保理商签订保理协议，根据协议，出口商按买卖合同规定发货后，有关运输单据径直寄交进口商，而将应收账款的单据卖给保理商，由保理商通过其在进口地的代理人负责向进口商收款，保理商收到货款后，扣除一定的手续费，将货款交给出口商。

2. 国际保理业务的特点

（1）国际保理业务的核心是提供付款担保，出口商在确定销售合同和保理协议并发货后，应将账款卖断给保理公司，由保理公司承担风险。

（2）国际保理业务是一种具备多种功能的国际结算方式，可以同时为进出口双方提供融资、承担风险服务，将成为今后进出口贸易普遍使用的结算方式。

（3）减少了托收方式潜在的风险。由于保理商事先已对进口商进行了资信调查，减少了出口商发货的盲目性。

（4）可以减少国际结算手续，无需像信用证结算那样将相符单据交银行，只需向保理商提供一份发票副本即可。

3. 国际保理的应用优势

国际保理业务有别于汇款、托收和信用证三大传统国际结算手段，其无论对出口商还是进口商都具有独特的应用优势。对出口商而言，保理商可以代替出口商对进口商资信状况进行调查与监督，克服信息障碍，从而为出口商的销售政策提供准确的依据和信息。出口商在货物装运完毕并向保理商转让发票等单据后，即可获得80%以上的融资，提高收汇速度，加快资金融通。只要出口商的交货条件符合合同规定，出口商即可将进口商破产或拒付等经营风险、信用风险完全转移给保理商，相比信用证付款方式，能更大程度地保护出口商的利益。保理业务由于建立在赊销交易基础上，其实际相当于为买方提供了信用放款，从而也起到鼓励买方进口和建立长期合作的作用。对进口商而言，由于保理业务通过保理组织进行结算，可以省去买方高昂的开证费用及押金等支出，降低了买方的交易成本。保理结算的延期付款，也相当于为买方提供了信用放款，从而提高了其资金利用率。

从目前全球国际贸易发展的趋势来看，传统的信用证结算方式要求出口企业做到单证一致、单单一致。由于手续繁琐、费用较高等弊端，其在国际贸易结算方式中的"盟主"地位正受到挑战，结算方式非信用证化已成为新的发展趋势，而国际保理业务并不完全需要单证一致；但是要求其购买的应收账款必须没有任何贸易纠纷，银行将利用自己的应收账款管理系统来管理和托收应收账款，通过其合作伙伴（进口保理商），对货物、买家的信用记录以及双方合同的履行进行调查，由于迎合了赊销、承兑交单托收等贸易方式发展的需要，因此越来越受到各方面的重视，并得到广泛运用。

4. 保理商在国际保理业务中的风险

国际保理业务主要涉及出口商、进口商和保理商三方当事人，因为进口商完全是凭着自身的信用表现来获得保理商对其债务的担保，所以风险集中在保理商和出口商身上。

对保理商而言，国际保理业务主要面临两方面的风险：进口商信用风险和出口商信用风险。保理商买断出口应收账款成为货款债权人，同时也承担了原先由出口商承担的应收账款难以收回的风险。如果保理商从融资一开始对进口商的审查就缺乏客观性和全面性，高估了进口商的资信程度，对进口商履约情况作出错误判断；或者进口商提供了虚假的财务信息，伪造反映其还款能力的真实数据；或者保理商的事中监督不够得力，进口商的资信水平原来不错，但在履约过程中，由于进口的商品不适销对路、进口国的政治经济状况发生突然变化等客观原因使得资信水平下降，无法继续履约等，上述种种因素都可能导致保理商遭受巨额损失且难以得到补偿。同样的情况会出现在出口商一方。在保理商为出口商提供了融资服务的情况下，出现了货物质量与合同不符，进口商拒付货款的问题，保理商同样可能会因为出口商破产而导致融资款的无法追偿。

出口商则主要承担货物的质量风险。保理业务不同于信用证以单证相符为付款依据，而是在商品和合同相符的前提下保理商才承担付款责任。如果由于货物品质、数量、交货期等方面的纠纷而导致进口商不付款，保理商不承担付款的责任，故出口商应严格遵守合同。另外，进口商可能会联合保理商对出口商进行欺诈。尽管保理商对其授信额度要付 100% 的责任，但一旦进口商和保理商勾结，特别是出口商对刚接触的客户了解甚少时，如果保理商夸大进口商的信用度，又在没有融资的条件下，出口商容易造成财货两空的局面。当然，对我国来说，目前开展保理业务的多是一些金融机构，其营业场所和不动产是固定的，参与欺诈后难以逃脱，这种风险也就相对较少。

8.4.3　出口信用保险

1. 出口信用保险的定义

出口信用保险是指信用保险机构对企业投保的出口货物、服务、技术和资本的出口应收账款提供安全保障机制。它以出口贸易中投保人的债权为保险标的，保险人承保国内出口商在经营出口业务过程中，因进口商方面的商业风险或进口国（或地区）方面的政治风险发生而遭受的债权损失。出口信用保险已经成为进出口贸易中的一个重要工具，是贸易中各国争夺出口市场尖锐化的产物，是各国政府为推动本国出口贸易发展的一项经济保障措施。

2. 出口信用保险的种类

出口信用保险按信用期限长短，大致可分为短期出口信用保险、中长期出口信用保险、履约保证保险。

（1）短期出口信用保险简称短期险，是指承保信用期限在 1 年以内的业务，主要用于以付款交单（D/P）、承兑交单（D/A）、赊账（O/A）等以商业信用为付款条件的出口，以及银行开具的信用证项下的出口。

（2）中长期出口信用保险简称中长期险，可分为买方信贷保险、卖方信用保险和海外投资保险三大类。中长期险承保信用期限在 1 年以上、一般不超过 10 年的收汇风险，主要用于大型机电产品和成套设备的出口，以及海外投资，如以 BOT、BOO 或合资等形式在境外兴办企业等。

（3）履约保证保险简称保证保险，分为直接保证保险和间接保证保险。直接保证保险包括开立预付款保函、出具履约保证保险等；间接保证保险包括承保进口方不合理没收出口方银行保函。

【小结】

国际结算是指两个不同国家的当事人，不论是个人间的、单位间的、企业间的或政府间的，因为商品买卖、服务供应、资金调拨、国际借贷而需要通过银行办理的两国间外汇收付业务。国际贸易结算中使用的票据包括汇票、本票、支票，其中以使用汇票为主。目前国际贸易结算的三种基本形式包括汇付、托收和信用证。国际贸易结算的其他方式包括银行保函、国际保理和出口信用保险。

【思考题】

1. 汇票、本票和支票三者之间的主要区别有哪些？

2. 信用证付款方式涉及的当事人有哪些？各当事人之间的相互关系是怎样的？

3. 在一笔大宗出口交易中，对托收与信用证两种付款方式如何结合使用才有利于安全收汇？

4. 银行保函的种类有哪些？

【技能实训】

1. 根据汇票回答问题。

Bill of Exchange

No. SHE02/01056   *Date* JUN.06, 2001 SHANGHAI

Exchange *for* USD100,000.00

D/P *At* *** *days after sight of this* **FIRST** *of Exchange (Second of exchange being unpaid)*

pay to the Order of BANK OF COMMUNICATIONS, SHANGHAI (HEAD OFFICE)

the sum of U.S. DOLLARS ONE HUNDRED THOUSAND ONLY

Drawn under L/C *No.*   *Dated*

Issued by

To CITI CORP., N.A.

     NEW YORK

     U.S.A.

SHANGHAI FOREIGN TRADE CORP.

吴迪

AUTHORIZED SIGNATURE

项目、问题 类型	托收项下汇票
（1）汇票出票人	
（2）汇票付款人	
（3）汇票的收款人	
（4）付款时间	
（5）付款金额	
（6）出口商	
（7）进口商	
（8）托收行	
（9）本托收业务交单条件	

2. 某信用证有关内容如下：

ISSUING BANK：BANK OF EUROPE, LONDON

APPLICANT：INTERNATIONAL IMP&EXP CO. , LTD. LONDON

BENEFICIARY：BEIJING LIGHT INDUSTRIAL PRODUCTS IMP&EXP CO. , BEI-JING

NEGOTIATING BANK：BANK OF CHINA , BEIJING

CREDIT NO. HLC967825T DATE：23 JUNE 2009

信用证中对汇票的要求为：

DRAFT AT30 DAYS AFTER SIGHT FOR 100 PERCENT OF INVOICE VALUE DRAWN ON US

发票金额为 7000. 00 美元。

试按上述条件开出信用证项下汇票一张，汇票的编号为 10001，议付行为汇票的收款人，出票日期和地点为 30 JUNE 2009，BEIJING。

BILL OF EXCHANGE

DRAWN UNDER L/C NO. ＿＿＿＿＿＿＿　　　ISSUED BY ＿＿＿＿＿＿＿

DATED ＿＿＿＿＿＿

　　　　　　　　　　　　　　　　　　　　NO. ＿＿＿＿＿＿

EXCHANGE FOR ＿＿＿＿＿＿

＿＿＿＿＿＿ AT ＿＿＿＿＿＿ SIGHT OF THIS FIRST OF EXCHANGE（SECOND OF THE SAME TENOR AND DATE UNPAID）

PAY TO THE ORDER OF ＿＿＿＿＿＿

THE SUM OF ＿＿＿＿＿＿

TO：＿＿＿＿＿＿　　　　　　　　　　FOR：＿＿＿＿＿＿

　　　　　　　　　　　　　　　　　SIGNATURE ＿＿＿＿＿＿

第 9 章
争议的预防与处理

【学习目标】

通过本章的学习，掌握进出口商品检验的作用和内容，了解相应的检验机构；理解订立争议与索赔条款的意义，掌握争议与索赔的相应条款和注意事项；理解什么是不可抗力以及不可抗力发生后的处理流程；熟悉并掌握什么是仲裁及其特点以及仲裁的程序。

【重点与难点】

进出口商品检验的含义、意义和内容，商品检验的时间和地点以及商品检验证书的种类等；索赔的含义及合同中索赔条款的规定；不可抗力的含义、范围及规定不可抗力条款时应注意的问题；仲裁的含义、特点、程序及世界贸易组织的争端解决机构。

【导入案例】

中国某进出口公司与荷兰某公司签订一出口合同，合同规定了出口价格为 CIF 鹿特丹、即期信用证付款为条件，在合同和信用证上都规定了"不准转船"。卖方接到合同和信用证规定，及时将其出售的货物装上直达鹿特丹的班轮上，并凭直达提单等装运单据办理了货款的议付。船方为了装载其他货物，中途擅自将卖方托运的货物装其他船续运至鹿特丹。因其中途转船延误了时间，导致货物晚到 1 个月，买方便向我方索赔，我方拒赔。在本案例中外方的索赔是否合理，我方是否应该理赔，应该如何处理。

案例分析：在本案例中，我方按 CIF 贸易方式与荷兰签订的进出口合同，根据《2000 年通则》的解释，CIF 贸易术语是象征性交货，即凭单交货，我方按合同取得了直达提单和相关单据，就完成了交货义务，因此不存在违约情况，由于船方没有按承运合同规定进行直航，对买方造成损害，买方应向船方索赔，而不应该向我方索赔。

9.1 货物的检验

9.1.1 商品检验的含义和作用

1. 商品检验的含义

商品检验（Commodity Inspection）是指商品检验机构对货物的品质、数（重）

量、包装、安全性能、卫生指标、残损情况和货物装运技术条件等方面进行检验和鉴定，并出具检验证书，从而确定货物的各项指标是否符合合同规定，是否符合交易双方国家的有关规定。

2. 商品检验的作用

商品检验是国际贸易中非常重要的一个环节。在国际贸易中，由于买卖双方分别处于不同的国家（或地区），相隔遥远，进出口的货物要经过远距离的运输、多次的装卸，而且一般不能当面验看货物或交接货物，所以常常在交货的时候发生品质、数（重）量、包装、安全性能、卫生指标、残损情况和货物装运技术条件等问题上产生争议。另外在运输过程中，由于自然因素或非自然因素，也会使货物的品质、数（重）量、包装、安全性能、卫生指标、残损情况和货物装运技术条件等条件发生变化，同样会引起交货双方的争议。

为了保护交易双方的利益，避免发生争议，或发生争议后便于交易双方划分责任，解决争议，由一个权威的、有资格的、交易双方认可的第三方来进行公正的评判是非常必要的。商品检验机构正是以第三方的身份出现，公正地对货物的品质、数（重）量、包装、安全性能、卫生指标、残损情况和货物装运技术条件等方面进行检验和鉴定，并出具检验证书，并以此作为交易双方交接货物、支付货款、进行索赔、理赔和解决争议的依据。此外，商品检验还关系到出口国能否保持良好的信誉，使本国出口贸易持续发展；关系到进口国的社会福利；关系到交易双方的经济利益等。可以看出，商品检验对于国际贸易的顺利进行是非常重要的，也是非常必要的。

我国《进出口商品检验法》规定：凡列入"商检机构实施检验的进出口商品目录"的进出口商品和其他法律、行政法规规定的须经商品检验机构检验的进出口商品，必须经过商品检验机构或国家商品检验部门、商品检验机构指定的检验部门检验。凡列入"商检机构实施检验的进出口商品目录"的进出口商品，除非经国家商品检验部门审查批准免于检验的，进口商品未经检验或经检验不合格的，不准销售、使用；出口商品未经检验合格，不准出口。除我国《进出口商品检验法》外，其他国家的法律以及有关的国际公约（如《联合国国际货物销售合同公约》）也就商品检验作出了规定。

9.1.2 商品检验的内容

对于不同的货物、不同的状况，商品检验的内容是不同的。常见的商品检验有品质检验、数（重）量检验、包装检验、卫生检验和残损检验等。

1. 品质检验

品质检验是针对货物的外观、化学成分和物理性能等方面所进行的检验，主要有仪器检验和感官检验两种方法。仪器检验是利用相关的仪器或机械设备，对商品的化学成分、物理性能等方面进行全面的分析和检验；感官检验则是通过人的眼、耳、鼻、口、手等对商品进行感官上的分析和检验。品质检验的目的是查看货物是否符合商品品质的要求以及合同对商品品质的要求。

2. 数（重）量检验

数（重）量检验是指使用合同规定的计量单位和计量方法对货物的数（重）量进行检验，以确定其是否符合合同所规定的数（重）量。在实际业务中，由于人为因素或其他非人为客观因素，对货物的数（重）量的测定允许有一定的误差，但要求误差应在合理的范围内。

3. 包装检验

包装检验是对货物包装的牢固性和完整性进行检验，检验其是否适应货物本身的特性，是否适合货物在运输过程中的装卸及搬运，是否符合合同及其他有关规定。另外，在进行包装检验时，还应对包装标志的各项内容进行核对，看其是否与合同的规定相符。

4. 卫生检验

卫生检验是检验进出口货物是否包含影响人类生命健康的各种物质，尤其是对于肉、蛋、奶和水果等食用商品，必须进行卫生检验、检疫，不符合本国法律法规的货物，一律不准进口和出口。

5. 残损检验

残损检验是对货物的残损部分进行检验和鉴定，掌握货物残损的具体原因及其对货物价值的影响，并出具检验证书，作为受害方索赔的依据。货物的残损主要指货物的残破、短缺、生锈、发霉、虫蛀、油浸、变质、受潮、水渍和腐烂等情况。进口货物残损检验的依据主要包括发票、装箱单、保险单、提单、商务记录及外轮理货报单等有效单证或资料的相关记录。

以上是几种常见的商品检验，除此之外，进出口货物检验还包括船舱检验、监视装载、签封样品、签发产地证书和价值证书等检验内容。

9.1.3 商品检验的时间和地点

一般来讲，对于买卖双方应在何时、何地对货物进行检验，各国之间并没有一个统一的规定。然而，检验的时间和地点又关系到买卖双方的切身利益，所以买卖双方应在合同中对商品检验的时间和地点作出明确具体的规定。

1. 在出口国检验

在出口国检验属于货物在装运前的检验，可以分为在出口国产地检验和在装运港或装运地检验。

（1）在出口国产地检验，即在货物离开生产地点（如工厂、农场和矿山等）之前，由卖方或其委托的检验机构人员对货物的品质、数（重）量和包装等进行检验，并出具检验证书。卖方只承担货物离开产地之前的各种责任，对于日后货物在运输过程中出现的问题，由买方承担责任。此种做法一般在大型机械设备的交易中使用。

（2）装运港或装运地检验，习惯上称为离岸品质和离岸重量，即货物在装运港或装运地装运前，由双方约定的商品检验机构对货物的品质、数（重）和包装等进行检验，出具检验证书。当货物运抵目的港或目的地后，即使买方再对货物进行复验，并发现了问题，也无权再表示拒收或提出异议和索赔。

采用以上两种方法规定检验时间和检验地点时，即使买方在货物到达目的港或目的地后，经检验发现货物的品质、数（重）量或包装等方面不符合合同规定，也不能就此向卖方提出异议，除非买方能证明这种不符是由于卖方违约或是由于货物存在内在缺陷造成的。可见，这类规定方法否定了买方对货物的复检权利，对买方极为不利，在实务中较少使用。

2. 在进口国检验

在进口国检验是货物在目的港或目的地卸货后进行检验，可以分为在目的港或目的地检验、在买方营业处所或最终用户所在地检验。

（1）在目的港或目的地检验，习惯上称为到岸品质和到岸重量，即货物在到达目的港或目的地卸货后的一定时间内，由买卖双方约定的目的港或目的地的商品检验机构对货物的品质、数（重）量和包装等进行检验，并出具检验证书。按此种做法检验，如检验证书证明货物与合同规定不符，则属于卖方责任，卖方应予负责。

（2）在买方营业处所或最终用户所在地检验，即由买卖双方约定的在买方营业处所或最终用户所在地的商品检验机构对货物的品质、数（重）量和包装等进行检验，并出具检验证书。这类规定方法主要是针对那些密封包装、精密复杂的商品，不宜在使用前拆包检验，或是那些需要安装调试后，才能进行检验的成套设备和机电仪表产品。按此种方法检验，如检验证书证明货物与合同规定不符，则属于卖方责任，买方可以凭检验证书向卖方索赔。

采用以上两种方法规定检验时间与检验地点时，卖方必须保证货物到达目的港或目的地时，货物的品质、数（重）量和包装等与合同规定相符。如果由于卖方责任致使货到目的港或目的地时出现品质、数（重）量或包装等方面与合同不符的情况，买方可以凭双方约定的商品检验机构出具的检验证书向卖方赔。此种方法对买方有利，对卖方不利。

3. 在出口国检验，在进口国复验

此种方法是卖方在货物装运时，委托本国的商品检验机构对货物的品质、数（重）量和包装等进行检验，并出具检验证书，作为向当地银行议付货款的单据之一，但不是最终的依据。当货物运抵目的港或目的地时，再由当地的商品检验机构对货物的品质、数（重）量和包装等进行复验，如发现货物的品质、数（重）量或包装等方面不符合合同的规定，买方可以凭对货物进行复验的检验机构出具的检验证书，向卖方提出异议或索赔。

这种规定方法一方面肯定了卖方的检验证书是有效的交接货物和结算凭证，同时又确认买方在收到货物后有复验的权利，对交易双方来讲是比较公平合理的，在国际贸易中被广泛采用。我国进出口业务中也多用此规定方法来约定商品检验地点和检验时间。

4. 在装运港或装运地检验重量，目的港或目的地检验品质

在装运港或装运地检验重量，在目的港或目的地检验品质，习惯上称为离岸重量和到岸品质。此种方法一般在大宗交易中使用，为调和交易双方在检验时间和检验地点上的矛盾，规定以装运港或装运地商品检验机构验货后出具的重量检验证书为卖方交货重量的最后依据，而以目的港或目的地的商品检验机构验货后出具的品

质检验证书为卖方交货品质的最后依据。如果货物到达目的港或目的地后，经检验发现由于卖方责任致使货物品质与合同规定不符，则买方可以凭检验证书向卖方索赔。但如果是货物重量出现不符，则买主不得向卖方提出异议。

需要注意的是，对货物检验时间和检验地点的规定，与交易中双方所采用的贸易术语密切相关。例如，在采用 E 组或 D 组术语时，卖方要将货物实际交给买方，这时商品检验应在交货地点，买卖双方交接货时进行。但如果采用 F 组或 C 组术语，卖方是象征性交货，货物风险转移给买方时，买方并未收到货物，采用在出口国检验、进口国复验，对双方是比较合理的规定方法。

9.1.4　商品检验机构

1. 国际上的主要商品检验机构

商品检验机构作为公正的第三方对货物进行检验并出具检验证书，已经成为国际贸易中的一个重要环节，各个国家或地区都设立了自己的商品检验机构。根据它们的性质，可以分为官方商品检验机构、半官方商品检验机构和非官方商品检验机构三种。

（1）官方商品检验机构。此类商检机构是由政府出资设立的，依据国家有关法律、法规对进出口货物进行强制性检验、检疫的机构。世界上比较著名的官方商品检验机构有美国食品药物管理局（FDA）、美国粮谷检验署（FGES）、法国国家实验室检测中心和日本通商产业检验所等。

（2）半官方商品检验机构。此类商检机构是由政府授权，代表政府进行货物检验的机构。从性质上看，半官方商品检验机构属于民间机构。例如，美国保险人实验室（UL）就属于此种情况。各国出口到美国的与防盗信号、化学危险品以及与电器、供暖、防水等有关的产品都要在通过其检验，贴上"UL"标志后，才能在美国市场上销售。

（3）非官方商品检验机构。此类商检机构是由各商会、协会或私人设立的商品检验机构。这类机构中有些是历史悠久，在全球具有较高的权威性，如瑞士日内瓦通用鉴定公司（SGS）、香港天祥公正化验行、日本海事鉴定协会（NKKK）、新日本鉴定协会（SK）和英国劳合氏公证行（Lloyd's Surveyor）等。

2. 我国的商品检验机构

新中国成立后，我国成立了进出口商品检验局，并在各省、自治区、直辖市及进出口口岸、进出口商品集散地设立了分支机构，对一般的进出口商品进行检验。改革开放以后，为适应我国对外贸易迅速发展的需要，1980 年我国又成立了中国进出口商品检验总公司（China Import and Export Commodity Inspection Corporation，CCIC），并在各省、自治区、直辖市开办了分公司，以非官方身份独立开展进出口商品的检验、鉴定业务，签发相应的证书，并对进出口双方当事人提供咨询服务，为促进我国对外贸易的发展作出了贡献。

1998 年 7 月，原国家商检局、原卫生部卫生检疫局、原农业部动植物检验局共同组建了中华人民共和国出入境检验检疫局（State Administration of Exit and Entry Inspection and Quarantine of the People's Republic of China，CIQ）对我国出入境商品

检验进行统一管理。2001年4月，国务院将原国家质量技术监督局和原国家出入境检验检疫局合并，成立了国家质量监督检验检疫总局，它是我国现时主管商品检验检疫工作的最高行政执法机关。其设在各地的质量监督验检疫机构管理其所辖地区内的出入境检验检疫工作。

根据我国《进出口商品检验法》的规定，国家质量监督检验检疫总局作为国家商品检验机构主要承担以下几方面的责任：对进出口商品实施法定检验；对进出口商品的质量和检验工作进行监督管理；办理进出口商品的公证鉴定等。

9.1.5　商品检验证书

1. 商品检验证书的作用

商品检验证书是商品检验机构对商品进行检验和鉴定后出具的证明性文件，是国际货物买卖中的重要单据之一。商品检验证书可以起到以下几方面的作用：

（1）商品检验证书可以证明卖方所交货物的品质、数（重）量、包装、化学成分和物理性能等方面是否符合合同的规定。进行检验的商品检验机构是由交易双方在签订合同时协商确定的，一旦商品检验机构按交易双方在合同中约定的检验内容、检验方法对卖方所交货物进行检验，并出具检验证书，检验结果对交易双方都有法律效力。如果检验证书证明卖方所交货物符合合同要求，则买方必须接受货物，不能拒收。

（2）商品检验证书是卖方向银行进行议付货款的重要单据之一。在实际业务中，交易双方在签订支付条款时，都要规定卖方向银行议付货款时，必须出具各种单证，而商品检验证书就是其中一项重要的单证。如果卖方在交货后，不能按时提供符合合同规定的商品检验证书，议付银行有权拒收单据和拒付货款。

（3）商品检验证书是海关通关验收货物的有效证件。商品检验机构出具的检验证书，是各国进出口商品通关的必要证件，没有获得检验证书或检验不合格的商品一律不得通关。

（4）商品检验证书是买方对货物的品质、数（重）量、包装、化学成分和物理性能等方面提出异议、拒收货物、进行索赔或仲裁、诉讼的依据。在实际业务中，当买方发现货物的某一方面不符合合同规定时，可以凭商品检验机构出具的检验证书向卖方提出异议、拒收货物、进行索赔。另外，商品检验证书也是交易双方进行仲裁、诉讼的重要证据。

（5）商品检验证书是计收运输费用的依据。商品检验机构出具的重量检验证书可以作为承运人向托运人收取货物运输费用的有效依据。另外，这类商品检验证书还可以作为港口计算装卸量、仓储费的有效依据。

2. 商品检验证书的种类

在实际业务中，由于交易的商品不同，所需提供的商品检验证书的种类也不相同，商品检验证书的种类由商品检验的内容所决定。常见的商品检验证书有以下几种。

（1）品质检验证书（Inspection Certificate of Quality）。它是运用合同规定的各种检验方法，对报验商品的质量、规格和等级进行检验后出具的书面证明文件。

（2）重量检验证书（Inspection Certificate of Weight）。利用合同规定的计重方法对商品的重量予以鉴定后出具的书面证明文件。

（3）数量检验证书（Inspection Certificate of Quantity）。这是证明商品实际数量的书面证明文件。

（4）卫生证明书（Inspection Certificate of Health）。对出口的食用动物产品，如罐头食品、蛋制品、乳制品和冷冻食品等商品实施卫生检验后出具的，证明货物已经检验和检疫合格，可供食用的书面文件。

（5）兽医检验证书（Veterinary Inspection Certificate）。对动物商品进行检验，表明其未受任何传染病感染的书面证明，例如，皮、毛、绒及冻畜肉等货物的出口都必须进行此项检验。

（6）消毒检验证书（Disinfection Inspection Certificate）。证明某些出口的动物产品已经消毒处理，符合安全、卫生要求的书面文件。在猪鬃、马尾、皮张、羽绒和羽毛等商品的贸易中，经常会要求这种检验证书。

（7）熏蒸检验证书（Inspection Certificate of Fumigation）。证明谷物、油籽、豆类和皮张等出口商品及包装用木材与植物性填充物等，已经过熏蒸杀虫，达到出口要求的书面报告，其中还要记录熏蒸使用的药物种类和熏蒸时间。

（8）产地检验证书（Inspection Certificate on of Origin）。对出口产品的原产地的书面证明，包括一般的产地检验证书、普惠制产地证书和野生动物产地证书等。

（9）价值检验证书（Inspection Certificate of Value）。证明出口商品的价格真实、可靠的书面证明，可作为进口国进行外汇管理和对进口商品征收关税的依据。

（10）残损检验证书（Inspection Certificate on Damaged Cargo）。证明进口商品的残损情况、判断残损原因和估定残损价值的书面文件，供有关当事人对外索赔使用。

（11）验舱证书（Inspection Certificate on Tank）。有时要对准备装货的船舱的现状和设备条件进行检验，如冷藏舱室检验、油轮密固检验、干货舱清洁法检验和油舱清洁法检验等，合格的签发证书。

（12）货载衡量单（Cargo Measurement and Weight Sheet）。商品检验局有时根据承运人或托运人的申请，对进出口船运货物的尺码吨位和重量吨位进行衡量，并签发此种证书。

9.1.6　合同中的商品检验条款

国际货物买卖合同中的商品检验条款同其他条款一样是十分重要的，商品检验条款订立得如何将直接或间接地关系到交易的成败、交易双方的经济利益得失和能否保持良好的信誉等。合同中商品检验条款一般主要包括检验方式、检验地点和时间、检验内容、检验标准与方法、检验机构及检验费用等内容。随着各国家（或地区）对货物检验的要求越来越严，可以进行商品检验的机构越来越多，仔细斟酌商品检验条款内容，慎重选择商品检验机构，认真履行检验义务和责任成为进出口贸易中重要的内容。例如在如何确定检验地点和时间在理论上有多种，如在产地（例如工厂、农场、矿山等）检验、在装运港或装运地检验、在目的港或目的地检验、在出口国检验和进口国复验等，在选择上应根据买卖双方的利益、贸易术语、货物的特性、检测手段、行业规则以及进出口国的法律法规等综合因素加以协商确定。对于检验的内容以及检验标准，在合同中的说明要科学、合理、清楚，并结合实际的检验技术。检验标准是指判断进出口货物的某些指标是否合格的依据。需要注意的是，出口商品检验标准与进口商品检验标准确定的原则是不同的。另外，在实际业务中合同中规定的各种检验标准，应符合进出口国家有关法律的规定。检验机构的选择正确与否，也将直接关系到交易双方的利益。国际上存在的商品检验机构越来越多，交易双方应共同协商，选择国际上权威的检验机构，同时检验机构所在地应尽可能靠近交易双方所在地，以便联系，缩短检验出证的时间。并且在合同中应明确检验费用应于谁承担的问题，一般情况下，出口前商检费用由出口方自己承担，而到岸后的检验费用一般由进口方承担。但如在出口时，买方提出额外的商检要求时，出口商就得考虑费用该由谁来承担的问题了，同时还要考虑额外的工作占用的时间和对整个出口流程的影响。

国际货物买卖合同中的检验条款繁简不一，但主要的内容相差不大，现举例说明关于我国出口合同中检验的内容。

"双方同意以装运港中国出入境检验检疫局签发的品质和数量（重量）检验证书作为信用证项下议付单据的一部分。买方有权对货物的品质、数量进行复验。复验费用由买方承担。如发现品质或数（重）量与实际不符，买方有权向卖方进行索赔，索赔期限为货到目的港××天内。"

另外需要注意的是，合同中关于品质、数量、重量和包装等内容，往往是商检的主要项目。因此在合同签订时要注意这些条款的衔接和吻合，防止出现矛盾的地方。

9.2　争议与索赔

9.2.1　双方约定争议与索赔条款的意义

在国际货物贸易中，情况复杂多变，在履约过程中，如市场情况发生变化或某一环节出了问题，就可能导致合同一方当事人违约或毁约，而给另一方当事人造成损害。受损害的守约方，为了维护自身的权益，势必向违约方提出争议，并要求赔偿损失。违约方对守约方提出的争议与索赔，应当适当处理，即为理赔。由此可见，索赔与理赔是一个问题的两个方面。索赔事件产生的原因是多方面的，一般来说，容易发生与交货期、交货品质、数量与包装等有关的问题，故买方向卖方提出索赔的情况较多。当然，买方不按期接运货物或无理拒收货物与拒付货款的情况也时有发生。因此，也有卖方向买方索赔的情况。在我国进出口业务中，履行出口合同时，外商向我方索赔的情况比较多；履行进口合同时，则由我方向外商索赔的情况比较多。为了便于处理这类问题，在国际货物买卖合同中，通常都应订立争议与索赔条款。约定此项条款，具有双重意义，即一方面有利于促使合同当事人认真履约，另一方面也便于依约处理合同争议。

9.2.2 争议与索赔条款的主要内容

国际货物买卖合同中的争议与索赔条款，通常包括下列主要内容：

1. 索赔的证据

在争议与索赔条款中，一般都规定：货到目的地卸货后，若发现交货品质、数量或重量与合同规定不符，除由保险公司或承运人负责者外，买方应凭双方约定的某商检机构出具的检验证明向卖方提出争议与索赔。但货物在运输途中发生品质和重量上的自然变化，不在索赔之列。

2. 索赔期限

在争议与索赔条款中，一般都规定守约方向违约方索赔的时限，如超过约定时限索赔，违约方可不予受理。在约定索赔时限时，对该时限的起算时间，也应一并作出具体规定，常见常用的起算方法有下列几种：

(1) 货到目的地后××天起算；

(2) 货到目的地卸离运输工具后××天起算；

(3) 货到买方营业处所或用户所在地后××天起算；

(4) 货到检验后××天起算。

此外，凡有质量保证期的商品，合同中应加订质量保证期限，若在质量保证期内出现质量问题，买方有权凭相关证明向卖方提出索赔。

3. 索赔金额

由于索赔金额事先难以预计，故订约时一般不做具体规定，待出现违约事件后，再由有关方面酌情确定。一般来说，一方违约给对方造成损失的，索赔金额应相当于因违约所造成的损失，其中包括合同履行后可以获得的利益，但不得超过违约方订立合同时能预见到或应当预见到的因违约可能造成的损失。

与此相反，若买卖合同中约定了损害赔偿的金额或损害赔偿额的计算方法，则按约定的赔偿金额或根据约定的损害赔偿额的计算方法计算出的赔偿金额提出索赔。

4. 索赔方法

有的争议与索赔条款中，对守约方如何索赔和违约方如何理赔都分别做了具体规定。例如，有的进口合同规定"货到目的港后，买方如发现品质及/或数量/重量与合同规定不符，除属于保险公司及/或船公司的责任外，买方可以凭双方同意的检验机构出具的检验证书向卖方提出异议。品质异议，须于货到目的港之日起30天内提出；数量/重量异议，须于货到目的港之日起15天内提出。卖方收到异议后，20天内答复。"凡有此类规定的，应按约定办法处理。如合同未做具体规定，则应本着实事求是和公平合理的原则，在弄清事实与分清责任的基础上，区别不同情况，有理有据地对违约事件进行适当处理。

9.2.3 约定争议与索赔条款的注意事项

为了合理地约定争议与索赔条款，需要注意下列事项：

1. 应按公平合理原则约定索赔证据

在国际货物买卖合同的争议与索赔条款中，通常都规定由双方约定的某商检机构出具检验证明，作为双方交接货物、结算货款和办理索赔的依据。可见选择公正、权威的检验机构出具对双方都有约束力的证明文件，关系到合同当事人的切身利益。我国某公司的一项购买设备的进口合同中约定："货到后，中国商检局初步检验，若买方索赔，卖方有权指派国外商检机构检验员证实有关索赔，检验员的检验结果为最终的，对双方具有约束力。"这项规定显然违反公平合理的原则。后因到货质量很差，设备始终无法正常运转，但买方却无法通过索赔途径挽回损失。

2. 索赔期的长短应合理

索赔期的长短，同买卖双方有利害关系。若索赔期规定过长，势必使违约方承担责任的期限也随之延长，从而加重了其负担；如索赔期规定太短，有可能使守约方无法行使索赔权而蒙受更大的损失。因此，交易双方约定索赔期时，必须根据不同种类商品的特点，并结合运输、检验条件和检验所需的时间等因素，酌情作出合理的安排。对于一些性能比较复杂和有质量保证期的机、电、仪等设备的交易，由于在合同中需要加订质量保证期，故其索赔期可适当放长一些。此外，在不影响守约方行使其索赔权的前提下，索赔期可适当缩短一点。

3. 应注意索赔条款与检验条款之间的联系

争议与索赔条款同商品检验条款有着密切的联系。例如，买方索赔的期限同买方对货物进行复验的有效期就互相关联，故约定索赔期限时，必须考虑检验条件和期限的长短等因素。为了使这两项条款的约定互相衔接和更加合理，以免出现彼此脱节或互相矛盾的情况，在有些买卖合同中，有时便将这两项条款结合起来订立，即并称为检验与索赔条款（Inspection and Claim Clause）。

9.3 不可抗力

9.3.1 不可抗力的含义和认定

不可抗力（Force Majeure）又称人力不可抗拒。它是指国际货物贸易中，货物买卖合同签订以后，不是由于订约者任何一方当事人的过失或疏忽，而是由于发生当事人所不能预见和预防又无法避免和克服的意外事故，以致不能履行或不能如期履行合同，遭受意外事故的一方可以免除履行责任或延迟履行合同。

不可抗力事故通常包括两种情况：一是自然现象引起的，如水灾、地震、风暴、大雪、旱灾、火灾、暴风雨等；二是社会因素引起的，如战争、罢工、政府禁令、封锁禁运等。对于前者，国际上的解释比较统一；而对于后者，各国的解释分歧较大。因此，在实际业务中，接受不可抗力条款时，对不可抗力事故的认定必须慎重并严格掌握，避免盲目接受。

不可抗力条款属于免责条款。在国际贸易中，对于不可抗力，各国的法律法规和国际公约的解释并不统一，但其基本原则大体相同。并非所有能够阻碍合同履行的意外事故都可以构成不可抗力事故。一般来说，构成不可抗力事故需要具备以下三个条件：该事故必须发生在合同签订以后，该事故不是合同当事人的过失、疏忽或故意行为造成的，该事故是当事人无法预见、无法预防的。

9.3.2 约定不可抗力条款的意义

国际上对不可抗力的含义及其称呼并不统一。在英美法中，有"合同落空"之说；在大陆法中，有"情势变迁"或"契约失效"之说；按《联合国国际货物销售合同公约》的解释是，合同签订后，发生了合同当事人订约时无法预见和事后不能控制的障碍，以致不能履行合同义务。尽管上述称呼和解释不一，但其基本精神和处理原则大体相同，即合同签订后，发生了当事人无法预见、无法预防和无法控制的意外事件，致使合同不能履行，可以免除当事人的责任。鉴于国际上对不可抗力事件及其引起的法律后果并无统一规定，为防止合同当事人对不可抗力事件的性质、范围做随意解释，或提出不合理的要求，或无理拒绝对方的合理要求，故有必要在买卖合同中订立不可抗力条款，明确约定不可抗力事件的性质、范围、处理原则和办法，以免引起不必要的争议，并有利于合同的履行。由此可见，在买卖合同中约定不可抗力条款，有着重要的法律和实践意义。

9.3.3 合同中不可抗力条款的主要内容

不可抗力条款的约定繁简不一，也并无统一的格式和规定，但归纳起来，一般包括下列内容。

1. 不可抗力事件的范围

买卖双方在磋商交易和签订合同时，应对构成不可抗力事故的范围达成一致意见，并在合同中作出明确规定，因为这一问题与双方当事人的利益有密切关系。我国进出口合同中规定不可抗力事故的范围有以下三种方法。

（1）概括式规定。即不可抗力条款不具体订明哪些属于不可抗力事故，而只是以笼统的语言作出概括的规定。例如"如由于不可抗力的原因使卖方不能如期交货，卖方不负责任……"概括式规定虽然包括的面广，但范围含糊不清，在解释上容易产生纠纷。

（2）列举式规定。即不可抗力条款明确列出经双方认可的不可抗力事故。凡合同中没有明确规定的，均不能作为不可抗力事故对待。例如"由于战争、洪水、火灾、地震、雪灾、暴风雨的原因致使买卖双方不能履行或不能如期履行各自的义务时，不负责任……"列举式规定明确、肯定，在理解和解释上不容易产生分歧。但是，由于在条款中难以将所有不可抗力事故列举，一旦出现未列举的其他事故，就丧失了援引不可抗力条款达到免责的权利。

（3）综合式规定。即将上述列举式与概括式规定结合起来。先将双方当事人已取得共识的各种不可抗力事故列举出来，其后再加上"其他不可抗力事故等"概括式语句。例如"如因战争、地震、水灾、火灾、雪灾、暴风雨或其他不可抗力事故，致使任何一方不能履行合同时，不负责任……"综合式规定方法，弥补了前两种规定方法的不足，做到了既明确、具体，又有一定的灵活性，因此，在实际业务中采用较为普通。

2. 不可抗力事件的通知与证明

不可抗力事件发生后如影响合同履行，发生事件的一方当事人，应按约定的通知期限和通知方式，将事件情况如实通知对方，对方在接到通知后，应及时答复，如有异议也应及时提出。此外，发生事件的一方当事人还应按约定办法出具证明文件，作为发生不可抗力事件的证据。在国外，这种证明文件一般由当地的商会或法定公证机构出具。在我国，可由中国国际贸易促进委员会出具。

3. 不可抗力事件的处理原则与办法

发生不可抗力事件后，应按约定的处理原则和办法及时进行处理。不可抗力的后果有两种：一是解除合同，二是延期履行合同。究竟如何处理，应视事故的原因、性质、规模及其对履行合同所产生的实际影响程度，由双方当事人酌情依约处理。鉴于在实践中往往会出现一旦发生不可抗力事件一方就提出解除合同的问题，且合同是否延期执行或解除直接关系到交易双方的经济利益，故在不可抗力条款中，应就不可抗力所引起的法律后果作出明确规定，以利于执行。例如，我国进出口合同一般都规定，因不可抗力事件的影响而不能履行合同时，可根据实际所受影响的时间延迟履行合同的期限；如因不可抗力事件延迟履行合同达若干天（如 60 天或 90 天），双方应就履行合同的有关问题，进行协商。按照这样的规定，当发生不可抗力事件时，可先推迟履行合同的期限；只有当不可抗力事件持续下去超过合同规定的期限以后，才能通过双方协商，最后决定是否解除合同。

9.4　仲裁

在国际货物贸易中，情况错综复杂，市场变化多端，因此，交易双方签订合同常常由于种种原因，合同没有履行，因而引起交易双方当事人之间的争议。交易双方一般都习惯于采用仲裁（Arbitration）的方式来解决合同争议。

9.4.1　仲裁的定义

仲裁又称公断，是指买卖双方在争议发生之前或发生之后，签订书面协议，自愿将争议提交双方所同意的第三方予以裁决，以解决争议的一种方式。仲裁方式解决争议与其他方式相比具有自主、灵活、迅速等多方面的优点，所以这一方式在国际贸易中被普遍采用。进出口双方要将他们之间存在的争议通过仲裁来解决，必须有仲裁协议在先，表明接受所指定的仲裁机构的审理和裁决。

9.4.2　解决合同争议的其他途径

除了仲裁外，还有其他三种途径。

1. 协商

争议双方本着公平合理的原则，通过友好协商，达成和解，这是解决合同争议的好办法。但是，遇到与合同当事人有较大利害关系的争议时，争议双方往往各持己见，难以达成共识，故此种解决争议的办法有一定的局限性。

2. 调解

若争议双方通过友好协商不能达成和解，则可在争议双方自愿的基础上，由第三方出面从中调解。调解应在确定事实、分清是非和责任的基础上，尊重合同规定，依照法律，参照国际惯例，根据客观公正和公平合理的原则进行，以促使当事人互谅互让，达成和解。实践表明，这也是解决争议的一种好办法。多年来，我国仲裁机构首创的"调解与仲裁相结合"的做法，体现出奠基于我国优秀文化传统之上的中国仲裁制度的特点，这种做法已收到了良好的效果。其具体做法是：结合仲裁的优势和调解的长处，在仲裁程序开始之前或之后，仲裁庭可以在当事人自愿的基础上，对受理的争议进行调解，如调解失败，仲裁庭仍按照仲裁规则的规定继续进行仲裁，直到作出终局裁决。

3. 诉讼

争议双方经过友好协商与调解，都未达成和解，而他们又不愿采取仲裁方式，则可通过诉讼途径解决争端。诉讼具有下列特点：

（1）诉讼带有强制性，只要一方当事人向有管辖权的法院起诉，另一方就必须应诉，争议双方都无权选择法官。

（2）诉讼程序复杂，处理问题比仲裁慢。

（3）诉讼处理争议，双方当事人关系比较紧张，有伤和气，不利于以后贸易关系的继续发展。

（4）诉讼费用较高。

9.4.3 仲裁协议

仲裁协议是指双方当事人自愿把他们之间已经发生或将来可能发生的争议，提交仲裁机构或仲裁员，依照法律和仲裁规则解决的协议，是仲裁机构受理案件最直接的依据。

仲裁协议必须采用书面的形式。仲裁协议一旦合法成立，在其有效期间内，任何一方不得任意变更或撤销，也不得将争议向法院起诉，必须自觉履行仲裁协议规定的权利和义务。仲裁机构受理争议案件的依据是双方当事人订立的仲裁协议。

1. 仲裁协议的类型

根据仲裁协议达成的时间不同，仲裁协议有三种类型：第一种是双方当事人在争议发生前订立的，表示愿意将他们之间将来可能发生的争议提交仲裁解决的协议，这种协议一般就订在合同中，作为合同的一个条款，称作仲裁条款；第二种是双方当事人在争议发生后订立的，表示愿意将他们之间已经发生的争议提交仲裁解决的协议；第三种是当事人在争议发生前或争议发生后通过"援引"的方式达成的协议，即当事人不直接拟定仲裁协议的内容，而是同意将他们之间的争议按照某个公约、条约或标准合同中的仲裁条款所规定的方式进行仲裁。

2. 仲裁协议的作用

（1）表明当事人双方愿意将他们之间的争议交由仲裁庭来裁决，仲裁裁决对双方都具有约束力，双方都愿意服从裁决结果。

（2）表明仲裁庭取得了对争议案件的管辖权。任何仲裁机构都无权受理没有仲裁协议的案件。

（3）排除了法院对争议案件的管辖权。世界上除极少数国家外，各国的法律一般都规定法院不受理争议双方订有仲裁协议的争议案件。即使一方当事人违反仲裁协议向法院起诉，另一方也可依据仲裁协议排除法院的管辖权，一方当事人如果对仲裁裁决不服，向法院起诉或上诉，法院一般也不受理。当事人在订立合同时，如果希望用仲裁方式解决争议，应该在合同中订立仲裁条款。一旦发生争议，任何一方都有权将争议提交仲裁庭解决，同时也排除了另一方通过诉讼解决的途径。

3. 仲裁协议的内容

根据《中华人民共和国仲裁法》的规定，一份有效的仲裁协议应当具有下列内容：

（1）请求仲裁的意思表示

请求仲裁的意思表示是仲裁协议的首要内容，因为当事人以仲裁方式解决纠纷的意愿正是通过仲裁协议中请求仲裁的意思表示体现出来的。

（2）仲裁事项

仲裁庭只能在仲裁协议确定的仲裁事项的范围内进行仲裁，超出这一范围进行仲裁，所作出的仲裁裁决，经一方当事人申请，法院可以不予执行或者撤销。仲裁协议中订立的仲裁事项，必须符合两个条件：一是争议事项具有可仲裁性，即属于仲裁立法允许采用仲裁方式解决的争议事项才能提交仲裁，否则会导致仲裁协议的无效；二是仲裁事项的明确性，由于仲裁事项是仲裁庭要审理和裁决的事项，因此，仲裁事项必须明确。

（3）选定的仲裁委员会

仲裁委员会是受理仲裁案件的机构。由于仲裁没有法定管辖的规定，因此，仲裁委员会是由当事人自主选定的。如果当事人在仲裁协议中不选定仲裁委员会，仲裁就无法进行。

仲裁委员会的选定原则上应当是明确、具体的，即双方当事人在仲裁协议中要选定某一仲裁委员会进行仲裁。

4. 仲裁协议的作用

仲裁协议的作用包括下列三个方面：第一，约束双方当事人只能以仲裁方式解决争议，不得向法院起诉。第二，排除法院对有关案件的管辖权。如果一方违背仲裁协议，自行向法院起诉，另一方可根据仲裁协议要求法院不予受理，并将争议案件退交仲裁庭裁断。第三，使仲裁机构取得对争议案件的管辖权。

这里需要强调说明的是，在上述三项作用中，最关键的是排除法院对争议案件的管辖权。因此，若双方当事人不愿将其争议提交法院审理，就应在争议发生前在合同中约定仲裁条款，以免将来发生争议后，由于达不成仲裁协议而不得不诉诸法院。

9.4.4　仲裁条款的基本内容

国际货物买卖合同中的仲裁条款通常包括仲裁地点、仲裁机构、仲裁规则、仲裁裁决的效力和仲裁费的负担。

1. 仲裁地点

交易双方磋商仲裁条款时，都极为关心仲裁地点的确定，这是因为仲裁地点与仲裁所适用的法律密切相关。按各有关国家的法律规定，凡属程序方面的问题，除非仲裁条款（或协议）另有规定，一般都适用审判地法律，即在哪个国家仲裁，就往往适用哪个国家的仲裁法规。至于确定合同当事人权利、义务的实体法，如在合同中具体约定，一般则由仲裁庭按仲裁地点所在国的法律冲突规则予以确定。鉴于仲裁地点是买卖双方共同关心的一个十分重要的问题，故在仲裁条款中必须作出明确具体的规定。在我国进出口合同中，关于仲裁地点通常有三种规定办法：一是约定在中国仲裁，二是约定在被申请人所在国仲裁，三是约定在双方同意的第三国仲裁。

2. 仲裁机构

国际上的仲裁机构很多，其中有常设的仲裁机构，也有由双方当事人共同指定仲裁员临时组成的仲裁庭。

在国际上，有些国际组织和许多国家或地区都分别成立了常设仲裁机构。除设在巴黎的国际商会仲裁院外，还有英国伦敦仲裁院、瑞典斯德哥尔摩商会仲裁院、瑞士苏黎世商会仲裁院、美国仲裁协会、日本国际商事仲裁协会等。我国常设的涉外仲裁机构主要是中国国际经济贸易仲裁委员会和中国海事仲裁委员会。根据业务发展的需要，中国国际经济贸易仲裁委员会在上海和深圳分别设有分会。此外，我国有些省市和地区，近年来还按实际需要设立了若干地区性的仲裁机构。鉴于国际上的仲裁机构很多，甚至在一个国家或地区就有多个仲裁机构，合同当事人究竟选用哪个仲裁机构，应在合同仲裁条款中具体列明。

3. 仲裁规则

各国仲裁机构一般都制定了自己的仲裁规则，按照国际仲裁的通常做法，原则上都采用仲裁所在地的仲裁规则，但值得注意的是，在法律上也允许根据双方当事人的约定，采用仲裁地点以外的其他国家（或地区）仲裁机构所制定的仲裁规则进行仲裁。在中国仲裁时，双方当事人通常都约定使用《中国国际经济贸易仲裁委员会仲裁规则》。根据该仲裁规则的规定，凡当事人同意将争议提交中国国际经济贸易仲裁委员会仲裁的，均视为同意按照该仲裁规则进行仲裁。在此需要指出，如果当事人约定用其他仲裁规则，或约定对本规则有关内容进行变更的，从其约定。但其约定无法实施或与仲裁强制性法律规定相抵触者除外。

4. 仲裁裁决的效力

仲裁庭依法作出的裁决，通常都是终局性的，对争议双方当事人均具有法律效力，任何一方都必须依照执行，并不得向法院起诉要求变更裁决。即使当事人向法院起诉，法院一般也只是审查程序，而不审查实体，即只审查仲裁裁决在法律手续上是否完备、有无违反程序上的问题，而不审查裁决本身是否正确。若法院查出仲裁程序上确有问题，则可宣布仲裁裁决无效。

由于仲裁是建立在双方当事人自愿基础上的，因此，仲裁庭作出的裁决，如仲裁程序上没有问题，双方当事人应当承认和执行。若败诉方不执行裁决，胜诉方有权向有关法院起诉，请求法院强制执行，以维护自身的合法权益。若仲裁裁决的承认与执行涉及一个国家的仲裁机构所作出的裁决要由另一个国家的当事人去执行的问题，在此情况下，若国外当事人拒不执行仲裁裁决，则可依据双边协议或多边国际公约的规定来解决。

为了明确仲裁裁决的效力，以利于执行裁决，在订立合同中的仲裁条款时，应明确规定"仲裁裁决是终局性的，对双方当事人均有约束力"的条文。

5. 仲裁费的负担

仲裁费由谁负担，通常都在仲裁条款中予以约定，以明确责任。根据双方当事人的意愿，有的约定由败诉方承担，也有的约定由仲裁庭裁决确定。

9.4.5　我国的涉外仲裁

在我国，有两个涉外仲裁机构，都隶属于中国国际商会，一个是中国国际经济贸易仲裁委员会，它是处理国际经济贸易方面争议案件的常设仲裁机构，在深圳和上海设有分会。仲裁委员会与其分会是同一个仲裁机构，使用统一的仲裁规则和仲裁员名册。另一个是处理海事争议案件的仲裁机构——中国海事仲裁委员会。

从 1994 年 6 月 1 日起，我国国际经贸仲裁开始使用修订后的仲裁规则。按新的《中国国际经济贸易仲裁委员会仲裁规则》规定，中国国际经济贸易仲裁委员会受理案件的范围，从主体上看，既受理外国法人及/或自然人同中国法人及/或自然人之间的仲裁案件，也受理外国法人及/或自然人相互之间的仲裁案件，以及中国法人及/或自然人相互之间的仲裁案件。中国国际经济贸易仲裁委员会在当今世界主要的国际商事仲裁机构中名列前茅，许多外国公司也愿意将它们之间的商务纠纷选择在中国仲裁。

由于我国现在已加入 1958 年《纽约公约》，当事人可依照公约规定直接到其他有关缔约国申请承认和执行我国涉外仲裁机构作出的裁决。中国涉外仲裁机构作出的发生法律效力的仲裁裁决，当事人请求执行的，如果被执行人或者其财产不在中国领域内，应当由当事人直接向有管辖权的外国法院申请承认和执行。对于符合条件的外国仲裁裁决，当事人可依照 1958 年《纽约公约》规定，直接向我国有管辖权的人民法院申请承认和执行。对于在非缔约国领土内作出的仲裁裁决，需要我国法院承认和执行的，只能按互惠原则办理。我国有管辖权的人民法院接到一方当事人的申请后，应对申请承认和执行的仲裁裁决进行审查，如果认为不违反我国缔结或参加的国际公约的有关规定或《民事诉讼法》的有关规定，应当裁决其效力，并依照《民事诉讼法》规定的程序执行，否则，裁定驳回申请，拒绝承认及执行。

【小结】

进出口商品检验是国际货物买卖中不可缺少的一个重要的环节，其直接关系到买卖双方在货物交接方面的权利和义务，故交易双方应在合同中明确商品检验条款，以利于合同的履行，商检条款包括检验时间与地点、检验机构、检验证书等内容。商品的检验是为了使合同便于履行，以及对于违约时责任的确定，这就出现了当一方当事人违约而损害了另一方的合法利益时，为了预防和减少贸易纠纷以及依约处理合同争议，买卖双方应在买卖合同中约定争议与索赔、不可抗力的免责条款以及仲裁条款，通过以上条款，使合同能够得到很好地履行，进而维护双方的合法利益，促进国际贸易的发展。

【思考题】

1. 在进出口贸易合同中为什么要订立商品检验条款？商品检验条款的主要内容有哪些？

2. 关于进出口商品检验的地点和时间通常有哪几种规定方法？

3. 商检证书的作用有哪些？

4. 在进出口中为什么要订立争议与索赔条款？其内容有哪些？

5. 什么是不可抗力？在进出口货物买卖中规定不可抗力条款应注意哪些事项？

6. 为什么仲裁是解决进出口中争议的重要方式？国际货物买卖合同中仲裁条款包括哪些主要内容？

【案例分析】

某年 10 月，我国某外贸公司与外商签订一份出口农产品的合同，交货期为当年 12 月。由于同年 7 月、8 月份产区遭受水灾，产品无收。我方不能依约交货，于是以遭受不可抗力为由，向对方提出解除合同的要求。试问：该项要求是否成立？请说明理由。

第 10 章

交易磋商与合同的签订

【学习目标】

通过本章的学习，了解交易前的准备工作包括哪些方面；理解交易磋商对进出口贸易的重要意义；掌握交易磋商的主要形式、内容、程序，以及国际商务合同的形式与内容。

【重点与难点】

交易前的准备工作；交易磋商的形式、内容与程序；国际货物买卖合同的内容与形式。

【导入案例】

7 月 17 日中国 A 出口公司向荷兰 B 公司电报发盘："售 300 吨农产品 C514 即期装船，不可撤销及信用证付款，每吨 CIF 鹿特丹 USD900，7 月 25 日电复有效。"B 公司于 7 月 22 日复电如下："你 7 月 17 日发盘，我接受 300 吨 C514，即期装船，不可撤销及信用证付款，每吨 CIF 鹿特丹 USD900，除通常的装运单据以外，要求提供产地证、植物检验证明书、适合海洋运输的良好包装。"A 公司于 7 月 25 日复电如下："你 22 日电，十分抱歉，由于国际市场价格变化，收到你接受电报以前，我货已另行售出。"为此，双方就合同是否成立发生激烈的争论。

案例分析：《联合国国际货物销售合同公约》规定，B 公司在复电中要求提供产地证、植物检验证明书、适合海洋运输的良好包装，这属于非实质性变更发盘条件，A 公司在收到 B 公司对发盘作出变更非实质性条件的接受时未提出任何异议，接受即有效，合同成立。

（资料来源：鲁丹萍：《国际贸易理论与实务：习题与实训指导》，北京，清华大学出版社，2007。）

10.1　交易前的准备工作

交易磋商与合同的签订是进出口业务的重要环节。一般而言，进出口业务的各环节依次是：形成商业计划→交易磋商前的准备工作→交易磋商与合同签订→合同的履行。在"形成商业计划"阶段，一项重要工作是对拟进口或出口商品的未来价格走势形成科学的预期，以预期为基础，明确潜在贸易利润的目标、途径、程序、风险控制手段等。由于计划通常带有较强的主观性，所以在交易前要开展大量的调

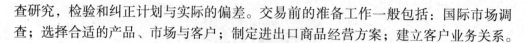

查研究，检验和纠正计划与实际的偏差。交易前的准备工作一般包括：国际市场调查；选择合适的产品、市场与客户；制定进出口商品经营方案；建立客户业务关系。

10.1.1　国际市场的调研

决策的一个重要依据是预期。预期的形成源于主观的商业直觉和客观的调研活动。具体而言，如果贸易商没有敏锐的商业直觉就不会发现商业机会，但是仅仅凭借商业直觉形成的预期难以支持科学的决策，还必须配以大量的调研活动验证直觉；如果抛弃商业直觉，完全依赖大量的调查研究，就会过多地消耗时间和精力，结果可能错失获取贸易利润的良机。在现实业务中，贸易企业的盈利能力主要体现在决策者对风险与机遇的识别和衡量上，即当他预计机遇大于风险时选择交易；反之则放弃交易。因此，辨证处理商业直觉与调查研究二者之间的关系是能否形成科学的预期和决策的关键，是获取贸易利润的重要前提。

商品的国际贸易存在较大的不确定性，主要表现在与国内贸易的区别上，国际贸易的显性特征是商品的跨国流动，空间跨度大；隐性特征是文化与制度的国别差异。为了有效降低不确定性，就要较为全面地掌握与这些特征直接相关的信息，包括国际市场环境、国际市场商品供求状况、国际市场营销状况、国外经销商状况四个方面。

1. 国际市场环境调研

国际市场环境是进出口企业经营活动的空间和所处的氛围。在竞争日益激烈的国际市场上，不了解国际市场环境就犹如行军作战不了解地形，处于被动局面，盈利无从谈起。为了准确识别风险、抓住机遇，就要主动密切关注国际市场环境的变化，以积极应对。影响国际市场环境的因素纷纭复杂，简单而言，可以从以下几个方面观察。

（1）国外经济环境。包括一个国家的经济结构，经济发展水平，经济发展前景、就业、收入分配等。

（2）国外政治和法律环境。包括政府机构的重要经济政策；政府对贸易实行的鼓励和限制措施，特别是有关外贸方面的法律法规，如关税、配额、国内税收、外汇限制、卫生检疫、安全条例等。

（3）国外文化环境。包括语言、教育水平、宗教、风俗习惯、价值观念等。

（4）其他。包括国外人口、交通、地理等情况。

2. 国际市场商品供求状况调研

相对准确地掌握价格波动的规律是实现贸易利润的前提。一般而言，在竞争较为充分的市场中，供求关系决定商品价格。调研的主要内容包括以下方面。

（1）国外市场商品的供给状况。包括商品供应的渠道、来源，国外生产厂家、生产能力、数量及库存情况等。

（2）国外市场商品需求状况。包括国外市场对商品需求的品种、数量、质量要求等。

（3）国际市场商品价格状况。包括国际市场商品的价格、价格与供求变动的关系等。

3. 国际市场营销状况调研

国际市场营销状况调研是对国际市场营销组合情况的调研，除上述状况外，一般还应包括以下方面。

（1）商品销售渠道。包括销售网络的建立、批发商和零售商的经营能力、行业的平均利润率、消费者对他们的印象、售后服务等。

（2）竞争分析。包括竞争者产品质量、价格、策略、广告、分配路线、占有率等。

（3）广告宣传。包括消费者购买动机，广告的内容、形式、效果、传播媒体等。

4. 国外客户状况调研

调查研究国外客户信息的目的亦在于规避风险、提高履约率，同以上三项调研内容相比尤为重要。每件商品都有各自的销售（采购）渠道，不同层级的客户构成了销售（采购）渠道。在进出口业务中，企业必须选择合适的销售（采购）渠道与客户，做好国外客户的调查研究。主要内容可概括为以下几个方面。

（1）客户资信状况，狭义的资信状况是指客户的资本与信誉的状况，而广义的资信状况则包括客户的资本情况，经营作风、能力和范围，商业信誉及商号的性质、结构等方面。

（2）客户经营能力，指客户业务活动能力、资金融通能力、贸易关系、经营方式和销售渠道等。

（3）客户政治情况，主要了解客户的政治背景、与政界的关系、企业负责人参加的党派及对我国的政治态度。

（4）客户经营业务范围，主要指客户的企业经营的商品及其品种。

（5）客户公司、企业业务，指客户的企业是中间商还是使用者或专营商或兼营商等。

10.1.2　国际市场调研的渠道与方法

国际市场调研是复杂细致的工作，需要预先设计严格与科学的程序和方法。

1. 国外市场调研的渠道与方法

企业进行国外市场环境、商品及营销情况调查一般可通过下列渠道和方法进行：

（1）成立专门负责调研的小组赴国外深入市场，以销售、问卷、谈话等形式进行调查取得一手资料，经过分析形成调研报告。

（2）通过媒体，比如报纸、杂志、新闻广播、计算机数据库等渠道寻找信息资料，这类资料与一手资料相比，信息的真实度与可信度都需要使用者细致鉴别、酌情引用。

（3）针对不同的信息要因时因地制宜地获取，必要时可以通过银行以及我国驻外商务机构、商会、行业协会及咨询机构等渠道了解情况。

通过以上调查，企业基本上可以确定的事项包括：拟经营商品的目标市场（出口）或拟采购商品的原产地（进口），出口或进口的价格，贸易方式等。

2. 国外客户调研的渠道与方法

国外客户调研主要指客户资信状况的调查，一般通过以下途径进行：

（1）委托国内外咨询公司对客户进行资信调查。

（2）委托中资银行及其驻外分支机构对客户进行资信调查。

（3）通过我外贸公司驻外分支机构或商务参赞处、代表处对客户进行资信调查。

（4）利用交易会、洽谈会、客户来华谈判、派出国代表团、专家小组等对客户进行资信调查。

通过上述调查，企业可有针对性地选择客户进行交易。此外，企业在进行国外市场调查的同时，也应注意做好国内货源及或需求方面的调查。在国际贸易实务中，就某一商品的单向流动而言，进口业务与出口业务各有侧重。在市场经济条件下，交易的买方市场特征是常态。因此，进口业务侧重于国内市场调研，而出口业务侧重于国际市场调研。

10.1.3 经营方案的制定

制定经营方案是指企业国内外市场、企业经营决策及目标对其所经营的进出口商品所作的一种业务计划安排。经营方案可以使企业交易有计划、有目的地顺利进行，是企业同客户洽商交易的依据。一般而言，经营方案包括以下几方面内容。

1. 商品和货源情况

商品和货源情况包括商品的特点、品质、规格、包装，国内生产数量、可供出口数量、当前库存及国内需要量等。

2. 国外市场情况

国外市场情况包括国外商品生产、消费、贸易情况，主要是进出口国家的交易情况、今后发展变化的趋势，国外主要市场经营该商品的基本做法、销售渠道等。

3. 经营历史情况

经营历史情况包括我进出口商品在国际市场上所占的地位，主要进出口地区及销售情况，国内外客户的具体反映，经营该商品的经验、教训等。

4. 经营计划安排

经营计划安排主要包括进出口商品的数量、金额，对某国或某地区出口或进口的数量、进度等。

5. 营销策略

营销策略包括客户利用措施，采取的贸易方式、价格的掌握、收汇方法、进出口销售的原则策略等。

进出口企业一般只在经营大宗商品或重要工业品时才逐个制定商品进出口方案，对其他商品可只按商品大类制定。对零散类的中、小商品可制定内容简单的价格方案，仅对市场和价格提出分析意见，规定对各个地区的进出口价格以及掌握进出口价格的原则和幅度。完成经营方案的制定只是进出口业务诸多环节中的一项。要将方案付诸实施仍需要大量的工作，尤其在方案的执行过程中，应针对方案细节的变化密切观察、跟踪，及时发现计划与实际的差异。若能预先发现并及时调整方案，可以避免问题的发生；若未能及时调整，应认真分析，查找原因，作为经验积累下来，对日后工作大有益处。

10.1.4　建立业务关系

完成市场调研、客户调研与经营方案的制定三项工作后，再进一步，就需要建立业务关系。建立业务关系的关键在于找到"适合自己"的贸易伙伴，与之建立互惠互利、长期友好的业务关系是顺利开展进出口业务的一项重要工作。

1. 寻找客户

在国际贸易实务中，企业寻找客户的渠道和方法很多，大致可归纳为以下三种类型。

（1）他人介绍，即企业通过委托我驻外使领馆的商务参赞处、代办处或国外驻华使领馆的商务参赞处、代办处，国内外各种商会，银行及与我方有业务关系的企业介绍寻找客户。

（2）媒体寻找，即企业利用各国商会、工商团体、国内外出版的企业名录及国内外报纸、杂志上的广告以及计算机数据库中提供的客户信息、资料查找客户。

（3）主动寻找，即通过在国内外参加或举办各种交易会、展览会的方式找到客户。

2. 建立业务关系

企业通过各种渠道找到国外客户后，须先对客户资信情况进行调查，然后考虑选择客户与之建立业务联系。选择客户时企业必须对客户的资金、信誉、经营商品的品种及地区范围、从业人员的人数、技术水平及拥有的业务设施、经营管理水平、提供售后服务和市场情报的能力等进行综合分析，选择经营作风好、有经营能力、对我方态度友好的客户作为我方的基本客户并与之建立业务联系。

在国际贸易实务中，买卖双方业务关系的建立，往往由交易一方通过主动向对方写信、发传真或 Email 形式进行。

10.1.5　其他准备工作

除以上工作外，还有很多事项需要一一明确，比如成本核算、国内的相关政策法规等。在成本核算方面，构成商品进口或出口成本的各个项目的计算要有根据，避免因核算错误造成不必要的经济损失。在国内相关政策法规方面，应密切注视有关商品进出口政策的调整。例如，由于次贷危机引发的全球金融动荡演变为国际经济危机，贸易保护主义的抬头阻碍了我国商品的出口。对此，我国政府为鼓励出口调整出口商品的种类、提高出口商品的退税率或给予补贴，降低出口成本。进出口企业应密切关注政策变化对成本和费用的影响，及时调整自己的业务规模和产品结构。

10.2　交易磋商

交易磋商的过程，通常是相互试探、摸底，再进行发盘、还盘和再还盘等交织在一起的反复循环的过程。这一过程，有时顺利，得以很快订立合同；有时则较为艰难，但最终也达成了交易；有时会无结果而中断；有时中断后，又恢复，最终仍达成交易。交易磋商的形式分为口头和书面两种，内容为双方所各自关心的问题，程序依次为询盘、发盘、还盘和接受四个环节。

10.2.1 交易磋商的形式

1. 口头磋商

通常，口头磋商表现为在谈判桌上面对面的谈判，如参加各种交易会、洽谈会，以及贸易小组出访、邀请客户来访洽谈交易等。有时，双方还可以通过国际长途电话进行交易磋商。由于面对面的直接交流便于了解对方的诚意和态度、采取相应的对策，因此口头磋商是一种应用最为普遍的磋商方式。

2. 书面磋商

书面磋商是指以信件、电报、电传等通信方式为途径、以有形文字信息为载体，反映交易双方洽谈过程和内容的磋商方式。当代电子信息技术飞速发展，可以选择使用的磋商途径越来越多，比如传真、电子邮件。通信技术的发展与普遍应用，提高了交易效率，降低了交易费用，与此同时，也增加了交易双方识别信息真伪的成本。在采用书面方式进行磋商时，需要注意书面的形式，双方可对其作出特别说明，比如，"成交价格最终以双方签字盖章的合同原件中标明的价格为准"。

10.2.2 交易磋商的内容

交易磋商的内容是双方当事人所关心的、与各自利益相关的一系列问题的集合。通过协商达成一致的意见构成合同的各项条款，包括品名、品质、数量、包装、价格、装运、支付、保险以及商品检验、索赔、仲裁和不可抗力等。其中，前七项为主要内容或主要交易条件（General Terms and Conditions），双方至少要对这七项交易条件进行磋商并取得一致意见。其余各项，一般参照贸易惯例处理，如有需要，双方可另做约定。

10.2.3 交易磋商的程序

交易磋商的程序一般分为询盘、发盘、还盘、接受四个环节。其中，发盘和接受是达成交易的基本环节，是合同成立的要件，买卖双方无论采取口头或书面方式磋商，均需通过发盘和接受达成交易。

1. 询盘

询盘（Enquiry）又称询价，是指买方为了购买或卖方为了销售货物而向对方提出有关交易条件的询问。其内容可以是只询问价格，也可询问其他一项或几项交易条件，以至要求对方向自己作出发盘。询盘可由买方发出，也可由卖方发出。可采用口头方式，亦可采用书面方式。

询盘对询盘人和被询盘人均无法律约束力。在国际贸易实务中，询盘常被交易一方用来试探对方对交易的诚意或了解市场价格。作为被询盘的一方，在收到对方的询盘后，必须认真对其进行分析，针对不同的询盘目的或背景，要作出相应的处理，并给出答复。

询盘不是交易磋商的必经步骤，但往往是一笔交易的起点。在询盘中，当事人一般需注意以下问题：

一是询盘不一定要有"询盘"字样，凡含有询问、探询交易条件或价格方面的意思表示均可做询盘处理。

二是业务中的询盘虽无法律约束力，但当事人仍须考虑询盘的必要，尽量避免只是询价而不购买或不售货，以免失掉信誉。

三是询价时，询价人不应只考虑如何询问商品的价格，也应注意询问其他交易条件，争取获得比较全面的交易信息或条件。

四是要尊重对方，无论交易是否能够达成，都应及时答复对方的询价。

五是询盘可以同时向一个或几个交易对象发出，但不应过于集中，以免暴露自己的销售或购买意图。

2. 发盘

发盘（Offer）又称发价，在法律上称为"要约"，是买方或卖方向对方提出各项交易条件，并愿意按照这些条件达成交易、订立合同的一种肯定的表示。在实际业务中，发盘通常是一方在收到对方的询盘之后提出的，但也可不经对方询盘而直接向对方发盘。发盘的方式有书面和口头两种，书面发盘包括使用信件、电报和传真。发盘人可以是卖方，也可以是买方。前者称为售货发盘，后者称为购货发盘，习惯称之为"递盘"。

根据《联合国国际货物销售合同公约》（以下简称《公约》）规定，一项发盘的构成须具备以下条件：

第一，发盘必须有特定的受盘人。受盘人可以是一个，也可以是多个。不指定受盘人的发盘，仅应视为发盘的邀请，或称邀请作出发盘。但如果某人明确表示他所刊载的广告是作为一项发盘提出的，则这项建议视为发盘。

第二，发盘人须有当其发盘被接受时受其约束的意思，即发盘应当表明发盘人在得到接受时，将按发盘条件承担与受盘人订立合同的法律责任。

第三，发盘内容必须明确，一般应包括拟订立合同的主要条件，如商品的名称、价格、数量、品质、规格、交货日期、地点和支付方式等，以便一旦对方接受，足以成立一项有效的合同。

第四，送达受盘人。发盘在送达受盘人时生效。

发盘时应注意的问题：一是发盘的约束力。发盘具有法律约束力，一旦受盘人接受发盘，发盘人就必须按发盘条件与对方达成交易并履行合同（发盘）义务。因此，同询盘相比，发盘更容易得到受发盘人的重视，有利于双方迅速达成交易。但它也因此缺乏必要的灵活性。发盘时如果市场情况估计有误，发盘内容不当，发盘人就会陷入被动。因此，发盘前必须对发盘价格、条件进行认真的核算、分析，确保发盘内容的准确。

二是发盘的生效时间。《公约》规定发盘在"到达受盘人时生效"。《公约》的这一规定，对发盘人来讲具有非常重要的意义。这种意义主要表现在发盘的撤回和撤销上。

发盘的撤回是指发盘人在发出发盘之后，在其尚未到达受盘人之前，即在发盘尚未生效之前，将发盘收回，使其不发生效力。对此《公约》规定："一项发盘，即使一项不可撤销的发盘都可以撤回，只要撤回的通知在发盘到达受盘人之前或与其同时到达受盘人。"在实际业务中，如果发现发出的发盘有误即可按《公约》采取措施及时将发盘撤回。如以信函方式所做发盘，在信函到达之前，即可用电报或传真方式将其撤回。

发盘的撤销是指发盘人在其发盘已经到达受盘人之后，即在发盘已经生效的情况下，将发盘取消，废除发盘的效力。在发盘撤销这个问题上，英国、美国和大陆法国家存在着原则上的分歧。《公约》为协调解决两大法系在这一问题上的矛盾，一方面规定发盘可以撤销，一方面对撤销发盘进行了限制（详见《公约》第16条第1款的规定）。

3. 还盘

还盘（Counter Offer）又称还价，是受盘人在接到发盘后，不同意或不完全同意发盘人在发盘中提出的条件，为进一步磋商交易对发盘提出修改意见。还盘可以用口头方式也可用书面方式。

还盘是对发盘的一种拒绝，还盘一经作出，原发盘即失去效力，发盘人不再受其约束。一项还盘等于受盘人向原发盘人提出的一项新的发盘。还盘作出后，还盘的一方与原发盘人在地位上发生改变。还盘人由原来的受盘人变成新发盘的发盘人，而原发盘人则变成了新发盘的受盘人。新受盘人有权针对还盘内容进行考虑，接受、拒绝或者再还盘。

在贸易谈判中，一方在发盘中提出的条件与对方能够接受的条件不吻合，特别是在大宗交易中，很少有一方一发盘即被对方无条件全部接受的情况。这时，虽然从法律上讲，还盘并非交易磋商的必经环节，但在实际业务中，还盘的情况还是很多。有时一项交易须经过还盘、再还盘等多次讨价还价才能做成。

还盘时注意的问题如下：其一是还盘可以明确使用"还盘"字样，也可不使用，只是在内容中表示对发盘的修改；其二是还盘可以针对价格，也可以针对交易商品的品质、数量、装运、支付或者价格；其三是还价时，一般只针对原发盘价格提出不同意见和需要修改的部分；其四是接到还盘后要与原发盘价格进行核对，找出还盘中提出的新内容，结合市场变化认真分析再作出答复。

4. 接受

接受（Acceptance）在法律上称"承诺"，是买方或卖方无条件地同以对方在发盘中提出的各项交易条件，并愿按这些条件与对方达成交易、订立合同的一种肯定的表示。这种表示可以是作出声明，也可以是作出某种行为。一方的发盘经另一方接受，交易即告达成，合同即告订立，双方就应分别履行其所承担的合同义务。表示接受，一般用"接受"和"确认"等术语。

按法律和惯例，一方的发盘经另一方接受，交易即告达成，合同即告成立，双方就应分别履行其所承担的合同义务。一项有效的接受一般须具备以下条件：第一，接受必须由特定的受盘人作出；第二，受盘人表示接受；第三，接受必须在发盘有效期内传达到发盘人；第四，接受的内容必须与发盘的内容相符。

有条件的接受。原则上讲，接受应是无条件的，有条件的接受不能视为有效的接受，而是一项反要约。根据《公约》的规定，发盘人在收到受盘人发来的有条件的接受后，须首先断定其添加或修改的性质。如果这种添加或修改是"实质性"的，则应将其按还盘处理，即使发盘人没有提出异议，合同也不成立；但如果这种添加或修改是"非实质性"的，如果发盘人不及时提出反对，则对方的接受有效，双方合同成立。

逾期接受。按照各国的法律，逾期接受不能认为是有效的接受，而只是一项新的发价。《公约》也认为逾期的接受原则上无效。但是，为了有利于双方合同的成立，《公约》对逾期的接受也采取了一系列灵活的处理方法。详见《公约》21 条第1 款、第 2 款规定。

接受的撤回。《公约》规定："接受可以撤回，只要撤回的通知能于该项接受生效之前或与其同时到达发盘人"。根据《公约》这一规定，如果交易磋商的一方在交易磋商中作出错误接受表示，他可以在该接受送达对方之前，采取措施阻止接受生效，即明确地向发盘人发出撤回通知使该通知于接受生效之前或与其同时到达发盘人。

在实务中，表示接受的可以是买方，也可以是卖方。如果是我方表示接受，一般应注意以下几个问题：一是接受时应慎重对洽商的函电或谈判记录进行认真核对，经核对认为对方提出的各项交易条件确已明确、肯定、无保留条件时，再予接受。二是接受可以简单表示，如："你 10 日电接受"，也可详细表示，即将洽商的主要交易条件再重述一下，表示接受。对于一般交易的接受，可采用简单形式表示，但接受电报、电传或信函中须注明对方来电、信函的日期或文号；对大宗交易或交易洽商过程比较复杂的，慎重起见，在表示接受时，应采用详细叙述主要交易条件的形式。三是表示接受应在对方报价规定的有效期之内进行，并严格遵守有关时间的计算规定。四是表示接受前，详细分析对方报价，准确识别对方函件性质是发价还是询盘。以免使自己被动或失去成交的机会。

对国外客户表示接受时，应注意以下问题：第一，收到国外客户接受后，要认真分析客户接受的有效性，根据客户接受情况及我方经营意图，正确处理把握合同成立与不成立的法律技巧。第二，注意贯彻"重合同、守信用"的原则，只要对方接受有效，即使情况变化对我不利，我们仍应同客户达成交易、订立合同，维护我方信誉。

10. 3　合同的签订

交易磋商是买卖双方讨价还价的过程。其间，双方就各自关心的问题反复讨论，让步、加码、补充其他条件，一直到达成共识。一般而言，签订合同就是将买卖双方达成的共识"书面化"，是交易磋商过程的一个阶段性标志。合同明确了交易双方的权利、责任与义务，是协调矛盾、处理纠纷、化解冲突的重要法律依据。在合同执行的过程中，交易双方可以根据需要，签订以已订立合同为基础的补充协议、附件和备忘录。

10.3.1　国际货物买卖合同的形式与内容

1. 国际货物买卖合同的形式

买卖双方使用的货物买卖合同的形式及名称，没有特定限制。只要双方当事人同意，可采用正式的合同（Contract）、确认书（Confirmation），也可采用协议（Agreement）、备忘录（Memorandum）等形式。在我国进出口业务实践中经常使用形式有合同和确认书两种。

（1）合同。买卖合同是交易中一种非常正式的货物买卖协议。它的内容比较全面、详细，除了交易的主要条件如品名、品质、数量、包装、价格、交货、支付外，还有保险、商品检验、索赔、不可抗力、仲裁等条款。在交易中，卖方根据磋商结果草拟签订的合同被称为销售合同（Sales Contract），一般由资产规模较大、业务运作较为规范的卖方提供；由买方根据协商条件拟订的合同称为购货合同（Purchase Contract），一般由业务运作规范化程度较高的买方提供。

（2）确认书。确认书是一种内容比较简单的贸易合同。它与前面所说的合同相比，仅是包括买卖交易的主要条件，而不包括买卖交易的一般条件。其中，卖方出具的称为销售确认书，买方出具的称为购货确认书。

以上两种形式的合同，虽然在格式、条款项目和内容的繁简上有所不同，但在法律上具有同等效力。在我国对外贸易业务中，对大宗商品或成交金额比较大的交易，一般采用合同形式，对金额不大、批数较多的小土特产品和轻工业品一般采用确认书形式。货物买卖合同或确认书，一般由我方根据双方磋商的条件缮制正本一式两份，我方签字后寄交给对方，经对方查核签字后留存一份，另一份寄还我方，双方各执一份，作为合同订立的证据和履行合同的依据。

2. 国际货物买卖合同的内容

一份完整的国际货物买卖合同一般由三部分组成。

（1）约首。约首即合同的首部，通常包括合同的名称、编号、签订的日期和地点，订约双方当事人的名称和地址等。

（2）本文。本文是合同的主体部分，一般以合同条款的形式具体列明交易的各项条件规定双方的权利义务。本文部分一般包括品名、数量、包装、价格、支付、运输、保险等合同条款。此外出口合同或确认书中通常还在一般交易条件或备注栏中列明有关预防及处理有关争议的条款。

（3）约尾。约尾即合同的尾部，主要说明合同的份数、附件及其效力、使用的文字、合同生效的时间、合同适用的法律以及缔约双方当事人（法人代表或其授权人）的签字。

10.3.2　国际货物买卖合同的签订

1. 国际货物买卖合同的制定

在实务中，买卖双方达成交易后，交易一方即要根据磋商情况填写制作货物买卖合同或确认书。填写制作货物买卖合同或确认书，当事人必须注意以下问题。

（1）合同的内容必应体现平等互利的原则。

（2）合同条款的内容应和磋商达成的协议内容一致。

（3）合同条款要具体、明确、完善。各条款之间应协调一致，防止互相矛盾。

（4）文字要简练、严密，避免使用含糊不清或模棱两可的词句。

2. 签约函

在实务中，如合同由我方制作，我方应将做好的合同及时邮寄给对方签署。邮寄合同时，我方一般要在合同外附上一封简短的书信——签约函。签约函的内容一般包括：

（1）对成交表示高兴，希望合作顺利进行。常用的表达方式如：

We are pleased to have concluded business with you in the captioned goods.

（2）告知对方合同已寄出，希望签署后寄回。如：

We are sending you our Sales Confirmation No. 765401 in duplicate. Please sign and return one copy for our file.

（3）当我方出售货物时，催促对方尽早开立信用证。如：

It is understood that a letter of credit in our favors covering the above mentioned goods will be established promptly.

以下是国际货物买卖合同条款的示例：

1. 品质条款

国际货物品质条款有多种制定或表示方法，常见的有：

（1）凭等级，如：9371 中国绿茶，特珍一级。

9371 CHINA GREEN TEA SPECIAL CHUMMY GRADE 1。

（2）凭规格，如：芝麻，水分（最高）8%，杂质（最高）2%，含油量（最低）52%。

SESAMES MOISTURE（MAX.）8%，ADMIXTURE（MAX.）2%，OIL CONTENT（MIN.）52%

（3）凭品名、规格，如：张裕干红葡萄酒，糖分 12 度。

ZHANGYU DRY RED WINE, TWELVE DEGREE OF SUGAR.

C708 中国灰鸭绒，含绒量为 90%，允许 1% 上下。

C708 CHINESE GREY DUCK'S DOWN WITH 90% DOWN CONTENT, 1% MORE OR LESS ALLOWED。

2. 数量条款

数量条款主要由数字和计量单位构成，常见的数量条款示例如下：

（1）大米，5000 公吨，5% 上下，由卖方决定。

RICE 5, 000 METRIC TONS, 5% MORE OR LESS AT SELLER'S OPTION。

（2）蚕豆，60000 公吨，以毛作净，卖方可溢短装 5%，增减部分按合同价格计。

SOYBEAN 60, 000M/T, GROSS FOR NET, 5% MORE OR LESS AT SELLER'S OPTION AT CONTRACT PRICES。

3. 包装条款

包装条款一般包括包装材料和包装方式，常见的包装条款示例如下：

（1）木箱装，每箱 50 公斤，净重。

IN WOODEN CASES OF 50 KGS NET EACH.

（2）纸箱装，每箱净重 40 公斤，然后装托盘。

IN CARTONS OF 40KGS NET EACH, THEN ON PALLETS.

（3）国际标准茶叶，纸箱装，20 纸箱一托盘，10 托盘一集装箱。

IN INTERNATIONAL STANDARD TEA BOXES, 20 BOXES ON A PALLET, 10 PALLETS IN A FCL CONTAINER.

4. 价格条款

合同中的价格条款有两部分：单价与总值。常见的价格条款示例如下：

（1）每套 75 美元 CFR 汉堡净价。

USD75 PER SET CFR NET HAMBURG.

（2）每打 125 港元 CIFC5% 香港（或 CIF 香港含 5% 佣金）。

HK $ 125 PER DOZ. CIFC5% HONGKONG（OR CIF HONGKONG INCLUDING 5% COMMISSION）

（3）每公吨 300 美元 FOBS 上海，以毛作净。

USD300 PER METRIC TON FOBS SHANGHAI, GROSS FOR NET.

5. 装运条款

装运条款内容较多，常见装运条款示例如下：

（1）收到信用证后 45 天内装运，买方必须最迟于×× 天将 L/C 开抵卖方。

SHIPMENT WITHIN 45 DAYS AFTER RECEIPT OF L/C. THE BUYERS MUST OPEN THE L/C TO REACH THE SELLERS BEFORE XX（DATE）.

（2）2007 年 5 月前装运，由上海经香港至伦敦，5000 公吨分三批等量装运，每批相隔 20 天。

SHIPMENT BEFORE MAY 2007 FROM SHANGHAI VIA HONG KONG TO LON-DON BY CONTAINER VESSEL. 5，000 M/T SHIPMENT TO BE EFFECTED IN THREE EQUAL CONSIGNMENT AT AN INTERVAL OF ABOUT 20 DAYS.

（3）2014 年 1/2 月每月平均装运。

装运港：上海/天津

目的港：鹿特丹/安特卫普，选港附加费由买方负担。

SHIPMENT DURING JAN./FEB. 2007 IN TWO EQUAL MONTHLY LOTS. PORT OF LOADING：SHANGHAI/TIANJIN. PORT OF DESTINATION：ROTTERDAM/ANT-WERP OPTIONAL, ADDITIONAL FEE FOR BUYERS ACCOUNT.

6. 保险条款

合同中的保险条款根据买卖合同采用的贸易术语不同而有所不同：

（1）FOB、CFR 合同下的保险条款：

保险由买方办理。

INSURANCE TO BE COVERED BY THE BUYERS.

（2）CIF 合同下的保险条款：

由卖方按发票金额 110% 投水渍险、战争险、罢工险，按 1981 年 1 月 1 日中国人民保险公司海洋运输货物保险条款。

INSURANCE IS TO BE COVERED BY THE SELLERS FOR LL0% OF THE IN-VOICE VALUE AGAINST W. A. , WAR RISKS AND S. R. C. C. AS PER OCEAN MA-RINE CARGO C1AUSE OF THE PEOPLE'S INSURANCE COMPANY OF CHINA DATED JAN. 1, 1981.

7. 支付条款

（1）采用跟单信用证支付时的支付条款：

A. 买方应通过卖方所接受的银行于装船月份前××天开立并送达卖方不可撤销即期信用证，有效至装运月份后第15天在中国议付。

THE BUYERS SHALL OPEN THROUGH A BANK ACCEPTABLE TO THE SELLERS AN IRREVOCABLE SIGHT LETTER OF CREDIT, TO REACH THE SELLERS ×× DAYS BEFORE THE MONTH OF SHIPMENT, VALID FOR NEGOTIATION IN CHINA UNTIL THE 15TH DAY AFTER THE MONTH OF SHIPMENT.

B. 以不可撤销信用证，凭卖方开具的见票后××天的跟单汇票议付，有效期限为装运期后15天，在中国到期，该信用证须于合同规定的装运月份前30天到达卖方。

BY IRREVOCABLE L/C AVAILABLE BY SELLER'S DOCUMENTARY DRAFT AT ×× DAYS AFTER SIGHT, TO BE VALID FOR NEGOTIATION IN CHINA UNTIL THE 15TH DAY AFTER DATE OF SHIPMENT. THE L/C MUST REACH THE SELLERS 30 DAYS BEFORE THE CONTRACTED MONTH OF SHIPMENT.

（2）采用托收方式时的支付条款：

A. 买方凭卖方开具的即期跟单汇票，于见票时立即付款，付款后交单。

UPON FIRST PRESENTATION THE BUYERS SHALL PAY AGAINST DOCUMEN-TARY DRAFT DRAWN BY THE SELLERS AT SIGHT. THE SHIPPING DOCUMENTS ARE TO BE DELIVERED AGAINST PAYMENT ONLY.

B. 买方凭卖方开具的跟单汇票，于见票日后××天付款，付款后交单。

THE BUYERS SHALL PAY AGAINST DOCUMENTARY DRAFT DRAWN BY THE SELLERS AT ×× DAYS′SIGHT, THE SHIPPING DOCUMENTS ARE TO BE DELIV-ERED AGAINST PAYMENT ONLY.

C. 买方对卖方开具的见票后××天付款的跟单汇票，于提示时承兑，并于汇票到期日即予付款，承兑后交单。

THE BUYERS SHALL DULY ACCEPT THE DOCUMENTARY DRAFT DRAWN BY THE SELLERS AT ×× DAYS′SIGHT UPON FIRST PRESENTATION AND MAKE PAY-MENT ON ITS MATURITY. THE SHIPPING DOCUMENTS ARE TO BE DELIVERED A-GAINST ACCEPTANCE AFTER IT HAS BEEN MADE.

8. 商检条款

（1）以装运港中国商品检验局签发的品质、重量/数量检验证书作为有关信用证项下议付所提交单据的一部分，买方对于装运货物的任何索赔，须于货物到达目的港××天内提出，并须提供经卖方同意的公证机构出具的检验证书。

THE CERTIFICATE OF QUALITY AND WEIGHT（QUANTITY）ISSUED BY THECHINA COMMODITY INSPECTION BUREAU AT THE PORT OF SHIPMENT SHALL BE PART OF THE DOCUMENTS TO BE PRESENTED FOR NEGOTIATION UNDER THE RELEVANT LETTER OF CREDIT. ANY CLAIM BY THE BUYERS REGARDING THE GOODS SHIPPED SHALL BE FILED WITHIN × × DAYS AFTER THE ARRIVAL OF THE GOODS AT THE PORT OF DESTINATION, AND SUPPORTED BY A SURVEY RE-PORT ISSUED BY A SURVEY OR APPROVED BY THE SELLERS.

（2）中国商品检验局出具的质量/重量/数量证书为最后依据。

CERTIFICATE OF QUANTITY/WEIGHT/QUALITY TO BE ISSUED BY CHINA COMMODITY INSPECTION BUREAU SHALL BE TAKEN AS FINAL.

9. 索赔条款

索赔条款的内容主要是提出索赔期限和依据，该条款有时合并在检验条款中。

买方对于装运货物的任何索赔，必须于货到提单所订目的地 × ×天内提出，并须经卖方同意的公证机构出具检验报告。

ANY CLAIM BY THE BUYERS REGARDING THE GOODS SHIPPED SHALL BE FILED WITHIN × ×DAYS AFTER THE ARRIVAL OF THE GOODS AT THE PORT OF DESTINATION SPECIFIED IN THE RELATIVE BILL OF LADING AND SUPPORTED BY A SURVEY REPORT ISSUED BY A SURVEYOR APPROVED BY THE SELLERS.

10. 不可抗力条款

不可抗力条款内容包括：不可抗力事故的范围、事故的后果、发生事故后通知对方的方式、出具事故证明的机构等。

如因战争、火灾、地震、水灾、暴风雨等其他不可抗力的原因，致使卖方不能部分或全部装运或延迟装运，卖方对此均不负责，但卖方须用电报（电传）通知买方，并以航空信件向后者提出由中国国际贸易促进委员会出具证明该事件的证书。

IF THE SHIPMENT OF THE CONTRACTED GOODS IS PREVENTED OR DE-LAYED IN WHOLE OR IN PART BY REASON OF WAR, FIRE, EARTHQUAKE, FLOOD, FIRESTORM OR OTHER CAUSE OF FORCE MAJEURE, THE SELLERS SHALL NOT BE LIABLE FOR THE CONTRACT. HOWEVER, THE SELLERS SHALL NOTIFY THE BUYERS BY CABLE（OR TELEX）AND FURNISH THE LATTER BY REGISTERED AIR – MAIL WITH A CERTIFICATE ISSUED BY THE CHINA COUNCIL FOR THE PROMOTION OF INTERNATIONAL TRADE ATTESTING SUCH EVENT OR EVENTS.

11. 仲裁条款

我国进出口合同的仲裁有两种规定：一种由中国国际贸易促进委员会对外经济贸易仲裁委员会仲裁；另一种由被告人所在国或第三国仲裁。

（1）规定由中国国际贸易促进委员会对外经济贸易仲裁委员会仲裁的条款。

凡有关本合同所发生的一切争议，应通过友好协商解决，若通过协商达不成协议，则提交中国国际贸易促进委员会对外贸易仲裁委员会按照暂行规定仲裁。仲裁在北京进行。该委员会的裁决为终局的，并对双方均有约束力，仲裁费由败诉方承担。

ALL DISPUTES IN CONNECTION WITH THIS CONTRACT SHALL BE SETTLED THROUGH FRIENDLY NEGOTIATION.

IN CASE NO SETTLEMENT CAN BE REACHED THROUGH NEGOTIATION, THE CASE SHOULD THEN BE SUBMITTED TO THE FOREIGN TRADE ARBITRATION COMMISSION OF CHINA COUNCIL FOR THE PROMOTION OF INTERNATIONAL TRADE FOR ARBITRATION WITH ITS PROVISIONAL RULES OF PROCEDURE. THE ARBITRATION SHALL BE CONDUCTED IN BEIJING AND THE DECISION MADE BY THE SAID COMMISSION SHALL BE FINAL AND BINDING UPON BOTH PARTIES. THE ARBITRATION FEES SHALL BE BORNE BY THE LOSING PARTY.

（2）由被告人所在国或第三国仲裁的条款

有关合同的一切争议，应通过协商友好解决。如协商不能解决，应提交仲裁，仲裁应在被告所在国进行，或者在双方同意的第三国进行，仲裁裁决是终局的，对双方均有约束力。

ALL DISPUTES IN CONNECTION WITH THIS CONTRACT SHALL BE SETTLED FRIENDLY THROUGH NEGOTIATION.

IN CASE NO SETTLEMENT CAN BE REACHED THROUGH NEGOTIATION, THE CASE SHOULD THEN BE SUBMITTED FOR ARBITRATION. THE ARBITRATION SHALL TAKE PLACE IN THE COUNTRY WHERE THE DEFENDANT RESIDES OR IN THE THIRD COUNTRY MUTUALLY AGREED UPON BY BOTH PARTIES. THE DECISION OF ARBITRATION SHALL BE FINAL AND BINDING UPON BOTH PARTIES.

【小结】

交易前的准备工作包括国际市场的调查研究、国际市场调研的渠道与方法、经营方案的制定、建立业务关系、其他准备工作，是买卖双方就相关交易事项进行磋商之前的重要基础。交易磋商的形式分为口头磋商与书面磋商两种形式。交易磋商的内容是合同内容的基础。磋商的程序包括四个环节：询盘、发盘、还盘、接受。合同是买卖双方磋商内容的结果，其中明确了双方的责任、义务和权利。

【思考题】

1. 在国际贸易中，买卖双方以口头或书面磋商达成的交易，为什么还需要签订一份书面合同？

2. 我方发盘有效期至 5 月 5 日止，但由于市场情况不稳定，对方延至 5 月 6 日才发电传表示接受，对此我方应如何处理？

3. 某公司与某外商洽谈进口交易一宗，经往来电传磋商，就合同的主要条件全部达成协议，但在最后一次我方所发的表示接受的电传中列有"以签订确认书为准"。事后对方拟就合同草稿要我方确认，但由于对某些条款的措辞尚待进一步研究，故未及时给予答复。不久，该商品的国际市场价格下跌，外方催我方开立信用证，我方以合同尚未有效成立为由拒绝开证。试分析我方的做法是否有理。

【案例分析】

某外贸土特产品进出口公司，拟向某外商出口一批土产品。双方出口商品品名、规格、质量、数量、价格、包装、交货日期、付款方式等交易条件通过电报往来进行磋商。3 月基本达成协议，唯有价格一项，中方坚持单价不得低于每公吨 1500 元人民币，并要求外商在"两个月内答复"。下半年，国际市场该土特产品的价格猛涨，外商才复电可按中方每公吨 1500 元的价格成交。此时，中方发现国内货源已紧缺，无法供货，故未予理睬，外商于数日后未接到中方答复，便指责中方违约，并要求中方承担违约责任。问：中方是否要承担违约责任？为什么？

【技能实训】

1. 交易双方

卖方——哈尔滨普利国际贸易公司

HARBIN PULEE INTERNATIONAL TRADING CORPORATION LIMITED

150090 Room 1001，HONGYANG Building，No. 308 Changjiang St. Nanggang Dist. HARBIN CHINA

TEL NO.（86）452 – 82283333

FAX NO.（86）452 – 82283334

E – mail：pulee@ yahoo. com. cn

买方——博茨瓦纳 TYRE SERVICES

BOTSWANA TYRE SERVICES

P. O. BOX 1110 GABORONE BOTSWANA Bodungwe Road Broadhurst Industrial

TEL NO.（267）– 3911000

FAX NO.（267）– 3911001

E – mail：balang@ yahoo. com

2. 业务背景

（1）哈尔滨普利国际贸易有限公司专门从事橡胶制品进出口业务，在非洲南部市场以出口国产轮胎为主。多年来，该公司一直坚持平等互利、重合同、守信誉原则，不断拓展国际市场的销售渠道。一个月前，公司业务部门刘经理赴博茨瓦纳出差，其间，刘经理与博茨瓦纳的一家非常有实力的轮胎经销商——TYRE SERVICES 取得联系，并与该公司执行总经理 David 就轮胎出口一事进行了磋商。

（2）博茨瓦纳 TYRE SERVICES 是博茨瓦纳的一家大型汽车轮胎经销商，总部位于首都哈巴罗内。公司在全国各主要城市设有十余处大型连锁机构，从事新胎销售、旧胎翻新、以旧换新等服务。该公司是多家国际知名品牌轮胎生产厂家的全国总代理。由于这些品牌对该公司经常采取"搭售"办法，导致市场需求量较大的型号供给不足，而市场需求量较小的型号供给过剩，并且价格较高、条件苛刻，直接影响了该公司的盈利水平。因中国轮胎厂商的要求宽松，产品质量稳定，价格适中，市场需求旺盛，长期以来，该公司一直希望能与中国的供货商建立起业务关系。

（3）两家公司经理在位于哈巴罗内的总部会面时，均表示出浓厚的合作兴趣，并签订了合作框架协议。刘经理回国后第三天接到 TYRE SERVICES 的 David 发来的询盘，主要内容：中国产轮胎，型号为 175/65R14 86H，数量为 700 套，报 CIF DURBAN（南非德班港）美元价。

（4）普利公司接到询盘后，迅速与国内多家供货企业联络，发盘询价。最终，选择了山东玲珑橡胶制品有限公司的报价，以 162.50 元人民币价格成交 700 套。

（5）经过反复磋商，普利公司与 TYRE SERVICES 以 CIF 德班 50 美元/套的价格成交 700 套。

3. 模拟训练任务

根据以上业务资料，完成以下任务：

（1）分别以 TYRE SERVICES 和普利公司的名义草拟询盘函、发盘函、还盘函和接受函。

（2）以本章 10.3.2 中"国际货物买卖合同的签订"为参照，给普利公司草拟一份出口合同。

（3）给普利公司草拟一份与山东玲珑橡胶制品有限公司的购销合同。

第 11 章
出口合同的履行

【学习目标】

通过本章的学习，掌握出口合同履行的基本程序及各部分工作环节的相关知识。理解依法履行出口合同的重要性。

【重点与难点】

出口合同履行程序；备货、报验；催证、审证和改证；组织装运、报关和投保；制单结汇；出口收汇核销和出口退税。

【导入案例】

我某出口企业与非洲某贸易商成交货物一批，到证按合同规定 9 月装运，但计价货币与合同规定不符，加上备货不及，直至 11 月对方来电催装时，我方才向对方提出按合同货币改证，同时要求展延装运有效期。次日非商复电："证已改妥"，我方据此将货发运，但信用证修改书始终未到，致使货运单据寄达开证行时遭到拒付。我方为及时收回货款，避免在进口地的仓储费用支出，接受进口方改按 D/P、T/R 提货要求。终因进口方未能如约付款使我方遭受重大损失。

案例分析： 分析意见如下：其一，合同规定的装期过早；其二，要求改证过迟；其三，修改书未到，先行发货不妥；其四，进口方电告信用证已修改，但修改书迟迟未到，说明进口方有欺诈的可能，在此情况下再同意改按 D/P、T/R，由进口方凭信托收据借单提货时不应该的。

（资料来源：鲁丹萍：《国际贸易理论与实务：习题与实训指导》，北京，清华大学出版社，2007。）

通过交易磋商，买卖双方订立合同，明确了双方的责任与义务，但这只是双方获取利益的形式上的保障。双方只有逐一履行合同中的每一项条款，才能真正实现各自的利益。

履行合同，既是经济行为，又是双方当事人的法律行为。按照我国和各国法律的一般规则，凡依法成立的合同，对有关当事人都具有法律约束力，当事人应当严格履行合同规定的义务，任何一方均不得擅自变更或者解除合同。若一方的行为与合同规定不符，且不在不可抗力或其他免责范围，就构成了违约，另一方有权按不同情况采取相应的合理措施并受到法律保护。违约方要根据不同的情况和后果，承担相应的法律责任。

在国际贸易实务中，交易双方的履约能力与信誉是合同条款执行质量的重要基础。影响双方履约能力与信誉的因素很多，而且这些因素的变化是常态，也就是说，双方的履约能力和信誉在合同订立前后始终会受到外界因素的影响而出现变化。因此，违约事件随时都可能出现。为了保证合同的有效执行，应密切关注双方履约情况。此外，还应对影响对方履约能力的因素给予密切观察，一旦发现存在违约迹象，及时采取措施防患于未然。

目前，我国的出口贸易除大宗交易有时采用 FOB 术语外，多数采用 CIF 和 CFR 术语和凭信用证支付方式。FCA、CPT 和 CIP 三种术语也已在逐步扩大使用。如果以当前使用最多、最具有代表性的采用 CIF 术语和凭不可撤销即期议付信用证支付的交易为例，履行出口合同一般要经过准备货物、落实信用证、安排装运和制单结汇等环节。即货、证、船、款四个基本环节构成出口合同履行的必要程序。它们之间既是相互联系又是相互依存的。因此只有环环紧扣，严格按照合同规定，根据法律和惯例的要求，切实做好每一个环节的工作，才能确保货、款对流的顺利进行，使得合同圆满地履行。

11.1 出口合同的履行程序

出口合同的履行是指在国际贸易中出口商依据所签订的合同，为完成合同规定的义务而采取的行为。出口合同履行及其与其他业务环节之间的衔接见本章附录图 11 - 1 所示。

在履行出口合同过程中，工作环节较多，涉及面较广，手续也较繁杂。各进出口企业为圆满履行合同义务，必须十分注意加强同各有关单位的协作和配合，把各项工作做到精确细致，尽量避免工作脱节、延误装运期限以及影响安全、迅速收汇等事故的发生。同时，进出口企业应同各个部门之间相互协作、共同配合，切实加强出口合同的科学管理，以保证出口合同的顺利履行。

在履行出口合同时，卖方必须按照合同规定交付货物，移交一切与货物有关的单据并转移货物所有权，这是卖方的基本义务。所谓按照合同的规定，是指必须全面地，而不是部分地符合合同的规定。否则，将构成违约并须承担责任，赔偿买方为此所遭受的损失。

履行出口合同工作涉及的环节多、范围广。以采用 CIF 条件和凭信用证支付方式的交易为例，一般涉及备货、催证、审证、改证、报验、报关、投保、装船和制单结汇等环节的工作。

11.2 备货、报验

备货和报验是卖方全面履行出口合同的首要工作环节。备货是指根据出口合同或信用证的规定，准备好合同规定的货物。备货是出口商履行出口交货义务的基础。

对于一些商品的出口需要注意相关的出口政策。我国加入世界贸易组织后，积极履行"入世"承诺。与此同时，原则上其他国家对产自我国的进口商品范围的限制越来越少，但这并意味着所有出口商品都不受限，限制与进口国政策和我国政策有关。比如，2008 年上半年能源价格高涨，原产自我国的高耗能、低附加值的工业品的出口就受到我国政策的限制，需要凭许可证出口。因此，对于这类商品的出口，应该在签约前就做到有把握申领到合同规定数量的许可证，否则，出口合同将无法履行。如果出口商经营的商品属于许可证管理，就应在备货前完成许可证的申领。

11.2.1　备货

备货是指出口方为保证按时、按质、按量地履行出口合同规定的交货义务，按照合同和信用证规定的品质、包装、数量和交货时间，而进行的货物准备工作。

在备货工作中，应注意以下几个问题。

1. 有关货物问题

（1）货物的品质、规格。应按合同的要求核实，必要时应进行加工整理，以保证货物的品质、规格与合同或信用证规定一致。

（2）货物的数量。应保证满足合同或信用证对数量的要求，备货的数量应适当留有余地，万一装运时发生意外或损失，以备调换和适应舱容之用。

（3）备货时间。货物备妥的时间，必须严格按照出口合同和信用证规定的交货时间和期限，结合运输条件（例如，通过海运的货物应结合船期）进行安排。为防止意外，一般还应适当留有余地。

2. 有关货物的包装问题

出口货物要经过各个环节的长途运输，中途还要经过多次搬运和装卸，甚至多次转换运输工具。为了最大限度地使货物保持完好无损，应注意如下出口包装问题：

（1）尽量安排将货物装运到集装箱中或牢固的托盘上，必须将货物充满集装箱并做好铅封工作，且集装箱中的货物应均匀放置且均匀受力。为了防止货物被盗窃，货物的外包装上不应注明货物的标签或货物的品牌。

（2）由于运输公司按重量或体积计算运费，出口企业应尽量选择重量轻的小体积包装，以节省运输费用。海运货物的包装，应着重注意运输途中冷热环境变化出现的潮湿和冷凝现象，即使有些船舱有空调设备，但仍可能经常会导致货物受损。采用集装箱运输通常可以避免绝大多数货物的受潮现象。对于空运货物的包装，应着重注意货物被偷窃和被野蛮装卸的情况。特别是易损货物，应用牢固的箱子包装，鉴于飞机的舱位有限，对于包装尺寸的要求，应与有关运输都门及时联系。

（3）随着技术进步，自动仓储环境处理的货物越来越多，货物在运输和仓储过程中，通常由转送带根据条形码自动扫描分拣。因此，应注意根据仓储要求，严格按统一尺寸对货物进行包装或将货物放置于标准尺寸的牢固托盘上并预先正确印制和贴放条形码。

3. 有关货物外包装的运输标志问题

正确刷制运输标志的重要性主要反映在如下四个方面：一是符合运输和有关国家海关的规定，二是保证货物被适当的处置，三是掩盖包装内货物的性质，四是帮助收货人识别货物。因此，在运输标志的准备上应注意以下内容。

（1）刷制运输标志应符合有关进出口国家的规定。包装上的运输标志应与所有出口单据上对运输标志的描述一致，运输标志应既简洁，又能提供充分的运输信息。所有包装上的运输标志必须用防水墨汁刷写，有些国家海关要求所有的包装箱必须单独注明重量和尺寸，甚至用公制，或英语或目的国的语言注明，为此，应注意有关国家的海关规定。在运输包装上的运输标志应大小尺寸适中，使相关人员在一定距离内能够看清楚，根据国外的通行做法，就一般标准箱包装，刷制的运输包装字母的尺寸至少为 4 厘米高，运输标志应该至少在包装箱的四面都刷制，以防货物丢失。

（2）除了在外包装上刷制运输标志之外，应尽量在所有的货运单据上标注相同的运输标志。这些单据包括内陆运输提单、海运提单或空运提单、码头收据、装箱单、商业发票、报关单等。

凡合同规定收到买方信用证后若干天内交付货物的，为保证按时履约，防止被动，应督促买方按照合同规定期限开出信用证，我方收到信用证后还必须立即进行审核，认可后及时安排生产或组织货源。

11.2.2　报验

凡属法定检验的商品或合同规定必须经中国进出口商品检验检疫局检验的出口商品，在货物备齐后，应向商品检验局申请检验。只有取得商检局发给的合格的检验证书，海关才予放行。经检验不合格的货物，一律不得出口。

非法定检验、出口合同也未规定由商检机构出证的商品，则应视不同情况，委托商检机构、生产部门或供货部门进行检验，或由外贸企业自行检验，合格后装运出口。

凡属危险货物，其包装容器应由生产该容器的企业向商检机构申请包装容器的性能鉴定。包装容器经商检机构鉴定合格并取得性能鉴定证书，方可用于包装危险货物。生产出口危险货物的企业，必须向商检机构申请危险货物包装容器的使用鉴定。使用未经鉴定合格的包装的危险货物不准出口。

申请报验的手续是：凡需检验出口的货物，应填制"出口报验申请单"（见本章附录单据 11-1），向商检局办理申请报验手续。出口报验申请单的内容一般包括品名、规格、数量或重量、包装、产地等项。申请单上如有外文，应注意中、外文内容一致。在向商检局提交申请单时，还应附上合同、信用证副本及其他要求的相关凭证。申请报验后，如发现出口报验申请单填写有误或内容发生变更，应提出更改申请，并填写"更改申请单"，说明更改的事项和原因。

货物经检验合格，即由商检局发给检验证书，进出口公司应在检验证书或放行单签发之日起 60 天内报关出运。逾期报运出关，必须向商检局申请展期，并由商检局进行复验，经复验合格货物才能出口。

11.3　催证、审证和改证

在以信用证方式结算的出口合同中，对信用证的掌握、管理和使用，直接关系到进出口企业的收汇安全。信用证的掌握、管理和使用主要包括催证、审证和改证等几项内容，这些都是与履行合同有关的重要工作。

11.3.1 催证

催证是催开信用证的简称，具体而言，就是指在凭信用证支付的出口合同中，通过信件、电报、电传或传真催促国外进口方及时办理开立信用证手续并将信用证送达我方，以便我方及时装运货物出口，履行合同义务。

在出口合同中，买卖双方如约定采用信用证方式付款，买方则应严格按照合同的规定按时开立信用证。如合同中对买方开证时间未作规定，买方应在合理时间内开出，因为买方按时开证是卖方正常履约的前提。但在实际业务中，有时经常遇到国外进口商拖延开证，或者在行市发生变化或资金发生短缺的情况时，故意不开证。对此，我们应催促对方迅速办理开证手续。特别是针对大宗商品交易或应买方要求而特制的商品交易，更应结合备货情况及时进行催证。必要时，也可请驻外机构或有关银行协助代为催证。

催开信用证不是履行每一个出口合同都必须做的工作，通常在下列情况下才有必要进行：一是如出口合同规定的装运期限较长（如 6 个月），而买方应在我方装运期前的一定时日（如 30 天）开立信用证，则我方应在通知对方预计装运日期的同时，催请对方开证；二是如买方在出口合同规定的期限内未开立信用证，我方可根据合同规定向对方要求损害赔偿或同时宣告合同无效，但如不需要立即采取这一行动时，仍可催促对方开证；三是如果我方根据备货和承运船舶的情况，可以提前装运时，则可商请对方提前开证；四是开证限期未到，如发现客户资信不好，或者市场情况有变，也可催促对方开证。

11.3.2 审证

信用证是依据买卖合同开立的，信用证的内容应该与买卖合同条款保持一致。但在实践中，由于种种原因，如工作的疏忽、电文传递的错误、贸易习惯的不同、市场行情的变化或进口商有意利用开证的主动权加列对其有利的条款，往往会出现开立的信用证条款与合同规定不符；或者在信用证中加列一些出口商看似无所谓但实际是无法满足的信用证付款条件（在业务中也被称为"软条款"）等，使得出口商根本就无法按该信用证收取货款。为确保收汇安全和合同顺利执行，防止给我方造成不应有的损失，应该在国家对外政策的指导下对不同国家、不同地区以及不同银行的来证，依据合同进行认真的核对与审查。

在实际业务中，银行和进出口公司应共同承担审证任务。其中，银行着重审核该信用证的真实性、开证行的政治背景、资信能力、付款责任和索汇路线等方面的内容。银行对于审核后已确定其真实的信用证，应打上类似"印鉴相符"的字样。出口公司收到银行转来的信用证后，则着重审核信用证内容与买卖合同是否一致。但为了安全起见，出口商也应尽量根据自身能力对信用证的内容进行全面审核或复核性审查。

对信用证内容的审核，一般应包括以下几个方面。

其一，从政策上审核。来证各项内容必须符合我国有关方面的方针政策。

其二，对开证银行资信情况的审核。凡是政策规定不能与之往来的银行开来的信用证，均应拒绝接受，并请客户另行委托我方允许往来的其他银行开证。对于资信较差的开证行，可采取适当措施（例如，要求银行加保兑；加列电报索偿条款；分批出运，分批收汇等），以保证我方收汇安全。

其三，对信用证不可撤销性的审核。我方能够接受的国外来证必须是不可撤销的，来证中不得标明"可撤销"字样，同时在证内应载有开证行保证付款的字句。有的来证，虽然注明为"不可撤销的"，但是开证银行对其应负责任方面却附加了一些与"不可撤销"相矛盾的条款。例如，"开证行须在货物到达时没有接到海关禁止进口的通知才承兑汇票"、"在货物到达时没有接到配额已满的通知才付款"，等等。这些条款背离了信用证凭单付款的原则，尽管受益人完全做到了单证一致，但还是得不到收款的保障。对此，均需要求对方应按一般做法改正。

其四，对有无保留或限制性条款的审核。在信用证中规定有保留或限制性条款的情况，在实际业务中比较常见。受益人对此应当特别注意，提高警惕，认真对待如来证注明"承运船只由买方指定，船名后告"、"货物样品寄开证申请人认可，认可电传作为单据之一"等限制性条款；或来报注明"另函详"等类似文句，应在接到上述通知书或信用证详细条款后方履行交货义务，以免事后造成损失。

上述四点，也是银行审证的要点，进出口公司只做复核性审查。

其五，支付货币及信用证金额的审查。信用证规定的支付货币应该与合同规定相同，如不一致，应按"人民币市场汇价表"折算成合同货币，在不低于或相当于原合同货币总金额时才能接受。否则，原则上应要求开证人改证；信用证金额一般应与合同金额相符，如合同订有溢短装条款，信用证金额亦应包括溢短装部分的金额。信用证金额中单价与总值要填写正确，大写、小写并用。信用证未按此规定开列的，装货时不能使用溢短装权利。

其六，有效期、交单期和最迟装运日期。未规定有效期的信用证是无效信用证，不能使用。凡晚于有效期提交的单据，银行有权拒收，信用证的有效期还涉及信用证的到期地点。在我国的出口业务中，原则上应争取在我国口岸、城市或在我国到期，以便我方在交付货物后能及时办理议付、要求付款或承兑。如信用证将到期地点规定在国外，一般不宜轻易接受。

信用证还应规定一个运输单据在出单日期后必须向信用证指定的银行提交单据要求付款、承兑或议付的特定期限，即交单期。如信用证未规定交单期，按惯例，银行有权拒受迟于运输单据日期 21 天后提交的单据，但无论如何，单据也不得迟于信用证到期日提交。如信用证规定的交单期距装运期过近，例如，运输单据出单日期后 2 ~ 3 天，则应提前交运货物，或要求开证人修改信用证推迟交单期限，以保证能在装运货物后如期向银行交单。

最迟装运日期是指卖方将货物装上运输工具或交付给承运人接管的最迟日期。如国外来证晚，无法按期装运，应及时电请国外买方延展装运期限。信用证的到期日同最迟装运期应有一定的间隔，以便装运货物后能有足够的时间办理制单、交单议付等工作。

其七，开证申请人和受益人审查。开证申请人大都是买卖合同的对方当事人

（买方），但也可能是对方的客户（实际买主或第二买主），因此，对其名称和地址均应仔细核对，防止张冠李戴，错发错运。受益人通常是我方出口企业，是买卖合同的卖方，但我方企业有时需要更名，地址也可能改变，所以也必须正确无误。如信用证使用旧名称、旧地址，也需要对方改正，或做适当处理，以免影响收汇。在实际业务中，由于同一个客户与我国几个外贸企业同时往来的情况很多，特别是当由我方某个企业对外磋商订立合同，而由其他企业或其分支机构交货时，就会发生信用证受益人与发货人名称不一致的问题。对此，如果信用证规定"可转让"，就可以通过转让解决，如未规定可以转让时，则应要求加列。否则，只能按信用证受益人的名义发货、制单，向银行交单议付。

其八，付款期限及转运和分批装运。信用证的付款期限及转运和分批装运条款必须与买卖合同规定相一致。

其九，在信用证中一般不应指明承运货物的货运代理人，以便出口商本着节约的原则，自由选择货运代理人。在信用证中一般不应指明运输航线，以便出口商和货运代理人本着节约费用的原则灵活选择运输线路。

其十，在非海运的情况下，如航空运输，为了保证出口商安全收回货款，航空运单的收货人一般应写明是开证银行。

其十一，对于来证中要求提供的单据种类和份数及填制方法等，要进行仔细审核，如发现有不正常规定，如要求商业发票或产地证明须由国外第三者签证以及提单上的目的港后面加上指定码头等字样，都应慎重对待。

其十二，在审证时，除对上述内容进行仔细审核外，有时信用证内加列许多特殊条款（Special Condition），如指定船公司、船籍、船龄、船级等条款，或不准在某个港口转船等，一般不应轻易接受，但若对我方无关紧要，而且也可办到，则可酌情灵活掌握。

11.3.3 改证

对信用证进行了全面细致的审核以后，如果发现问题，应区别问题的性质，分别同银行、运输、保险、商检等有关部门研究，作出恰当妥善处理。凡是属于不符合我国对外贸易方针政策，影响合同执行和安全收汇的情况，必须要求国外客户通过开证行进行修改，并坚持在收到银行修改信用证通知书后才能对外发货，以免发生货物装出后而修改通知书未到的情况，造成我方工作上的被动和经济上的损失。

在办理改证工作中，凡需要修改的各项内容；应做到一次向国外客户提出，尽量避免由于我方考虑不周而多次提出修改要求。否则，不仅会增加双方的手续和费用，而且对外造成不良影响。

关于修改信用证的修改规则，国际商会《跟单信用证统一惯例》（UCP500）第9条做了详细和具体的规定。

第一，不可撤销信用证未经开证行、保兑行（若已保兑）和受益人同意，既不能修改，也不能取消。

第二，自发出修改之时起，开证行即受该修改内容的约束，而且对已发出的修改不得撤销。如信用证经另一银行保兑，保兑行可对修改内容扩展其保兑，如保兑行对修改内容不同意保兑，可仅将修改通知受益人而不加保兑，但必须毫不迟延地告知开证行和受益人。

第三，直至受益人将接受修改的意见告知、通知该修改的银行为止，原信用证的条款（包括先前已被接受的修改）对受益人依然有效。受益人应对该修改作出接受或拒绝的通知。如未做此通知，则当受益人向指定银行或开证行提交符合信用证和尚未被接受的修改的单据时，即视为受益人接受了该修改的通知，并自此时起信用证已被修改。

第四，对同一修改通知的部分接受是不允许的，因此是无效的。对于需经修改方能使用的信用证，原则上应在收到修改通知书并经审核认可后方可发运货物，除非确有把握，绝不可仅凭国外客户"已经照改"的通知就装运货物，防止对方言行不一而造成被动损失。对于可接受或已表示接受的信用证修改书，应将其与原证附在一起，并注明修改次数（如修改在一次以上），这样可防止使用时与原证脱节，造成信用证条款不全，影响及时和安全收汇。

此外，对来证不符合同规定的各种情况，还需要作出具体分析，不一定坚持要求对方办理改证手续。只要来证内容不违反政策原则并能保证我方安全迅速收汇，我们也可灵活掌握。

总之，对国外来证的审核和修改，是保证顺利履行合同和安全迅速收汇的重要前提，我们必须给予足够的重视，认真做好审证工作。

11.4　组织装运、报关和投保

出口企业在备货的同时，还应该按买卖合同和信用证规定，安排租船订舱工作、办理报关和投保等手续。在电子商务环境下，装运、报关和投保手续可以在电子商务网上完成。

11.4.1　租船订舱

现代信息技术正在迅速改变国际货物运输的运作方式。电子商务，特别是EDI电子数据交换技术用电子方式的信息传输正在代替纸单据的传递。甚至在国外，运输公司已经利用卫星地面定位技术来自动跟踪货物的运输情况，并通过国际互联网络向客户提供货物的运输信息。新的信息通信技术的运用正在改变全球运输行业的做法。特别是运输服务出现更加细致的专业化分工。目前，现代企业运作方式更强调减少库存，为全球客户提供及时到位的运输。及时到位的运输要求更快和更准确的操作。为了达到快速和准确的目的，就要求有专业化较强的货运服务机构，以及全球货物运输监控体系。

随着技术的进步，更具有实际意义的是，货主越来越少地与运输工具承运人，如船公司直接打交道，而是由专业化较强的货运服务机构从中提供中介服务。就货运服务公司而言，货运代理公司、储运公司、报关经纪行、卡车运输公司和其他运输与物流管理公司都在试图调整自己的运输服务功能。这些具有不同行业特点的公司所提供的服务的界限也在逐渐模糊，这就为出口商办理货运提供了多种选择。

在货、证备齐以后，出口企业办理租船订舱手续。如果出口货物数量较大需要整船载运的，则需要办理租船手续；若出口数量不大，不需要整船装运的，则安排洽订班轮或租订部分舱位运输。

在履行 CIF 出口合同时，出口企业办理租船、订舱的工作步骤大致如下。

首先，填写出口货物托运单。外贸企业在备妥货物，收到国外开来的信用证经审核（或经修改）无误后，就应根据买卖合同和信用证条款的规定填制海运出口托运单。海运出口托运单（见本章附录单据 11 - 2）又称订舱委托书（Shipping Note），是外贸企业向外运机构提供的出运货物的必要文件，亦是外运机构向船公司订舱配载的依据。待海运出口托运单妥善填制完成后，应在规定日期送交外运机构，委托订舱。若采用海运集装箱班轮运输，其订舱手续与一般杂货班轮运输类似。外贸企业或外运机构应缮制集装箱货物托运单，其内容、份数与通常的海运出口托运单略有不同。

其次，船公司或其代理人签发装货单（Shipping Order）。装货单俗称下货纸，是船公司或其代理人签发给货物托运人的一种通知船方装货的凭证（见本章附录单据 11 -3）。其作用有三：第一，意味着运输合同已经订立，船公司已接受这批货物的承运。装货单一经签发，承运、托运双方均受其约束。如货物因船方责任装不上船而退关造成损失，船公司须承担赔偿责任。

第二，海关凭此查验出口货物，如准予出口，即在装货单上加盖海关放行章。第三，通知船方装货，该单是船公司或其代理人发给船方的装货通知和指令。

外贸企业或外运机构根据有关方面的要求，将出口清关的货物存放于指定仓库。待轮船抵港装船完毕，即由船长或船上大副根据装货实际情况，签发大副收据，又称收货单，表明货物已装妥（见本章附录单据 11 -4）。外贸企业或外运机构可凭此单据向船公司或其代理换取海运提单。如装船货物外表不良或包装有缺陷，船长或大副就会在大副收据上加以批注，即所谓"不良批注"，以分清船货双方的责任。如这时外贸企业或外运机构向船公司或其代理换取提单，就只能凭此单据换取不清洁提单，从而在结汇时出现麻烦。因此，外贸公司或外运机构通常的做法是：重新使货物表面清洁，以获取清洁提单。

11.4.2 出口报关

出口报关是指发货人（或其代理）向海关申报出口货物的详细情况，海关据以审查，合格后放行，准予出口。

一般出口报关程序主要分为以下几个步骤：

1. 申报

（1）出口货物的发货人根据出口合同的规定，按时、按质、按量备齐出口货物后，即应当向运输公司办理租船订舱手续，准备向海关办理报关手续，或委托专业（代理）报关公司办理报关手续。

（2）需要委托专业或代理报关企业向海关办理申报手续的企业，在货物出口之前，应在出口口岸就近向专业报关企业或代理报关企业办理委托报关手续。接受委托的专业报关企业或代理报关企业要向委托单位收取正式的报关委托书，报关委托书以海关要求的格式为准。

（3）准备好报关用的单证是保证出口货物顺利通关的基础。一般情况下，报关应备单证除出口货物报关单外，主要包括托运单（即下货纸）、发票一份、贸易合同一份、出口收汇核销单及海关监管条件所涉及的各类证件。

申报应注意的问题：报关时限是指货物运到口岸后，法律规定发货人或其代理人向海关报关的时间限制。出口货物的报关时限限为装货的 24 小时以前。不需要征税费、查验的货物，自接受申报起 1 日内办结通关手续。

2. 审证

海关接受申报后，应对所有单证进行审核，审单通常是以出口货物报关单为依据，根据国家的法律法规，核对单证是否齐全、正确、有效、一致，要求"单单一致、单证一致"。

3. 查验

查验是指海关在接受报关单位的申报并已经审核的申报单位为依据，通过对出口货物进行实际的核查，以确定其报关单证申报的内容是否与实际进出口的货物相符的一种监管方式。

（1）通过核对实际货物与报关单证来验证申报环节所申报的内容与查证的单、货是否一致，通过实际的查验发现申报审单环节所不能发现的有无瞒报、伪报和申报不实等问题。

（2）通过查验可以验证申报审单环节提出的疑点，为征税、统计和后续管理提供可靠的监管依据。海关查验货物后，均要填写一份验货记录。验货记录一般包括查验时间、地点、进出口货物的收发货人或其代理人名称、申报的货物情况，查验货物的运输包装情况（如运输工具名称、集装箱号、尺码和封号）、货物的名称、规格型号等。需要查验的货物自接受申报起 1 日内开出查验通知单，自具备海关查验条件起 1 日内完成查验，除需缴税外，自查验完毕 4 小时内办结通关手续。

4. 征税

根据《海关法》的有关规定，进出口的货物除国家另有规定外，均应征收关税。关税由海关依照海关进出口税则征收。需要征税费的货物，自接受申报 1 日内开出税单，并于缴核税单 2 小时内办结通关手续。

5. 放行

（1）对于一般出口货物，在发货人或其代理人如实向海关申报，并如数缴纳应缴税款和有关规费后，海关在出口装货单上盖"海关放行章"出口货物的发货人凭以装船起运出境。

（2）出口货物的退关：申请退关货物发货人应当在退关之日起三天内向海关申报退关，经海关核准后方能将货物运出海关监管场所。

（3）签发出口退税报关单：海关放行后，在浅黄色的出口退税专用报关单上加盖"验讫章"和已向税务机关备案的海关审核出口退税负责人的签章，退还报关单位。

对海关接受申报并放行后，由于运输工具配载等原因，部分货物未能装载上原申报的运输工具的，出口货物发货人应及时向海关递交"出口货物报关单更改申请单"及更正后的箱单发票、提单副本进行更正，这样报关单上内容才能与舱单上内容一致。

11.4.3 投保

对于 CIF 出口合同，卖方在装船前，应该按合同规定及时向保险公司办理投保手续，填制投保单。出口商品的投保手续，一般都是逐笔办理的。投保人投保时，应将投保人名称、货物名称、投保金额、运输路线、运输工具、开航日期、投保险别、赔款地点等一一列明。保险公司接受投保后，即签发保险单据。

从以上出口合同履行的环节上可以看出，在出口合同履行过程中，货、证、船的衔接是一项极其细致而又复杂的工作，任何一个环节出了问题，都将带来难以预测的后果。因此，进出口企业为做好出口合同的履行工作，必须加强对出口合同的科学管理，建立起能反映出口合同执行情况的进程管理制度，做好"四排队"、"三平衡"工作。尽力避免交货期不准、拖延交货期或不交货等现象的发生。

"四排队"是指以买卖合同为对象，根据合同要求的货物是否备妥、信用证是否落实等，按四种情况——"有证有货"、"有证无货"、"无证有货"、"无证无货"进行分析排队。通过排队，摸清货、证的实际情况，及时发现问题，采取措施，解决问题。"三平衡"是指以信用证为依据，根据信用证规定的装运期和到期日的远近，结合货源和运输能力的具体情况，分清轻重缓急，力求做到"货、证、船"三方面的有效衔接，保证按时交付和装运货物，从而保证出口合同得以顺利履行。

11.5 制单结汇

在传统的贸易方式下，当货物装船后，出口企业即应按照信用证的要求正确缮制各种单据，并在信用证规定的交单有效期内送交银行办理结汇手续。在电子商务的方式下，出口企业则应在货物装船后，缮制有关电子单证，并通过电子数据交换的形式实现单据的直接传递，货款的结算也可以通过银行电子转账系统自动完成。

11.5.1 制单结汇办法

在信用证付款条件下，我国目前出口商在银行可以办理出口结汇的做法主要有三种：收妥结汇、押汇和定期结汇。不同的银行，其具体的结汇做法不一样。即使是同一个银行，针对不同的客户信誉度，以及不同的交易金额等情况，所采用的结汇方式也有所不同。现将上述在我国常见的三种结汇方式简单介绍如下。

1. 收妥结汇

收妥结汇又称收妥付款，是指信用证议付行收到出口企业的出口单据后，经审查无误，将单据寄交国外付款行索取货款的结汇做法。在这种方式下，议付行都是待收到付款行的货款后，即从国外付款行收到该行账户的贷记通知书（Credit Note）时，按照出口企业的指示，将货款拨入出口企业的账户。

2. 押汇

押汇又称买单结汇，是指议付行在审单无误情况下，按信用证条款贴现受益人

（出口公司）的汇票或者以一定的折扣买入信用证项下的货运单据，从票面金额中扣除从议付日到估计收到票款之日的利息，将余款拨给出口企业。议付行向受益人垫付资金、买入跟单汇票后，即成为汇票持有人，可凭票向付款行索取票款。银行之所以做出口押汇，是为了给出口企业提供资金融通的便利，这有利于加速出口企业的资金周转。

3. 定期结汇

定期结汇是指议付行根据向国外付款行索偿所需时间，预先确定一个固定的结汇期限，并与出口企业约定该期限到期后，无论是否已经收到国外付款行的货款，都主动将票款金额拨交出口企业。

11.5.2　制作审核结汇单据的基本原则

开证行只有在审核单据与信用证表面完全相符后，才承担付款的责任，开证行如发现出口商所提交的单据与信用证有任何不符，均有可能出现拒付货款的情况，因此，结汇单据的缮制是否正确完备与安全迅速收汇有着十分重要的关系。对于结汇单据，一般都要本着"正确、完整、及时、简明、整洁"的原则来制作和审核。

1. 正确

只有正确制作单据，才能够保证及时收汇。单据应做到两个一致，即单据与信用证保持一致、所提交的单据与单据之间也要保持严格一致。此外，单据与货物也应一致。

2. 完整

必须按照信用证的规定提供各项单据，不能短少或缺项。单据的份数和单据本身的项目，如产地证明书上的原产国别、签章，其他单据上的货物名称、数量，海运提单和汇票的背书签字或人名章、公司章等内容和形式，也必须完整无缺。

3. 及时

应在信用证的有效期内，及时将单据送交议付银行，以便银行早日寄出单据，按时收汇。此外，在货物出运之前，应尽可能将有关结汇单据送交银行预先审核，使银行有较充裕的时间来检查单证、单单之间有无差错或问题。如发现一般差错，可以提前改正，如有重大问题，也可尽早由进出口企业与国外买方联系修改信用证，避免在货物出运后不能收汇。

4. 简明

单据的内容，应按信用证要求和国际惯例填写，力求简明，切勿加列不必要的内容，以免弄巧成拙。

5. 整洁

单据的布局要美观、大方。缮写或打印的字迹要清楚。单据表面要清洁，对更改地方要加盖校对图章。有些单据，如提单、汇票以及其他一些单据的主要项目，如金额、件数、重量等，一般不宜更改。

11.5.3　单证不符点的处理

在信用证项下的制单结汇中，议付银行要求"单、证表面严格相符"。但是，在实际业务中，由于种种原因，单证不符情况时常发生。如果信用证的交单期允许，应及时修改单据，使之与信用证的规定一致。如果不能及时改证，进出口企业应视具体情况，选择如下处理方法。

1. 表提

表提又称为"表盖提出"，即信用证受益人在提交单据时，如存在单证不符，向议付行主动书面提出单证不符点。通常，议付行要求受益人出具担保书，担保如日后遭到开证行拒付，由受益人承担一切后果。在这种情况下，议付行为受益人议付货款。因此，这种做法也被称为"凭保议付"。表提的情况一般是单证不符情况并不严重，或虽然是实质性不符，但事先已经开证人（进口商）确认可以接收。

2. 电提

电提又称为"电报提出"，即在单证不符的情况下，议付行先向国外开证行拍发电报或电传，列明单证不符点，待开证行复电同意再将单据寄出。电提的情况一般是单证不符属实质性问题，金额较大。用电提可以在较短时间内由开证行征求开证申请人的意见。如获同意，则可以立即寄单收汇，如果不获同意，受益人可以及时采取必要措施对运输中的货物进行处理。

3. 跟单托收

如出现单证不符，议付行不愿意用表提或电提方式征询开证行的意见。在此情况下，信用证就会彻底失效。出口企业只能采用托收方式，委托银行寄单代收货款。

这里要指出的是无论是采用表提、电提，还是跟单托收方式，信用证受益人都失去了信用证中所做的付款保证，从而使出口收汇从银行信用变成了商业信用。

11.5.4 结汇单据

出口企业在货物装运后，应按照信用证的规定，正确缮制各种单据和必要的凭证，在信用证规定的交单有效期内，送交指定的银行办理结汇手续。在信用证业务中，开证银行只凭信用证和单据，不管合同与货物，对单据的要求十分严格，只有在单据与信用证完全相符后才承担付款责任。因此，对各种结汇单据的缮制是否正确完备，与迅速安全地收款有着十分重要的关系。

在以信用证方式结算货款的交易中，提交的出口单据必须与信用证条款的规定严格相符。出口单据的种类很多，下面将常用的出口单据及其制作加以扼要的说明。

1. 汇票

汇票（Bill of Exchange，Draft）是由出票人签发的，要求付款人在见票时或在一定期限内，向收款人或持票人无条件支付一定款项的票据。

（1）出票条款。出票条款又称出票根据，在信用证业务中，一般包含三个内容：开证行名称、信用证号码和开证日期。如属于信用证方式付款的凭证之一，应该按照来证的规定文句填写。如信用证内没有规定具体文句，可在汇票上注明开证行名称、地点、信用证号码及开证日期。如属于托收方式下付款的凭证之一，则应在汇票上注明有关合同号码等。

（2）汇票金额和币别。在填制汇票金额和币别时，应注意：第一，除非信用证另有规定，应与发票所列的金额和币别一致。第二，如信用证规定汇票金额为发票金额的百分之几，例如 98%，那么发票金额应为 100%，汇票余额为 98%，其差额 2%一般为应付的佣金。这种做法通常使用于中间商代开信用证的场合。第三，如信用证规定，部分信用证付款，部分托收，则应分成两套汇票：信用证下支款的汇票按信用证允许的金额填制，其余部分为托收项下汇票的金额，两者之和等于发票金额。第四，汇票上的金额大写、小写必须一致，汇票金额不得涂改。

（3）付款人。采用信用证支付方式时，应按照信用证的规定，以开证行或其指定的付款行为付款人；倘若信用证中未指定付款人，应填写开证行。如果是采取托收方式，一般汇票的付款人是进口商。

（4）受款人。汇票的受款人通常是指示性抬头。汇票一般开具一式两份，两份具有同等效力，其中一份付讫，另一份自动失效。

2. 发票

发票（Invoice）有商业发票（Commercial Invoice）、海关发票（Customs Invoice）、领事发票（Consular Invoice）和厂商发票（Manufacturer's Invoice）等。

（1）商业发票是出口方开立的载有货物名称、数量、价格等内容的清单，是买卖双方交接货物、结算货款的主要单证，也是进口方记账、报关、纳税必不可少的单据之一；是出口方必须提供的各种单据的中心单据。

发票并无统一格式，但其内容大致相同，主要包括签发人名称、发票字样、抬头人名称、发票号码、合同号码、信用证号码、开票日期、装运地点、目的港（地）、唛头，货物的名称、规格、数量、包装方法、单价、总值等内容。

发票内容必须符合买卖合同与信用证的规定，不能有丝毫差异。在缮制发票时，一般应注意如下问题。

①签发人名称。出口人的名称及详细地址通常印在发票的顶端。在信用证方式下，出口人的名称及地址必须与信用证所规定的受益人的名称与地址一致。

②发票抬头人名称。在信用证方式下，除非信用证另有约定，商业发票的抬头必须是开证申请人（可转让信用证除外）。在托收方式下，商业发票的抬头一般为国外进口商。

③发票号码、合同号码、信用证号码及开票日期。发票号码由出口商统一编制，一般采用顺序号，以便查对；合同号码应如实填写；信用证号码依照信用证中列明的填制；发票的开立日期不要与运输单据的日期相距过远，且必须在信用证的交单有效期内。

④货物的名称、规格、数量、单价、包装等。对货物的名称、规格、数量、单价、包装等项内容的填制，凡属信用证方式，必须与来证所列各项要求完全相符，不能有任何遗漏或改动。如来证内没有规定详细品质或规格，必要时可按合同加注一些说明，但不能与来证的内容有抵触，以防国外银行挑剔而遭到拖延或拒付货款。单价和总值是发票的重要项目，必须准确计算，正确填写，要特别注意单价、数量、总值三者之间不能相互矛盾。如属信用证方式付款，发票的总值不得超过信用证规定的最高金额。按照银行惯例的解释，开证银行可以拒绝接受超过信用证所许可金额的商业发票。

⑤佣金和折扣。来证和合同规定的单价含有"佣金"的情况，在发票处理上应

照样填写，不能以"折扣"字样代替。如来证和合同规定有"现金折扣"（Cash discount）的字样，在发票上也应全名照列，不能只写"折扣"，或"贸易折扣"（Trade Discount）等字样。

⑥如信用证内规定"选港费"（Optional Charges）、"港口拥挤费"（Port Congestion Charges）或"超额保费"（Additional Premium）等费用由买方负担，并允许凭本信用证支取的条款，可在发票上将各项有关费用加在总值内，一并向开证行收款。但是如信用证内未作上述注明，即使合同中有此约定，也不能凭信用证支取。除非国外客户同意并经银行通知在信用证内加列上述条款，否则，上述增加的费用，应另制单据通过银行托收解决。

⑦各种说明。如客户要求或信用证规定在发票内加列船名、原产地、生产企业的名称、进口许可证号码等，均可一一照办。有的来证要求在发票上加注"证明所列内容真实无误"或称"证实发票"（Certified、Invoice）、"货款已经收讫"或称"收妥发票"（Receipt Invoice），或加注有关出口企业国籍、原产地等证明文句，在不违背我国方针、政策和法令的情况下，可酌情办理。出具"证实发票"时，应将发票的下端通常印有的"有错当查"（E. & O. E.）字样删去。

（2）海关发票。有些国家的海关制定的一种固定的发票形式，要求国外出口商填写，其名称有海关发票、估价和原产地联合证明书（Combined Certificate of Value and Origin，C. C. V. O）、根据××国海关法令的实证发票（Certified Invoice in Accordance with ××Customs Regulations）。对上述三种叫法的发票，习惯上我们统称为海关发票。进口国要求提供这种发票，主要是作为估价完税或征收差别待遇关税或征收反倾销税的依据。此外，还供编制统计资料之用。

在填写海关发票时，一般应注意以下问题。

①各个国家（地区）使用的海关发票，都有其固定格式，我们不得混用。

②凡是商业发票和海关发票上共有项目的内容，必须与商业发票保持一致，不得相互矛盾。

③在"出口国国内市场价格"一栏，其价格的高低是进口国海关是否征收反倾销税的重要依据。我们在填制这项内容时，应根据有关规定慎重处理。

④如成交价格为 CIF 条件，应分别列明 FOB 价格、运费、保险费，这三者的总和，应与 CIF 货值相等。

⑤签字人和证明人均须以个人身份出面，而且这两者不能为同一个人。个人签字均须以手签生效。

（3）领事发票。有些国家，例如一些拉丁美洲国家、菲律宾等国家规定，凡输往该国的货物，国外出口商必须向该国海关提供经该国领事签证的发票。有些国家制定了固定格式的领事发票，也有一些国家则规定可在出口商的商业发票上由该国领事签证（Consular Visa）。领事发票的作用与海关发票基本相似。各国领事签发领事发票时需收取一定的领事签证费。如国外来证载有需由我方提供领事发票的条款，一般不宜接受，或者由银行注明当地无对方机构，争取取消。特殊情况应按我国主管部门的有关规定办理。

（4）厂商发票。厂商发票是由出口货物的制造厂商所出具的以本国货币计算，用来证明出口国国内市场出厂价格的发票。其目的也是供进口国海关估价、核税以及征收反倾销税之用。如果国外来证要求，应参照海关发票有关国内价格的填制办法处理。

3. 提单

海运提单（Ocean Bill of Lading，B/L）简称提单，是证明海上运输合同和货物由承运人接管或装船，以及承运人据以保证交付货物的凭证。

4. 保险单

保险单（Insurance Policy）是保险公司与投保人（被保险人）之间订立的保险合同，当承保货物发生损失时，它是保险受益人索赔和保险公司理赔的重要依据。保险单的被保险人可以通过空白背书，办理保险单转让。保险单是 CIF 条件下必须提交的结汇单据。

缮制保险单，应注意下列事项。

（1）在 CIF 或 CIP 合同中，保险单的被保险人通常是信用证的受益人，并加空白背书，便于办理保险单转让。

（2）保险单出单日期，不得迟于提单上注明的日期。

（3）承保险别和保险金额应按照投保单填制，并与信用证规定相一致。如信用证未做规定，保险金额不应低于货物的 CIF 或 CIP 价值的 110%，如"不能确定" CIF 或 CIP 货值的，则不能低于银行付款、承兑或议付金额的 110%，或发票金额的 110%，以两者中金额较大者为保险金额。金额大写、小写应一致。

（4）保险货物名称，须与提单等单据一致，并不得与信用证中货物的描述相抵触。包装、数量、唛头、开航日期、船名、运输起讫地点等内容，应和提单内容一致。

5. 产地证明书

产地证明书（Certificate of Origin）是一种证明货物原产地或制造地的重要文件，也是进口国海关执行差别关税和限制、控制或禁止某些国家（地区）进口货物的主要依据。

产地证一般分为普通产地证和普惠制产地证以及政府间协议规定的特殊原产地证等。它们虽然都用于证明货物的产地，但使用范围和格式不同，下面着重介绍三种。

（1）普通产地证明书又称原产地证。签发产地证明书的机构很多，包括出口商、生产厂商、进出口商品检验局或中国国际贸易促进委员会等，要根据买卖合同或信用证的规定而定。但在一般情况下，以使用商检局或贸促会签发的产地证居多。在缮制原产地证书时，应按《中华人民共和国原产地规则》及其他有关规定办理。其填法如下：

出口商：受益人（包括详细的名称、地址）。

收货人：开证申请人（包括详细的名称、地址）。

运输方式和路线：注明装货港、到货港及运输方式（如有转运，也要注明）。

目的港：注明货物的最终目的港。

签证机关专用栏：一般此栏空白，由签证当局视情况填写相应的内容。

唛头和包装号码：填写包装上的运输标志。

货物描述及包装件数和包装种类：填写商品的名称及外包装的数量及种类。注意在货物描述结束时应有终止符"＊＊＊＊＊＊＊"。

HS 编码：按照商品在《商品名称和编码协调制度》（Harmonized Commodity Description Coding System）中的编码填写。

数量或重量：按照提单或其他运输单据中的数量填写。

发票号码和日期：填入本次交易的发票号码和发票日期。

出口商申明：由出口商手签、加盖公章并加注签署地点、日期。该日期一般与发票日期相同，不能晚于装船日期和签证机关的日期。

签证机关栏：本栏供签证机关证明用。由签证机关手签、加盖公章并加注签署地点、日期。

（2）普惠制产地证（Generalized System of Preference Certificate of Origin, G. S. P.）是普惠制的主要单据。发达国家给予发展中国家（其出口的制成品和半成品）关税优惠待遇时，必须提供这种产地证，作为进口国海关减免关税的依据。其书面格式名称为"格式 A"（Form A）。在我国，普惠制产地证书由出口人填制后连同普惠制产地证申请书和商业发票一起，送交中国进出口商品检验局签发。

普惠制原产地证（格式 A）填制方法：

①填写出口商的名称、地址，国别。

②填写进口商的名称、地址，国别。

③运输方式和路线：注明装货港、到货港及运输方式（如有转运，也要注明）。

④签证机关专用栏：一般此栏空白，由签证当局视情况填写相应的内容。

⑤项目号，商品的顺序号，按不同品名填写 1、2、3……

⑥唛头和包装号码：填写运输标志。

⑦货物描述及包装件数和包装种类：填写商品的名称以及商品外包装的数量及种类。描述时应用终止符"＊＊＊＊＊＊＊"加以隔挡。

⑧原产地标准：按照原产地证背面条款填写"P"、"W"、"F"等字母。

⑨数量或重量：填毛重。

⑩发票号码和日期：填入本次交易的发票号码和发票日期，不得留空。

⑪签证机关栏：由签证机关证明用。必须手签、加盖公章并签署地点、日期。

⑫出口商申明：填写产品原产国或进口国并且必须由出口商手签，加盖公章并签署地点、日期，该日期不得迟于发票日期，同时不迟于装运日期和签证机关日期。

6. 检验证书

检验证书用来证明出口商品的品质、数量、重量、卫生等条件的证书。检验证书一般由国家指定的检验机构如中国进出口商品检验局出具，如合同或信用证未做特别规定，也可由外贸企业或生产企业出具，证件的名称视检验的内容而定。但应注意证件名称及所列项目和检验结果应与出口合同和信用证规定相符。此外，还须注意检验证书是否在规定的有效期内，如果超过规定期限，应当重新报验。

7. 其他单证

以上是常见的几种单据，此外，根据信用证规定，有时还需要提供其他单证，如装船电报副本、寄单证明等，这些单证，有的是出口商自己制作的，有的是其他单位应出口商要求而出具的，但无论如何，其内容及签发的人均应符合信用证的有关规定。

11.6　出口退税

11.6.1　出口退税概述

出口退税是指一个国家为了扶持和鼓励本国商品出口，将所征税款退还给出口商的一种制度，出口退税是提高货物的国际竞争能力，符合税收立法及避免国际双重征税的有力措施。我实行了出口货物税率为零的优惠政策。对出口的已纳税产品，在报关离境后，将其在生产环节的消费税、增值税退还给出口企业，使企业及时收回投入经营的流动资金，加速资金周转，降低出口成本，提高企业经济效益。2014年 8 月 28 日国家税务总局发布了《国家税务总局关于出口企业申报出口货物退（免）税提供收汇资料有关问题的公告》（国家税务总局公告 2013 年第 30 号）第三条、第九条停止执行；第二条规定的申报退（免）税须提供出口货物收汇凭证的出口企业情形，调整为下列五类：（1）被外汇管理部门列为 C 类企业的；（2）被海关列为 C、D 类企业的；（3）被税务机关评定为 D 级纳税信用等级的；（4）主管税务机关发现出口企业申报的不能收汇的原因为虚假的；（5）主管税务机关发现出口企业提供的出口货物收汇凭证是冒用的。

1. 退税的基本条件

必须是报关离境的出口货物；必须是财务上做出口销售处理的货物；必须是属于增值税、消征税范围的货物。

2. 出口商品的退税率

一般来说，加工度越高的商品，退税税率越高。国务院几次调整退税率，1999年以后离境的出口货物退税率：

（1）机械设备、电器及电子产品、运输工具、仪器仪表四大类机电产品（1999年 1 月 1 日后报关离境）及服装（1999 年 7 月 1 日后报关离境）的出口退税率为 17%。

（2）服装以外的纺织原料及制品、四大类机电产品以外的其他机电产品及法定征税率为 17%，且 1999 年 7 月 1 日前退税率为 13% 或 11% 的货物出口退税率提高到 15%。

（3）法定征税率为 17% 且 1999 年 7 月 1 日前退税率为 9% 的其他货物，以及农产品以外的法定征税率为 13%，1999 年 7 月 1 日前退税率未达到 13% 的货物出口退税率提高到 13%。

（4）农产品的出口退税率为 5%。

（5）从小规模纳税人购进的准予退税的货物，除农产品执行 5% 的退税率外，其他产品均按 6% 的退税率办理退税。

2014 年 12 月 31 日，财政部、国家税务总局联合发布《关于调整部分产品出口退税率的通知》（财税〔2014〕150 号），自 2015 年 1 月 1 日起，调整高附加值产品、玉米加工产品、纺织品服装、含硼钢产品的出口退税率，退税率共有 17%、13%、9%、5% 四档。

11.6.2 退税凭证

出口商品退税凭证包括以下单据：增值税专用发票（税额抵扣联）或普通发票；税收（出口货物专用）缴款书或"出口货物完税分割单"；出口销售发票和销售明细账；出口货物报关单（出口退税联）。

11.6.3 退税程序

出口企业设专职或兼职办理出口退税人员，按月填报出口货物退（免）税申请书，并提供有关凭证，先报商务部门稽查签章后，再报国税局进出口税收管理分局办理退税。目前，出口报关单、出口税收缴款书已经全国联网，缺少信息，不能退税。

附　录

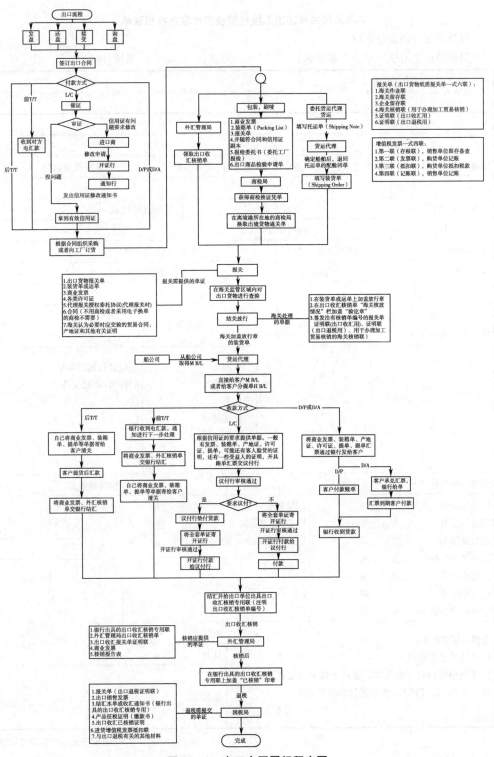

图 11 - 1　出口合同履行程序图

单据 11 - 1

中华人民共和国出入境检验检疫出境货物报验单

报检单位（加盖公章）： 编号：_____

报检单位登记号： 联系人： 电话： 报检日期： 年 月 日

发货人	（中文）						
	（外文）						
收货人	（中文）						
	（外文）						

货物名称（中/外文）	H. S. 编码	产地	数/重量	货物总值	包装种类及数量	

运输工具名称号码		贸易方式		货物存放地点	
合同号		信用证号		用途	

发货日期		输往国家（地区）		许可证/审批号	
启运地		到达口岸		生产单位注册号	

集装箱规格、数量及号码	

合同、信用证订立的检验检疫条款或特殊要求	标记及号码	随附单据（划"√"或补填）
		□合同 □包装性能结果单 □信用证 □许可/审批文件 □发票 □ □换证凭单 □ □装箱单 □ □厂检单 □

需要证单名称（划"√"或补填）		检验检疫费	
□品质证书 __正 __副	□植物检疫证书 __正 __副	总金额 （人民币元）	
□重量证书 __正 __副	□熏蒸/消毒证书 __正 __副		
□数量证书 __正 __副	□出境货物换证凭证 __正 __副	计费人	
□兽医卫生证书 __正 __副	□	收费人	
□健康证书 __正 __副	□		
□卫生证书 __正 __副	□		
□动物卫生证书 __正 __副	□		

报检人郑重声明： 1. 本人被授权报检。 2. 上列填写内容正确属实，货物无伪造或冒用他人的厂名、标志、认证标志，并承担货物质量责任。 签名：_____	领取证单	
	日期	
	签名	

国家出入境检验检疫局制

236

单据 11 - 2

海运出口货物订舱委托书

　　年　月　日

预配船名：＿＿＿＿＿　　　　　　　　　　　　　委托编号：＿＿＿＿＿

合　同　号：＿＿＿＿＿　　　　　　　　　　　　船　　　名：＿＿＿＿＿

信用证号：＿＿＿＿＿　　　　　　　　　　　　　提　单　号：＿＿＿＿＿

标记及号码	件数	货物及规格	重量		体积（英制）及规格
			全重		
			货物		
发货单位名称：			装船日期：　　月　　日		
提单抬头：To Order			结汇日期：　　月　　日		
启运港：　目的港：　转运港：			可否转船		
被通知人（正本）			可否分批		
详细地址（副本）			提单份数　正　　　副		
特殊条款：			运费支付		
其他事项：			货证情况		
外运记载事项：					

委托单位　　　　　　　复核　　　　　　　　制单

单据 11 - 3

装货单

船名　　　　　　　　　目的港

S/S ＿＿＿＿＿＿＿＿＿　For ＿＿＿＿＿＿＿＿＿

托运人

Shipper ＿＿＿＿＿＿＿＿＿＿＿＿＿＿＿＿＿＿＿＿＿＿

　　兹将下列完好状况之货物装船后签署收货单

　　Receive on board the under mentioned goods apparent in good order and condition and sign the accompanying receipt for the same.

标记及号码 Marks & Nos.	件数 Quantity	货名 Description of Goods	毛重量公斤 Gross Weight in Kilos
共计件数（大写） Total Number of Packages in Writing			

日期　　　　　　　　时期

Date ＿＿＿＿＿＿＿＿＿＿＿Time ＿＿＿＿＿＿＿＿＿

装入何仓

Stowed ＿＿＿＿＿＿＿＿＿＿＿＿＿＿＿＿＿＿＿＿＿

实收

Received ＿＿＿＿＿＿＿＿＿＿＿＿＿＿＿＿＿＿＿＿＿

理货员签名　　　　　经办员

Tallied by ＿＿＿＿＿＿＿Approved by ＿＿＿＿＿＿＿

单据 11 – 4

收货单

船名   目的港

S/O _____ For _____

托运人

Shipper _____

    下列完好状况之货物已收妥无损

Receive on board the following goods apparent in good order and condition.

标记及号码 Marks & Nos.	件数 Quantity	货名 Description of Goods	毛重量公斤 Gross Weight in Kilos
共计件数（大写） Total Number of Packages in Writing			

日期   时期

Date _____ Time _____

装入何仓

Stowed _____

实收

Received _____

理货员签名   大   副

Tallied by _____ Chief Officer _____

单据 11 – 5

中华人民共和国海关出口货物报关单

    预录入编号：   海关编号：

出口口岸	备案号		出口日期		申报日期	
经营单位	运输方式	运输工具名称		提运单号		
发货单位	贸易方式	征免性质		结汇方式		
许可证号	运抵国（地区）	指运港		境内货源地		
批准文号	成交方式	运费	保费		杂费	
合同协议号	件数	包装种类	毛重（公斤）		净重（公斤）	
集装箱号	随附单据			用途		
标记唛码及备注						
项号 商品编号 商品名称、规格型号 数量及单位 最终目的国（地区） 单价 总价 币制 征免						
税费征收情况						
录入员 录入单位	兹声明以上申报无讹并承担法律责任		海关审单批注及放行日期（签章）			
			审单	审价		
报关员			征税	统计		
单位地址	申报单位（盖章）					
邮编 电话	制单日期		查验	放行		

单据 11 - 6

装箱单（模板）

长城贸易有限公司
GREAT WALL TRADING CO. , LTD.
Room 123 HUASHENG BUILDING NINGBO P. R. CHINA
TEL：010 - 12345678 FAX：010 - 87654321
装箱单
PACKING LIST

TO：收货人
INVOICE No.：发票编号　　　　　　　　　　　　　S/C No.：销售确认书编号
　　　　　　　　　　　　　　　　　　　　　　　　DATE：日期
FROM：起运港　　　　　　　　　　　　　　　　　TO：目的港

唛头号码 MARKS & No.	货品名称 DESCRIPTIONS	数量 QTY	体积 MEAS	净重 N. W.	毛重 G. W.

TOTAL AMOUNT：

　　　　　　　　　　　　　　　　　GREAT WALL TRADING CO. , LTD.
　　　　　　　　　　　　　　　　　　　　　　　　签字

单据 11 - 7

重量单

Case No.	Size	G. W. （kg）	N. W. （kg）	Tare （kg）
总计				

单据 11－8

中华人民共和国出口许可证

1. 出口商： Exporter	3. 出口许可证号： Export license No.
2. 发货人： Consignor	4. 出口许可证有效期截止日期： Export license expiry date
5. 贸易方式： Terms of trade	6. 付款方式： Payment
7. 报关口岸： Place of clearance	8. 运输方式： Mode of transport

9. 商品名称： Description of goods		商品编号： Code of goods			
10. 规格、等级 Specification	11. 单位 Unit	12. 数量 Quantity	13. 单价 Unit price	14. 总值 Amount	15. 总值折美元 Amount in USD
16. 总计 Total					

17. 备注 Supplementary details	18. 发证机关签章 Issuing authority's stamp & signature
	19. 发证日期 License date

【小结】

本章主要介绍国际货物贸易中出口合同的履行程序和主要的出口单据。在履行出口合同时，必须切实做好的工作包括：备货、报验；催证、审证和改证；组织装运、报关和投保；制单结汇；出口收汇核销和出口退税。出口合同的履行是一个繁杂的过程，任何环节的差错都可能导致违约，所以一定要认真对待。

【思考题】

1. 采用 CIF 条件成交和信用证方式结算的出口合同履行要经过哪些环节？
2. 出口商着重审核信用证的哪些内容？
3. 修改信用证要注意什么问题？
4. 制作单据有什么要求？
5. 押汇与收妥结汇有什么区别？

【技能实训】

（一）背景资料

以第 10 章"技能实训"的业务资料为基础，完成实训任务。相关资料信息如下：

1. 商品部分
（1）品名：玲珑牌轮胎；
（2）型号：175/65R14 86H；
（3）数量：700 套，1×40'集装箱；
（4）重量：G. W. 30kg，N. W. 28kg；
（5）供货企业：山东玲珑橡胶制品有限公司；
（6）出口企业：哈尔滨普利国际贸易公司。

2. 国内出口总成本（RMB）
（1）进货价：162.50 元/套（含税 17%）；
（2）退税率：9%；
（3）仓储费：860 元/（1×40'）；
（4）商检费：3 元/套；
（5）运杂费：1600 元/（1×40'）
（6）报关费：100 元/票；
（7）港口费：1500 元/（1×40'）；
（8）出口许可证费：50 元/单；
（9）管理费率：5%；
（10）其他费用：200 元。

3. 价格及结算方式
（1）贸易条件：CIF 德班（南非）；

（2）成交价格：50 美元/套；

（3）成交数量：700 套，（1×40'）集装箱（内径：12.035m×2.34m×2.34m）；

（4）结算方式：100% 保兑、不可撤销、即期付款信用证；

（5）支付货币：美元；

（6）开证日期：合同签订后 25 天内；

（7）开户（议付）银行：中国银行黑龙江省分行；

（8）账户：61-22-123456789；

（9）银行汇率：6.1 元人民币/美元；

（10）其他外汇支出：100 美元。

4. 国际货物运输及保险

（1）运输方式：海洋运输；

（2）装运港：青岛；

（3）装运工具：1×40' 集装箱；

（4）装运期：收到信用证后 45~60 天内；

（5）保险：按发票金额 110% 投保一切险附加战争险（CIC）；

（6）装运港至各目的港的海运费（USD）及保险费率见下表。

国别	目的港	运费（40 英尺集装箱）		保险费率		
		包箱运价	附加费率	一切险	战争险	指明货物
南非	德班 DURBAN	4240 美元	30%	0.6%	0.03%	1.0%

5. 其他

（1）唛头

H. Y

PL-08/019

DURBAN

NO. 1-100

（2）合同编号：PT-09/018

（3）出口许可证号：XA-7777777

（4）商业发票编号：PL-24012

（5）信用证编号：NO. ST0123456

（6）信用证单据要求：商业发票 3 份，1 份正本，2 份副本；装箱单 1 份；已装船清洁提单 2 份，注明"运费已付"；按发票金额 110% 投保的保单正本 1 份；即期汇票；质量证书。

（7）报检单位登记号：6101045678

（8）仲裁地点：中国

（9）签约日期：2014 年 5 月 1 日

（10）合同有效期：60 天

（二）模拟实训任务

1. 为普利公司计算经营指标，包括出口总成本、出口外汇净收入、出口人民币净收入、出口盈亏额、出口换汇成本。

2. 以 TYRE SERVICES 为开证申请人，哈尔滨普利国际贸易有限公司为受益人，草拟一份 SWIFT 信用证。

3. 为普利公司制作 1 份商业发票。

4. 根据实训材料填制本章附录中的相关出口单据。

第12章

进口合同的履行

【学习目标】

通过本章的学习，理解和掌握履行进口合同的基本程序、各个环节的相关注意事项等基本内容，学会进口贸易的基本操作。

【重点与难点】

信用证的开立和修改；安排运输和保险；报关和接货；检验与索赔。

【导入案例】

我国某外贸公司从日本公司进口一批钢材，货物分两批装运，支付方式为即期信用证，每批分别由中国银行开立一份信用证。第一批货物装运后，卖方在有效期内向银行交单议付，议付行审单后，即向该出口商议付货款，随后中国银行对议付行做了偿付。我方在收到第一批货物后，发现这批货物品质与合同不符，因而要求开证行对第二份信用证项下的单据拒绝付款，但遭到开证行的拒绝，你认为开证行这样做是否有理？

（资料来源：中国银行黑龙江省分行。）

案例分析：开证行拒绝有理。因为开证行只需认真审单，只要单证一致、单单一致，即可进行议付，而对于货物品质与合同是否相符，银行不介入。发现货物的品质与合同不符，进口方应直接向出口方索赔。

12.1 信用证的开立与修改

进口合同依法订立后，买卖双方都必须严格按照合同规定，履行各自的合同义务，否则，不履行合同义务或不按合同规定履行的一方就应承担违约的法律责任。在进口业务中我方作为买方，必须贯彻重合同、守信用的原则，按照合同、有关的国际条约和国际贸易惯例规定，支付货物的货款和收取货物，同时，还要随时注意卖方履行合同的情况，督促卖方按合同规定履行其交货、交单和转移货物所有权的义务。

12.1.1 申请开立信用证

我国进口货物一般都采用信用证方式付款，因此，进口合同签订后，进口企业应在规定的期限内向经营外汇业务的银行及时办理开证申请手续。

开证申请人在填写开证申请书时，应注意的事项有：

（1）开证时间：如合同规定开证日期，就必须在规定限期内开立信用证；如合同有装运期的起止日期，那么最迟必须让卖方在装运期开始前的最后一天收到信用证；如合同只规定最后装运期，那么买方应在合理的时间内开证，一般掌握在合同规定的交货期前半个月或一个月开到卖方。总之，要让卖方在收到信用证以后能在合同规定的装运期内装运货物。

（2）申请开证前，要落实进口批准手续及外汇来源。

（3）开证时要注意证同一致，必须以对外签订的买卖合同（包括修改后的买卖合同）为依据，合同中规定要在信用证上明确的条款都必须列明，一般不能使用"参阅第××号合同"或"第××号合同项下货物"等条款，也不能将有关合同作为信用证附件附在信用证后，因为信用证是一个独立的文件，不依附于贸易合同。

（4）如合同规定为远期付款时，要明确汇票期限，价格条款必须与相应的单据要求以及费用负担、表示方法等相吻合。如在 CIF 价格条件下，开证申请书应表明要求卖方提交"运费已付"的提单，要求卖方提交保险单据，表明保险内容、保险范围及投保金额。

（5）由于银行是凭单付款，不管货物质量如何，也不受买卖合同的约束，所以为使货物质量符合合同规定，买方可在合同中并相应地在信用证中要求卖方提供商品检验机构出具的装船前检验证明，并明确规定货物的规格品质，指定检验机构，这样，交单时如发现检验结果与证内规定不一致，可拒付货款。

（6）信用证内容必须明确无误，应明确规定各类单据的出单人（商业发票、保险单和运输单据除外），明确规定各单据应表述的内容。

（7）在信用证支付方式下，只要单据表面与信用证条款相符合，开证行就必须按规定付款。所以，进口人对卖方的要求，在申请开证时，应按合同有关规定转化成有关单据，具体规定在信用证中。如信用证申请书中含有某些条件而未列明应提交与之相应的单据，银行将认为未列此条件，对此将不予理会。

（8）一般信用证都应明确表示可撤销或不可撤销，如无此表示，根据 UCP600 规定，应视作不可撤销的信用证，我国基本上都使用不可撤销信用证。

（9）国外通知行由开证行指定，进口方不能指定，但如果出口商在订立合同时，坚持指定通知行，进口商可在开证申请书上注明，供开证行在选择通知行时参考。

（10）不准分批装运、不准中途转运、不接受第三者装运单据，均应在信用证中明确规定，否则，将被认为允许分批、允许转运、接受第三者装运单据。

（11）对我方开出的信用证，如对方（出口人）要求其他银行保兑或由通知行保兑，我方原则上不能同意（在订立买卖合同时，应说服国外出口人免除保兑要求，以免开证时被动）。

（12）我国银行一般不开可转让信用证（因为对第二受益人资信难于了解，特别是对于跨地区和国家的转让更难掌握）。但在特殊情况下，如大额合同项下开证要求多家出口商交货，照顾实际需要可与银行协商开出可转让信用证。另外，我国银行一般也不开有电报索偿条款（T/T Reimbursement Clause）的信用证。

12.1.2　信用证的修改

信用证开出后，如发现内容与开证申请书不符，或因情况发生变化或其他原因，需对信用证进行修改，应立即向开证行递交修改申请书，要求开证行办理修改信用证的手续。如受益人收到信用证后提出要求修改信用证中的某些条款的，则应区别情况同意或不同意。如同意修改，应及时通知开证行办理修改手续；如不同意修改，也应及时通知受益人，敦促其按原证条款履行装货和交单。

按 UCP600 规定，信用证经修改后，开证行即不可撤销地受该修改的约束。受益人可决定其接受修改或拒绝修改，但受益人应发出其接受或拒绝修改的通知。在受益人告知通知修改的银行接受修改之前，原信用证的条款对受益人仍具有约束力。如受益人未发出其接受或拒绝的通知而其提交的单据与原信用证的条款相符，则视为受益人已拒绝了该修改；但若提交的单据与经修改的信用证条款相符，则视为受益人已发出接受该修改的通知，从那时起，该信用证已被修改。

总之，进口企业对信用证的开立和修改应持慎重态度。在申请开立信用证时，应做到开证申请书与合同相符，以避免不必要的修改，并避免不符条款被受益人利用而遭受损失。在修改信用证时，亦应注意修改内容的正确性并考虑到受益人有可能拒绝修改而仍按原证条款履行。

除信用证支付方式外，进口业务还使用汇付、托收，或两种或两种以上支付方式（如凭银行保证书预汇货款）结合使用。如使用汇付方式，买方应在合同规定的时间内，按合同规定，将货款汇付卖方；如使用托收，则应根据合同规定，以付款交单方式付款赎单或以承兑交单方式承兑后先取得货运单据，到期时再付款；如合同规定买方凭卖方的银行保证书预付货款（或开立预支信用证），则在合同成立并生效后，由卖方银行向买方开出不可撤销的保证书，买方据以预付合同规定的货款。如卖方银行不开保证书，则应拒绝预付（或不开预支信用证）。在进口业务中，有时对一些资信不是很好的客户，在进口合同中规定在对方开到保证履约的银行保证书后，买方再开信用证，目的是为了防止对方欺骗。银行保证书必须是不可撤销的，并详细说明保证的内容，银行保证书的有效期要晚于卖方履行义务的时限，否则有可能造成卖方尚未按时履行义务而银行保证书已经过期失效，银行不再承担任何责任而造成损失。

12.2　安排运输和保险

在进口业务中，货物大多通过海洋运输，凡以 FOB 或 FCA 贸易术语成立的合同，由买方安排运输，订立运输合同。对于由海洋运输的货物，买方应负责租船或订舱工作。我国公司的大部分进口货物都委托中国远洋运输（集团）总公司或国际货运代理人代办运输，并与其订立运输代理协议，也有直接向中国远洋运输公司或其他对外运输的实际承运人办理托运手续的。

12.2.1　租船、订舱和催装

1. 租船、订舱

租船、订舱的时间应按照合同规定，并应在运输机构规定的时间内提交订舱单，以保证及时配船。如合同规定，卖方在交货前一定时间内应将预计货物备妥日期、货物的毛重、体积通知我方，而我方未能按时收到此项通知时，我方应及时发函或发电，要求对方按合同规定提供具体情况，并在接到上述情况通知后，及时办理租船、订舱手续。对于一些机械仪器等商品，装运次数多但每批数量不大的，为简化手续，不必事前订舱，可事先委托发货人与我方船代理直接联系，安排装运。对于一些特殊商品，如单件货物超长、超高、超重的或危险品等，应将卖方提供的详细情况转告有关运输机构，以确保安全运输。

进口企业在办妥租船、订舱手续，接到运输机构的配船通知后，应按规定期限将船名及预计到港日期通知卖方，以便卖方准备装货。

对 CIF 和 CFR 条件下的进口合同，系由卖方负责租船、订舱，安排装运。但我方也应及时与卖方联系，掌握卖方的备货和装运情况。

2. 催装

在进口业务中，出口商往往由于原料或劳动力成本上涨，出口许可证未及时获得、国际市场该商品价格上涨或无法按期安排生产等各种原因，不能或不愿按期交货。为此，进口商除在合同中需争取订立迟交罚款等约束性条款外，还必须随时了解和掌握对方备货和装船前的准备工作情况，督促对方按期装运。对于大宗货物或重要的、用户急需的商品，在交货前一两个月即应发出函电催装，必要时还可委托我驻外商务机构就近了解，督促对方根据合同规定，按时、按质、按量履行交货义务，或派员前往装运地点监督装运。对逾期未交合同，如责任在卖方，我方有权撤销合同并提出索赔；如仍需要该批货物者，则可同意对方延迟交货但可同时提出索赔。

在装货数量很小的情况下，有的 FOB 合同规定，由卖方直接向我运输代理人或其他船公司洽订舱位，以简化手续，节省时间。对此，我方应检查、督促、了解和掌握对方的备货和订舱、装船的情况。

12.2.2　保险

FOB、FCA、CFR 和 CPT 条件下的进口合同，由进口企业负责向保险公司办理货物的运输保险。进口货物运输保险一般有两种方式。

1. 预约保险

我国部分外贸公司和保险公司签订海运、空运和陆运货物的预约保险合同，简称预保合同。这种保险方式手续简便，对外贸公司进口货物的投保险别、保险费率、适用的保险条款、保险费及赔偿的支付方法等都做了明确的规定。

根据预约保险合同，保险公司对有关进口货物负自动承保的责任。对于海运货物，外贸公司接到外商的装运通知后，只需按要求填制进口货物装货通知，将合同号、启运口岸、船名、启运日期、航线、货物名称、数量、金额等必要内容一一列明，送保险公司，即可作为投保凭证。货物一经启运，保险公司就自动按预约保单所订的条件承保。

对于空运和邮包运输的货物，也要根据预约保险合同的内容和承保范围，在收到供货商的装运通知后，立即填制装货通知送交保险公司签章。

预约保险合同对保险公司承担每艘船舶（或每架飞机）每一航次的最高保险责任一般做了具体规定，如承运货物超过此限额时，应于货物装运前书面通知保险公司，否则，仍按原定限额作为最高赔付金额。

2. 逐笔投保

在没有与保险公司签订预约保险合同的情况下，对进口货物就需逐笔投保。外贸公司在接到卖方的发货通知后，应当立即向保险公司办理保险手续。在一般情况下，外贸公司填制装货通知代投保单交保险公司，装货通知中必须注明合同号、启运地、运输工具、启运日期、目的地、估计到达日期、货物名称、数量、保险金额等内容，保险公司接受承保后给公司签发一份正式保单。如外贸公司不及时向保险公司投保，货物在投保之前的运输途中发生损失时，保险公司不负赔偿责任。

保险公司对海运货物保险的责任期限，一般是从货物在国外装运港装上海轮时起，开到保险单载明的国内目的地收货人仓库或储存处所为止。如未抵达上述仓库或储存处所，则以被保险货物在最后卸载港卸离海轮后 60 天为止，如不能在此期限内转运，可向保险公司申请延期，延期最多为 60 天。应当注意的是：散装货物以及木材、粮食等一些货物，保险责任均至卸货港的仓库或场地终止，并以货物卸离海轮 60 天为限，不实行国内转运期间保险责任的扩展。少数货物如新鲜果蔬、活牲畜于卸离海轮时保险责任即告终止。

12.3 审单和付款

我国的进口业务绝大部分使用信用证方式结算货款。这就要求对方提交的单据完全符合我方开立的信用证的条款。为保证我方的权益，必须认真做好审单工作，而审单是银行与企业的共同责任，因此必须密切联系，加强配合。

12.3.1 银行的审单

在信用证付款方式下，国外发货人将货物交付装运后，即将汇票及各项单据提交开证行或保兑行（如有）或其他指定银行。银行收到国外寄来的单据后，必须合理审核信用证规定的一切单据，以确定其表面上是否符合信用证条款。规定的单据表面上与信用证条款是否相符，须按 UCP600 所反映的国际标准银行实务来确定。在单证一致、单单一致的情况下，开证行必须付款。单据之间出现的表面上的彼此不一致，将被视为单据表面上与信用证条款不符。

信用证未规定的单据，银行将不予审核。如银行收到这类单据，银行应将它们退回交单人或转递而不需承担责任。如信用证中规定了某些条件但并未规定需提交与之相符的单据，银行将看作未规定这些条件而不予置理。

银行对任何单据的格式、完整性、准确性、真实性、伪造或法律效力、或单据上规定的或附加的一般或特殊条件，一概不负责任；对于任何单据所代表的货物的描述、数量、重量、品质、状态、包装、交货、价值或存在，或货物的发货人、承运人、运输商、收货人或保险人或其他任何人的诚信或行为或疏漏、清偿能力、履责能力或资信情况，也不负责任。因此，在审单时对这些方面可能存在的问题要特别谨慎，以便早日发现问题，及时采取补救措施，减少可能造成的损失。

银行的审单按照《跟单信用证统一惯例》（UCP600）的规定，银行、保兑行（如有）以及开证行，自其收到提示单据的翌日起算，应各自拥有最多不超过 5 个银行工作日的时间以决定提示是否相符。审核和决定接受或拒绝接受单据，并相应地通知交单方。该期限不因单据提示日适逢信用证有效期或最迟提示期或在其之后而被缩减或受到其他影响。提示若包含一份或多份按照本惯例出具的正本运输单据，则必须由受益人或其代表按照相关条款在不迟于装运日后的 21 个公历日内提交，但无论如何不得迟于信用证的到期日。

12.3.2　付款

收到单据后，开证行或保兑行（如有）必须仅以单据为依据来确定其是否表面上与信用证条款相符。如单据表面上与信用证条款不符，银行可以拒受单据。在实际业务中，如开证行发现单据表面上与信用证条款不符，一般先与进口公司联系，征求进口公司是否同意接受不符点，对此，进口公司如表示可以接受，即可指示开证行对外付款；如表示拒绝，即指示开证行对外提出异议，或通过寄单行通知受益人更正单据或由国外银行书面担保后付款，或改为货到检验认可后付款。根据 UCP600 规定，如果开证行或保兑行（如有）或其他指定银行决定拒绝接受单据，则必须在收到单据次日起的 7 个银行工作日以内，以电信方式或其他快捷方式，通知寄单银行或受益人（如单据由受益人直接向银行提交），并说明银行据以拒受单据的所有不符点，还须说明单据是否保留以待交单人处理，或退还交单人。如开证行、保兑行未能保管单据听候交单人处理，或退回交单人，开证行、保兑行将无权宣称单据与信用证条款不符。

如开证行认为单据符合信用证条款要求，对即期付款信用证，则应即期付款；对延期付款信用证，则应于信用证条款所确定的到期日付款；对承兑信用证，则应承兑受益人出具的汇票并于到期时付款；对议付信用证，则凭受益人出具的汇票向出票人及/或善意持票人付款。开证行、保兑行付款后无追索权。开证行在向外付款的同时，即通知进口公司向开证行付款赎单。

在开证行审查单据的过程中，除发现单据有不符点时要征求申请开证的进口公司的意见，以确定是接受还是拒绝外，如审核单据和汇票与规定相符，通常也要交进口公司复核。按我国习惯，如进口公司在 3 个工作日内没有提出异议，银行即按即期、远期汇票付汇或承兑或在延期付款信用证情况下对外承担到期付款责任。由于开证行一经履行付款、承兑或承担付款责任，即不能追索或撤销，因此，进口企业对单据的审核也必须认真对待，决不能疏忽。

12.4　报　关　接　货

根据我国《海关法》规定，进出境的货物必须通过设有海关的地方进境或出境，接受海关的监管。海关依照《海关法》和其他有关法律、法规的规定，监管进出境的运输工具、货物、行李物品，征收关税和其他税费，查禁走私，并编制海关统计和办理其他海关业务。对进出境货物的监管是海关的重要任务之一。

12.4.1　进口货物的申报

进口报关是指进口货物的收货人或代理人向海关交验有关单证，办理进口货物申报手续的法律行为。进口报关必须由海关准于注册登记的报关员或者有权报关的企业（也称报关行）负责办理。

进口货物的收货人或其代理人待货物抵达卸货港后，即应填具"进口货物报关单"向海关申报，并向海关提供齐全、正确、有效的单据。法定申报时限为自运输工具申报进境之日起14天内，超过14天期限未向海关申报的，由海关按日征收进口货物CIF（或CIP）价格的0.5‰的滞报金。超过3个月未向海关申报的，由海关拍卖，所得价款在扣除运输、装卸、储存等费用和税款后，尚有余款的，自货物变卖之日起1年内，经收货人申请予以发还。

12.4.2　进口货物报关单的填写

填写"进口货物报关单"是报关人向海关办理报关手续的一种法律行为。报关人员必须按海关规定和进口货物的实际情况，如实向海关申报。

1. 填写"进口货物报关单"的一般要求

（1）填报的项目要正确、齐全，字迹要清楚、整洁、端正。不可用铅笔或红墨水笔填写。已填报项目，凡有更改的，应在更改处加盖单位校对章。

（2）不同合同的货物，不能填报在同一份报关单上。同一批货物中如采用不同的贸易方式的，须填制不同的报关单。

（3）一份合同中如有多种不同商品，应分别填报。一张报关单上一般不超过五项海关统计商品编号的货物。

（4）要做到单证相符及单货相符，即报关单填报项目要与合同、批文、发票、装箱单相符，报关单中所报内容要与实际进口货物相符。

2. 进口货物报关单的主要内容

报关人员要正确填写"进口货物报关单"中的下列项目。

（1）进口口岸。填写货物入境的口岸名称。

（2）经营单位。填写经营进口货物业务的企业和单位的名称。经营单位是指对外签订和履行合同的企业和单位。

（3）收货单位。填写进口货物收货人的名称和所在地。

（4）贸易方式。按进口货物的实际贸易性质或方式填写，如一般贸易、寄售贸易、补偿贸易、来料加工等。

（5）起运国别（地区）。起运国别（地区）是指把货物起始发出包括直接运往或在运输路途经中转国但未发生任何商业性交易的情况下运往进口国的国家（地区）。

（6）原产国别。指进口货物的生产、开采或制造的国家。

（7）外汇来源。指进口货物实际使用的外汇来源。

（8）运输工具名称、提单或运单号。海运填写船名、航次、提单号，陆运填写车号运单号，空运填航班号、货运单号。

（9）合同号、批准机关及文号。填写合同的详细年份、编号，批准进口的单位及批准文件的文号。

（10）商品名称、规格、数量、重量、包装及标记唛头。应将合同规定的商品名称和规格的主要项目、实际进口数量和数量单位、毛重和净重、包装种类、件数、标记唛头，填写清楚。

（11）成交价格和到岸价格（指 CIF 价格）。成交价格填写合同规定的成交单价并注明所使用的贸易术语及货币名称。到岸价格包括货价、运费、保险费。

（12）海关统计商品编号。按照国际贸易商品分类目录《商品名称及编码协调制度》填报。

（13）运杂费及保险费。按实际支付金额填写。以 CIF 条件进口的，此栏可不必填写。

（14）进口日期、申报单位、集装箱号等。

除填写进口货物报关单外，还应交验有关单证，如提货单、装货单或运单，发票，装箱单，货物进口许可证或配额证明，自动进口许可证或关税配额证明，商检机构签发的货物通关证明或免验货物的证明，海关认为有必要提供的进口合同、厂家发票，产地证明及其他文件等。

报关员在报关时须出示报关员证，并在报关单上加盖"HS"报关员专用名章，否则海关将不接受报关。

12.4.3　接货

接货包括监卸和报验。

进口公司通常委托货运代理公司办理接货业务，或者进口公司派人自己接货。可以在合同和信用证中指定接货代理，此时出口商在填写提单时，在被通知人栏内应填上被指定货运代理公司的名称和地址。船只抵港后，船方按提单上的地址，将"准备卸货通知"寄交给进口公司委托的货运代理公司。代理公司应负责现场监卸。如合同和信用证中没有指明接货代理，进口公司可在接到船方寄交的"准备卸货通知"后，自行监卸。

在监卸过程中，如发现货损货差，监卸方应会同船方和港务当局，填制"短卸报告"，交由船方确认，并根据短缺情况向船方提出保留索赔权的书面声明。有残损的货物应存放在海关指定的仓库，待保险公司会同商检局检验后再做处理。

卸货后，货物可以在港口申请报验，也可在用货单位所在地报验。但如果属于下列情况之一的货物，应在卸货港口向商检机构报验。

（1）属于法定检验的货物；

（2）合同规定应在卸货港检验；

（3）发现货损货差情况。

《联合国国际货物销售合同公约》规定，卖方交货后，在买方有一个合理的机会对货物加以检验以前，不能认为买方已接受了货物，如果买方经检验，发现卖方所交货物与合同不符，买方有权要求损害赔偿直至拒收货物。因此，买方收到货物后，应在合同规定的索赔期限内对货物进行检验。

12.4.4　结关

结关又称放行，是指进口货物在办完向海关申报，接受查验，缴纳关税后，由海关在货运单据上签字或盖章放行，收货人或其代理人持海关签章放行的货运单据提取进口货物。海关在放行前，需再派专人将该票货物的全部单证及查验货物记录等进行全面的复核审查并签署认可，在货运单上签章放行，交收货人或其代理人签收。放行意味着办完了海关手续，未经海关放行的进口货物，任何单位和个人不得提取或发运。

对违反国家法律、行政法规的进口货物，海关不予放行。对准许进口的货物，除另有规定外，由海关根据我国《海关进出口税则》和《关税条例》规定的税率，征收进口税，进口货物应按规定纳税的，必须在缴清税款或提供担保后，海关方可签章放行。

12.4.5　保税货物

保税货物是指经海关批准未办理纳税手续先行进境，在境内储存、加工、装配后复运出境的货物。保税货物应该有以下三个特征：

（1）保税货物必须经过海关批准；

（2）保税货物进境时未办理纳税手续，因此，是未经结关的货物，必须置于海关监管之下；

（3）保税货物入境后经储存或加工等环节，最终应该出境，如最终决定留在境内，则必须按照一般贸易货物补办进口纳税手续。

我国海关管理的保税货物一般可以分为三类：加工生产类保税货物，储存出境类保税货物，特准缓税类保税货物。加工生产类保税货物主要是指对外加工贸易部分进出口货物；储存出境类保税货物主要是指进境后暂时存放再复运出境的货物；特准缓税类保税货物主要是指入境时难以确定应否完税、如何完税，经海关特准缓办纳税手续的货物。

保税货物属海关监管货物，未经海关许可，任何单位和个人不得开拆、提取、交付拨运、调换、改装、转让或更换标记。

对于来料加工、来件装配项下的进口原材料、零配件、元器件、辅料、包装物料，免征进口税。经营单位须自对外签订的合同批准之日起一个月内向海关办理登记备案手续。审核后，由海关发给《对外加工装配进出口货物登记手册》，进口货物凭手册办理报关手续，接受海关查验，海关放行后，经营或加工单位可提取加工或发运。加工装配进口的配件、设备及加工成品，均为保税货物，自进口之日起，到成品出口之日或设备按海关规定期限解除监管止，应接受海关监管。加工装配的成品，必须全部复出口，不可转为内销，也不准外商在境内提取。经营加工装配的企业，必须按海关规定将生产过程中的用料情况、出口的加工成品及库存情况向主管海关和当地税务部门报核，并于合同到期或最后一批加工成品出口后一个月内向海关办理核销手续。

12.5　检验与索赔

12.5.1　检验

我国《海关法》规定，进口货物除因特殊原因经海关总署批准的以外，都应当接受海关的查验。海关查验货物主要是海关在接受申报后，对进口货物进行实际的核对查验。以确定货物的物理性能或化学成分以及货物的数量、规格等是否与报关单证所列一致。

查验进口货物应在海关规定的时间和场所进行，即在海关监管区域内的仓库、场地进行。验关时，进口货物的收货人或其代表应该到场并负责开拆包装。对散装货物、大宗货物或危险品等，可在船边等现场查验。在特殊情况下，由报关人员申请，经海关同意，也可由海关派人员到收货人的仓库、场地查验。

如果海关查验进口货物时造成货物损坏，进口货物的收货人或其代理人有权要求海关予以赔偿。直接经济损失的金额，根据被损坏货物的受损程度而定，货物的受损程度由收货人与海关共同协商确定。赔偿金额确定以后，由海关发赔偿通知单，收货人自收到通知单第三日起三个月内凭单向海关领取赔款，逾期海关不再赔偿。

海关查验货物后交货主时，如货主没有提出异议，即视为货物完好无损，以后如再发现损坏，海关将不予负责。

根据《中华人民共和国商品检验法》、《中华人民共和国进出境动植物检疫法》、《中华人民共和国国境卫生检疫法》、《中华人民共和国食品卫生安全法》与《出入境检验检疫报检规定》，凡列入《必须实施检验的进口商品目录》内的进口商品，由商检机构实施检验。未经检验的，不准销售，不准使用。但是，上述规定的进口商品，经收货人、发货人申请，国家商检部门审查批准，可以免予检验。

进口货物的收货人在向商检机构申请对进口商品实施检验时，应按商检机构的要求，真实、准确地填写"进口商品检验申请单"，一般以同一买卖合同、同一国外发票、同一装运单据填写一份申请单。报检人除应提供买卖合同、国外发票、装运单据、装货清单等单据外，还需根据检验项目的不同提供下列有关资料。

（1）申请品质、规格检验的，要加附品质检验证书或质保书、使用说明书及有关标准和技术资料。如凭样成交的，要附成交样品。

（2）申请数量、重量鉴定的，要加附重量明细单或磅码单、装箱单、实货清单。

（3）申请残损鉴定的，要加附理货签证/残损或溢/缺单或铁路商务记录等有关证明。

（4）进口商品经收货、用货单位自行验收或由其他单位进行检验的，还应加附详细验收记录、磅码清单、检验结果等。

商检机构根据报检人的要求和有关买卖合同的规定，对进口商品进行检验、鉴定后，对外签发品质、数量、重量、包装、货载衡量、验残、海损鉴定等证书。进口商品检验不合格的，对外签发检验证书，供有关方面凭以对外索赔。买卖合同规定须凭检验证书进行结算的商品，经商检机构检验后对外签发有关的检验证书，供买卖双方作为货款结算的依据。进口商品经检验合格的，对内签发检验情况通知单，供收货、用货单位凭以销售或使用该商品，此单仅限在国内使用。

12.5.2 索赔

在进口业务中，有时会发生卖方不履行或不完全履行合同规定义务的情况，例如不交货或虽交货但所交货物的品质、数量、包装或交货时间不完全符合合同规定，而使买方遭受损失而引起索赔，或货物由于在装卸、搬运和运输过程中使品质、数量、包装受到损害或由于自然灾害，意外事故以及其他外来原因致使货物受损，而需向有关责任方提出索赔。

1. 向卖方索赔

向卖方索赔，是指由于卖方违约，买方可以采取的补救措施。在进口业务中，由于卖方的违约行为不同，买方可以采取的补救措施也各异，主要有以下三种。

（1）宣告合同无效。按《联合国国际货物销售合同公约》规定，如果卖方完全不交付货物，或不按照合同规定交付货物，等于根本违反合同时，买方可以宣告整个合同无效，还可以向卖方提出索赔。买方向卖方要求的损害赔偿额，应与因卖方违反合同而使买方遭受的包括利润在内的损失相等。如果合同被宣告无效，而在宣告合同无效后一段合理时间内，买方以合理的方式购买了替代货物，则买方可以取得合同价格和替代货物交易价格之间的差额，以及包括利润在内的其他损害赔偿；如果合同被宣告无效，而货物又有时价，如果买方没有购买替代货物，则可以取得合同价格和宣告合同无效时的时价之间的差额，以及包括利润在内的其他损害赔偿。时价是指原应交付货物地点的现行价格，如果该地点没有时价，则指另一合理替代地点的价格，但应适当考虑货物运费的差额。

（2）补救措施。如果卖方不履行合同或不完全履行合同的结果，使买方遭受了损失，但并未剥夺买方根据合同规定有权期待得到的东西，即未构成根本违反合同，买方不能宣告合同无效，但可以要求损害赔偿。此外，买方还可以行使采取其他补救办法，如可以规定一段合理期限的额外时间，让卖方履行其义务；如果货物与合同不符，买方可以要求卖方通过修理对不符合同之处作出补救，或买方可以降低价格，减价按实际交付的货物在交货时的价值与符合合同的货物在当时的价值两者之间的比例计算。买方享有要求损害赔偿的任何权利，不因买方行使采取其他补救办法的权利而丧失。

2. 向承运人索赔

在进口业务中，凡到货数量少于运输单据所载数量，或由于承运人的过失造成货物残损、遗失，应由承运人负责。承运人是指在运输合同中承担履行铁路、公路、海洋、航空内河运输或多式联运，或取得承担上述运输履行权利的任何人。进口方可根据不同运输方式的有关规定，向承运人或其代理人发出索赔通知。向承运公司索赔期限为货物到达目的港交货后一年之内。

3. 向保险公司索赔

进口货物在保险责任有效期内发生属于自然灾害、意外事故、外来原因或在运输装卸过程中发生其他事故致使货物受损，且在保险公司责任范围内的，不论合同中采用 FOB、CIF、FCA、CPT 贸易术语还是采用 CIF、CIP 贸易术语，都应由进口方向保险公司提出赔偿要求。在向保险公司索赔时，进口方应备妥各项必要的单证，如保险单据、运输单据、发票、检验报告、货损货差证明等，并及时发出损失通知。此外，进口方还应迅速对受损货物采取必要的合理的施救、整理措施，防止损失的扩大，因抢救、阻止或减少货损的措施而支付的合理费用，可由保险公司负担。向保险公司提出海运货损索赔的期限则为被保险货物在卸载港全部卸离海轮后两年内。

4. 索赔的注意事项

（1）索赔期限。索赔期限是进口索赔的重要问题。有关卖方交货的品质与合同不符或原装数量短少需向卖方索赔的，应当在合同所规定的索赔期限内提出。逾期提出索赔，卖方有权不受理。如买卖合同中未规定索赔期限，按《联合国国际货物销售合同公约》规定，买方行使索赔权最长期限是自其实际收到货物之日起不超过两年；而我国法律对国际货物买卖合同争议提起诉讼或者申请仲裁的期限，则规定自当事人知道或者应当知道其权力受到侵犯之日起四年为限。

（2）索赔证据。对外索赔需要提供足够的证据，索赔时证据不足、问题不清、责任不明或与合同中的索赔条款不符都可能遭到对方拒绝。首先，应填制索赔清单，并随附商检机构签发的检验证书、发票、装箱单及提单副本。其次，对不同的索赔对象，还要另附有关证件。向出口方索赔时，如是 FOB 或 CFR 合同须附保险单一份；向船公司索赔时，须附由船长及港务局理货员签证的理货报告及船长签证的短缺残损证明；向保险公司索赔须附保险公司与买方的联合检验报告等。

【小结】

在进出口贸易中履行进口合同时，一般包括下列程序：信用证的开立与修改、安排运输与保险、审单与付款、报关接货和检验与索赔。

【思考题】

1. 进口合同的履行有哪些程序？
2. 开立信用证时应注意哪些事项？
3. 进口方对于信用证的修改有什么注意点？
4. 进口索赔的对象有哪些？
5. 在进口索赔中应该注意哪些问题？

【案例分析】

1. 2014 年 4 月 10 日，我国某进出口公司到 A 银行申请开出以美国出口商为受益人的信用证。信用证规定最迟装船期为当年 4 月 30 日，4 月 27 日该公司收到美国客户的通知，指责其迟开信用证，买方违约，要求撤销合同。因为买卖双方在合同中规定：信用证必须在装运日前也即在 4 月以前开到卖方，信用证的有效期应为装船后 15 天在上述装运口岸到期，否则卖方有权取消本售货合同，并保留因此发生的一切损失的索赔权，经过双方协商，出口商坚持以进口商迟开信用证为由而拒绝出货，并要求撤销信用证，鉴于此时市场行情上涨，进口公司担心进口货物落空而撤销国内售货合同，影响企业生产，损失更大，不得不用更高的价格进口货物。试问：此案例我方的做法是否妥当？从中可吸取什么教训？

2. 某国以 CIF 鹿特丹进口食品 1000 箱，即期信用证付款，货物装运后，出口商凭已装船清洁提单和已投保一切险及战争险的保险单，向银行收妥货款，货到目的港后经进口商复验发现下列情况：（1）该批货物共有 10 个批号，抽查 20 箱，发现其中 2 个批号涉及 200 箱内含沙门氏细菌超过进口国标准；（2）有 15 箱货物外表情况良好，但箱内货物共短少 60 公斤，试分析以上情况，进口商应分别向谁索赔，并说明理由是什么？

3. 甲公司向丁国 A 公司买进生产灯泡的生产线。合同规定分批交货，分批开证，买方（甲公司）应于货到目的地港后，60 天内进行复验，若与合同规定不符，甲公司凭所在国的商检证书向 A 公司索赔。甲公司按照合同规定，申请银行开出首批货物的信用证。A 公司履行装船并凭合格单据向议付行议付，开证行也在单证相符的情况下对议付行偿付了款项。在第一批货物尚未到达目的港之前，第二批的开证日期临近，甲公司又申请银行开出信用证。此时，首批货物抵达目的港，经检验发现货物与合同规定严重不符，甲公司当即通知开证行，称："拒付第二次信用证项下的货款，并请听候指示。"然而，开证行在收到议付行寄来的第二批单据，审核无误，再次偿付议付行。当开证行要求甲公司付款赎单时，该公司拒绝付款赎单。试分析：（1）开证银行和甲公司的处理是否合理，为什么？（2）甲公司应该如何处理此事？

【技能实训】

中国电子进出口总公司欲从美国空调有限公司进口原产于美国的空调机，经过多次洽谈，在北京市 2014 年 6 月 1 日达成一笔交易，内容有：空调机（Air Conditioner Kfr25 – GW），价格为 180 美元/台，CIF 青岛港，支付方式为不可撤销的即期信用证，数量 100000 台，允许有 5% 的溢短装，纸箱包装，信用证必须于 7 月 15 日前开到美国，信用证开到后 30 天发运，装运港为纽约，不允许分批装运，投保水渍险。请你拟制一份进口合同。

进口合同范本（中英文）
Purchase Contract

合同编号（Contract No.）：＿＿＿＿＿＿＿＿＿＿＿＿＿＿＿＿

签订日期（Date）：＿＿＿＿＿＿＿＿＿＿＿＿＿＿＿＿＿＿＿

签订地点（Signed at）：＿＿＿＿＿＿＿＿＿＿＿＿＿＿＿＿＿

买方：＿＿＿＿＿＿＿＿＿＿＿＿＿＿＿＿＿＿＿＿＿＿＿＿＿

The Buyer：＿＿＿＿＿＿＿＿＿＿＿＿＿＿＿＿＿＿＿＿＿＿＿

地址：＿＿＿＿＿＿＿＿＿＿＿＿＿＿＿＿＿＿＿＿＿＿＿＿＿＿

Address：＿＿＿＿＿＿＿＿＿＿＿＿＿＿＿＿＿＿＿＿＿＿＿＿

电话（Tel）：＿＿＿＿＿＿＿＿传真（Fax）：＿＿＿＿＿＿＿＿

电子邮箱（E－mail）：＿＿＿＿＿＿＿＿＿＿＿＿＿＿＿＿＿＿

卖方：＿＿＿＿＿＿＿＿＿＿＿＿＿＿＿＿＿＿＿＿＿＿＿＿＿

The Seller：＿＿＿＿＿＿＿＿＿＿＿＿＿＿＿＿＿＿＿＿＿＿＿

地址：＿＿＿＿＿＿＿＿＿＿＿＿＿＿＿＿＿＿＿＿＿＿＿＿＿＿

Address：＿＿＿＿＿＿＿＿＿＿＿＿＿＿＿＿＿＿＿＿＿＿＿＿

电话（Tel）：＿＿＿＿＿＿＿＿传真（Fax）：＿＿＿＿＿＿＿＿

电子邮箱（E－mail）：＿＿＿＿＿＿＿＿＿＿＿＿＿＿＿＿＿＿

买卖双方同意按照下列条款签订本合同：

The Seller and the Buyer agree to conclude this Contract subject to the terms and conditions stated below：

1. 货物名称、规格和质量（Name，Specifications and Quality of Commodity）：

2. 数量（Quantity）：

允许＿＿＿＿＿＿的溢短装（＿＿＿＿＿＿% more or less allowed）

3. 单价（Unit Price）：

4. 总值（Total Amount）：

5. 交货条件（Terms of Delivery）FOB/CFR/CIF ＿＿＿＿＿＿

6. 原产地国与制造商（Country of Origin and Manufacturers）：

7. 包装及标准（Packing）：

货物应具有防潮、防锈蚀、防震并适合于远洋运输的包装，由于货物包装不良而造成的货物残损、灭失应由卖负责。卖方应在每个包装箱上用不褪色的颜色标明尺码、包装箱号码、毛重、净重及"此端向上"、"防潮"、"小心轻放"等标记。

The packing of the goods shall be preventive from dampness, rust, moisture, erosion and shock, and shall be suitable for ocean transportation/ multiple transportation. The Seller shall be liable for any damage and loss of the goods attributable to the inadequate or improper packing. The measurement, gross weight, net weight and the cautions such as "Do not stack up side down", "Keep away from moisture", "Handle with care" shall be stenciled on the surface of each package with fadeless pigment.

8. 唛头（Shipping Marks）：

9. 装运期限（Time of Shipment）：

10. 装运口岸（Port of Loading）：

11. 目的口岸（Port of Destination）：

12. 保险（Insurance）：

由_____按发票金额_____% 投保_____险和_____附加险。

Insurance shall be covered by the _____ for _____% of the invoice value against _____ Risks and _____ Additional Risks.

13. 付款条件（Terms of Payment）：

（1）信用证方式：买方应在装运期前/合同生效后_____日，开出以卖方为受益人的不可撤销的议付信用证，信用证在装船完毕后_____日内到期。

Letter of Credit：The Buyer shall, _____ days prior to the time of shipment /after this Contract comes into effect, open an irrevocable Letter of Credit in favor of the Seller. The Letter of Credit shall expire _____ days after the completion of loading of the shipment as stipulated.

（2）付款交单：货物发运后，卖方出具以买方为付款人的付款跟单汇票，按即期付款交单（D/P）方式，通过卖方银行及_____银行向买方转交单证，换取货物。

Documents against payment：After shipment, the Seller shall draw a sight bill of exchange on the Buyer and deliver the documents through Sellers bank and _____ Bank to the Buyer against payment, i. e D/P. The Buyer shall effect the payment immediately upon the first presentation of the bill（s）of exchange.

（3）承兑交单：货物发运后，卖方出具以买方为付款人的付款跟单汇票，付款期限为_____后_____日，按即期承兑交单（D/A_____日）方式，通过卖方银行及_____银行，经买承兑后，向买方转交单证，买方在汇票期限到期时支付货款。

Documents against Acceptance：After shipment, the Seller shall draw a sight bill of exchange, payable _____ days after the Buyers delivers the document through Seller's bank and _____ Bank to the Buyer against acceptance（D/A _____ days）. The Buyer shall make the payment on date of the bill of exchange.

（4）货到付款：买方在收到货物后_____天内将全部货款支付给卖方（不适用于 FOB、CRF、CIF 术语）。

Cash on delivery（COD）：The Buyer shall pay to the Seller total amount within _____ days after the receipt of the goods（This clause is not applied to the Terms of FOB, CFR, CIF）.

14. 单据（Documents Required）：

卖方应将下列单据提交银行议付/托收：

The Seller shall present the following documents required to the bank for negotiation/collection：

（1）标明通知收货人/受货代理人的全套清洁的、已装船的、空白抬头、空白背书并注明运费已付/到付的海运/联运/陆运提单；

Full set of clean on board Ocean/Combined Transportation/Land Bills of Lading and blank endorsed marked freight prepaid/ to collect；

（2）标有合同编号、信用证号（信用证支付条件下）及装运唛头的商业发票一式_____份；

Signed commercial invoice in _____ copies indicating Contract No. , L/C No. (Terms of L/C) and shipping marks；

（3）由_____出具的装箱或重量单一式_____份；

Packing list/weightmemo in _____ copies issued by _____；

（4）由_____出具的质量证明书一式_____份；

Certificate of Quality in _____ copies issued by _____；

（5）由_____出具的数量证明书一式_____份；

Certificate of Quantity in _____ copies issued by _____；

（6）保险单本一式_____份（CIF 交货条件）；

Insurance policy/certificate in _____ copies (Terms of CIF)；

（7）_____签发的产地证一式_____份；

Certificate of Origin in ____ copies issued by _____；

（8）装运通知（Shipping advice）：卖方应在交运后_____小时内以特快专递方式邮寄给买方上述第_____项单据副本一式一套；

The Seller shall, within ____ hours after shipment effected, send by courier each copy of the above – mentioned documents No. ____ .

15. 装运条款（Terms of Shipment）：

（1）FOB 交货方式

卖方应在合同规定的装运日期前天，以_____方式通知买方合同号、品名、数量、金额、包装件、毛重、尺码及装运港可装日期，以便买方安排租船/订舱。装运船只按期到达装运港后，如卖方不能按时装船，发生的空船费或滞期费由卖方负担。在货物越过船舷并脱离吊钩以前一切费用和风险由卖方负担。

The Seller shall, days before the shipment date specified in the Contract, advise the Buyer by _____ of the Contract No. , commodity, quantity, amount, packages, gross weight, measurement, and the date of shipment in order that the Buyer can charter a vessel/book shipping space. In the event of the Seller's failure to effect loading when the vessel arrives duly at the loading port, all expenses including dead freight and/or demurrage charges thus incurred shall be for the Seller's account.

（2）CIF 或 CFR 交货方式

卖方须按时在装运期限内将货物由装运港装船至目的港。在 CFR 术语下，卖方应在装船前天以_____式通知买方合同号、品名、发票价值及开船日期，以便

259

买方安排保险。

The Seller shall ship the goods duly within the shipping duration from the port of loading to the port of destination. Under CFR terms, the Seller shall advise the Buyer by _____ of the Contract No. , commodity, invoice value and the date of dispatch two days before the shipment for the Buyer to arrange insurance in time.

16. 装运通知（Shipping Advice）：

一俟装载完毕，卖方应在____小时内以_____式通知买方合同编号、品名、已发运数量、发票总金额、毛重、船名/车/机号及启程日期等。

The Seller shall, immediately upon the completion of the loading of the goods, advise the Buyer of the Contract No. , names of commodity, loading quantity, invoice values, gross weight, name of vessel and shipment date by _____ within _____ hours.

17. 质量保证（Quality Guarantee）：

货物品质规格必须符合本合同及质量保证书之规定，品质保证期为货到目的港____个月内。在保证期限内，因制造厂商在设计制造过程中的缺陷造成的货物损害应由卖方负责赔偿。

The Seller shall guarantee that the commodity must be in conformity with the quality, specifications and quantity specified in this Contract and Letter of Quality Guarantee. The guarantee period shall be _____ months after the arrival of the goods at the port of destination, and during the period the Seller shall be responsible for the damage due to the defects in designing and manufacturing of the manufacturer.

18. 检验（Inspection）（以下两项任选一项）：

（1）卖方须在装运前____日委托_____检验机构对本合同之货物进行检验并出具检验证书，货到目的港后，由买方委托_____检验机构进行检验。

The Seller shall have the goods inspected by _____ days before the shipment and have the Inspection Certificate issued by _____ . The Buyer may have the goods reinspected by _____ after the goods arrival at the destination.

（2）发货前，制造厂应对货物的质量、规格、性能和数量/重量做精密全面的检验，出具检验证明书，并说明检验的技术数据和结论。货到目的港后，买方将申请中国商品检验局（以下简称商检局）对货物的规格和数量/重量进行检验，如发现货物残损或规格、数量与合同规定不符，除保险公司或轮船公司的责任外，买方得在货物到达目的港后____日内凭商检局出具的检验证书向卖方索赔或拒收该货。在保证期内，如货物由于设计或制造上的缺陷而发生损坏或品质和性能与合同规定不符时，买方将委托中国商检局进行检验。

The manufacturers shall, before delivery, make a precise and comprehensive inspection of the goods with regard to its quality, specifications, performance and quantity/weight, and issue inspection certificates certifying the technical data and conclusion of the inspection. After arrival of the goods at the port of destination, the Buyer shall apply to China Commodity Inspection Bureau (hereinafter referred to as CCIB) for a further inspection as to the specifications and quantity/weight of the goods. If damages of the goods are found, or the specifications and/or quantity are not in conformity with the stipulations in this Contract, except when the responsibilities lies with Insurance Company or Shipping Company, the Buyer shall, within ＿＿ days after arrival of the goods at the port of destination, claim against the Seller, or reject the goods according to the inspection certificate issued by CCIB. In case of damage of the goods incurred due to the design or manufacture defects and/or in case the quality and performance are not in conformity with the Contract, the Buyer shall, during the guarantee period, request CCIB to make a survey.

19. 索赔（Claim）：

买方凭其委托的检验机构出具的检验证明书向卖方提出索赔（包括换货），由此引起的全部费用应由卖方负担。若卖方收到上述索赔后＿＿＿＿＿天未予答复，则认为卖方已接受买方索赔。

The buyer shall make a claim against the Seller (including replacement of the goods) by the further inspection certificate and all the expenses incurred therefrom shall be borne by the Seller. The claims mentioned above shall be regarded as being accepted if the Seller fail to reply within ＿＿ days after the Seller received the Buyer's claim.

20. 迟交货与罚款（Late delivery and Penalty）：

除合同规定的不可抗力原因外，如卖方不能按合同规定的时间交货，买方应同意在卖方支付罚款的条件下延期交货。罚款可由议付银行在议付货款时扣除，罚款率按每＿＿天收＿＿%，不足＿＿天时以＿＿天计算。但罚款不得超过迟交货物总价的＿＿%。如卖方延期交货超过合同规定＿＿天时，买方有权撤销合同，此时，卖方仍应不迟延地按上述规定向买方支付罚款。

买方有权对因此遭受的其他损失向卖方提出索赔。

Should the Seller fail to make delivery on time as stipulated in the Contract, with the exception of Force Majeure causes specified in Clause of this Contract, the Buyer shall agree to postpone the delivery on the condition that the Seller agree to pay a penalty which shall be deducted by the paying bank from the payment under negotiation. The rate of penalty is charged at ＿＿% for every ＿＿ days, odd days less than ＿＿ days should be counted as ＿＿ days. But the penalty, however, shall not exceed ＿＿% of the total value of the goods involved in the delayed delivery. In case the Seller fail to make delivery ＿＿ days later than the time of shipment stipulated in the Contract, the Buyer shall have the right to cancel the Contract and the Seller, in spite of the cancellation, shall nevertheless pay the aforesaid penalty to the Buyer without delay.

The buyer shall have the right to lodge a claim against the Seller for the losses sustained if any.

21. 不可抗力（Force Majeure）：

凡在制造或装船运输过程中，因不可抗力致使卖方不能或推迟交货时，卖方不负责任。在发生上述情况时，卖方应立即通知买方，并在＿＿天内，给买方特快专递一份由当地民间商会签发的事故证明书。在此情况下，卖方仍有责任采取一切必要措施加快交货。如事故延续＿＿天以上，买方有权撤销合同。

The Seller shall not be responsible for the delay of shipment or non – delivery of the goods due to Force Majeure, which might occur during the process of manufacturing or in the course of loading or transit. The Seller shall advise the Buyer immediately of the occurrence mentioned above and within _____ days thereafter the Seller shall send a notice by courier to the Buyer for their acceptance of a certificate of the accident issued by the local chamber of commerce under whose jurisdiction the accident occurs as evidence thereof. Under such circumstances the Seller, however, are still under the obligation to take all necessary measures to hasten the delivery of the goods. In case the accident lasts for more than _____ days the Buyer shall have the right to cancel the Contract.

22. 争议的解决（Arbitration）：

凡因本合同引起的或与本合同有关的任何争议应协商解决。若协商不成，应提交中国国际经济贸易仲裁委员会深圳分会，按照申请仲裁时该会现行有效的仲裁规则进行仲裁。仲裁裁决是终局的，对双方均有约束力。

Any dispute arising from or in connection with the Contract shall be settled through friendly negotiation. In case no settlement is reached, the dispute shall be submitted to China International Economic and Trade Arbitration Commission（CIETAC）, Shenzhen Commission for arbitration in accordance with its rules in effect at the time of applying for arbitration. The arbitral award is final and binding upon both parties.

23. 通知（Notices）：

所有通知用_____文写成，并按照如下地址用传真/电子邮件/快件送达给各方。如果地址有变更，一方应在变更后____日内书面通知另一方。

All notice shall be written in _____ and served to both parties by fax/courier according to the following addresses. If any changes of the addresses occur, one party shall inform the other party of the change of address within _____ days after the change.

24. 本合同使用的 FOB、CFR、CIF 术语系根据国际商会《2010 年国际贸易术语解释通则》。

The terms FOB、CFR、CIF in the Contract are based on INCOTRMS2010 of the International Chamber of Commerce.

25. 附加条款（Additional clause）：

本合同上述条款与本附加条款抵触时，以本附加条款为准。

Conflicts between Contract clause hereabove and this additional clause, if any, it is subject to this additional clause.

26. 本合同用中英文两种文字写成，两种文字具有同等效力。本合同共____份，自双方代表签字（盖章）之日起生效。

This Contract is executed in two counterparts each in Chinese and English, each of which shall deemed equally authentic. This Contract is in _____ copies, effective since being signed/sealed by both parties.

买方代表（签字）：
Representative of the Buyer
（Authorized signature）：
卖方代表（签字）：
Representative of the Seller
（Authorized signature）：

第13章
国际贸易方式

【学习目标】

通过本章的学习，了解国际贸易各种方式的特点、应用、区别、适用范围，以及国际贸易相关合同文本的主要条款和实际操作中需要注意的问题。

【重点与难点】

经销协议和销售代理协议的区别；使用招标、投标应注意的事项和具体操作；寄售方式和拍卖方式应注意的事项；补偿贸易、加工贸易、对等贸易的区别和具体应用；套期保值的意义和具体操作。

【导入案例】

A公司与台湾B公司签订了独家经销协议，授予该公司W产品的独家经销权，但该产品并非A公司的自产商品，而是由国内C公司生产、由A公司销往台湾B公司。C公司在向A公司供货的同时，也自营进出口业务，又向另一家台湾D公司授予了该产品的独家经销权。这样，在台湾就有了同种产品的两个独家经销商，这两家经销商得知该情况后，都向A公司和C公司提出索赔的要求。请问：这起案件应如何处理？

案例分析：此案中，C公司既然向台湾D公司授予了该产品的独家经销权，就有义务保证其产品不会经过其他渠道进入其他地区内。因此，C公司要么授予台湾D公司一般经销权，要么保证A公司不向该地区出口产品。

13.1 经销与代理

13.1.1 经销

1. 经销的概念及特征

经销（Distributorship）是指出口企业（供货商）与国外进口商（经销商）达成书面协议，规定进口商在特定地区和一定期限内，利用国外经销商就地销售出口企业某些商品的贸易方式。通过两者的合作，可以更好的销售和扩大市场份额，因而成为较为普遍的贸易方式。

按经销商权的不同，经销方式可以分为两种：一种是独家经销（Sole Distribution），亦称包销（Exclusive Sales），是指经销商在规定的期限和地域内，对指定的商品享有独家专营权。另一种是一般经销，亦称定销。在这种方式下，经销商不享有独家专营权，供货商可在同一时间、同一地点内委派几家企业共同来经营同类商品。这种经销商与国外供货商之间的关系同一般进口商与出口商之间的关系并没有本质的区别，所不同的只是确立了相对长期与稳定的购销关系。

经销也是售定，供货人和经销人之间是一种买卖关系，但又与通常的单边逐笔售定不同，当事人双方除签订有买卖合同外，通常还需事先签有经销协议，确定对等的权利与义务。在经销商和出口企业之间有货物所有权的转移。经销商要垫付资金向出口商购进货物，自行销售，购进价和销售价之间的差额是经销商的利润，因此经销商应该自负盈亏，自担风险。

经销方式的作用在于克服了逐笔售定的不足。通过协议，双方确定了在一定期限内的稳定关系。这种关系既是相互协作的，又是相互制约的。在规定的期限和地区内，双方随市场的开发有着共同的目标和一致的利益，从而能在平等互利的基础上同舟共济。

2. 经销协议

经销协议是确定出口企业和国外经销商之间权利和义务关系的契约，其主要内容主要有以下几个方面。

（1）经销协议的名称，双方当事人的名称、签约日期和地点。

（2）是否有独家经销权。在经销协议中，应该规定授予的是独家经销权还是非独家经销权，以避免日后为经销权性质而产生的争议。对独家经销权的规定要包括专卖权和专买权两个方面。前者是指出口企业必须将指定商品在规定的期限和地区内给予独家经销商销售；后者是指规定对独家经销商只能购买该出口企业的商品，不得购买其他企业出口的同类产品。应注意的是，规定独家经销可能会触犯某些国家有关禁止独占的法律。因此，在签订独家经销协议前，应做调查了解。

（3）经销商品的种类。为了避免经销商品过程中发生争议，双方最好在协议中对经销商品在停止生产或有新品种产生时对协议是否适用予以明确。

（4）经销地区。经销地区是指经销的地理范围。在独家经销中，一旦确定经销的地区，出口企业就负有不向该经销地区内的其他商人直接售货的义务，而独家经销商也不得在该地区经营其他出口企业的产品。

（5）经销期限。一般规定为 1 年，在协议里也可以规定期满后续约或是终止的办法。

（6）经销的数量和金额。此项数量或金额既是买方应该承购的数量或金额，也是卖方应该供应的数量或金额。对双方都有同等的约束力。协议中一般还规定超额承购奖励条款和不能履约的罚金条款。

（7）作价方法。经销商可以一次作价，也可以分批作价。如何作价，应根据商品的特点和市场情况而定。

（8）广告宣传、市场情况报道和商标保护。虽然出口企业不涉及经销地区的销售业务，但它仍十分关心经销地区的市场开拓和发展。因此，出口企业经常要求经销商负责宣传推广出口企业的商品，报告经销地区的市场动态。

3. 采用经销方式要注意的问题

经销方式作为出口业务中常见的方式之一，如果运用得当，对于出口商拓展国外市场，扩大出口销售，会产生良好的推动作用。然而，如果运用不得当，也会带来适得其反的结果。许多经验说明，采用经销方式出口时应注意以下问题。

（1）经销方式的选用。与一般经销相比，独家经销更能调动经销商的积极性，能促使经销商专心销售约定的商品，并向用户提供必需的售后服务。这对出口企业来说，也有利于其对市场销售做全面和系统的长期规划和安排，采取近期和远期的推销措施。但是，采用独家经销对出口企业来说也存在着风险。例如，独家经销商有时还经销其他种类的商品，这样，他就不能专心经营约定商品；如果独家经销商的经营能力较差，则虽然努力，仍不能完成协议规定的最低限额；倘若独家经销商居心不正，凭借专营权压低价格或包而不销，就会使企业蒙受损失。

（2）对经销商的选用。要注意考察经销商的资信情况、经营能力以及在经销地区的商业地位。一般来说，可以从往来的客户中挑选对象，经过适当的考察和评价，再签订正式协议。然后，不仅要逐笔检查交易的执行情况，还要定期检查协议的报告情况，以便根据不同的情况采取必要的和适当的措施。

（3）订好经销协议。经销协议是在经销的方式下，确定供货人和经销人之间的权利与义务的法律文件，对双方均有约束力，协议规定得好坏关系到该项业务的成败，因此一定要认真对待。比如，在独家经销方式下，要慎重选择包销的商品种类，合理确定包销的地理范围，适当规定包销商在一定期限内的承购数额以及完不成承购数额可采取的措施或超额完成的结果等，这些都是至关重要的内容。当事人对于条款的文案必须认真推敲，正确理解其含义，并对将来市场情况一旦发生变化可能带来的后果应有较充分的估计。如果双方决定，经销商还应承担诸如广告促销，市场调研以及其他义务，在协议中应以尽可能明确的文字加以规定。另外，协议中应合理规定商品检验条款、不可抗力条款、仲裁条款和协议期限以及终止条款，这对于约束当事人认真履约，以及在发生问题时妥善解决纠纷，维护当事人的合法权益都具有重要的意义。

（4）注意当地的法律规定。独家经销方式下，协议中有关专营权的规定有时会构成"限制性商业惯例"。对于"限制性商业惯例"的一般解释是，企业通过滥用市场力量的支配地位，限制其他企业进入市场，或以其他不正当的方式限制竞争，从而对贸易或商业的发展造成不利的影响。其核心问题是限制竞争，操纵市场。在有些包销协议中，规定包销商品的种类及经营区域时，有时作出下列限制性规定："包销商不得经营其他厂商的同类商品"，"禁止将包销的商品销往区域以外的地区"，等等。这类规定有可能违反有些国家管制或限制性商业管理条例和法令，如反托拉斯法（Antitrust Law）。因此，在签订独家经销协议时，应当了解当地的有关法律法规，并注意使用文句，尽可能避免与当地的法律相抵触。

13.1.2　代理

1. 代理的含义

代理是指代理人根据委托人的授权，代表委托人同第三人订立合同或办理其他事务的法律行为，由此产生的权利和义务直接对委托人发生效力。这里的代理人是指接受委托人的委托而行事的人，故又称为受托人；委托人是授权者，在代理关系中处于被代理的地位，故又称为本人；第三人是相对于代理关系而言的，即除代理人和委托人之外的第三人，故也称为相对人。

代理在国际贸易中的应用非常广泛，如银行代理、运输代理、保险代理、贸易代理等。国际贸易代理通常是指出口企业给予国外的中间商在指定地区和一定期限内享有代销指定商品的权利，被授权代理的中间商代表出口企业向第三人招揽生意，办理与交易有关的一些事宜，由此而产生的权利和义务则直接向出口企业发生效力的贸易方式。代理方式对于出口企业来说，可以利用代理商的销售渠道，扩大市场；代理方式对中间商来说，具有经营出口企业产品的吸引力。

委托人和代理人之间存在着契约关系，但是，这种契约关系不是买卖关系，而是委托—代理关系。委托人和代理人通过代理协议确定他们之间的权利和义务，以及代理人的权限范围和报酬。由于代理不是买卖关系，在代理商和委托人之间没有货物所有权的转移，因此，代理商不垫付资金，不承担经营风险，也不负责盈亏。代理商的收益是根据成交的代理金额按照代理当事人之间商定的佣金率计算的佣金。

2. 代理的种类

（1）按代理权产生的原因，可分为意定代理（Voluntary Agency）和法定代理（Statutory Agency）。

意定代理是根据委托人的意思表示产生代理权的代理。这种意思表示可以采用口头方式来表示，也可以采用书面方式来表示；可以向代理人表示，也可以向同代理人打交道的第三人表示。国际贸易代理一般是这种意定代理。

法定代理是指各种不是根据委托人的意思表示而产生代理权的代理。例如法院指定清算人的代理权，父母对未成年子女享有的代理权，亲属具有监护和遗产管理的代理权等。

（2）按代理权的授权方式，可分为明示指定代理（Agency by Expressed Authority）和默示指定代理（Agency by Implied Authority）。

明示指定代理是指以明示的方式指定某人为他的代理人。明示的方式可以是口头的，也可以是书面的。即使代理人需要以书面的方式与第三人订立合同，委托人仍可以采用口头方式授予代理权。

默示指定代理是指委托人不是以口头或书面方式宣布授予代理人代理权，而是以他的言行使代理人获得代理权，甚至使代理人能够以委托人的名义签订买卖合同。例如，某甲让某乙替他向某丙订购货物，并如数向丙支付货款。在这种情况下，乙便认为有默示的代理权。在英美法中，这被称为"不容否认的代理"（Agency by Estoppel）。它的意思是甲既然以他的行动表示乙具有代理权，而丙基于这种情况信赖乙有代理权并与之订立了合同，则甲就不能予以否认。

（3）按代理人是否披露委托人的姓名和身份，可分为显明代理（Agency for a Named Principal）、隐名代理（Agency for a Unnamed Principal）和不公开委托人身份的代理（Agency of Undisclosed Principal）。

显明代理是指代理人在交易中既公开代理关系的存在，也公开委托人的姓名。

隐名代理是指公开代理关系的存在，但不公开委托人的姓名。

不公开委托人身份的代理是指代理人在交易中不公开委托人的存在，以自己的名义签订买卖合同。

这种分类常见于英美法，对于前两种方式，代理人在交易中都表明了代理关系的存在，应由委托人直接承担代理活动产生的法律后果。对于第三种情况，第三人在发现了未公开身份的委托后，即可以要求委托人对合同负责，也可以要求代理人承担合同责任，第三人必须在代理人与被发现人之间作出明确的选择。

（4）按代理的法律后果，可分为直接代理和间接代理。

直接代理是指代理人以委托人的名义同第三人签订合同，由委托人承担法律后果的代理。在这种代理关系中，代理人代表委托人与第三人订立合同后，合同的权利与义务直接属于委托人。

间接代理是指代理人以自己的名义，为委托人的利益与第三人订立合同，但由代理人承担法律后果的代理。在该代理关系中，合同被认为是代理人与第三人之间的合同，代理人必须对第三人承担责任，委托人与第三人之间不直接产生法律关系。只有当代理人把它从合同中取得的权利和承担的义务转让给委托人之后，委托人才对第三人主张权利和承担义务。

这种分类见于大陆法。大陆法对代理的分类与英美法不同，但从内容上看，也可以发现一些种类的对应性。在直接代理中，代理人是以委托人的名义与第三人签订合同的，第三人知道委托人的姓名和身份，因此，直接代理相当于英美法中的显明代理。间接代理时代理人以自己的名义与第三人签订合同，第三人不知道委托人的姓名和身份，因此，间接代理相当于英美法中的不公开委托人身份的代理。但是，间接代理与不公开委托人身份的代理之间从法律后果上看是有所不同的：在间接代理中，第三人不能要求委托人对买卖合同负责；在不公开委托人身份的代理中，第三人在获知委托人存在的情况下，可以在代理人和委托人之间选择其中一人对合同负责。

（5）按代理的授权范围，可分为独家代理（Exclusive Agency）、一般代理（Agency）和总代理（General Agency）。

独家代理是指委托人给予代理商在特定地区和一定期限内享有代销特定商品的专营权；只要在指定地区和期限内做指定商品的生意，无论是由代理商做成的，或是由委托人自己与其他商人做成的，代理商都享有佣金的权利；根据协议的规定，代理商可以在适当的时候以委托人的名义代签销售合同。

一般代理是不享有专营权的，而且委托人自己与代理地区内其他商人做成的生意，无需支付给代理商佣金，代理商也无权以委托人的名义代签销售合同。一般代理也被称为佣金代理。

总代理是委托人在指定地区内的全权代表。总代理有两种含义：一种含义是指代理商在指定地区和期限内，不仅享有独家代销指定商品的权利，还有代表委托人从事商务活动和处理其他事务的权利；另一种含义是指具有数个分代理的总代理。

3. 代理的性质与特点

代理人在代理业务中，只是代表委托人行为，代理人与委托人通过代理协议建立的这种契约关系是属于委托代理关系，而不同于经销中的买卖关系。

在出口业务中，销售代理与经销有相似之处，但从当事人之间的关系来看，两者确有着根本的区别。在经销方式中，经销商与供货人之间是买卖关系，经销商完全是为了自己的利益购进货物后转售，自筹资金、自负盈亏、自担风险。而在代理方式下，代理人作为委托人的代表，其行为不能超过授权范围。代理人一般不以自己的名义与第三者订立合同，只居间介绍、收取佣金，并不承担履行合同的责任，履行合同义务的双方是委托人和当地客户。

4. 销售代理协议

代理协议是明确委托人和代理人之间的权利与义务的法律文件。协议内容由双方当事人按照双方自愿的原则，根据双方的意志加以规定。销售代理协议一般应包括以下内容。

(1) 代理商品和地区。协议要明确规定代理商品的品名、规格以及代理权行使的地理范围。在独家代理的情况下，其规定方法与包销协议大体相同。

(2) 代理人的权利与义务。这是代理协议的核心部分，一般包括下述内容：

明确代理人的权利范围，是否有权代表委托人订立合同，或从事其他事务。另外，还应规定代理人有无专营权。

规定代理人在一定时期内应推销商品的最低销售额，并说明是按 FOB 价格还是 CIF 价格计算。

代理人应在代理权行使的范围内，保护委托人的合法权益。代理人在协议有效期内无权代理与委托人商品相竞争的商品，也无权代理协议地区内的其他相竞争的公司。对于在代理区域内发生的侵犯委托人的工业产权等不法行为，代理人有义务通知委托人，以便采取必要措施。

代理人应承担市场调研和广告宣传的义务。代理人应定期或不定期地向委托人汇报有关代销商品的市场情况，组织广告宣传工作，并与委托人磋商广告内容及广告形式。

(3) 委托人的权利与义务。委托人的权利体现在对客户的订单有权接受，也有权拒绝，对于拒绝订单的理由，可以不做解释，代理人也不能要求佣金。但对于代理人在授权范围按委托人规定的条件与客户订立的合同，委托人应保证执行。

委托人有义务维护代理人的合法权益，保证按协议规定的条件向代理人支付佣金。在独家代理的情况下，委托人要尽力维护代理人的专营权。如由于委托人的责任给代理人造成损失的，委托人应予以补偿。

许多代理协议还规定委托人有义务向代理人提供推销产品所需要的材料。另外代理人代表委托人对当地的客户进行行政诉讼所支付的费用，委托人应予以补偿。

(4) 佣金的支付。佣金是代理人为委托人提供服务所获得的报酬。代理协议应规定在什么情况下代理人可以获得佣金，有的协议规定，对直接由代理人在规定区域内获得的订单而达成的交易，代理人有权得到佣金。在独家代理协议中，常常规定如委托人直接与代理区域的客户签订买卖合同，代理人仍可获取佣金。

协议中还要规定佣金率、佣金的计算基础、佣金的支付时间和方法。佣金率的高低，一般视商品特点、市场情况、成交金额及竞争等因素而定。佣金的计算基础有不同的规定方法，通常以发票净售价为基础，对发票净售价的构成或贸易术语也应予以明确。佣金的支付可在交易达成后逐笔结算支付，也可以定期结算累计支付。

除了上述基本内容外，关于不可抗力和仲裁等条款的规定，与经销协议和买卖合同的做法大致相同。

5. 采用代理方式应注意的问题

（1）对代理方式的选用。与一般代理相比，独家代理更能调动代理商的积极性，促使代理商专心代销约定的商品。

（2）对代理方式的选用。要注意代理商的资信情况、经营能力及其在代理地区的商业地位。

（3）对代理商品的种类、代理地区和代理数量或金额的确定。商品种类的多少、地区的大小，要同客户的资信能力和自己的经营意图相适应。在一般情况下，独家代理的商品种类不宜过多，地区大小要看代理商的活动范围及其经营能力，代理数量或金额的大小则要参照自得货源和市场容量的关系以及自己的经营意图。

（4）对中止或索赔条款的规定。为了防止出现独家代理商垄断市场或经营不力等现象，最好在协议中有中止或索赔条款的规定。

6. 销售代理与经销的区别

在出口业务中，销售代理与经销有相似之处，但从当事人之间的关系来看，二者却有根本的区别。在经销方式下，经销商与出口商之间是买卖关系，经销商完全是为了自己的利益购进货物然后转售，自筹资金、自负盈亏、自担风险。而在销售代理方式下，代理商只是代表委托人从事有关行为，二者建立的契约关系属于委托代理关系。代理商一般不以自己的名义与第三者订立合同，只居间介绍、收取佣金，并不承担履行合同的责任，履行合同义务的双方是委托人和当地客户。

13.2　招标与投标

招标与投标经常用在国家政府机构、国有企业或公用事业单位采购物资、器材或设备的交易中，并更多地用于国际承包工程中。近年来，不少发展中国家为了发展自己的民族经济，日益广泛地采用招标方式来发包工程项目。甚至有些国家通过法律规定，凡属于主要商品进口或对外发包的工程，必须采用国际招标的方式。目前，国际政府贷款项目和国际金融机构贷款项目往往在贷款协议中规定，必须采用国际竞争性招标方式采购项目物资或发包工程。

1. 招标与投标的含义和特征

国际招标（Invitation to Tender or Call for Tender）和投标（Tender or Submission of Tender）是一种贸易方式的两个方面，在我国进出口业务中，常概括为招标方式。这种贸易是指先由招标人（购货人）以公告或寄发招标书的方式邀请投标人

（供货人或工程承包人）在指定的期限内递出报价。投标人需在规定的期限内填制投标单，通过代理人进行投标。最后由招标人在所有投标人中选择其中最有利者成交。

国际投标不同于一般的贸易方式，投标是按招标人在招标书或公告中提出的采购条件，由投标人一次递价成交，投标人一般递价是最低的递价，争取中标。双方没有交易洽商和讨价还价的过程。由于招标是由招标人向多家投标人发出邀请投标，所以投标人之间的幕后竞争十分激烈，而招标人常常处于主动地位。另外，由于投标成交金额较大，招标人都规定有保留押金，待采购货物到达经检验合格后，再全额付款。

招标和投标与其他贸易方式相比较，具有以下四个特征。

（1）招标的组织性。即有固定的招标组织机构，有固定的招标场所，有固定的招标时间，有固定的招标规则和条件。

（2）招投标的公开性。招标机构要通过招标机构广泛通告有兴趣、有能力投标的供货商或承包商。另外，招标机构还要向投标人说明交易规则和条件以及招标的最后结果。

（3）投标的一次性。在传统的贸易方式中，任何一方都可以提出自己的交易条件，讨价还价；而在招投标中，投标人只能应邀做一次性投标，没有讨价还价的权利。标书在投递之后，一般不得撤回或修改。贸易的主动权掌握在招标手里。招标机构对最后卖主的选定，是通过各报价的筛选结果决定的。所以，投标人能否取得交易，完全取决于投标的质量。

（4）招投标的公平性。招投标是本着公平竞争的原则进行的。在招标公告发出后，任何有能力履行合同的卖主都可以参加投标。招标机构在最后取舍投标人时，要完全按照预定的招标规则进行。招标所具有的组织性和公开性也是招投标公平和合理的有效保证。

2. 招标的种类

招标在具体运用过程中，经过变通，产生了几种不同的表现形式：

（1）从招标引起投标的竞争程度来看，有以下两种：

①公开招标。这种招标又称为竞争性招标，它是指招标时必须发出公开招标通知，不限制招标人的数量，招标以公开的形式进行，中标结果予以公告的招标形式。

②选择性招标。这种招标又称为有限竞争性招标，它是指招标在有限的范围进行，招标人选择一定数量的投标人，邀请其投标。招标通知不采用公开的公告形式。

（2）从招标授予合同的条件来看，有以下三种：

①自动条件招标。其招标项目的合同以最低报价为先决条件自动授予某个投标人。具体的做法是：选择公开或有限的招标及招标机构，待所有的投标报价集中后，以其中报价最低的为中标者授予合同。

自动条件招标的前提条件是：招标商品规模的统一、质量一致，其他一切交易均由招标人统一规定，只有价格是不确定的。哪个投标人报价最低，哪个投标人就自然取得该项合同。

②随意条件招标。其招标的合同授予条件可以灵活变动。招标人可以将价格作

为评价投标人的主要条件，也可有其他条件作为主要依据。招标人并不预先给予确定，而是根据具体情况，确定中标人。例如某种新型产品的采购，招标机构被认为交货期较为重要，交货期合适的投标就有可能中标。比较复杂的、大型的建筑工程或项目，经常采用这种随意条件招标。

③谈判招标。即招标人在开标后，可以自由地与任何一个投标人对合同条件进行商洽，然后确定中标人。谈判招标的最大特点是，它给予投标人多次机会。在其他各种招标方式中，投标人之间的竞争实际上是一次性的，投标报价送出之后，竞争一般就结束了，投标人没有对报价和主要交易条件进行变动、修改的权利。而在谈判招标中，投标人除了发出投标外，还可以在得知所有投标人的报价结果之后，再度通过谈判修改投标，与其他投标人进行竞争。招标人也可以利用谈判之机，慎重考虑、审查各项招标条件，使之于己更加有利。谈判招标经常用于金额大、投标人实力相当的采购项目。

3. 招标、投标的程序

世界各国进行招标、投标的程序和条件基本相同，但是，由于各国有关招标、投标的法律或传统习惯不同，因此，招标、投标也有些差异。招标、投标通常要经历以下几个环节：

（1）招标。

①招标前的准备。招标前要做好以下两项基础工作：

第一，确定招标机构。组织一次招标、投标，需要有一个专门的招标机构，对招标的全过程进行全权管理。招标可以委托一个专业招标机构代办，也可以自行抽调一些人员，组织一个固定的或临时的机构，专职处理招标事务。

第二，制定招标规则和招标条件。招标规则是招标机构工作的指导方针，是招标机构工作人员的行为规范，也是招标运行程序的规定。说明招标的种类，并对每一步骤的名称和方法加以说明。招标条件既是招标人的采购标准，也是对投标人的要求，并且还是招标机构的评标依据。

②发布招标公告。招标机构做好招标的各项准备工作之后，应着手拟订和发出招标公告。招标公告是招标机构向所有潜在的供货商或承包商发出的一种广泛的通告，是对投标的邀请。招标公告的主要内容有：招标项目名称和项目情况介绍，招标开始时间和投标截止时间，招标方式，标书发售办法，招标机构或联系机构的名称、地址等。

如果招标是国际竞争性招标，则招标公告以完全公开化的形式，通过大众化的传播媒介发出，如主要报刊、广播等。如果招标是有限竞争性招标，则招标机构不对外公开发出招标公告，而是直接向个别供货人或工程承包商发出邀请。

③对投标人进行资格预审。资格预审是指招标机构对申请参加投标的企业进行基本概况、信誉情况、技术水平、财务状况、经营能力等多方面的审查了解，以确定其是否有资格参加投标。资格预审是招标项目保证质量的必要手段。

资格预审的程序是：

第一，招标机构发出资格预审通告。通告的发出可以通过主要的报刊，也可以通过个别通知的方式。资格预审通告的内容有：招标机构的名称、采购物资的数量或举办工程项目的规模、交货期或交工期、发售资格预审文件的日期、地点以及发放的办法或出售的价格、接受资格预审申请的截止日期、资格预审文件的送交地点、送交的份数以及使用的文字等。

第二，发放或出售资格预审文件。资格预审文件包括预审说明和资格预审表格两个部分。资格预审说明主要说明招标项目的情况、资格预审对象的范围以及填写、提交资格预审表格的注意事项。资格预审表格的格式、份数因招标项目的不同而不同，一般来说，物资采购招标中的资格预审表格简单，而工程项目招标的资格预审表格较为复杂。

第三，对投标申请人的资格审查。作为资格预审部门，在审查潜在供货商或承包商的能力时，必须事先制定指标。例如，规定合格的投标人应拥有的资金数量、流动资产数额、债务总额等各种能够表明投标人资产状况良好的指标，达不到指标的，则予以剔除。

第四，确定合格投标人名单。

④发售招标文件。招标文件的作用在于：

第一，招标文件是招标人和投标人双方的行动准则和指南。招标文件中规定了完整的招标程序，说明招标机构将按照文件指定的时间、地点和程序，完成招标的全过程。招标人也和投标人在整个招标与投标过程中，每一步都要按照文件办理，受招标文件的约束。

第二，招标文件是投标人编制投标的依据。招标文件中规定了投标条件和注意事项以及投标文件填写的格式，投标人若不按照要求办理，投标书必然会受到招标机构的拒绝。虽然投标人在填写标书时，对某些条件可以提出修改、补充，但仅限于一定范围内，而且由招标机构决定是否接受。

第三，招标文件是合同的基础。招标文件中要说明未来合同的主要内容，合同的种类和规格，这是投标人了解招标的最后步骤——合同的签订条款的主要渠道。由于整个招标文件内容周全，当招标机构发出后，投标人完全同意，它就可以被看成交易中的"接受"，是买卖双方达成的交易条件。所以，在很多情况下，招标文件差不多就是合同，只不过需要有买主和中标人最后履行一下签约手续而已。

招标文件有三类内容组成：第一类，对投标人的要求。其中，有招标通告、投标人须知、货物标准规格和工程技术规范、合同条件等。第二类，投标文件格式的要求。其中规定了投标人应该规定填写的报价单、投标书、授权书和投标押金等格式。第三类，对中标人的要求。规定投标人中标后应完成的文件格式，包括履行担保、合同或协议等。

简短的招标文件可以免费发放，内容较多的招标文件则要有偿出售。招标文件的价格一般等于编制、印刷的成本。投标人应负担投标的所有费用，购买招标文件及其相关文件的费用不予退还。

（2）投标。

①投标前的准备。投标前的准备工作十分重要，它直接影响到投标的中标概率。在投标前，应当做好以下四方面的准备工作：

第一，收集信息和资料。其中包括：投标项目的资料，如招标机构所处的政治、经济和自然的环境情况，招标机构对招标项目的要求，材料和设备的供应情况等；投标企业内部资料，如企业人员、设备机械清单，企业过去的履约情况，资产和负债及企业财务状况，企业的各项证明文件等，这类资料主要用于招标机构要求的资格审查；竞争对手资料，如竞争对手的数目、名称，竞争对手的经营情况、生产能力、技术水平、知名度等。

第二，研究招标所涉及的国内外法律。可能涉及的法律有采购法、合同法、公司法、税法、劳动法、外汇管制法、保险法、海关法、代理法等。

第三，核算成本，确定报价。核算成本包括直接成本和间接成本，还要把不可预见的成本也考虑进去，如价格上涨费用、货币贬值等。同时，在确定价格时，要考虑到竞争因素。

第四，编制和投送投标资格审查表。

②投标书的制作与投送。投标书是投标人正式参加投标竞争的证明，是投标人向招标人的发盘。投标人应当尽全力编制好投标书。投标书按编制的方法可以划分为以下四类：

第一，投标证明文件。包括营业证书、投标人的企业章程和企业简介、管理人员名单、资产负债表、银行资信证明、当地代表委托书、交税证明等。

第二，需要填制的投标文件。即招标机构已经将投标条件编制在表格上，要求投标人填写的文件。投标文件主要包括投标书、报价单、供货单、投标保函或投标保证金、履约担保五项。

第三，需原样交回的文件。这类文件是对招标项目和合同内容的说明以及对投标人的要求，投标人用后仍作为投标文件原封不动地交回，如投标须知、合同格式、质量技术规范和技术说明书、图纸等。

第四，编制的投标文件。在建设工程招标中，招标机构要求投标人特别对施工与技术等问题进行详细说明，由于有关说明难以用表格形式来表达，因此，投标人要在投标时附上一部分编制的文件，如施工计划、有关工程机械和设备的清单、技术说明书等。

全部投标文件编好后，经校核并签署，投标人将文件按招标须知的规定，用牛皮纸或塑料袋分装、密封，并按要求写明招标单位，在投标截止日期之前送到或寄到招标机构指定地点，并取得收据。使用邮寄时，应考虑邮件在途时间，使之在截止时间之前到达。

③竞标。从招标的原则看，投标人在投标书的有效期内，是不能修改其交易条件的。但有一个例外的机会可以被投标人所利用，即澄清会。澄清会是一般过程中的必要程序，被列在评标工作大纲中。对于招标人来说，澄清会是深入了解投标书内容的办法；但对投标人来说，它却是与招标人商讨交易条件、更改标书的有利机会。很多投标人就是通过澄清会施展竞标手段的。

（3）开标与评标。

①开标。投标截止时间到后，将所有投标人的文件袋启封揭晓，即为开标。开标由投标机构或招标人委托的咨询机构主持。开标按其仪式可分为两种：（1）公开开标，即通知所有投标人自愿参加的开标仪式。（2）秘密开标，即不通知投标人参

加的开标仪式。开标仪式的组织者应该包括负责招标的两名以上主管人员、招标人代表、招标机构及咨询机构代表、公证机构代表等。在开标会议上，应当众拆阅各投标人递交的投标保证书，当众检查保证书的金额及其开出保证书的银行是否符合招标的规定。

②评标。开标后，招标有关部门对投标书的交易条件、技术条件及法律条件等进行评审、比较，选出最佳投标人。评标是一项重要而又复杂的综合性工作，关系到整个招标是否体现公平竞争的原则，招标结果是否能使招标人得到最大的效益。因此，在评标过程中，不但要预先做好认真的准备工作，还要有细致科学的评标原则。评标的方法有积分表法、投票表决法和集体评议法。在评标中，对投标书中不清楚的地方，可以对投标人做进一步询问，其方式有口头询问（开澄清会）和书面询问两种。

③通知中标。经过评标，确定中标人后，招标机构应立即以电话、电报或传真等快捷的方式在投标有效期到期之前通知中标人，并要求中标人在规定的时间到招标人所在地与招标人签订合同。中标通知是招标文件的一部分，具有法律效力。

（4）签订合同。

签订合同是一项招标、投标活动的最后阶段，一般要经过履约担保的审查、合同条款的谈判和签订条款三项程序。然而有不少招标并不需要第二步骤，即谈判一环。

①审查履约担保。招标一般都规定，中标人要提交履约担保，以确保合同的执行。担保金为合同金额的 5% ～25% 不等。在大型项目采购招标中，履约担保十分重要。如果中标人不能交出履约担保，则按弃权处理。招标人有权没收其投标保证金，并给予其他制裁和处罚。

②合同条款的谈判。在招标过程中，招标人和投标人对合同条款都已明确，没有必要逐条谈判。主要是对在招标文件中未阐明的某些合同条款做进一步谈判，如违约责任的承担、罚款的金额和方法。

③合同的签订。合同签订方是中标人和招标人。双方签字后，合同即正式生效。

4. 使用投标方式应注意的问题

（1）认真审阅招标文件，避免遗漏。按照国际投标的一般做法，投标文件是中标后签订合同内容的一部分。如果对招标单的内容不完全清楚则很难中标，即使中标也会给未来履约带来麻烦或可能造成经济损失。

（2）在招标通告中规定须通过代理人进行投标时，必须事先在招标人所在国家选定代理人，并与其签订代理协议，说明我方投标的具体条件、代理报酬和不中标时应支付的手续费。

（3）投标前，要了解招标国家对招标的规定的习惯做法，同时，还要落实货源。通过投标方式成交的货物，往往数目比较大，交货时间比较集中，如不能按时履约，将会造成不良影响，并须承担招标人因此而造成的经济损失。

13.3 寄售与拍卖

13.3.1 寄售

1. 寄售业务的含义和特征

寄售（Consignment）是指委托人（寄售人）先将货物运至受托人（代销）的所在地，由代销人按协议规定，参照当地市场价格代为销售货物。一旦货物出售后，货款按双方订立协议的规定交付给寄售人，因此，寄售是属于委托代销性质的。

寄售的特点是先凭协议出运货物，后成交售出。寄售人与代销人之间不是买卖关系，而是委托代销关系。寄售人在货物出售前，对货物具有所有权。按照一般情况货物的风险由代销人承担，由代销人对货物安全负责，并办理保险和支付费用，在此情况下，付给代销人的报酬就要相应提高。寄售人付给代销人的报酬采用佣金方式。寄售的货物的作价办法可由双方商定，或采用规定最低限价的方法，或用随行就市由代销人掌握的方法，或双方规定结算价格。代销人有权决定销售方法，也可采用由寄售人逐笔确认的方法等。究竟采用哪一种方法，应视货物特点和市场情况而定。有时为了保证安全收汇，寄售人将货物发给资信好的银行，由银行掌管，付款提货；也有的寄售人要求代销人提供银行出具的担保代销人支付货款的银行保函。

采用寄售方式，可以掌握销售时机，随行就市出售现货，卖个好价。尤其对需要看货成交的土特产品、日用轻工业品或工艺品等的开辟市场、扩大销售更有利。但寄售方式对于寄售人来说风险和费用较大，货款收回较晚。所以，采用寄售方式应对市场、货物、代销人进行周密考虑，不能贸然决定。

2. 寄售协议的主要内容

寄售协议是寄售人和代销人之间就双方的权利义务及寄售业务中的有关问题签订的法律文件。寄售协议中一般应包括下列内容：协议性质、寄售地区，寄售商品名称、规格、数量，作价办法，佣金的支付，货款的收付等，以及保险的责任、费用的负担，及代销人的其他义务等。为了订好寄售协议，必须妥善处理下述三方面的问题：

（1）寄售商品的作价方法。寄售商品的作价方法大致有四种：

①规定最低限价。代销人在不低于最低限价的前提下，可以任意出售货物，否则，必须事先征得寄售人同意。协议中还明确该最低限价是含佣金价还是净价。

②随行就市。代销人可以任意出售货物，寄售人不作限价。这种做法，代销人有较大的自主权。

③销售前征得寄售人同意。代销人在得到买主的递价后，立即征求寄售人意见，确认同意后，才能出售货物。也有的是寄售人根据代销人提供的行情报告，规定一定时期的销售价格，由代销人据以对外成交。

④规定结算价格。货物售出后，双方根据协议中规定的价格进行结算。代销人实际出售货物的价格，寄售人不予干涉，其差额作为代销人的收入。这种做法，代

销人须承担一定的风险。

（2）佣金的问题。除了采用结算价格方式以外，寄售人都应支付代销商一定数量的佣金，作为其提供服务的报酬。佣金结算的基础一般是发票净售价，通常解释为用毛售价减有关费用（已包括在售价之内），如销售税、货物税、增值税、关税、保险费、仓储费、商业和数量折扣、退货的货款和延期付款的利息等。

关于佣金的支付时间和方法，做法各异。代销人可在货物售出后从所得货款中直接扣除代垫费用和应得佣金，再将余款汇给寄售人，也可先由寄售人收取全部货款，再按协议规定计算出佣金汇给代销人。佣金多以汇付方式支付，也有的采用托收方式。

（3）货款的收付。寄售方式下，货款一般是在货物售出后收回。寄售人和代销人之间通常采用记账的方法，定期或不定期地结算，代销人可将货款汇给寄售人，或者由寄售人用托收方式向代销人收款。为保证收汇安全，有的在协议中加订"保证收取货款条款"，或在协议之外另订"保证收取货款协议"，由代销人提供一定的担保。

3. **寄售方式的利弊**

（1）寄售的优点。

①对寄售人来说，寄售有利于开拓市场和扩大销路。通过寄售可以与实际用户建立关系，扩大贸易渠道，便于了解和顺应当地市场的需求，不断改进品质和包装。另外，寄售人还可根据市场的供需情况，掌握有利的推销时机，随行应市，卖上好价。

②代销人在寄售方式中不需垫付资金，也不承担风险，因此，寄售方式有利于调动那些有推销能力、经营作风好但资金不足的客户的积极性。

③寄售时凭实物进行的现货交易，买主看货成交。付款后即可提货，大大节省了交易时间，减少风险和费用，为买主提供了便利。

（2）寄售的缺点。

①承担的贸易风险大。寄售人要承担货物售出前的一切风险，包括运输途中和到达目的地后的货物损失和灭失的风险，货物价格下跌和不能售出的风险，以及因代销人选择不当或资信不佳而导致的损失。

②资金周转时间长，收汇不够安全。寄售方式下，货物售出前的一切费用开支均由委托人负担，而货款要等货物售出后才能收回，不利于其资金的周转。此外，一旦代销人违反协议，也会给寄售人带来意想不到的损失。

4. **采用寄售方式应注意的问题**

为了扩大出口，把生意做活，调动国外商人的积极性，在出口业务中可以采用寄售方式。在进口业务中，某些国外商人将他们的货物委托我国的商业部门寄售，如香烟、酒类和饮料等，也起到利用外资和调剂市场的作用。由于寄售方式有其缺点，因此在采用这种方式时应注意以下几个方面的问题。

（1）选好寄售地和代销人。在寄售前必须对寄售地的市场情况，当地政府的有关对外政策、法令，运输仓储条件以及拟委托的代销人的资信情况、经营风险等做好调查研究。

（2）对寄售货物的存放地点做好安排。一般有这样几种办法：一是直接运交代销人存栈出售；二是先存入关栈，随用随取；三是将货物运进自由港或自由贸易区存放，确定买方后再行运出；四是直接将货物发往国外资信好的银行，由银行负责收货付款。

（3）寄售货物存放海关仓库时，要注意存放期限。一般海关仓库的存放期限比较短，逾期有被拍卖的危险。

（4）签好寄售协议，保证货、款安全。在协议中对货物所有权、代销人的责任和义务、决定售价的办法、货款的结算、各项费用的负担、佣金的支付等都应作出明确的规定。

13.3.2 拍卖

1. 拍卖的含义和分类

拍卖（Auction）是国际贸易中的一种较为古老的货物买卖贸易方式。它是指拍卖人在规定的时间和地点，通过公开竞价的方式销售约定货物。国际拍卖按其叫价顺序不同，一般分为三种：一种是减价拍卖方法，即拍卖人由高价向低价叫价拍卖，也称荷兰式拍卖，如国际鲜花的拍卖就是采用这种方式。另一种是加价拍卖方法，即由低价向高价叫价拍卖，它是国际拍卖中普遍使用的方式，我国举办的中国裘皮拍卖就是采用这种方式。第三种是密封递价方法，即先由拍卖人公布每批货物的详细情况和拍卖条件等，然后在规定的时间和地点买方将自己的递价以密封信的形式交给拍卖人，拍卖人将货物售给递价最高者。

拍卖是为适应特殊性质的货物而采取的一种特殊交易方式，目前国际上采用拍卖方式买卖货物的类型主要有三种：

（1）货物不以高度标准化或难以用科学方法对其品质进行精确检验，以及难以用文字或语言对有关质量及规格进行准确描述的货物，例如，毛皮、烟叶、咖啡等。

（2）价格昂贵，并且价格变化较大或难以准确估价的货物，如名人字画、古玩、金银首饰等。

（3）工厂企业倒闭的机械设备和资产的处理。这类货物一般称为二手货，通常采用现场看货售定的交易条件，这种条件的特点是卖方不承担货物内在瑕疵和缺陷。

拍卖尽管是传统而古老的贸易方式，但在当今的国际贸易领域中又有新的发展，它已经 成为国际贸易不可忽视的交易方式。应该利用这种贸易方式为加速我国对外贸易发展和扩大出口服务。

2. 拍卖的特征

（1）拍卖是在一定的机构内有组织地进行的。拍卖机构可以是由公司或行业协会组成的专业拍卖行，也可以是货主临时组织的拍卖会。

（2）拍卖具有自己独特的法律和规章。许多国家对拍卖业务有专门的规定，各个拍卖机构也订立了自己章程和规则，供拍卖时采用。这些都使拍卖方式形成了自己的特点。

（3）拍卖是一种公开竞卖的现货交易。拍卖采用事先看货、当场叫价、落槌成交的做法。成交后，买主即可付款提货。

（4）参与拍卖的买主，通常需向拍卖机构交存一定数额履约保证金。买主在叫价中若落槌成交，就必须付款提货；不付款提货，则拍卖机构没收保证金。

（5）拍卖机构为交易的达成提供服务，它要收取一定的报酬，通常称为佣金或经纪费。佣金的多少没有统一的规定，这要根据当地的习惯，或者根据行业的规章加以规定。

3. 拍卖的程序

（1）货主委托。货主委托拍卖机构拍卖，与拍卖机构签订拍卖合同。拍卖合同规定了货主和拍卖机构各自在每一环节的责任和义务。

（2）拍卖准备。参加拍卖的货主把货物运到拍卖机构指定的仓库，由拍卖机构进行挑选、分类、分级、分批。拍卖机构还要负责编印拍卖商品目录，并把拍卖目录提供给打算参加拍卖会的买主作为指南。同时，拍卖机构把拍卖的有关情况在报纸、刊物上登载，以招揽潜在的买主。

（3）买主看货。准备拍卖的商品都放在专门的仓库里，在规定的时间内，允许拍卖的买主到仓库查看货物，有些还可抽取样品。查看货物的目的是为了使买主进一步了解货物的品质状况，以便按质论价。

（4）正式拍卖。正式拍卖是在规定的时间和地点，按照一定的拍卖规则和章程，逐批叫价成交。当拍卖人认为无人再出高价时，就以击槌来表示接受买主的叫价。拍卖人击槌后，就表示竞买停止，交易达成，买主就要在标准合同上签字。

（5）付款提货。拍卖商品的货物通常都以现汇支付，在成交后，买主按规定支付货款。货款付清后，货物的所有权随之转移，买主凭拍卖行开出的提货单到指定的仓库提货。提货也必须在规定的期限内进行。

拍卖会结束后，由拍卖行公布拍卖单，其内容有：售出商品的简要说明、成交价、拍卖前公布的基价与成交价的比较等。拍卖结果在报刊上公布，这些材料反映了拍卖商品的市场情况及市场价格。

4. 采用拍卖方式应注意的问题

拍卖方式最早在古希腊时代开始，已有数百年的历史，至今仍然使用，经久不衰。其原因是这种方式可以解决其他贸易方式所不及的问题。如现场看货能解决买主对货物品质规格不标准化的货物质量的顾虑，这是函电成交所无法解决的问题。我国毛皮、裘皮衣服出口一直采用函电成交，近年来开始参加国际拍卖市场，如圣彼得堡裘皮拍卖中心、伦敦裘皮拍卖中心等，扩大了销售渠道，并为国家创造外汇收入。但是，我们使用这种贸易方式刚刚开始，尚缺乏经验。因此在实际业务中应注意以下几个问题：

（1）调查研究，确定适当的拍卖基价。拍卖方式易受买主压价，对我方不利。面对这些特点，拍卖基价应比函电成交价高一些，考虑压价系数。但是又不能定价太高，基价定得太高，买主不叫价，根本不能成交，既赔了运费和仓租，又要向拍卖人支付佣金和其他费用。所以，在确定基价之前要进行调查研究，把影响价格的各种因素予以分析和估计，确定一个合适的基本幅度。

（2）选择适合拍卖的货物。在传统的拍卖货物中，找出与其他贸易方式成交的利弊，选择采用拍卖方式成交效益大的货物参加拍卖。

（3）要了解各个拍卖中心的习惯做法和规章制度。世界有几十个不同货物的拍卖场所，每个拍卖中心都有自己的习惯做法和规章制度。例如，支付货币的确定，不同的拍卖机构规定是不一样的：美国和英国的拍卖公司采用本国货币计价和付款；圣彼得堡拍卖公司规定使用美元；丹麦拍卖公司规定以本国货币计价，允许自由货币付款；我国裘皮拍卖会规定以港币计价，以美元付款。关于货物风险转移问题，每个拍卖公司也有不同解释。英国拍卖行规定"货物风险与货物成交时转移至买方"；芬兰皮毛拍卖公司规定"货物风险转移以拍卖官击槌时转移给买方"等。

（4）采用拍卖方式销售货物时应注意对我国不利的因素。如货主不能完全自由地按自己的意志进行交易，要受拍卖人的制约；拍卖费用较高；买主容易压价等。我们应针对上述问题采取相应的补救措施，避免处于被动局面。

13.4 补偿贸易、加工贸易和对等贸易

13.4.1 补偿贸易

1. 补偿贸易的含义

补偿贸易（Compensation Trade）是指在信贷的基础上，从国外企业购进机器、设备、技术和各种服务等，约定在一定期限内，待项目投产后，以该项目生产的产品或其他货物或劳务或双方约定的其他办法偿还贷款。由于进口机器设备的企业偿还贷款本息是采用补偿办法，故称为补偿贸易。

补偿贸易是20世纪60年代末和70年代初逐渐发展起来的一种贸易方式。

补偿贸易的主要特点是：

（1）贸易与信贷相结合。购进机器设备的一方是在对方提供信贷的基础上购进所需要的货物，与易货贸易是不同的。

（2）贸易与生产相联系。补偿贸易双方是以互相关心相互联系的，出口方往往关心工程项目进展和产品生产情况，进口方也关心产品在出口国家和其他市场的销售情况。

（3）设备进口与产品出口相联系。补偿贸易多数情况是利用其设备制造出来的产品进行补偿，一般不动用现汇。

（4）补偿贸易双方是买卖关系。设备进口方不仅承担支付货款的义务，而且要承担付息的责任，对机器设备或其他原材料具有所有权和使用权。

2. 补偿贸易的种类

补偿贸易的形式和种类甚多，但主要有以下几种：

（1）直接产品偿付。这种方式或称为产品返销，是指出口机械设备的一方在签订出口合同时，必须承担按其购买一定数量的由其提供机械设备生产出来的产品，即购买直接产品的义务，进口的一方用直接产品分期偿还合同价款。这种补偿贸易的形式一般用于购买机器设备和技术贸易。

（2）间接产品偿付。如果进口机器设备或技术制造的产品并非对方需要的或进口方国内有较大需要或进口机器设备不是生产有形产品等，双方约定，可以由进口

方承诺分期供应一种或几种其他非直接产品进行偿付。

（3）部分产品和部分现汇偿付。进口机器设备或技术的一方可以用直接或间接产品偿还进口机器设备的部分价款，其余用现汇来偿付，也可以利用贷款偿付。

（4）通过第三国偿还。有时进口设备的一方，可提供的产品在出口机器设备一方的国内没有竞争能力，或者该国对这些产品的进口实行限制，在这种情况下，返销产品可以在第三国市场销售或由第三国购买转销其他市场。这种方式负责产品返销的商人往往不是提供机器设备或技术的一方，而是第三者，所以也称"三角补偿贸易"。

3. 补偿贸易经济效益的可行性研究

补偿贸易是一项较复杂的贸易方式，它涉及贸易、生产和信贷等方面问题，同时需要考虑经济效益问题。对采用补偿贸易的工厂来说，要求通过这种贸易方式，带来比较理想的经济效益，因此在决定投资以前，必须进行可行性研究，进行具体的经济效益核算。

经济效益的可行性研究，应计算以下几个指标：

（1）补偿贸易偿还能力。偿还能力是指采用补偿贸易的工厂企业每年能够收入多少外币，扣除生产成本及其他费用以后，偿还贷款需要多长时间，即偿还期限。其计算公式为

$$偿还能力 = \frac{外汇总成本}{年外汇收入 - 年生产成本及费用}$$

外汇总成本包括进口机械设备的贷款、贷款利息和其他费用。由于外汇还本付息的方式不同，计算本息的方法也不同。一般国际市场计算均按照复利计算。

年外汇收入决定于出口产品的价格和数量。出口产品的价格是受国际市场供求关系的变化而经常变化的；出口产品的数量一般是根据市场供求关系和返销数量两个方面决定的。企业在计算外汇收入时应根据市场价格变化的规律及影响价格变化的因素，推算出一个平均价格，再根据每年的出口数量和平均价格，即可求出每年外汇收入额。

年生产成本及费用包括固定资产折旧、原材料、动力、水费、劳动工资及税金等。将上述金额按外汇价折成外汇，才能进行核算。

此外，还可用计算补偿贸易的偿还率的方法，分析比较各项补偿贸易的经济效益。偿还率是指工厂企业偿还外资本息占使用外汇创造外汇净收入的百分比。计算具体公式为

$$偿还率 = \frac{外汇总成本}{使用外资所得外汇净收入} \times 100\%$$

（2）补偿贸易换汇率。补偿贸易换汇率是指使用 1 元人民币的国内资金所获得外汇数量。其计算公式为

$$补偿贸易换汇率 = \frac{外汇总收入}{国内人民币总收入额（元）} \times 100\%$$

在计算补偿贸易换汇率时，如果超过全国出口商品平均换汇率时，那么这项补偿贸易是不可行的。

（3）补偿贸易利润率

补偿贸易利润率是指采用补偿贸易方式所获得利润的数量占总投资的百分比，其计算公式为

$$补偿贸易利润率 = \frac{总收入 - 总成本}{总成本} \times 100\%$$

在计算补偿贸易利润率时，须将外汇总收入和其他外汇支出按外汇牌价折成人民币，以人民币统一计算利润率。

当然，补偿贸易是比较复杂的贸易方式，在进行经济效益的可行性研究时，可根据采用这项贸易方式的具体情况再选择一些能反映经济效益的其他指标予以核算，一定在保证获得理想经济效益的基础上再对外洽商谈判和签约。

4. 采取补偿贸易方式时应注意的问题

（1）要注意把购买机器设备同返销产品密切结合起来，做到购买或引进合理、可行，补偿有利，经济效益好，偿还期限短。返销的产品的规格、标准、数量及价格都应在合同中予以明确规定。

（2）要注意购买机器设备的同时，引进专利或专有技术，提高我国科学技术水平。有的采用补偿贸易方式的工厂企业只考虑买机器设备，忽视引进软件技术这一重要内容。但外商一般不愿意转让其先进技术，我们可以购买机器设备为前提，在谈判时争取获得一定先进技术。

（3）要注意使用对双方都有利的支付方式。补偿贸易的显著特点是要利用外资，必须先使用外国的机器设备后付本息，如果规定使用的支付方式违背了这个原则，就脱离了补偿贸易的概念，避免外商先使用我们外汇资金的现象出现。同时，还要保证收汇及时、安全，避免外汇风险。

（4）选择补偿贸易项目要切实可行，注意经济效益。要选择生产型的项目，保证返销数量，企业自身要达到外汇平衡。一定做好采用补偿贸易前期各项准备工作，对每个经济效益指标都要进行论证和估计。

（5）在补偿贸易合同中要明确双方的权利、义务和责任。在合同中除一般规定双方的权利与义务外，还要约束对方按时履约发货和购买返销产品，并对其不履约时应有一定的补偿约束措施，防止对方不履约和不按时履约给我方造成损失。

（6）选择资信好的外商作为合作对象。补偿贸易的合作对象资信如何是十分重要的，除要求有一定的资金和信誉外，还应有一定的融资能力。因为提供机器设备金额较大，需要自身贷款，如果融资渠道狭窄和能力较差，双方合作的前途是不会好的。在谈判之前，我们应该通过银行或咨询公司对其资信进行调查研究，防止因盲目而造成被动。

（7）在签订补偿贸易合同时，要注意合同的合法性。合同各项条款，不得与我国现行法律和规定相违背，不能与对方国家政策相抵触。

（8）补偿贸易的返销产品不能影响我方正常向返销国出口，也不能顶替向这些国家出口的配额。

13. 4. 2　加工贸易

1. 加工贸易的含义

加工贸易是指从国外获得原料或原配件，在国内加工或装配成制成品后再出口到国外去的经营活动。

加工贸易是与一般贸易相对应的一个概念。加工贸易与一般贸易的区别在于：

（1）从产品的要素资源来看，一般贸易货物的要素资源主要来自出口国，出口国利用这些要素资源生产的产品符合出口国的原产地规则；而加工贸易货物的要素资源主要来自国外，出口国利用这些要素资源生产的产品不符合出口国的原产地规则。

（2）从企业的收益来看，从事一般贸易的企业获得收益主要来自生产成本或收购成本与国际市场价格之间的差价；而从事加工贸易的企业收取的是加工费。

（3）从进出口来看，一般贸易下的进口货物一般在国内消费，进口和出口没有密切的联系；而加工贸易下的进口货物不在国内消费，而是在国内加工成制成品后再出口，进口和出口有密切的联系。

（4）从税收的角度来看，一般贸易下的进口货物要缴纳进口环节税，如果再出口，则在出口后退还部分税收。加工贸易下的进口货物可以不征收进口环节税，由海关实行保税监管。

2. 加工贸易的具体方式

（1）加工装配。加工装配包括来料加工和来件装配两种业务。来料加工是指委托方（外商）提供原材料、辅料和包装物料等，由国内的承接方按双方约定的标准收取加工费（又称工缴费）的一种贸易方式。如果国外委托方提供零部件、包装物料等，由国内的承接方按国外委托方的要求装配为成品提交给对方，并按双方约定的标准收取加工费，则被称为来件装配。我国把来料加工和来件装配统称为加工装配业务。

加工装配是一种委托加工的方式。国外委托方将原材料、零部件等运交国内承接方，并未发生所有权的转移，承接方只是作为受托人，按照国外委托方的要求，将原材料或零部件加工为成品。在加工过程中，承接方付出了劳动，获得的加工费是劳动的报酬。因此，可以说加工装配属于劳务贸易的一种形式，它是以商品为载体的劳务出口。

加工装配对于承接方和委托方（外商）来说，都具有积极意义。对承接方的积极意义在于：可以挖掘承接方的生产潜力，补充国内原料的不足；引进国外的先进技术和管理经验，有利于提高承接方的生产技术和管理水平；有利于发挥承接方所在国劳动力众多的优势，增加该国的就业机会和外汇收入。加工装配对委托方的积极意义在于：可以降低其产品成本，增强竞争力；有利于委托方所在国的产业结构调整。

（2）进料加工。进料加工是指外贸企业自行进口原料、零部件，根据国际市场的需求或自己的销售意图，加工成制成品销往国外市场，赚取销售成品与进口原料、零部件之间差价的一种贸易方式。

进料加工的意义在于：有利于解决国内原料紧缺的困难；可以更好地根据国际市场的需要和客户的要求组织原料进口和加工生产，做到以销定产；可以把进口与出口结合起来，实施"以进养出"的扩大出口战略；可以将国外的资源、市场与国内生产能力相结合，充分发挥本国的生产优势。

进料加工与加工装配有相似之处，因为它们都是利用国内的劳动力和技术设备，都属于"两头在外"的加工贸易方式。但是，进料加工与加工装备又有明显的不同之处，主要表现在以下几个方面：

①在进料加工中，原材料进口和成品出口是两笔不同的交易，均发生了所有权的转移，而且原材料供应者和成品购买者之间没有必然的联系。在加工装配中，原料或零部件运进和成品运出均未发生所有权的转移，它们均属于一笔交易，有关事项在同一合同中加以规定。由于加工装配属于委托加工，因此，原料或零部件供应者又是成品接受者。

②在进料加工中，国内承接方从国外购进原材料，由国内工厂加工成成品，使价值增值，再销往国外市场，赚取由原材料到成品的附加价值，但国内承接方要承担在国际市场上销售的风险。在加工装配中，成品交给国外委托方自己销售，国内承接方无需承担风险，但是，所能得到的也仅是一部分劳动力的报酬。因此，加工装配的创汇一般低于进料加工的创汇。

（3）境外加工。境外加工是指一国企业以现有设备、技术在国外进行直接投资，利用当地的劳动力开展加工业务，以带动和扩大国内设备、技术、原料和零部件出口的一种跨国经营方式。

境外加工的目的通常是通过对外投资带动对外贸易。我国开展的境外加工主要关注对外投资的出口创汇效应，即由对外投资带动后续不断的资本、原材料的出口。但是，境外加工这种对外直接投资形式也可能产生出口替代的效应。对外直接投资所导致的出口创汇和出口替代的净效应最终将决定是增加还是减少整个国家的出口贸易。

3. 加工贸易缴费标准的确定

加工贸易无论来料定价与否都涉及工缴费问题。加工装配方收取工缴费是加工贸易的一个显著特点。如何确定工缴费标准是一个非常重要的问题。

制定合理的工缴费标准不能以国内加工水平来确定，而是应以国际上同行业或相似行业的加工产品来确定。例如，对港澳地区开展加工装配业务时，工缴费的标准原则上应略低于港澳地区的工缴费水平，使外商有利可图，我们也不吃亏。

从事加工贸易业务的生产企业，还应按照国内加工水平核算加工产品的成本，并与工缴费相比较，以确定项目的可行性。加工生产企业，不仅要考虑外汇收入，还要注意成本核算，计算人民币是否亏损。

在有外商全部提供原材料和零部件的情况下，计算工缴费时，要包括工人和管理人员的工资、生产费用、折旧费、管理费、手续费、税金；如果使用我方商标，还要包括商标费；如果为加工业务成立新企业，还包括企业注册登记费。如果外商提供的是部分原料和零部件时，我方补充原材料或零部件时，我方补充的原材料或零部件的费用应包括在工缴费之内。

4. 采用加工贸易方式时应注意的问题

（1）在加工装配贸易中，国外厂商往往提供商标，要注意商标的合法性。为了避免因第三者控告侵权造成被动，可以在加工装配协议中规定："乙方（委托方）提供的商标保证具有合法性，如果有第三者控告加工装配产品的商标侵权，概由乙方与第三者交涉，与甲方（我方）无关，同时应承担由此给甲方造成的损失。"

（2）加工装配业务法律性较强，有关来料、来件一定要按我国政策规定办理，并按有关法律办事。

（3）防止国外厂商只来料、来件，不购买成品或借故产品质量不合格等拒绝返销现象出现，可以采取由国外厂商出具银行保函或者采取"先收后付"的方法。

（4）加工装配收入，要在银行单独开立账户，单独结汇，以利于考核企业经营活动成果。有关开立账户、支付方式、结汇办法和信贷管理等方面问题，应按国家有关规定办理。

（5）加工装配的成品一定要保证全部返销国外，除国家政策允许，否则不能在国内销售。

（6）选择加工装配项目要适当，不能与我国正常向返销国家出口货物品种相冲突，更不能以加工装配的产品顶替正常销售的配额。

13.4.3　对等贸易

1. 对等贸易的含义

对等贸易又称为抵偿贸易、对销贸易或反向贸易等。它是指交易双方互为进口人或出口人，把进口与出口有机结合起来，双方都以自己的出口来全部抵偿或部分补偿从对方的进口。这种贸易方式起源于 20 世纪 60 年代与 70 年代初，是苏联、东欧等互惠国家同西方发达国家之间进行贸易的一种做法。这种以进带出的做法是用来弥补贸易逆差和克服外汇不足的一种贸易方式。使用这种方式，对西方发达国家出口企业来说，要出售产品就必须承担购买对方的产品义务；从东欧各国来说，利用进口人的优势条件，促进西方发达国家企业接受它们的出口产品，将单进单出的贸易业务变成双方互来互往的双轨交易，但双方的交易不一定完全等量或等值。

这种贸易方式对交易双方都有好处，因此，它在双方的贸易当中起到了一定的推动作用，具体表现是：

第一，它使一些国家可以在不动用外汇或少动用外汇的条件下，进口它们在发展国民经济中所需要的各种货物和技术，而且在某种情况下，还可以贸易的方式取得国外的信贷。

第二，通过这种贸易以进带出，利用国外的销售渠道，使一些本来不易出口的商品进入世界市场，收到扩大出口之效。

第三，在某种情况下，通过双方长期互购产品，来取得比较稳定的外汇收入。

第四，随着技术和先进设备的进口和投产，还有助于改造本国生产企业，提高技术水平，增强产品的适销能力和市场竞争能力。

第五，对西方发达国家来说，它们可以解决一些进口国家支付能力的困难，从而使它们的技术和过剩的机器设备或产品找到了销路，开辟比较稳定的原材料供应来源以及获得转售返销产品的商业利润。同时，通过产品回购还向他们提供了把国内生产能力转移到劳动力和原料比较低廉的国家，从而可能降低生产成本和提高产品在国际市场上的竞争能力。

2. 对等贸易的种类及做法

对等贸易方式包括的内容很多，主要有易货贸易、回购贸易、互购贸易与转手贸易等。

（1）易货贸易。易货贸易（Barter）是一种古老的贸易方式。它是指单纯的货物交换，不使用货币支付，也不涉及第三者。其基本做法是双方签订易货合同，规定双方交换的货物和时间。每一方既是自己出口货物的出口人，又是对方出口货物的进口人。双方交换的货物，可以是单向货物的交换，也可以是多种货物的综合易货或所谓一揽子易货，基本原则是双方交换的货物必须是等值的。

易货贸易的特点是：它是一次性的交易行为，只有进口人与出口人两个当事人，不涉及其他的第三者；双方只签订一个进出口合同，包括双方交换的货物均须明确地载明在合同上。

易货贸易的做法是双方签订一个各自所需交换货物的合同，按照合同规定将货物交付给对方。各自交付货物的时间可以是同时，也可以分别交付。上述做法是古老的贸易方法。现在易货贸易已改为通过货款支付清算方式，达到货物交换的目的。在货物支付结算上，即可笔笔平衡，也可定期结算，综合平衡；既可以付现，也可以记账；在时间上，既可进出口同时进行，也可以有先有后。总之，易货贸易的做法逐渐灵活多样。

笔笔支付平衡是指双方采取对开信用证的方式，所开立的信用证都以双方为受益人，信用证的金额相等或大体相等。由于分别结算，开证时间有先有后，但为了保证双方履行购买义务，约束对方在第一张信用证上规定以收到对方开立金额相同的信用证时方可生效。

记账平衡是指双方在承担按合同规定购买对方等值货物的义务前提下，由双方银行互设账户记账，货物出口后由银行记账，互相冲账抵消，如有余额或逆差，则仍以货物冲对或支付现汇。

但是，易货贸易做起来并不方便，有一定的局限性。例如，西方资本主义国家产品出口的企业大多是私营的，它们专业化程度较高，我们提供的货物不一定是它们对口经营的货物，达成交易很难，现在我们同俄罗斯和东欧国家的贸易可采取这种方式，但须注意采取记账方式，在我国货物先出口或出现顺差或逆差时，对方的货物一时供应非所需，便造成外汇积压，经济上受损失。

（2）回购贸易。回购贸易（Products Buy－back Trade）是指出口一方同意从进口一方买回其提供的机器设备所制造的产品。它与补偿贸易有很多相同之处，但二者的区别主要是出口方回购的产品仅限于有出口机器设备所产生的产品。其回购产品价值可能是出口机器设备的全部价值，也可能是部分价值，甚至可能超过其出口设备的全部价值。

回购贸易最早是产生在能源与原材料部门的生产技术、设备的交易。东欧各国家从西方资本主义国家进口生产技术、设备等，先不支付现汇，而用这些生产技术、设备生产出来的产品回销抵偿对方的价款,分期偿还。之后,随着这种贸易形式不断扩大,一些机器制造业和其他行业也采用了这种方式。但是逐渐改变了原来回购贸易的概念,特别是在回购产品方面,发生了很大变化,由原来的直接产品偿付,发展到以其他产品(间接产品)或部分直接产品和部分间接产品结合偿还。由于回购贸易做法的变化,在实际业务中,它与补偿贸易就没有区别了。有人认为它是补偿贸易的一种形式。

(3)互购贸易。互购贸易(Counter Purchase)又称互惠贸易(Reciprocal Trade)和平行贸易(Parallel Trade),是指出口方向进口方承担购买相当于他出口货值一定比例的产品,即双方签订两份既独立又有联系的合同:一份是约定先由进口方用现汇购买对方的货物;另一份则由出口方承诺在一定期限内购买对方的货物。

互购贸易的做法与补偿贸易的差别是两笔交易都用现汇,一般是通过即期信用证或即期付款交单,有时也可采用远期信用证付款。因此,出口方除非是接受远期信用证,否则不会出现垫付资金的问题,相反还可以在收到出口货物到支付回头货款这段时间内,利用对方资金。这种方式,一般由发达国家提供设备,这对进口国家来说,不但得不到资金方面的好处,还要先付一笔资金,这样必定要承担一定汇率变动的风险,唯一可取得地方是可以带动本国货物的出口。

(4)转手贸易。转手贸易(Switch Transaction)是指西方发达国家企业向东欧各国家出口机器设备,利用专门从事转手贸易中间商和发展中国家与东欧各国家之间美元清算账户进行外汇转手,使西方出口企业与东欧各国家贸易达到平衡的贸易做法。

转手贸易是一种涉及面比较广的贸易方式。具体做法是西方企业先向东欧某一国家出口机器设备或其他货物,西方出口企业取得清偿账户的权益,然后将这种权益转给专门从事转手贸易的中间商,中间商再从发展中国家购买货物,而不支付外汇。由东欧某一国家与发展中国家按双边清算协定结算。中间商将出口货物销售给其他买主,取得现汇,将现汇扣掉佣金后支付给西方进口企业,完成这笔转手贸易业务。

从转手贸易的做法可以看出,发展中国家在转手贸易中只能根据与东欧某一国家的双边贸易账户而出口,发展中国家出口的货物由中间商销售到其他市场取得现汇,但是发展中国家非但拿不到丝毫的硬货币,还可能因为对方的低价转售而影响它对其他市场的正常出口和国际市场价格。因此,许多发展中国家对于这种转手贸易并不感兴趣,这也是近几年来转手贸易明显减少的主要原因。

13.5 商品期货贸易

13.5.1 套期保值

1. 套期保值的含义

套期保值又译作"海琴"(Hedging),是期货市场交易者将期货交易与现货交易结合起来进行的一种市场行为。其定义可概括为交易者在运用期货交易临时替代正常商业活动中，转移一定数量商品所有权的现货交易的做法。其目的就是要通过期货交易转移现货交易的价格风险，并获得这两种交易相配合的最大利润。

套期保值之所以能起到转移现货价格波动风险的作用，是因为同一种商品的实际货物市场价格和期货市场价格的变化趋势基本上是一致的，涨时俱涨，跌时俱跌。

因此，套期保值者经常在购入现货的同时在期货市场上出售期货，或在出售现货的同时买入期货。这样，由于在期货市场和现货市场出现相反的交易，通常会出现一亏一盈的情况。套期保值者就是希望以期货市场的盈利来弥补实际货物交易中可能遭到的损失。

2. 套期保值的做法

套期保值者在期货市场上的做法有两种：卖期保值和买期保值。

（1）卖期保值（Selling Hedge）是指套期保值根据现货交易情况，先在期货市场上卖出期货的合同（或称建立空头交易部位），然后再以多头进行平仓的做法。通常生产商在预售商品时，或加工商在采购原料时，为了避免价值波动的风险，经常采取卖期保值的做法。

例如，某谷物公司在 9 月上旬以每蒲式耳 3.65 美元的价格收购一批小麦，共10 万蒲式耳，并已存入仓库待售。该商估计一时找不到买主。为了防止在货物待售期间小麦价格下跌而蒙受损失，它遂在芝加哥商品交易所出售 20 个合同的小麦期货，价格为每蒲式耳 3.70 美元，交割月份为 12 月。其后，小麦价格果然下降。在10 月，它终于将 10 万蒲式耳的小麦出售，价格为 3.55 美元/蒲式耳。每蒲式耳损失 0.10 美元。与此同时，芝加哥商品交易所的小麦价格也下降了，该谷物商又购进20 个 12 月的小麦期货合同，对空头交易部位进行平仓，价格降为 3.60 美元/蒲式耳。每蒲式耳盈利 0.10 美元。先列表说明如下：

日期	现货市场	期货市场
9 月 15 日	买入现货小麦存仓 价格为 3.65 美元/蒲式耳	出售 12 月小麦期货 价格为 3.70 美元/蒲式耳
10 月 15 日	售出小麦价格为 3.55 美元/蒲式耳	购入 12 月小麦期货 价格为 3.60 美元/蒲式耳
结果	亏损 0.10 美元	盈利 0.10 美元

从上例可以看出，由于该商及时做了卖期保值，期货市场的盈利恰好弥补了现货市场由于价格变动所带的损失，套期保值起到了转移风险的作用。

（2）买期保值（Buying Hedge）与卖期保值恰好相反，是指套期保值者根据现货交易情况，先在期货市场上买入期货合同，然后再以卖出期货合同进行仓平的做法。通常中间商在采购货源，为了避免价格波动、固定价格成本时，经常采取买期保值的做法。

·例如，某粮食公司与玉米加工商签订了一份销售合同，出售 5 万蒲式耳的玉米，12 月交货，价格为 2.45 美元/蒲式耳。该公司在合同签订时，手头并无现货。为了履行合同，该公司必须在 12 月交货前购入玉米现货。但又担心在临近交货期购入玉米的价格上涨，于是就选在期货市场上购入玉米期货合同，价格为 2.40 美元/蒲式耳。到 11 月底，该公司收购玉米现货的价格已经涨到了 2.58 美元/蒲式耳。与此同时，期货价格也上涨至 2.53 美元/蒲式耳，于是他就以出售玉米期货在期货市场上平仓。其结果如下表：

日期	现货市场	期货市场
9 月 2 日 11 月 25 日	出售 12 月份交货玉米价格 2.45 美元/蒲式耳 购入 12 月份交货的玉米价格为 2.58 美元/蒲式耳	买入 12 月份玉米期货价格为 2.40 美元/蒲式耳 卖出 12 月份玉米期货价格为 2.53 美元/蒲式耳
结果	亏损 0.13 美元	盈利 0.13 美元

上述交易情况表明，由于玉米价格上涨使粮食公司在现货交易中蒙受 0.13 美元/蒲式耳的损失，但由于适时地做了买期保值，期货市场上盈利 0.13 美元/蒲式耳。期货市场的盈利弥补了现货市场价格所带来的损失。

3. 套期保值应注意的问题

前面介绍了套期保值的一般做法和原理，然而我们所举的例子却是理想化的套期保值。在实践中，影响现货市场和期货市场的因素较多，而且情况复杂，两个市场不可能达到百分之百的衔接，套期保值多数都不会达到上述理想化的结果。现根据实践结果，我们将套期保值应注意的问题介绍如下：

（1）套期保值虽然可以转移现货价格发生不利变动时的风险，但也排除了交易者从现货价格有利变化中取得额外盈利的机会。

从套期保值的做法中得知，卖期保值是为了防止现货价格下跌；买期保值是为了防止现货价格上升。但是如果在卖期保值后，价格非但没有下跌，反而上涨；买期保值后，价格没有上升反而下跌，那么套期保值的结果就会事与愿违。现举例说明如下：

例一，卖期保值后价格上涨。

日期	现货市场	期货市场
3 月 15 日 4 月 15 日	购入小麦价格为 2.80 美元/蒲式耳 售出小麦价格为 2.90 美元/蒲式耳	出售 7 月小麦期货价格为 2.68 美元/蒲式耳 买入 7 月小麦期货价格为 2.78 美元/蒲式耳
结果	盈利 0.10 美元	亏损 0.10 美元

上例说明，卖期保值后，价格反而上升，其结果现货交易盈利 0.10 美元，而期货市场亏损 0.10 美元。这样，交易者还不如不做套期保值，交易者还可以取得现货交易的额外盈利 0.10 美元/蒲式耳。

例二，买期保值后价格下跌。

日期	现货市场	期货市场
8月1日	售出小麦价格为 3.85 美元/蒲式耳	买入 12 月小麦期货价格为 2.80 美元/蒲式耳
10月23日	购入小麦价格为 3.70 美元/蒲式耳	售出 12 月小麦期货价格为 2.65 美元/蒲式耳
结果	盈利 0.15 美元	亏损 0.15 美元

这个例子说明，由于价格下跌，该商人在现货交易中每蒲式耳本可以额外盈利 0.15 美元，但因为害怕价格上涨，事先做了买期保值，造成了期货交易损失每蒲式耳 0.15 美元。

由上述两个例子，我们可以看出，在套期保值后，如果价格发生对实物交易者有利的变化，交易者就不能再从实物交易中取得额外的盈利。因此，套期保值对实物交易者而言，是排除了对现货市场价格变动风险进行投机，目的是为了保障实物交易中的合理利润免遭损失，而丧失了不做套期保值可以取得更多现货盈利的机会。

正因为如此，从利润最大化的原则出发，现在有些人认为，对套期保值应该有选择地进行，只有在预计实物市场价格发生不利变化时，才进行期货市场做套期保值。这种观点尽管有其合理的成分，但是必须建立在对今后一段时间内的价格走势作出正确判断的基础上，否则就要冒更大的风险。由于商品市场价格变化莫测，要对其走势作出正确的判断并非易事，所以，这种观点目前仍不能被普遍接受。一般商人仍习惯于在每笔交易之后，即做一笔套期保值的传统做法，以策安全。

（2）套期保值的效果，往往取决于套期保值时和取消套期保值时实际货物和期货之间差价的变化，即基差的变化。

基差（Basis）指的是在确定的时间内，某一具体的现货市场价格与期货交易所达成期货价格之间的差额。用公式来表示如下：

基差 = 现货市场价格 - 期货市场价格

在现货市场的实物交易中，商人之间经常用基差来表示现货交易价格，特别是在签订非固定价格合同时，用基差来表示实际现货价格与交易所期货价格的关系。如 "2 cents under Dec" 表示现货价格比期货价格低 2 个美分，如果 12 月的期货价格是每蒲式耳 3.69 美元，那么实际货物价格是每蒲式耳 3.67 美元。如果现货价格比期货价格高 2 美分，则以 "2 cents over Dec" 来表示。

基差的变化对套期保值的效果有着非常重要的影响，现举例说明：

例一：现货买入基差等于现货卖出基差。

日期	现货市场	期货市场	基差
3月8日	售出玉米价格为 2.76 美元/蒲式耳	买入 5 月玉米期货价格为 2.71 美元/蒲式耳	+5 美分
4月5日	购入玉米价格为 2.81 美元/蒲式耳	售出 5 月玉米价格为 2.76 美元/蒲式耳	+5 美分
结果	亏损 0.05 美元	盈利 0.05 美元	

上例中，由于现货买入的基差（＋5）等于现货卖出的基差（＋5），基差没有变化，因此，套期保值的结果是盈亏相抵，达到了理想的套期保值效果。但在实际业务中，基差并不是固定不变的，是时刻随两个市场的不同情况而发生变化的，于是套期保值的效果也有所不同。

例二：现货买入基差大于现货卖出基差。

日期	现货市场	期货市场	基差
9 月 13 日	售出玉米的价格为 2.86 美元/蒲式耳	购入 12 月玉米期货价格为 2.82 美元/蒲式耳	＋4 美分
10 月 28 日	购入玉米的价格为 2.98 美元/蒲式耳	售出 12 月玉米期货价格 2.92 美元/蒲式耳	＋6 美分
结果	亏损 0.12 美元	盈利 0.10 美元	－2 美分

上例之所以发生每蒲式耳 0.02 美元的损失，是因为现货买入的基差（＋6）大于现货卖出的基差（＋4），所以结果是亏损的，没有达到理想的套期保值效果。

例三：现货买入基差小于现货卖出基差。

日期	现货市场	期货市场	基差
10 月 5 日	购入玉米价格为 2.50 美元/蒲式耳	售出 12 月玉米期货价格 2.55 美元/蒲式耳	－5 美分
10 月 28 日	售出玉米价格为 2.45 美元/蒲式耳	买入 12 月玉米期货价格为 2.48 美元/蒲式耳	－3 美分
结果	亏损 0.05 美元	盈利 0.07 美元	2 美分

上例中，由于现货卖出的基差（－3 美分）大于现货买入的基差（－5 美分），所以套期保值不但达到了预想的效果，而且在基差的变化中取得额外的盈利。

从上述三个例子中可以看出，套期保值的效果取决于基差的变化。从另一角度讲，套期保值能够转移现货价格波动的风险，但最终无法转移基差变动的风险。然而，在实践中，基差的变化幅度要远远小于现货价格的变化幅度。交易者对基差的变化是可以预测的，而且也易于掌握。

（3）由于期货合同都规定了固定的数量，每份合同代表一定量的期货商品，如一张芝加哥商品交易所的小麦期货合同代表 5000 蒲式耳的小麦；伦敦金属交易所的铜期货合同，一张是 25 公吨的铜。但是，在实物交易中，商品数量是根据买卖双方的意愿达成的，不可能与期货合同的要求完全一致。这就使得在套期保值时，实物交易数量与套期保值的数量不一致，从而会影响套期保值的效果。

13.5.2　现货交易与期货交易

1. 含义

在进出口业务中，无论是即期交货还是远期交货，买卖双方达成交易均属现货交易，又称实物交易。期货交易脱胎于现货交易，但为了满意交易者转嫁风险或投机牟利的需要，期货早已形成了独具特色的交易方式。

期货交易（Future Trading）是指在商品交易所内按照一定的规则，用喊叫并借助手势进行交易的一种传统交易方式。

目前期货交易发展很快，已经遍及世界各地，特别是美国、日本、英国、新加坡和中国香港等国家和地区。有些城市已成为期货交易中心，如纽约、芝加哥、伦敦、利物浦、汉堡、鹿特丹、巴黎、米兰、神户等。随着我国改革开放政策不断深入，期货交易业务也在一些大城市开展，使对外贸易方式更加多样化。

2. 期货交易与现货交易的区别

现货交易分为即期交易与远期交易，买卖双方可以按任何方式，在任何地点和时间进行实物交割，卖方必须交付实物货物，买方必须接受实物货物，支付货款。期货交易是在现货交易的基础上发展起来的，在期货交易中，期货合同所代表商品仅限于农副产品、金属等初级产品。期货交易与现货交易主要区别是：

（1）现货交易买卖标的物是实际货物，而期货交易买卖标的物是商品交易所制定的标准期货合同。

（2）现货交易成交的时间和地点由买卖双方自行确定达成交易；期货交易只能在商品交易所内，按交易所的规则和开市时间进行交易。

（3）现货交易的双方在政策和法律允许范围内，按"契约自由"原则签订买卖合同，合同条款是双方订立的，其内容局外人是不清楚的，期货交易是在公开、多边的交易所内，通过喊价或竞争的方式达成的，其合同条款是标准化的，公众是清楚的、公开的。

（4）现货交易的卖方应按合同交付实际货物，买方按合同规定接受货物，支付货款；期货交易的双方不一定交割实际货物，而是支付或取得签订合同之日与合同履行交割之日的价格变化的差额。

（5）在现货交易中，买卖双方达成交易构成直接见面的货物买卖的法律关系，而期货交易的双方并不相互见面；合同履行也不需要双方接触，通过有交易所会员资格的期货佣金商负责买卖和履行合同。

（6）现货交易通过实物交割转移货物所有权，参加期货交易的人可以是任何企业或个人，参加期货贸易的目的不同，有的为了进行套期保值，有的为了在期货市场上套期利润，有的专门从事买空卖空的投机生意。

3. 期货贸易的种类

期货交易根据参加交易者的目的的不同，可以分为两种：一种是利用商品交易所的标准期货合同卖出或买进，从价格变化的差价中追求利润，做买空卖空的投机生意；另一种是远期交割现货交易的交易者为了转移价格涨落的风险而进行套期保值业务。

4. 利用期货交易的做法

我国很多出口货物都是由国际上商品交易所经营的，可以利用期货交易的这种方式，为我国进出口贸易服务，可以从出口和进口两方面来考虑。

（1）出口的做法。我国出口的大宗货物最好避免集中在广交会成交，如果国际市场行情对我有利，可以出售一些；如果在广交会期间价格对我不利，展示但可以不卖，待价格回升后再出售；或者在广交会前，价格合适可以抛售期货，不至于因交易会期间受到压价而减少外汇收入。

（2）进口的做法。我国每年都进口一定数量的大宗货物，往往因为价格上涨会给我国带来一定的经济损失。为了避免进口价格波动带来的损失，在不泄露采购数量的条件下，可以采取先买期货合同，然后再以期货合同交换买方的实物；或者采取先买"多头"（期货），再谈进口合同的方式；或先抛"空头"，待市场价格跌落后，再购买实物。

13.5.3 期货市场

期货市场（Futures Market）是指按一定的规章制度买卖期货合同的有组织的市场。期货交易就是在期货市场上进行交易的。

1. 期货市场的构成

期货市场由期货交易所、经纪商、清算所、交易者构成。

（1）期货交易所。期货交易所是由生产、经营或代理买卖合同或几类商品的企业和个人为进行期货贸易而设立的经济组织，一般采用会员制的形式。期货交易所本身不参加交易，也不拥有任何商品，它只是为期货交易者提供场地、设备等各种方便，并制定、颁布和实施交易的条例、规则，以保证公开和公平的竞争市场持续存在，使期货市场价格不受操纵，保证参加市场交易者均可获得公正的待遇。

（2）经纪商。经纪商是一种专门代理客户在期货市场上进行买卖交易，并提供各种服务，承担一定责任的个人或是公司。经纪商是期货交易所的会员，可以进入场内进行交易。非会员的企业或个人不能直接进入场内进行交易，只能委托经纪商进行期货买卖，交易达成后向经纪商支付一定的佣金。

（3）清算所。清算所是负责对期货交易所内进行的期货合同进行交割、对冲和结算的机构。一旦期货交易达成，交易双方即分别与清算所发生关系，通过清算所完成期货合同的转让、结算。这就是清算所特殊的"取代功能"。清算所功能得以实现的基础是"保证金制度"，即交易所的每一个会员必须在清算所开立一个保证金账户，缴纳一定的保证金，以此保证交易顺利进行，杜绝可能出现的违约现象，当会员净交易部位发生亏损时，清算所就向会员发出追加保证金的通知。

（4）交易者。凡是通过经纪商并按照交易各方一致同意的交易规则和惯例在期货交易所进行商品期货买卖活动的个人或是企业，都是商品期货交易者。

2. 期货市场的功能和作用

期货交易是在集中、公开、公平的前提下对标准合同进行的竞争性买卖，它的独特贸易方式使其具有两种基本功能：一是价格的发现功能。由于集中交易，故它可反映各种供求的结果。各种影响供求关系的因素被人们发现，并且通过期货价格的升降反映出这些因素作用的大小和强弱。与现货市场相比，期货价格预先给出了今后时期交易商品的价格信号，有利于商人利用期货交易所形成的价格信息去制定各自的决策。二是风险的转移功能。价格波动给经营者带来了风险，在期货交易中，可以采用套期保值的做法，最大程度地减少这些因价格波动所带来的风险，保证企业的正常经营活动顺利开展。由于期货市场的两个基本功能，对整个社会和经济产生了以下作用：

（1）有利于市场体系进一步完善。完善的市场体系使市场机制作用发挥得更为合理，从而促进商品经济的进一步顺利发展。商品经济是动态发展的经济，对未来市场商品供求关系的预测和把握是促使商品经济动态、有序发展的重要的一环。这在市场需求多变、生产力发达、大规模进行商品生产的现代化社会经济中更是如此。现代商品经济的实践表明，缺乏期货市场，就使得市场体系在空间结构上出现断层；缺乏反映未来供求关系变化的期货价格，必然有碍市场经济中内在联系和市场信息立体反馈线路的形成，阻碍市场体制的正常发挥。因此，在现代商品经济社会中，缺乏期货市场的市场体系，是不完整的、残缺的市场体系。为了完善市场体系，健全市场机制，就必须建立期货市场。

（2）有利于控制市场价格过度波动，防止社会资源的浪费。期货市场上的价格是由供需双方根据各自对将来某一时点市场供求状况的预测，经过互相报价、竞争后确定的。因此，期货市场价格既能预先反映未来市场的供求情况，也能对未来各个时期的潜在供求进行超前性调节。如果某种原材料的期货市场价格上升，那么，对买家就有警告作用。另一方面也意味着生产者可能增加产量。但是，随着潜在供应量的增加，期货市场的供求关系逐渐缓和，期货市场价格也逐渐下跌，此时，对生产者又是一个明确的警告——不能再继续增加产量；否则，市场商品会逆转成供过于求，生产者将会遭受损失。因此，期货交易有助于防止市场价格波动，防止盲目生产，从而防止社会资源的浪费。

（3）有利于提高生产管理水平。期货交易的公开性和期货价格的预期性，为生产经营者提供了可靠的决策依据。企业可以利用期货市场的信号，合理安排生产经营活动，做到按需生产。通过期货市场的交易，生产企业所需要的原材料能够方便地、快速地以竞争性的价格在期货市场上获得，从而避免为防止停工待料而增加库存、积压资金的情况出现。企业在期货市场的指导下，可以提高生产经营管理水平。

【小结】

国际贸易中涉及的商品交易的方式种类繁多，除了通常逐笔售定的单边方式外，还有经销、寄售、拍卖、招标投标、期货交易、对销贸易、加工贸易等，本章介绍了国际贸易中比较常见的这些贸易方式，从理论上分析了它们的性质、当事人之间的法律关系，并且对每一种方式进行了详细的阐述与说明，其中包括基本概念、主要特点、主要措施、相关的法规和惯例以及典型的案例，并对相类似的贸易方式进行了比较。

【思考题】

1. 什么是贸易代理业务？贸易代理分几种？它们之间有何不同？
2. 什么是寄售业务？有何利弊？
3. 加工贸易的含义及特点？有何种类？
4. 简述对等贸易的含义及种类。
5. 简述国际货物拍卖组织的形式。

6. 招标与投标业务应注意哪些问题?

7. 简述对销贸易的含义及其在国际贸易中的作用。

8. 简述补偿贸易使用的局限性及应注意的问题。

9. 简述现货交易与期货交易的区别。

10. 期货市场的组成包括哪些方面?

11. 简述使用寄售方式时应注意的问题。

12. 简述拍卖方式的特点及出价方式。

【技能实训】

1. 某招标机构接受委托,以国际公开招标形式采购一批机电产品。招标文件要求投标人制作规格和价格两份投标文件,开标时,先开规格标,对符合条件者,再定期开价格标,确定中标者。共有 12 家企业投标。到了开标期先开规格标,经慎重筛选,初步选定 7 家,通知它们对规格标进行澄清,并要求将投标有效期延长两个月。7 家中,有 4 家送来澄清函并同意延长有效期;另 3 家提出若延长有效期,将提高报价 10% 或更多,否则将撤销投标。招标机构拒绝了后 3 家的要求。到了价格标的开标日期,对仅有的 4 家开标后,却发现 4 家报价均过高,超过招标机构预订标底 30% 以上,招标机构只得依法宣布此次招标作废,重新招标。试分析此次招标失败的原因以及应吸取的教训。

2. 我国某出口商采用寄售方式向某国装运出口一批在仓库积压已久的商品,货到目的地后,虽经代销商努力推销,仍然无法售出,最终只能装运回国。我国出口商损失惨重,试分析此举有何不妥?

参 考 文 献

［1］冷柏军．国际贸易实务［M］．北京：对外经济贸易大学出版社，2010.

［2］黎孝先．国际贸易实务（第四版）［M］．北京：对外经济贸易大学出版社，2010.

［3］徐金丽．进出口贸易实务［M］．北京：清华大学出版社，2010.

［4］国际商会．ICC 跟单信用证统一惯例（UCP600）［M］．北京：中国民主法制出版社，2010.

［5］吴百福．进出口贸易实务教程［M］．上海：上海人民出版社，2010.

［6］严国辉．国际贸易理论与实务［M］．北京：对外经济贸易大学出版社，2010.

［7］报关员资格全国统一考试教材［M］．北京：中国海关出版社，2011.

［8］张卿．国际贸易实务［M］．北京：对外经济贸易大学出版社，2010.

［9］全国国际商务单证专业培训考试办公室．国际商务单证理论与实务（2008）．中国商务出版社，2008.

［10］吕天军，王烟军．国际贸易理论与实务［M］．北京：对外经贸大学出版社，2010.

［11］傅龙海．国际贸易理论与实务（第二版）［M］．北京：对外经济贸易大学出版社，2011.

［12］福州大学国际贸易省级精品课程组．国际贸易案例［M］．福州：福建人民出版社，2011.

［13］张梅．国际贸易理论与实务［M］．北京：中国铁道出版社，2010.

［14］陈广．国际贸易制单实务［M］．北京：中国经济出版社，2010.